CAMINOS

La odisea de una familia española en América después de la Guerra Civil Española.

Carlos B. Vega

Janaway Publishing, Inc.
Santa Maria, California
2012

Copyright © 2011 by Carlos B. Vega

ALL RIGHTS RESERVED. Written permission must be secured from the author or publisher to use or reproduce any part of this book, in any form or by any means, including electronic reproduction, except for brief quotations in critical reviews or articles.

Es propiedad. Derechos reservados por el autor en todo el mundo. Reproducción rigurosamente prohibida.

Title of this work:
Caminos: La odisea de una familia española en América después de la Guerra Civil Española

PUBLISHED BY:
Janaway Publishing, Inc.
732 Kelsey Ct.
Santa Maria, California 93454
(805) 925-1038
www.JanawayGenealogy.com
2012

For information about special discounts for bulk purchases, please contact Janaway Pubishing at (805) 925-1038, or email us at service@janawaygenealogy.com.

International Standard Book Number: 978-1-59641-295-8

Library of Congress Control Number: 2013930039

Cover design by Nicholas Sutton Bell

Manufactured in the United States of America

1936-1939

Cómo empezó, qué importa,
qué lo causó, quién sabe,
cuál fue el fin, incógnita,
quién perdió y ganó, nadie.

Campos de odio sembrados,
miles de cuerpos inertes,
vientos rasgados de llanto,
falta de amor y conciencia.

Cuánto tiempo perdido,
cuánta miseria y espanto,
cuántas almas peregrinas,
cuánto sufrir y quebranto.

En esta barca que surca
las aguas del ancho mar,
bajo la luz de la luna
almas que claman piedad.

Hombre soberbio, traidor.
con tu historia tan colmada
de miseria y de dolor
que patriotismo llamas.

Deja ya la espada y la cruz
que al mundo han asolado,
sé más humano, más justo,
apiádate de tu hermano.

Dedicatoria

A Antonio Machado, el eximio poeta, cuyos dos primeros versos de uno de sus poemas vibran en el alma de todo emigrante.

> Caminante, no hay camino,
> se hace camino al andar.

Inspirándome en él y en el otro eximio poeta Jorge Manrique, plasmé yo este verso:

> Al emigrante:
>
> Abandonar lo que siempre ha sido,
> partir en busca de lo que nunca será,
> ese es tu sino, ¡oh pobre emigrante!:
> caminar sin rumbo, sin dejar huella,
> como los ríos que se pierden en la mar.

Contenido

Dedicatoria..v

Introducción..1

Camino 1: Adiós a España...9
   Capítulo 1: Salida de España al no más terminar
      la Guerra Civil. 9
   Capítulo 2: Cómo llegamos al parque y lo que nos
      pasó allí. Separación imprevista y angustiosa
      de la familia. Nuestro Ángel de la Guardia. 25
   Capítulo 3: El maldito campo de concentración. 53
   Capítulo 4: Salida del campo de concentración
      hacia lo desconocido. 79
   Capítulo 5: Ocurre el milagro: aparece mi Carlos. 89
   Capítulo 6: Asesinato en Francia del querido
      hermano Pepe y qué fue del otro hermano
      Félix y del resto de la familia en España. 95
   Capítulo 7: Se nos presenta la oportunidad
      de irnos a Cuba. 107

Camino 2: Rumbo a Cuba. 115
   Capítulo 1: Salida de Francia a América con rumbo
      a Cuba. La infernal travesía. 115
   Capítulo 2: Desvío a Santo Domingo y llegada
      a este país. 125
   Capítulo 3: Nuestra estancia en Santo Domingo
      bajo la dictadura de Trujillo. 131
   Capítulo 4: Carlos y unos amigos fundan el periódico
      "La Nación. Conflictos entre la administración
      y Carlos y desenlace. 143
   Capítulo 5: La osada conspiración para asesinar
      a Trujillo. 145
   Capítulo 6: Se nos presenta finalmente la oportunidad
      de irnos a Cuba. 155
   Capítulo 7: Nuestra estancia en Camagüey
      y llegada del hermano de Carlos después
      de escaparse de la cárcel en España. 173

Capítulo 8: Salida de Camagüey a La Habana
y nuestra vida allí durante los primeros años.
Se agrava la situación política de Cuba. Golpe
militar del general Fulgencio Batista y nuestro
gran sufrimiento en La Habana. La Revolución
Castrista y consecuencias. Mis impresiones
muy personales sobre la Cuba de aquellos años. 191
Capítulo 9: Salida de Cuba a El Salvador
en Centroamérica. 213

Camino 3:   Rumbo a El Salvador. 217
Capítulo 1: Llegada a El Salvador en el verano de 1957.
Nuestra primera impresión de este país. Asentamiento
en nuestra casa de San Salvador en la que permanecimos
por más de dos años. Las muchas aventuras
amorosas de Carlitos. 217
Capítulo 2: Excursión familiar al volcán Izalco y lo
que les ocurrió a Coqui y Carlitos en El Boquerón. 233
Capítulo 3: Otros lugares y costumbres típicos de El Salvador.
Varios incidentes que le ocurrieron a Carlitos. 243
Capítulo 4: La gran tragedia de la playa de La Libertad. 247
Capítulo 5: Casamiento de nuestra hija Coqui y marcha con
su marido a Estados Unidos y lo que ocurrió después. 259

Camino 4:   Rumbo a Estados Unidos. 263
Capítulo 1: Salida de El Salvador a Estados Unidos
y llegada a Cincinnati. Primeras impresiones
de esta ciudad, sus costumbres y gente.
Lo que fue de nuestra familia de España
después de la Guerra. 265
Capítulo 2: Carlos comienza sus labores en la
universidad y Carlitos obtiene una plaza de maestro
en una escuela pública. 277
Capítulo 3: Casamiento de Carlitos con una chica
norteamericana y sus estudios en la Universidad
de Indiana y después en la de Madrid. Mi grave
enfermedad que casi me lleva a la tumba. Se
divorcian Carlitos y Melody. Vuelta a Cincinnati. 287
Capítulo 4: El gran amor de Carlitos y su segundo
matrimonio. 305

Capítulo 5: Muerte de nuestra entrañable madre en
    México. Cambio de narrador de esta historia. 311
Capítulo 6: Cómo conocí a Dagmar y lo que
    ocurrió después. 321
Capítulo 7: Me quedo sin empleo y se nos desata
    una nueva y larga odisea. 335
Capítulo 8: Enfermedad imprevista y muerte de mi
    hermana Coqui. Una luz más que se apagaba. 343
Capítulo 9: Muerte de mi padre. Tercera luz que se
    apagaba. Muerte también de mi suegro, el bueno
    de Bernabé. Vida de los guajeros de Guatemala. 351
Capítulo 10: Nuestra primera casa y otros acontecimientos
    dignos de mencionar. 377
Capítulo 11: Casamiento de nuestro hijo Carlitos
    y lo que nos ocurrió antes y después. 395
Capítulo 12: Marcha de Carlitos a Colorado y yo
    empiezo mis clases en una nueva universidad
    y otras cosas que pasaron. 415
Capítulo 13: Segundo casamiento de nuestra hija Isabel
    y la gran desgracia que le ocurrió a su marido. 433
Capítulo 14: Carlitos, acorralado con problemas,
    vende la pizzería y otras cosas que sucedieron. 439
Capítulo 15: Continúan nuestras vidas en tierra yanqui.
    Quedo yo como último eslabón de los que salimos
    de España después de la Guerra. 485

Epílogo 517

Dolorosas últimas palabras 519

Introducción.

No veo necesidad ninguna de escribir esta introducción. Lo hago por norma, por cumplir con lo establecido y habitual, como se escribe un verso en rima prefiriendo que fuera libre. No se me tome por rebelde o indómito pues media vida en Estados Unidos, no en el sur sino en el norte, hizo del río arroyo y de la tormenta brisa.

Yo soy el autor de la obra pero hasta su muerte es mi madre la que habla que es como decir una misma persona, voz y sentimiento, dos ramas de un mismo árbol. Ella guió mis palabras y me dio aliento para lanzar a los cuatro vientos lo que sin ella hubiera quedado eternamente sepultado en el olvido.

La obra recoge el vivir de cinco seres lanzados en catapulta a un mundo extraño e incierto en una época convulsa y tormentosa. Acosados por el franquismo, angustiados por el fascismo, y a la merced de oligarquías y dictaduras regimos parte de nuestras vidas hasta que uno a uno fuimos cayendo. De los cinco quedan dos ya con el pie en el estribo cargados de recuerdos y de vanas añoranzas de un mundo y época ya desaparecidos para siempre.

No soy escritor pero escribo, ni poeta pero hago versos, como el que pone clavos y corta madera creyéndose carpintero. Pero cuando la mente y el espíritu están tan sobrecargados o revientan por dentro o se desbordan en cascada fuera, y así nace el amor, la fe y así ha nacido este libro.

Si se publicara y cayera en manos de los que se dedican a desplumar las ideas y palabras de otros, no sé en cuanto a su género cómo la clasificarían. Por mi parte digo que la estimo lo más parecido a novela histórica-autobiográfica, pero ya veremos cómo la acuñan y en qué dirección sopla el viento. ¿Ficción o realidad? ¿Qué contestaría Cervantes si lo tuviéramos delante y se lo preguntáramos acerca de "Don Quijote"? ¿Hasta qué punto es el hidalgo manchego ficción o realidad y así el mundo que lo rodea? ¿Y qué decir de las ideas, de los sentimientos, dónde empiezan unas y terminan otros, y cómo se engendran y viven, y hasta qué punto son imaginarios o reales? Así, Cervantes es Don Quijote y Don Quijote Cervantes, uno de carne y hueso y el otro...bueno, en la mente de Cervantes, hecho del mismo modo. ¿Respuesta confusa? Pues sí, quizás, como quizás lo sea la pregunta, y como quizás lo sea la vida misma.

Espero que caiga en buenas manos, deleite, y que sirva de espolón para avivar conciencias y a la vez recordarnos de la complejidad del ser humano, de lo frágil de nuestra existencia y de los laberintos tan intrincados e inusitados en los que nos atrapa la vida.

Digo y subrayo que nada existe como la tierra propia, en la que hemos nacido, por más que nos azote el viento y dejen de relucir las estrellas. Salir y abandonarlo todo arrastrando pesados bultos de recuerdos y ansiedades augura empinados montes y amaneceres sombríos. Quédese cada cual donde está haciendo de la hiel almíbar y arropando esperanzas pues en última instancia es así como vivimos en tierra propia o ajena.

Salimos de España en 1939 pero nunca supe los detalles hasta mucho después.

España ha cambiado mucho desde la muerte de Franco. Lo que antes se guardaba como gran secreto de Estado está hoy al alcance de cualquier ciudadano. Navegando un día por la internet topé con el Archivo Nacional de la Guerra Civil Española en Salamanca y a ellos me dirigí indagando acerca de mi familia. A las pocas semanas recibí un grueso paquete de documentos entre ellos los que detallo a continuación letra por letra fechados entre 1947 y 1948:

TRIBUNAL ESPECIAL PARA
LA REPRESIÓN DE LA
MASONERÍA Y EL COMUNISMO

JUZGADO ESPECIAL No. Tres
No. Del Archivo 73 48 C
No. Del Juzgado 1009-C-47
No. Del Tribunal 24750
No. Del Reg. De la Presidencia del Gobierno (en blanco)

Encartado: CARLOS VEGA LÓPEZ
Detención _____ de _____
     de _____
Prisión incondicional _____ de _____
     de _____
Prisión atenuada _____ de _____
     de _____
Fecha de incoación _____ de _____
     de _____
Paso a la Fiscalía No. _____ el 24 de II de 48
Y se devolvió en _____

Sentencia de 12 de marzo de 1948 Pena (letra manuscrita que no se
     entiende)
Propuesta _____
Resolución de presidencia: Ignorado paradero
Paso a Ejecutorias en _____ de _____
     de _____

Debajo, en letra manuscrita difícil de entender:

Caspe 160　　　　　　　　　　　　　　　　　　　　　　¿ 17 ?

En el folio 2 esta nota también con muchas firmas y sellos:

PRESIDENCIA DEL GOBIERNO
Delegación Nacional
De
Servicios Documentales
(Antes Recuperación de Documentos)
Sección: Político-social
Núm. 2610

　　　　　　　Excmo. Sr.

　　Con el fin de que por ese Tribunal pueda procederse a la depuración Comunista; adjunto remito a V. E. los datos aparecidos entre la documentación clasificada hasta la fecha en la Sección Político-Social de esta Delegación relativos a DON CARLOS VEGA LÓPEZ.
　　　　Dios guarde a V. E. muchos años.
　　　　Salamanca 29 de junio de 1.947.
　　　　　　EL DELEGADO NACIONAL
　　　　　　DIRECTOR GENERAL
　　　　　　(firma)
　　　　　　(sello): ENTRADA
　　　　　　____ 4 JUL. 1947

　　Excmo. Sr. Presidente del Tribunal Especial para la Represión de la Masonería y el Comunismo.

　　　　　　　　MADRID

Y en el tercer folio:

PRESIDENCIA DEL GOBIERNO
Delegación Nacional
Servicio Documentales
(Antes Recuperación de Documentos)
SECCIÓN: Político-Social

Don JOSÉ GÓMEZ HERNÁNDEZ Jefe de la Sección expresada con carácter accidental,
CERTIFICO: Que relativos a CARLOS VEGA LÓPEZ Existen en los Archivos de esta Delegación Nacional en la documentación clasificada hasta la fecha, los datos y antecedentes político-Sociales siguientes:
Ficha de la Célula No. 8 del Radio del Partido Comunista de Caspe que se transcribe: "Carnet núm. 108.718.218.- Nombre: Carlos Vega López.- Profesión: Magistrado.- Lugar de trabajo: Tribunal Popular.- Fecha de ingreso: Julio 1.936.- No se le incluye en la Célula por la índole de su trabajo. -------------------------------
(Leg. 720.- Fol. 345.- P.S. Barcelona)
Y para constancia, expido el presente en Salamanca a los veintiocho días del mes de junio de mil novecientos cuarenta y siete.
(firma y sello)

En el folio 9 con el sello de RESERVADO, lo siguiente:

GUARDIA CIVIL
211ª Comandancia

INFORMACIÓN

Núm. 1718
Sumario No. 1.009-C-1947
De 21 de Octubre 1.947

Para constancia en Sumario del margen, seguido en ese Juzgado contra CARLOS VEGA LÓPEZ (sin más datos de filiación), que residió en Caspe de esta provincia, tengo la distinción de participar a V. E. que dicho individuo en Enero de 1.937 llegó a Caspe, procedente de Madrid y mandado por la Presidencia del Gobierno rojo el objeto de formar el Tribunal Popular del que desempeñó el cargo de Magistrado en la mencionada Ciudad hasta el mes de Marzo de 1.938 en que se liberó la población y marchó a Barcelona, continuando ejerciendo el mismo cargo en aquella Capital. En la actualidad se desconoce su paradero, suponiéndose que Se encuentra en Francia.
EL COMANDANTE DE INFORMACIÓN
(firma y sello)

En el folio 12 leí el siguiente párrafo:

DIRECCIÓN GENERAL
DE SEGURIDAD (etc.)

Han resultado infructuosas, hasta hoy, las gestiones practicadas por la Delegación de mi Autoridad para "la busca y captura de CARLOS VEGA LÓPEZ".

(Fechado 18 de febrero de 1948).

"Busca y captura", dos palabras que me helaron el alma. Perseguían a mi padre como a un jabalí en una cacería y con el mismo fin de matarlo. Siempre corriendo, sofocado, escabulléndose entre las sombras con toda una familia a cuestas. De ciudad en ciudad, de pueblo en pueblo, de casa en casa hasta llegar a San Hilario sin osar salir a la calle ni hablar con nadie. Y mi madre siguiéndole los pasos, abnegada, sufrida, suplicante, aferrada a la esperanza. Salida de San Hilario en iguales condiciones hasta alcanzar la anhelada frontera francesa. Cómo se las arreglaron y vivieron es para mí gran incógnita. Ni el sonar de mil clarines bastaría para alabarlos y así como a ellos a tantos miles que sufrieron igual desgracia.

Pasado el tiempo también recibí del Archivo Nacional unos documentos de mi tío Félix y una reseña de periódico de mi tío Pepe que había sido gobernador de Toledo durante la República. También se me informaba de una ley vigente desde el año de 1970 que proporcionaba ayuda al español que hubiera sufrido encarcelamiento o destierro durante la guerra especialmente si era niño. Como yo lo era y junto a mi madre, hermana y prima habíamos estado en un campo de concentración en Francia, me acogí a dicha ley pero al final todo resultó humareda.

La Guerra Civil fue un verdadero holocausto para España. Un millón de muertos, otro millón desperdigados por el mundo; sangre, dolor, espanto, miseria, sin que al final nada de ello valiera la pena. Parte del segundo millón fuimos nosotros, cinco seres aterrorizados e indefensos en alas del destino tratando de crear nidos donde la paja escaseaba.

En general América fue buena y generosa con nosotros aunque siempre sentida como tierra ajena con la posible excepción de Cuba. Allí quisimos echar raíces pero el destino nos lanzó un zarpazo y al cabo de quince años tuvimos que abandonarla. A veces más se siente cuando menos se ve y oye que es como decir que más se quiere de lejos que de cerca. Y así han crecido nuestros corazones saltando de mundo en mundo como las ranas, dejando mucho aquí y menos allá o poco aquí y menos allá que es como decir sin dejar nada. Con los años caímos todos en Estados Unidos y después quedé yo aquí y los demás fueron a parar a México con un desenlace desastroso. Los primeros años en tierra yanqui alentaron nuestro espíritu pero llegado el año 2000 batieron al país tantos cambios radicales que la estancia aquí se hacía cada día más penosa. ¿Pero qué hacer rodeados ya de hijos y nietos? Además, ¿regresar a qué si la tierra madre se despeñaba como esta por el precipicio de la desfachatez e inmoralidad, de la podredumbre social? Prefiero mil veces recordar a España como era a como hoy es, verla de lejos y sentirla de cerca. ¿Paz, democracia, libertad? Bienvenidas sean las tres pero es imprescindible sentirlas, razonarlas, arroparlas, preservarlas, de lo contrario sería como ponerse un abrigo de gruesa lana arreciando el sol del trópico. Cierto es que en el país donde más florecieron, que es Estados Unidos, van perdiendo su lustre augurando tiempos fatídicos y hasta el posible fin de la gran república norteamericana. Y de ser así, ¿qué se puede esperar de su supervivencia en otros países que nunca conocieron o supieron implementar debidamente ninguna de las tres? No nos queda más remedio que dejar al tiempo darnos la respuesta...

Camino 1: Adiós a España.

Capítulo 1: Salida de España al no más terminar la Guerra Civil. Capítulo 2: Cómo llegamos al parque y lo que nos pasó allí. Separación imprevista y angustiosa de la familia. Nuestro Ángel de la Guardia. Capítulo 3: El maldito campo de concentración. Capítulo 4: Salida del campo de concentración hacia lo desconocido. Capítulo 5: Ocurre el milagro: aparece mi Carlos. Capítulo 6: Asesinato en Francia del hermano Pepe, y qué fue del otro hermano Félix y del resto de la familia en España. Capítulo 7: Se nos presenta la oportunidad para irnos a Cuba.

Capítulo 1. Salida de España al no más terminar la Guerra Civil.

--¡Salgan del coche y chitón!

--Pero oiga, ¿quiénes son ustedes?

--Eso no importa tres carajos; ¡hagan lo que les digo y fuera del coche ya!

--Pero no entiendo, ¿a qué se debe todo esto?

--No hay nada que entender, ¡fuera le dije, coño!

La pobre de Regina, temblando de miedo como una hoja, me preguntó:

--Tía, ¿quiénes son estos hombres?

--Nada, Regina, hagamos lo que dicen, salgamos del coche y coge de la mano a Carlitos.

Salimos menos nuestro chofer José que se resistió. Rojos de cólera ambos hombres lo agarraron por el cuello y los brazos y de un jalón lo sacaron del coche.

--¿Cuál es la mierda contigo, es que te las quiere dar de machito?—le dijo uno de los hombres mientras lo tenía en el suelo sujeto por los pelos.

--Métele un tiro para que no joda más, apunta a la frente y acaba con este hijo de puta. —dijo el otro.

--Pero...

--¡No hay peros, cojones, dame acá el rifle!

--Apuntó el malvado, apretó el gatillo, y cayó desplomado el bueno de José con dos tiros en la cabeza.

Nos quedamos horrorizados, los niños llorando y yo a punto de desmayarme. Acto seguido los dos hombres se metieron en el coche y desaparecieron en una gran bocanada de humo.

--¡Ay tía!, ¿qué ha pasado?

Yo no sabía qué contestarle. Me acerqué a José y allí yacía inerte en un charco de sangre, los ojos botados, espantados. Miré angustiada a mi derredor y no se atisbaba la menor señal de vida. De pronto se encapotó el cielo y nos cayó encima un chaparrón. Salimos corriendo y nos cobijamos debajo de un árbol que quedaba cerca pero así y todo nos empapamos. En las maletas que dejamos en el coche y que se llevaron aquellos malditos llevábamos ropa que nos hubiera venido ahora de maravilla. No teníamos más que lo puesto y temía que los niños me agarrasen una pulmonía. No tuve más remedio que resignarme y aguantar. Poco a poco fue amainando y aclaró. Regina y yo le quitamos la ropa a los niños y la colgamos de una de las ramas del árbol. Yo y Regina nos escurrimos la nuestra lo mejor que pudimos aunque ganas teníamos de quitárnosla también. Tuvimos suerte que era verano pues de lo contrario nos hubiéramos congelado. Tan pronto se secó algo la ropa se la pusimos a los niños y lo primero que hicimos fue ir a ver al desdichado de José. Allí estaba tal cual lo habíamos dejado con la sangre ahora mezclada con agua y la cara y extremidades salpicadas de barro. El pobre tenía que haber caído muerto cuando le dispararon pues ni las manos las había movido. Transidos de dolor y sin parar de llorar fuimos tirando de él hasta llegar al árbol. Le cerré los ojos y la boca, lo limpié lo mejor que pude, le crucé los brazos sobre el pecho y con unas piedras que recogimos cubrimos el cadáver. Regina le hizo una cruz de unas ramas y los cuatro nos arrodillamos rezándole cinco Padre Nuestros y cinco Ave Marías. Se llamaba José Valverde, natural de Valladolid, de unos treinta años de edad, soltero. Vivía con su madre viuda y una hermana. Lo conocimos cuando Pepe fue a San Hilario siendo ya su chofer. Fue allí cuando se fue Carlos con su hermano rumbo a Francia, dejándonos a nosotros a la rezaga para hacer el viaje en coche y allí encontrarnos en dos o tres días lo cual nunca llegó a pasar por el percance que nos ocurrió.

Exhaustos y desfallecidos nos metimos debajo de otro árbol y al no más oscurecer nos quedamos rendidos acurrucados unos con otros. No habíamos comido ni bebido agua en dos días a no ser la de la lluvia a gotitas. Me desperté al amanecer y me quedé mirando a los niños que aún dormían. Pobrecillos. Coqui y Carlitos abrazados y Regina tendida boca arriba con el brazo derecho sobre en el hombro de Carlitos. Rompía el alma verlos con la ropita toda arrugada y sucios. Me aparté unos pasos a ver si veía algo o a alguien y nada. Tenía que decidir qué rumbo tomar y de alguna manera alcanzar la frontera francesa sin tener ya esperanzas de encontrarme con Carlos. En ese momento oímos a alguien que venía cantando a todo pecho y al vernos se nos acercó muy extrañado y nos dijo:

--¿Pero qué hacen ustedes aquí?

--Vamos rumbo a Francia.

--¿Pero cómo es eso, usted sola con los niños y a pie?

--Teníamos otros planes pero nos pasó una desgracia en el camino.

Le relaté entonces al hombre lo que nos había ocurrido. Era ya mayor, de unos sesenta o setenta años, de barba tupida, canosa, pantalones bombachos, chaquetita de pana, calzando unas alpargatas mugrientas; cargaba sobre sus hombros dos enormes bultos.

--Dígame, señora, ¿cuál es su gracia?

--Emilia, ¿y la suya?

--Mateo, Mateo Peláez, de Alcalá de Henares, ¿y usted de dónde es?

--De Melilla.

--¿Andaluza, eh?

--Pues sí. ¿Y usted qué hace por aquí, de dónde viene o adónde va?

--Vengo del infierno y posiblemente vaya a otro infierno.

--No le entiendo.

--Vengo de Francia y me dirijo hacia España.

--¿De Francia?

--Sí, de ese maldito país.

--¿Malditos llama usted a los franceses?

--¿Y cómo los voy a llamar? Que no me vengan con lo de ser vecinos que igual de cerca habitan la hiena y el león. Me trataron como a un perro y aún peor y como llegué me marché por no soportarlos. Para ellos que se las dan de ser tan cultos y refinados nosotros los españoles somos unos salvajes y muertos de hambre. No nos tienen el menor respeto o consideración, ¿y usted va para allá?

--No tengo más remedio, ¿qué otra cosa puedo hacer? Allí me espera mi marido Carlos y con él nos tenemos que juntar. Volver a España es imposible.

--Ya veo, pues nada, adelante y que le vaya bien. Métanse por allí entre aquellos árboles y sigan derechito como unos diez kilómetros y al llegar a una colina tuerzan a mano derecha y sigan a la gente. ¿Tienen hambre?

--Muchísima.

--Mire, tome esta hogaza de pan, salchichón y las cebollas que me quedan con lo que podrán al menos entretener el estómago. Agua no tengo pero un poco más adelante hay un arroyuelo y allí podrán calmar la sed. Adiós señora y que Dios les acompañe.

--Adiós, Mateo, y muchas gracias.

--De nada, hombre, de nada, buena suerte.

Se marchó Mateo y nos sentamos debajo del árbol devorándonos el pan y salchichón. Corté el pan en tres pedazos y los repartí entre los niños. Carlitos, que era gran comelón, se llevó el pedazo más grande y del salchichón le di más de la mitad. Yo me comí un par de cebollas y algo del pan que, aunque duro, sabía a gloria. Las cebollas estaban medio podridas y el salchichón duro como una suela de zapato pero así y todo nos lo comimos todo y se nos aplacó el hambre.

Sentimos entonces gran sed y nos fuimos en busca del arroyuelo. Lo encontramos tal como nos lo había dicho Mateo y con ropa y todo nos metimos en él y bebimos agua hasta hartarnos. No éramos los únicos que habíamos estado allí pues en la orilla vimos muchos desechos humanos como latas vacías, maletas, una que otra prenda de ropa y hasta unos zapatos de mujer. Estuvimos allí cosa de una hora y después emprendimos la marcha siguiendo las señas que nos había dado Mateo. A Carlitos le dolía una pierna de una caída que se había dado y unas veces Regina y otras yo lo llevábamos en brazos. Coqui tosía mucho lo que no me extrañaba por la gran cantidad de polvo que tragábamos. Por el camino iba pensando en Mateo y lo que me había dicho de su familia. Sus padres ya habían fallecido y sus dos hermanas solteras se habían ido a vivir con unos parientes en Teruel al estallar la guerra. Tuvo problemas con su mujer que era vasca y se separaron sin tener hijos. Aparentaba ser buen hombre y me daba mucha lástima verlo tan solo y decepcionado de todo y ahora camino de vuelta a una España desecha.

Me ilusionaba saber que estábamos cerca de la frontera muy esperanzados de encontrarnos con nuestro querido Carlos, ¡ay, Carlos, cuánta falta nos haces! ¿Dónde estará, ¿qué será de él? Quedamos en vernos en Perpignan, en la plaza de pueblo, pero nadie se esperaba lo que nos ocurrió. Había pasado más de una semana desde que nos separamos en San Hilario y ninguno de los dos sabía si nos volveríamos a ver. La angustia me tenía presa y ver a los niños sufrir me desgarraba el corazón. Estábamos todos hechos unos mamarrachos, malolientes y sucios de la cabeza a los pies. Más de una vez pensé en dar marcha atrás sin reparar en consecuencias. Mi situación era agobiante; sola, con tres niños y sin un centavo, ¿pero atrás a qué, adónde? De haberlo hecho hubiera perdido a Carlos para siempre y si n él realmente no podía vivir. Tenía que seguir adelante y jugármelas todas confiando mucho en Dios.

Sacando fuerzas de donde no las tenía, resignada a la realidad, y encomendándome al Todopoderoso, emprendimos la cruenta marcha hacia Francia. El corazón se me quería salir de ansiedad y digo y repito que si no hubiera sido por Carlos allí mismo hubiera dado media vuelta y regresado a España. Bajamos por una pequeña cuesta y vimos la colina que era más bien una enorme roca que salía de entre unos árboles. Llegamos allí y nos metimos por un bosquecito y al no más atravesarlo nos topamos delante con un espectáculo sobrecogedor: riadas de gentes en caravana se movían lentamente hacia lo que supuse era la frontera. Hombres, mujeres, niños, ancianos, docenas de lisiados y mutilados cargando o tirando de bultos, maletas, cajas, baúles, trastos viejos, carretillas, unos caminando, otros arrastrándose, otros en cuclillas de cansancio o implorando al cielo. Calculo que habría allí sobre cinco mil personas o más bien espectros humanos con muchos más que no se veían por la densidad de los árboles. Daba la impresión de que toda España poco a poco se desangraba quedando vacía sin vida. Los niños estaban aterrorizados sin osar separarse de mí y sollozando. Digo que jamás en mi vida había visto tanta calamidad.

--Tía, ¿qué hacemos ahora?—me preguntó Regina acongojada.

--La pregunta me heló las carnes, sacándome de mi estupor. Me tocaba a mí decidir y pensando que a poca distancia quizás estaría Carlos esperándonos, cargué a Carlitos en mi brazo izquierdo y con el otro cogí la mano de Coqui apretándola fuertemente y haciéndole señas a Regina de que la cogiera por la otra. Así, como el que va en un calvario, nos mezclamos con la multitud.

Tropecé sin querer con una señora y con mirada airada soltó una palabrota.

--Perdone—le dije--, fue sin querer.

--Sin querer se ha matado a mucha gente—me contestó en tono muy displicente. Mire por dónde va y si está cansada aguántese como todos nosotros.

--Pasando por alto lo que me había dicho, le pregunté: ¿Vamos a Francia, verdad?

--No vamos, nos llevan, impulsados por el odio y la miseria. Malos vientos se han cernido sobre España y sobre nosotros De esta no salimos.

--Hay que tener fe—dije yo.

--¿Qué fe?—me contestó.

--Bueno, usted sabe...

--Yo no sé nada y mucho menos de fe.

Entre la gente que había allí cerca se oían escalofriantes quejas y lamentos.

Uno.

--¡Coño que eres una cretina! ¿Dónde pusiste el bicarbonato?

--En la bolsa y más cretino eres tú.

--Perdona pero es que tengo el estómago hecho trizas.

Otro.

--¡Levántate y camina que nunca vamos a llegar!

--No puedo, no me dan las piernas.

--Venga, echa el brazo al hombro y apóyate en mí.

Otro.

--¿Le diste algo de comer al niño?

--¿Qué le voy a dar?

--¿No traías unas naranjas?

--Sí, pero están podridas.

--No importa, es buen alimento, ¿y las castañas?

--Ya nos las comimos.

Otro.

--¿Qué le pasa a esa mujer? Se ha desmayado.

--Los nervios, el cansancio, la pena que lleva dentro.

--Desdichada mujer. Así es, el dolor del cuerpo se cura, el del alma mata.

Otro.

--Lo que es el destino, nunca pensé pisar tierras francesa.

--No hemos parado de pisarnos las tierras unos a otros, ¿qué importa una vez más?

--Hay que ver cómo se pisa, que en unos quedan huellas y en el otro no.

--No hables estupideces.

Otro.

--¡Encárgate tú de los niños que no paran de berrear, yo ya tengo bastante con tanto bulto!

De pronto cayó al suelo una señora desmayada y el tropel de gente le pasó por encima magullándola toda. El marido, enfurecido, con un paraguas que traía en la mano empezó a dar paraguazos a diestra y siniestra y se armó un gran jaleo. Vinieron unos guardias y lanzaron unos tiros al aire para dispersar a la multitud y allí yacía la señora moribunda. Al verla el marido empezó a dar gritos de dolor y a maldecir a los que allí estaban:

--¡Desalmados, asesinos, me habéis matado a mi mujer! ¡Malditos seais todos y que os achicharréis en el mismísimo infierno!

Nadie le hizo caso y cada cual siguió su rumbo murmurando. Me acerqué al pobre hombre y traté de consolarlo pero fue en vano; se desplomó sobre su mujer y allí quedaron los dos más que solos.

Caía la noche; la gente ahora eran puras sombras. La luna distante, fría, indiferente, el cielo gris con unas finas nubes caracoleando. A nuestro derredor la penumbra, el polvo que se elevaba como el humo de una gigantesca hoguera disipándose en el pútrido aire. Seguían los llantos, quejidos, maldiciones, entrándonos por la nariz un tufo a muerte como el de una funeraria. Inmensa soledad, incertidumbre, desasosiego. Cerró la noche y las sombras fueron cayendo como caen los pinos batidos por un vendaval. Yo no pegué ojo esa noche atenta a los niños para que nadie los atropellara, tendida sobre ellos y acurrucándolos entre mis brazos. Salió el sol y seguimos avanzando. De pronto exclamó una voz:

--¡Miren, allá, en aquel pino, qué horror, ay, Dios mío!

Todos volteamos la vista al pino y allí, balanceándose en una de las ramas, el cuerpo de una mujer que aparentemente se había ahorcado. El marido y los dos hijos al verla salieron corriendo desaforados y lanzando gritos de intenso dolor.

--¡Juana!...¡mamá, MAMAÍÑA!

Se subió el marido al árbol y cortó la cuerda mientras unos hombres la fueron bajando hasta acostarla en el suelo. Tenía el cuello comprimido con la lengua afuera y sangre saliéndole a borbotones por la boca. Sólo de mirarle los ojos me espeluzné. Los niños se le tiraron encima tratando de revivirla pero fue inútil. Se había ahorcado con una correa y en un pedazo de papel que estaba en el suelo bajo sus pies había escrito:

"No puedo más. Perdonadme".

Que Dios la acoja en su seno y a su familia guarde. En aquella patética escena estaba plasmada la enorme tragedia española. Allá quedaron los infelices sumidos en la más desgarradora tristeza. Nacemos para morir, bien lo sabemos, pero no así; que no, que no, que no es justo.

Al andar se hace camino, según dice el poeta, pero a veces se anda y anda sin llegar a ningún sitio. Nos sentíamos atrapados, en una encrucijada, hacia adelante la incógnita y hacia atrás el abismo. Sólo la fe y la esperanza nos sostenían en pie. No sé por qué en ese momento surgió en mi mente aquel verso de Gracián que decía:

> Todas las cosas se van acabando,
> todas ellas perecen,
> y el mundo, siempre el mismo,
> siempre permanece.

Ninguno de los dos mundos permanecía igual, ni el que dejamos atrás ni el que teníamos por delante. España destruida y Francia siguiendo el mismo camino y el resto del mundo al borde de la hecatombe. La única salvación era América, la tierra de promisión, pero el camino que había que recorrer para llegar allí desbordaba toda capacidad humana. Sólo con un milagro, primero dar con Carlos y después lograr superar los muchos obstáculos que indudablemente se nos presentarían. La meta de todos, o al menos de la mayoría de nosotros, era alcanzar América y así escapar del fascismo y del ogro comunista, de una Europa sumida en el caos absoluto y la más acuciante bancarrota. ¿Quién fue el que dijo que el cielo es siempre claro, que el sol y las estrellas nutren y dan vida, que la luna apacigua a las almas peregrinas, que el aire de la sierra vivifica, que todo amanecer trae esperanza? ¡Ay poetas, poetas, tanto cantar ilusiones vanas que emboban al enamorado y anonadan al incauto!

Al cabo de unas tres horas llegamos a un pueblecito que se llamaba La Junquera en la provincia de Gerona. Lo atravesamos tal cual un inmenso rebaño de ovejas y llegamos a otro que se llamaba Le Perthus con una parte española y otra francesa divididas por un camino o calle entre dos montañas que si mal no recuerdo se llamaba "Els Limits" o algo parecido. Allí había una guarnición de soldados españoles y franceses y dos camiones o ambulancias de la Cruz Roja atendiendo a los enfermos y repartiendo comida, agua, y otros menesteres. Nos pusieron a todos en fila de a dos pero al poco rato oscureció y nos dijeron que nos acomodásemos como pudiéramos para pasar la noche y que continuarían al día siguiente al no más amanecer. Un señor que venía solo nos facilitó dos maletas de las que hicimos almohadas y durmieron los niños como troncos menos yo que no pegué un ojo durante toda la noche por la gran algarabía amén de los codazos y patadas que recibíamos por lo apiñados que estábamos.

Nos aprestamos todos al amanecer y volvimos a hacer fila como si fuéramos en procesión.

Llegamos a la frontera—que debía haber sido a fines de febrero o principios de marzo del 39-- o mejor dicho al pueblo de la Junquera, en la provincia de Gerona, donde vimos a dos camiones de la Cruz Roja atendiendo a los enfermos y repartiendo comida, agua y alguna ropa. Toda la gente, en fila de a dos, esperaban su turno para recibir el visto bueno de los soldados que cuidaban la frontera, españoles, de este lado, y franceses del otro. Pedían cualquier tipo de documentación que mucha gente no tenía, un pasaporte, un carnet de identidad, alguna carta o certificado que avalase quién era la persona y su procedencia. Todo lo que tenía yo y que salvé por llevarlo encima cuando nos arrebataron el coche con todas las valijas que llevábamos, era un certificado dado en Barcelona que atestiguaba mi nombre, la familia que me acompañaba, y que solicitaba que se me diese paso libre para cruzar a Francia. Claro que era un documento emitido por la República y que con mucho trabajo logró conseguir Carlos poco después de llegar a Barcelona. Conmigo lo he tenido todos estos años y lo copio aquí al pie de la letra:

EL MINISTRO DE LA GOBERNACION

Concede el presente pasaporte a favor de Doña Emilia Bellido del Nido de treinta y un años de edad, natural de Melilla nacida el veintiséis de marzo de 1907, acompañada de las personas que al pie se detallan, para trasladarse a Francia, cuya fotografía del titular va anexa.

Por lo tanto, ordeno a las Autoridades Españolas y ruego a las extranjeras no les pongan impedimento alguno.

Dado en Figueres a veintinueve de enero de mil novecientos treinta y nueve.

PERSONAS QUE LE ACOMPAÑAN

Rudesinda Vega Bellido, de cuatro años.
Carlos Vega Bellido, de un año.
Regina Suárez Vega, de trece años.
Dosinda Gardón Coqueja, de treinta y siete años.

Y a la izquierda este texto en rojo:

Autorizado para salir de España.
Barcelona 30 de enero de 1939.
La validez de esta autorización

caduca el 30 de marzo de 1939.
El Ministro de la Gobernación
(firma y cuño)

Arriba, a la izquierda, una foto mía que me tomaron en la plaza de San Hilario y que reflejaba la honda angustia que llevaba por dentro; triste foto, triste de mí.

No mencioné a Dosinda hasta ahora a pesar de habernos acompañado en todo el trayecto desde que nos marchamos de Barcelona. Dosinda era la manejadora de los niños y se quedó en San Hilario pues no había forma de que quisiese dejar a España. No sé lo que fue de ella pero se quedó muy sola y triste cuando nos separamos.

Llegó nuestro turno. Presenté el certificado y sin la menor traba nos dejaron pasar pero no sin antes registrarnos de pie a cabeza, aun a los niños. A muchos de los que estaban allí les confiscaron sus pertenencias quedándose sólo con la ropa que llevaban puesta. Habíamos pisado, pues, tierra francesa. Atrás quedaba nuestra España que nunca más pensé volver a ver. Al no más cruzar unos guardias franceses nos ordenaron mantener silencio y nos dirigieron a un descampado. Calculo que éramos en total unas mil personas.

El hambre nos acuciaba y nos sentíamos desfallecidos sin poder tenernos en pie. Todo lo que llevábamos en el estómago eran unas castañas y peras que nos habían dado unas monjitas en las afueras de la Junquera. Me pasó un guardia francés por el lado y le pregunté en español:

--¿Hay algo de comer, por favor?, los niños están muertos de hambre.

Mirándome con mucho desdén me contestó:

--Je ne parle pas espagnol, trui.

--Le entendí lo de no hablar español, pero no lo de "trui".

Se me acercó un refugiado español que venía con nosotros y me dijo:

--Señora, ese mierda le ha llamado "cerda".

--¿Qué le vamos a hacer?, nos odian por haber invadido su país y estamos a su merced. Hay que bajar la cabeza y pasarlo todo por alto.

--Así y todo no está nada bien llamarle cerda por el simple hecho de ser española.

--Será por el aspecto que tenemos.

--Por lo que sea; si fuera un poco más joven me lo comía a golpes.

--Déjelo, caballero, no vale la pena.

En ese momento llegaron varios camiones y se nos indicó abordarlos y que mantuviésemos orden y silencio, pero de nada valió porque aquella turba a puros codazos, patadas y empujones se abrió paso y en poquísimo tiempo se llenaron los camiones. Yo, viendo aquello y aterrorizada, aprovechando la confusión me aparté con los niños y echamos a correr escondiéndonos detrás de unos árboles. Al irse los camiones nos fuimos caminando sigilosamente hasta llegar a un pueblo que se llamaba Le Perthus o algo parecido. Era tanto el cansancio y desfallecimiento que sentíamos que al no más llegar a unas rocas nos desplomamos los cuatro y allí nos venció el sueño. A la mañana siguiente abrió el cielo como abre el pavorreal su plumaje y nos bañó el sol con su radiante luz. Esperanza divina, a la que tanto nos aferramos a lo largo nuestra vida. Yo nací con la esperanza o ella nació conmigo y siempre fuimos buenas amigas así de cerca como de lejos. A veces me defraudó, es verdad, o yo la defraudé a ella, pero nunca nos separamos. Continuamos la marcha muy cuidadosos de que no nos vieran y de que alguien nos descubriera en cuyo caso estábamos perdidos.

La soledad e incertidumbre nos consumía. No sabíamos dónde estábamos ni qué rumbo tomar. Carlitos me tenía muy preocupada porque no hacía más que toser, y Coqui cojeaba de una pierna que medio se rompió al resbalar en una de las rocas. Regina también andaba mala del estómago quejándose de que dolía mucho y que tenía muchas ganas de vomitar. Nos acuciaba el hambre y la sed, la total desesperación.

En San Hilario Carlos y yo habíamos quedado en encontrarnos en el pueblo de Perpignan a unos diez kilómetros de la frontera, donde me esperaría en el parque. Este pueblo, según después me enteré, estaba en el río Têt a pocos kilómetros del Mediterráneo, y lleno de catalanes cuya cultura habían impuesto a lo largo de muchos años. Es más, según leí después en un libro, este pueblo, que formaba parte de la región de Roussillon, había sido de España o del reino de Aragón hasta mediados del siglo XVII cuando le fue cedido a Francia por el Tratado de los Pirineos. Fue por eso que quedamos Carlos y yo en vernos allí, por lo cerca que estaba de la frontera y por haber allí gente nuestra aunque los catalanes fueron siempre muy especiales. Después de todo habíamos salido de Cataluña al poco de perderse Barcelona --último baluarte de los Republicanos— a los franquistas. Lo único malo era que ni Carlos ni yo hablábamos catalán y esta es gente renuente a expresarse o que se les hable en otra lengua que no sea la suya. Hablan y entienden español perfectamente pero se niegan a hablarlo o escucharlo. Nuestra estancia en Cataluña fue dura y no recuerdo haber conocido a nadie que nos tratase bien. Claro que allí nació Carlitos y murió Mamasinda, la madre de Carlos, y así mal que bien lo recordábamos con cariño.

Capítulo 2: Cómo llegamos al parque y lo que nos pasó allí. Separación imprevista y angustiosa de la familia. Nuestro Ángel de la Guardia.

Que no se me pregunte cómo llegamos a Perpignan por ser larga y cruenta historia, tal que ni acordarme quiero. Puedo decir, no obstante, que la caridad y nobleza humanas aún existen en el mundo pues tanto españoles como franceses nos trataron muy bien y nos ayudaron en todo lo posible. Sabían que éramos republicanos, pero a pesar de tirar ellos más hacia los franquistas y los españoles que vivían allí antes de la guerra igualmente simpatizantes de unos y otros, no tengo quejas y les estoy muy agradecida. Suerte fue que iba sola con tres niños y que se compadecían de nosotros al vernos tan demacrados y esqueléticos. Unos nos dieron alimento, otros ropa, otros dinero para pagar el pasaje en autobús, y hubo otros, como una señora francesa, que nos trató con un cariño y bondad sobrecogedores, sobre todo a los niños a quienes colmó de caramelos y regalos, entre ellos una muñeca a Coqui y un caballito de juguete monísimo a Carlitos. A mí me dio un sombrero de paja precioso y dos vestidos que eran de su madre. A Regina, que era ya una señorita, dos blusas de mucho colorido y tres faldas y, como llevábamos los zapatos destrozados, habló con el dueño de una zapatería que era su amigo y nos calzaron a los cuatro. Nada, que no se puede hablar en generalidades, como decir que todos los franceses son unos desalmados y los españoles unos indiferentes. La tragedia humana nos afecta a todos por igual. Ya se verá más adelante la verdad de lo que digo.

Pues bien, al cabo de muchas vueltas llegamos a Perpignan. Allí se nos trató muy toscamente desde que nos bajamos del autobús y tuvimos varios encuentros con parte de la gente por su lenguaje soez que aunque no entendía me lo imaginaba por el tono y gestos. Íbamos por la calle como sonámbulos apartándose todos de nosotros como si fuéramos unos leprosos y los que estaban en los balcones al vernos pasar levantaban los brazos en señal de repulsión o disgusto; hasta un perro que llevaban unos niños se nos quiso abalanzar sin parar de de ladrarnos causando en nosotros gran pavor. Una señorita con la que tropezó Coqui sin querer le soltó una palabrota y yo por aplacarla le dije muy sonriente en mi pésimo francés:

--Bon jour, mademoiselle, comment allez-vous?

La mujer prosiguió su camino como si no me hubiera oído y desde lejos me gritó:

--Cochon!

Yo no le entendí lo que había dicho, pero por la cara de odio que tenía supuse que no era un insulto.

--¿Tía, qué le pasó a esa mujer, qué te dijo?

--¿Qué sé yo, hija, pero nada bueno puede haber sido por su mirada y el tono áspero de su voz. No te angusties, no le hagas caso y escucha lo que te digo: no prestes atención de aquí en adelante a nada de lo que oigas o veas, ignóralo todo y hazme caso sólo a mí. Preocúpate por encontrar al tío Carlos y lo demás déjalo pasar, ¿estamos?

--Sí, tía, como tú digas.

A duras penas llegamos al parque que recorrimos de punta a cabo sin señal de Carlos. Muertos de cansancio y hambre y embriagados de una desazón incontrolable nos desplomamos los cuatro en uno de los bancos resollando como bueyes. Ya no podíamos más. Llegar allí fue un triunfo que al final no valió de nada. Estábamos hechos un zarrapastrosos, oliendo a letrina y con la piel arenosa por el polvo que se nos pegaba y el sudor. En el camino logré enjuagar la ropa que llevábamos en un pequeño arroyo quedándonos mientras se secaban con las bragas puestas que eran una inmundicia. Allí nos aseamos por arribita como los gatos pero el mal olor persistía. Hacíamos nuestras necesidades como los potros, escondidos detrás de algún arbusto y limpiándonos con hojas o hierba. Carlitos, que no paraba de hacer pon, andaba siempre churroso y el que peor olía de los cuatro a pesar de que yo me cuidaba de limpiarlo bien. Es increíble que pudiéramos soportar tanta necesidad sin derrumbarnos o sin uno de nosotros enfermarse de verdad. Mi gran temor era que a los niños les diese una disentería, sobre todo a Carlitos pues ya en un par de ocasiones había estado con vomiteras y diarrea, y si tal ocurriese en aquella soledad estábamos perdidos. No quiero mencionar aquí por avergonzarme cómo me las arreglaba yo con mi menstruación, pero cuando se me presentaba me metía detrás de unas plantas y como un potro salvaje abría las piernas y lo dejaba salir todo asegurándome de que los niños no me viesen. Y la pobre Reginita, que ya era una mujercita, hacía lo mismo y ambas nos sentíamos muy avergonzadas y sucias. Dormíamos a la intemperie debajo de algún árbol y siempre temerosos de que nos fuese a pasar algo o que los niños se despertasen de madrugada y se perdiesen. Menciono aquí como cosa curiosa que en el camino nos encontramos un día varias cosas tiradas, como ropa, gorras militares, una muleta rota, y hasta un sostén y unas bragas manchadas y hediondas. Coqui encontró una muñeca sin piernas, Regina un anillo de plata con las iniciales DQM, y Carlitos unos corchos de botella con los que se ponía a jugar y se entretenía. Debajo de un abrigo de mujer encontré yo una estampilla de la Virgen del Socorro que decía al dorso: "Rogad por el alma de Severino Guzmán Monteagudo que entregó su alma al Señor en esta ciudad de Pontevedra el 24 de noviembre de 1938. Su mujer Amparo y sus hijos Romualdo y Dorotea". ¿Quién sería aquella gente y qué habría sido de ella?

Estuvimos allí sentados en al banco un buen rato a la expectativa de la llegada de Carlos. Los niños tristes, compungidos, hambrientos y sedientos. Serían las cuatro o cinco de la tarde y de momento se nos plantó delante una señora muy bien vestida y en perfecto español nos dijo:

--¿Españoles?

--Sí.

--¿Qué hacen aquí tan solos?

Como no sabía quién era no me atreví a decirle nada por temor a empeorar las cosas.

--Nada, descansando, tomando aliento.

--¿Qué tiempo llevan aquí?

--Unas horas.

--¿Esperan a alguien?

--No, a nadie.

--¿Tienen por aquí a algún pariente o amigo?

--No, a nadie.

--¿Y por qué tan solitarios y no con los otros españoles?

--Estábamos con ellos pero nos querían llevar a no sé dónde y nos separamos.

--¿Y cómo los dejaron marchar sin más?

--Pues no se dieron cuenta entre el tumulto de gente.

--Se me parte el corazón de verlos así, pobrecitos los niños. ¿Ha comido algo?

--Nada.

--¿Y de aquí a dónde?

--Pues no lo sé.

--Y usted cómo se llama?

--Emilia. Esta es Reginita, Coqui y el pequeñín Carlitos. Reginita es mi sobrina y los otros dos mis hijos. ¿Y usted cómo se llama?

--Mire, Emilia, basta de tanto hablar. Le propongo llevarlos a mi casa que está cerca y que se queden allí conmigo hasta decidir lo que van a hacer. ¿Qué le parece, se vienen?

--Pues en verdad no sé, sería para usted gran molestia.

--No lo sería, se lo aseguro, vivo sola y me encantaría la compañía. Aquí desde luego no se pueden quedar, es muy peligroso.

--Leticia, no sé, es usted muy amable pero me da mucha pena caerle encima y ser para usted una carga.

--No lo piense más, venga, vámonos.

Los niños me miraban con ansiedad, como implorándome que accediera a lo que la buena señora me proponía.

--No sé, Leticia, no sé...

--Piense en los niños, tan desamparados.

--Bueno, lo que usted diga, gracias, muchas gracias.

La bondad de Leticia me tenía sobrecogida, tan inesperada, tan oportuna. Se nos había aparecido de la nada como un ángel de la guarda enviado por Dios para darnos socorro. No teníamos nada que ofrecerle a no ser nuestra compañía y cariño. En el Poema del Cid hay una escena en la que el Cid, camino al destierro, se cruza con un leproso y compadecido comparte con él la poca agua que traía. Acordándome de aquella patética escena, tomé a Leticia por las manos y muy emocionada le dije:

--¡Ay!, Leticia, su caridad y comprensión me sobrecogen y no sé qué decirle.

--Nada, Emilia, lo hago de mil amores.

--Pero mire, Leticia, siéntese, antes de irnos quiero decirle algo, la razón por la cual estamos aquí. Es algo que debe saber. Espero a mi marido, Carlos, con el que quedé en vernos en este mismo parque antes de salir de España.

--¡No me diga!

--Pues sí, aquí mismo.

--¿Y...?

--Que no se ha aparecido todavía y me tiene muy preocupada.

--Pero, claro, él no sabía el día exacto en que usted vendría.

--Es verdad, no lo sabía.

--¿Y entonces a qué preocuparse? Es muy probable que haya venido varias veces y al no verla se haya marchado. Ya regresará.

En ese momento lanzó Regina un grito:

--¡Tía, tía, mira, aquí detrás, en este banco!

--¿Qué?

--¡Ven, mira!

Salí corriendo y en el respaldar del banco con letras muy borrosas leí estas palabras:

"Vine varias veces; volveré, C".

No caí redonda al suelo de milagro; era un mensaje de Carlos, estaba vivo, cerca de nosotros, ¡qué alegría!

--¿Qué es, Emilia?

--Mi marido que me ha dejado este mensaje, mira, Leticia, aquí...el pobre.

--Ya ves, ya ves, cumplió con su palabra, lo importante es que está bien. Lo mejor es que nos vayamos ya que pronto se hará de noche.

--¿Pero si vuelve y no estamos aquí?

--No creo que vuelva esta noche. Déjale tú un mensaje en el mismo lugar que volverás mañana, digamos a las siete.

Junto a lo que él había escrito escribí yo:

"Mañana a las siete; en este banco, E".

Nos fuimos y no sé por qué sentí tristeza de dejar el parque. Por el camino nos pusimos a hablar Leticia y yo.

--¿Y tú Emilia de qué parte de España eres?

--De Melilla, de la incomparable Melilla.

--¿De Melilla?

--Sí, de allí mismo, ¿y tú?

--De Málaga también, del pueblo de Algarrobo, de donde era toda mi familia; éramos como si dijéramos vecinas. ¿Y Carlos?

--De Villafranca del Bierzo, provincia de León, de donde es también toda su familia.

--¿Y los niños?

--Coqui y Regina madrileñas; Carlitos de San Hilario de Sacalm, en Gerona... ¿Y su nombre completo cuál es?

--Leticia, Leticia Encarnación Suárez del Campo, pero me dicen Leti.

Leticia tendría unos cincuenta años, de mediana estatura, piel morena y pelo largo castaño recogido en un moño. Era agraciada de cara, ojos grandes, penetrantes, como los míos. Hablaba muy bajito, pronunciando la "z" como nosotros a pesar de su larga estancia en Francia lo cual me dio a entender lo apegada que estaba a España. Vestía muy sencillo pero elegantemente con un vestido azul estampado y zapatos de tacones con lacitos que nunca los vi yo en España. Caminaba con cierta dificultad pero sin cojear y era algo encorvada sin notársele mucho. Era muy dulce, cariñosa sobre todo al hablar con los niños y le encantaba acariciarlos y besarlos y decirles monerías para entretenerlos y aliviarles su pesar. Carlitos no se despegaba de ella y también la acariciaba mucho mirándola y sonriéndole. Me dijo que pasaba por el parque a menudo de regreso a su casa y que le encantaba caminar para olvidar las penas y que raramente hablaba con alguien porque no se llevaba bien con la gente del pueblo quizás por ser española.

--Llevo aquí gran parte de mi vida, Emilia, y la verdad es que no resisto a los franceses y creo que tampoco ellos conmigo. Es gente muy arisca y desprendida y no quieren saber nada de los extranjeros aunque lleven aquí mil años. Yo soy española y lo seré siempre y me importa un bledo lo que piensen todos. Vivo sola y con pocos amigos casi todos españoles. Ellos también están amargados de estar aquí y muy temerosos de lo que se avecina y del desbarajuste de España.

--¿Y qué crees tú que se avecina?

--Grandes tinieblas, en mi opinión, con los fascistas tratando de apoderarse del mundo; de esta no nos salva nadie, Emilia, sólo un milagro. Pero mira, ya llegamos a casa, aquélla que se ve entre los árboles, la del tejado rojo.

Abrió Leticia la puerta y entramos. La casa muy señorial y elegante, con grandes ventanales que daban a un patio con hermosas plantas y flores. La sala muy bien amueblada al estilo castellano con dos grandes sofás de cuero rojo y en el centro, colgando del techo, una enorme lámpara de hierro forjado muy rústica y llamativa. A un lado una chimenea de ladrillos con una repisa llena de fotos, varias mesitas y sillas y el suelo cubierto con una estupenda alfombra de color bermejo.

--Estáis en vuestra casa, mi remanso querido; poneros cómodos y pedid lo que os apetezca.

--Preciosa casa, Leti, preciosa de verdad.

--Venid a los cuartos que están arriba. Emilia, este es el tuyo, no muy grande pero cómodo, y este el de los niños, algo más grandecito. El baño está aquí, al final del pasillo. Venga, dense un baño y esta noche lavamos la ropa para que esté limpia mañana. Tú Emilia te puedes poner por ahora este vestido mío que te quedará bien; para los niños no tengo nada, pues nunca tuve hijos, a ver qué se nos ocurre.

Mientras nos aseábamos Leti se fue a la cocina a preparar algo de comer. No se me quitaba Carlos de la mente. Dejé a Regina con los niños y me fui a ver a Leti.

--Leti, tengo los nervios de punta pensando en que se aparecerá Carlos esta noche; mira, después de cenar, si no te importa, me voy allá y lo espero. Regina se quedará con los niños.

--¿Y si viene muy tarde?

--Igual lo esperaré.

--Ten cuidado, Emilia, que el pueblo con todo lo que está pasando está muy alborotado.

--Ya lo sé, no te preocupes.

Me fui al parque y al llegar era ya de noche. Me senté en el banco y cerré los ojos meditando. Me sentía muy sola sin los niños y también con miedo por el silencio que me circundaba. Sólo me acompañaba la luna que esa noche estaba reluciente. La ansiedad por el encuentro con Carlos me sobrecogía. Me levanté, di una vuelta, volví a sentarme. No me tenía de los nervios. Pasó el tiempo, no sé, quizá un par de horas y me sentía muy angustiada por la soledad. Decidí entonces irme y regresar al día siguiente muy temprano. Al llegar a casa me preguntó Leti:

--¿Qué, apareció?

--No Leti, no.

--Estás muy nerviosa y debería calmarte. Ven que te hago un té para sosegar esos nervios. Mañana te vas temprano al parque y ya verás que aparecerá.

No pude pegar ojo esa noche con mil pensamientos revoloteándome en la mente. Me fui a ver a los niños y me daban mucha pena por todas las angustias que habían pasado y por las que aún tenían que pasar. Reunirnos con Carlos era una bendición, pero al pensar en el largo camino que teníamos por delante me sumía en la desesperación. Por fin caí rendida y al no más salir el sol salté de la cama y sin decirle nada a Leti o a los niños me fui más que deprisa al parque.

Me fui al banco, miré lo que habíamos escrito Carlos y yo y no había nada nuevo. Vuelta a sentarse armada de paciencia. Se me acercó un barrendero extrañado de verme allí y me empezó a hablar en francés sin entenderle una palabra. Al darse cuenta que sus palabras se perdían en el viento, dio media vuelta y se marchó. Al poco rato llegó una señora con dos perritos y quiso sentarse en el banco pero al verme parece que sintió miedo o quizá asco y se sentó en del de al lado sin decir una palabra. Los perritos se me querían acercar pero la señora tiraba de ellos muy fuerte y se quedaron con las ganas. En eso llegó Leti con los niños y me dijo que tenía una idea para que no estuviera allí prisionera en el parque.

--Mira, Emilia, conozco al dueño de una tienda en el pueblo, cerca de aquí, y creo que sería buena idea hablar con él sobre lo de Carlos.

--¿Es persona de confianza, Leti?

--Bueno, lo conozco hace algunos años y me parece hombre serio y honorable, pero de plena confianza no te lo podría decir. Es francés, pero de raíces españolas, no sé si de los padres o abuelos. Se puede hablar con él a ver lo qué pasa.

--Sin darle muchos detalles, claro.

--No hay por qué darlos, no es necesario.

--Pues nada, vamos a verle.

Nos fuimos a la tal tienda, que era una ferretería, y Leti habló con él en francés sin saber yo lo que decían. Después me dijo Leti:

--Pues nada, Emilia, le di las señas de Carlos y me dijo que no había visto a nadie así.

--¿Te preguntó quién era Carlos?

--Sí, y le dije que tu marido y que al llegar a la frontera os habíais separado quedando en veros en el parque y que habías estado allí varias veces pero que no había venido.

--Le dijiste lo de la nota que dejó en el banco.

--Sí, se lo dije, y la que le habías escrito tú. Bueno, al menos se tomó interés y me prometió estar al tanto de Carlos y de hablar con unos amigos por si lo veían.

Regresamos al parque, nos sentamos en el banco, y dejamos a los niños que jugaran mientras Leti y yo charlábamos.

--¿Tuviste más hijos, Emilia?

--Uno más, el primero, que murió en mis brazos de meningitis.

--Cuánto lo siento, créeme. ¿Dónde murió?

--En San Hilario, a los seis meses de nacido.

--¿Qué nombre le pusiste?

--Carlitos, como su padre. Murió uno y en menos de un año nació el otro.

--O sea, al no más acabar la guerra, tienes que haber sufrido mucho. ¿Cómo nacieron?

--Es una historia muy larga, Leti, como los potros, con la ayuda de—no lo vas de creer— de una niña de doce años que vivía con su madre viuda en el piso contiguo al nuestro. Ella los sacó mientras yo pujaba.

--Y Carlos, ¿no estaba allí contigo?

--Ya sabes cómo son los hombres de cobardes, al menos el mío; Carlos nunca se prestó para estas cosas. Se comía al mundo, pero no se metía en cosas de mujeres y en eso era tajante, como sus hermanos y como casi todos los españoles. Decía que cada cual en el hogar tenía sus deberes y que tenía que arreglárselas sin miramientos. "—Tú a lo tuyo y yo a lo mío", me decía, y así mantendremos la paz y armonía.

--Hombre severo, por lo que me dices.

--No tan severo, pero firme en sus ideas y principios.

--¿Y qué pasó después en San Hilario?

--Lo que sabíamos y esperábamos que pasara de un momento a otro, y así salimos huyendo pues andaban a la caza de Carlos y sobre todo de su hermano Pepe, el gobernador de Toledo. Les querían echar la zarpa como fuese y fusilarlos sin más lo cual hubiera hecho, tenlo por seguro. Carlos se fue con Pepe a Francia y yo con los niños y así fue como nos separamos sin saber uno del otro.

--Entonces quedasteis en veros aquí, en este pueblo, en el parque.

--Así fue. Carlos había estado antes en este pueblo siendo estudiante en Madrid y se lo conocía muy bien.

¿Y cómo os conocisteis tú y Carlos?

--Primero dime si tuviste tú hijos.

--No, ninguno.

--Por...

--Por nada, cosas que pasan, queríamos tenerlo pero nunca llegó a ser. Pero, bueno, dime, cómo os conocisteis.

--Nos conocimos en Melilla donde estaba Carlos de fiscal antes de estallar la guerra.

--¿Y os casasteis en Melilla?

--Sí, poco después de conocernos. Al empezar la guerra nos fuimos a Madrid donde nació Coqui y donde estaba la hermana de Carlos Consuelo con su familia.

--¿Y Carlos es de Villafranca?

--Sí, la del Bierzo; su padre y hermano mayor eran abogados y el menor, Félix, estudiante de la carrera militar.

Mi padre era también abogado, nacido en Francia pero criado en España. Vivimos muchos años en Valladolid y después nos trasladamos a Málaga donde yo nací.

--¿Y tu marido de dónde era?

--Era francés, pero muy compenetrado con España que le gustaba mucho.

--¿Y dónde os conocisteis?

--Pues aquí en Francia, donde estuve una vez con mis padres de vacaciones, en un pintoresco pueblecito próximo a Avignon. Francia es muy bonita, lástima de los franceses que son insufribles.

--Pero tu marido era francés...

--Nació aquí pero era más español que francés; sentía idolatría por España y no se cansaba de clamarlo a los cuatro vientos delante de quien fuese por lo que no se llevaba bien con nadie. Ya ves tú, un pueblo tan pequeño y llevando una vida tan solitaria.

--Indudablemente que el español y el francés no hacen migas a pesar de ser vecinos.

--No es tanto por nosotros sino por ellos que son unos altaneros; yo creo que en parte es envidia que nos tienen. Si te pones a pensar son dos mundo opuestos a pesar de los lazos históricos y culturales.

--Sí, algo de eso, y ahora con lo de la guerra nos tienen más rabia.

--A mí me consta que el francés siempre ha visto al español con desdén, como gente inferior para ellos que se las dan de ser tan cultos y refinados. Pura apariencia, una mera capita de barniz que esconde un fondo siniestro. Yo he sufrido mucho con ellos y no los soporto. No me puedo ir de aquí porque tengo mi casa y estoy sola, de lo contrario les hubiera dicho au revoir hace muchos años. Emilia, se hace tarde, los niños están cansados y con hambre y creo que nos deberíamos ir a casa.

--Pero...

--Mira, tengo una idea, pon debajo de tu nota mi dirección y así, si viene Carlos, sabrá dónde encontrarnos.

--Pero eso es peligroso, poner tu dirección.

--Me importa tres bledos, anda, ponla y vámonos. Si acaso regresas mañana o esta noche.

Hice lo que me dijo Leticia y me sentí un poco más tranquila. Llegamos a casa. Nos sentamos a comer y nos sirvió Leti unas patatas con chuletas de ternera, alcachofas con aceite y vinagre, y un pan muy tostadito y crujiente. De postre nos puso un arroz con leche que había hecho la noche anterior y que me gustó más que el mío, que era muy bueno también. Comimos opíparamente y quedamos más satisfechos que un cura.

--Mira, Emilia, esta noche debes descansar no vayas a enfermarte con todo lo que has pasado. Si Carlos va al parque verá tu nota y la dirección y se plantará aquí, estoy segura. Estate tranquila y descansa y deja que descansen los niños también.

Después de charlar un poco más con Leti metí a los niños en la cama y me fui a mi cuarto. Era pequeñito pero muy acogedor, con una camita muy mona y encima de la cabecera un cuadro del Cristo de Velázquez hermosamente enmarcado, dos mesitas de noche con sus lamparitas de aceite, y junto a la cama dos ventanales que daban al patio, armario y dos silloncitos de terciopelo morado. En una de las paredes laterales había una estantería de libros antiguos magníficamente encuadernados, entre ellos la Ilíada de Homero, los Diálogos de Platón, las obras completas de Santa Teresa de Jesús, la Historia de la conquista de México de Bernal Díaz del Castillo, Platero y yo de Juan Ramón Jiménez, dos libritos de poesías de Bécquer y García Lorca, y a un extremo una imagen de la Virgen de Guadalupe, sí, la mexicana, que me asombró muchísimo. Todo esto me hizo pensar mucho en Leti, en su pasado, en quién realmente era. Abrí uno de los libros y de él salió volando un papelito escrito en letra manuscrita por ambos lados con este verso:

> Caminante, no hay camino,
> se hace camino al andar.
> Al andar se hace camino,
> y al volver la vista atrás,
> se ve la senda que nunca

se ha de volver a pisar.
Caminante, no hay camino,
sino estelas en la mar.

Y debajo esta dedicación:

"Para usted, Leticia, su compañía ha reforzado mi corazón afligido por la soledad y la distancia.
Antonio".

¿Era ese Antonio Machado, el poeta? No lo podía creer. ¿Se conocieron él y Leti y dónde, en Francia y España? ¿Cómo fue a parar en su casa? Carlos y yo sabíamos mucho de la vida de Machado. Sé que había estado en Francia varias veces, y en una de ellas había trabajado para una editorial en París. Se había casado en Soria con Leonor que murió de tuberculosis y que se fue entonces a vivir con su madre, doña Ana, a Baeza en Jaén. Después volvió a casarse con "Guiomar", a la que idealizó en sus poesías, y que se decía era una tal Pilar de Valderrama, relación que se truncó en 1936 al estallar la guerra. ¿Estuvo Machado en casa de Leti durante el tiempo que se exilió en Collioure? ¿Era Leticia amiga o conocida de algunos de los compañeros de Machado, de Navarro Tomás, León Felipe, Alberti, de aquella señora de apellido Quintana que tanto lo ayudó? ¿Cuidó Leti de él cuando se enfermó o de su anciana madre doña Ana? Todas estas interrogantes me pinchaban la curiosidad y pensé en preguntárselo a Leti pero después desistí de la idea. Desde luego, no podía imaginarme que Antonio Machado hubiese estado en aquella casa pero quién sabe. Metí el papelito en el libro y coloqué el libro en su lugar.

A los pies de la cama había un baúl antiguo que me llamó mucho la atención. Tenía aproximadamente un metro y medio de ancho por medio de alto, montado sobre unas patitas y con dos grandes cerrojos con sus argollas a cada lado. Estaba todo labrado con ramas y flores y en el medio un crucifijo. Encima del baúl había un tapetito rosado de terciopelo y dos pequeños jarrones con claveles secos. Sentí ganas de abrirlo pero me dio miedo de que en ese momento entrara Leti y me viera. Al fin fue tanta la curiosidad que sin pensarlo más di vuelta a las llaves, tiré de las argollas y abrí el baúl. Dentro me encontré una batita blanca bordada de recién nacido, una mantita azul, unas botitas blancas tejidas, un baberito, una cadenita de oro con una cruz de oro también, y un rosario. Me quedé como en suspenso sin saber qué pensar. Obviamente era la ropita de un niño, posiblemente de Leti que se le había muerto de pequeño, como el mío. Lo puse todo como estaba, cerré el baúl, y me fui a la cama.

A la mañana siguiente mientras desayunábamos le dije a Leti:

--Leti, tienes una colección de libros magníficos.

--Eran de mi marido.

--¿Los has leído todos?

--La mayoría, pero el que más el de Bécquer que como habrás visto está muy gastado. Cuando me siento así, un poco tristona, echo mano de él y me animo. Es mi poeta favorito.

--El mío también, mano a mano con Machado...¿te gusta a ti Machado?

--Pues sí, mucho.

--Sabes que estuvo en Francia cuando la guerra.

--Pues sí, entonces se hablaba mucho de él y de los otros poetas que le acompañaban. Aquí en Francia gustaba mucho y le tenían gran admiración.

Quise entonces hablar del papelito que había encontrado dentro del libro pero no me atreví; prefería que ella me lo mencionase dada la ocasión.

--¿Y esa imagen de la Virgen de Guadalupe, estuviste alguna vez en México?

--Yo no, pero mis padres sí y allí la compraron y mi madre se hizo muy devota de ella.

--Como yo, aunque nunca he estado en México. ¿A tus padres les gustó México?

--En general, que recuerde, no; hablaban de su historia, de la llegada de los españoles y de algunas de sus ruinas, pero no les gustó la tanta pobreza y el harto sufrimiento de los indios. Tenían previsto estar allí un mes y se vinieron al cabo de dos semanas.

--Eso de la pobreza sí lo sé, pero por lo demás tenía entendido que era un gran país, encantador, impresionante, digno de verse.

--Quizá lo sea pero no para mis padres.

Decidí no mencionarle lo del baúl ni mucho menos lo de la nota de Machado. No era el momento propicio.

--Leti, seguimos sin noticias de Carlos, me voy al parque, ¿te puedes quedar con los niños?

--Claro que sí, vete, y pasa por la tienda a ver si han sabido algo de él.

Estuve en el parque gran parte del día y nada; indudablemente que algo tenía que haberle pasado a Carlos.

Llevábamos en casa de Leti casi dos semanas y seguíamos sin noticias de Carlos. Yo, los niños, y hasta la pobre de Leti estábamos desesperados, con escasas esperanzas. Leti nos trataba a cuerpo de rey pendiente siempre de nosotros. Yo, aunque me esmeraba en ayudarla en todo lo posible, seguía sintiéndome mal por estar allí sin aportar nada con los muchos gastos que tenía. En cuanto a Carlos, aunque trataba de quitármelo de la mente, pensaba en lo peor, en que lo hubieran atrapado y estuviera en la cárcel y aun matado. Las pocas noticias que nos llegaban de España eran horrendas con más fusilados y encarcelamientos y el éxodo constante de refugiados a Francia. Tantos eran que el gobierno francés ya no sabía qué hacer con ellos y dónde meterlos. Existían ya los campos de concentración como los de "Camp Gurs" (no sé si se escribe así), cerca de un pueblo que se llamaba Montpellier, y otro por los Pirineos. En este último se habían concentrado campesinos y obreros y por considerárseles inútiles los habían repatriado a España entregándoselos a las autoridades españolas en Irún, siendo después lanzados a un campamento llamado Miranda del Ebro para ser "purificados". Todo esto nos lo contaba un señor que nos traía el pan y la leche y que estaba muy al tanto de lo que pasaba en España por tener allí unos parientes. Como dije, los niños estaban muy descorazonados y aburridísimos y no hacían más que preguntar por su padre. Los llevábamos al jardín y allí jugaban y yo por las noches antes de dormirse les leía algún libro para calmarlos y agarrasen el sueño. Poco les importaba a ellos El Lazarillo de Tormes o las aventuras de Don Quijote, pero el oír mi voz sosegada y dulce los adormecía. Siempre que iba al jardín venía el cielín de Carlitos con un ramito de flores que ponía al lado de mi cama en un tiesto muy bonito que me había traído Coqui. Aquel jardín nos daba la vida y aliviaba los pesares con muchos pájaros y mariposas multicolores posándose en las flores. Yo siempre fui muy amante de los jardines recordando el que teníamos en Melilla todo lleno de olivos y jazmines cuyo perfume nos embriagaba ¡Qué recuerdos! Mi madre siempre se plantaba en el jardín muy tempranito cuidándolo con mucho amor, barriendo, arrancando hojas secas, regando, allí perdida en aquel paraíso terrenal; mi padre sentado debajo de un olivo fumando su pipa y leyendo algún libro. Son imágenes imborrables que a veces nos fortifican y otras nos hunden pues el recuerdo puede o dar vida o matar de tristeza y melancolía. A veces nos aferramos a él y otras tratamos de quitárnoslo de la mente.

Una mañana, recordando al torreón de Melilla donde jugaba de niña, se me ocurrió este verso:

>Conocerte no sé, sentirte sí,
>fue de una gaviota errante
>por la que me enteré
>de tu imponente figura,
>milenaria, ya lo sé.
>
>Desde allí cruzó el estrecho
>enarbolando bandera
>el que añoraba jardines
>rebosantes de hermosura
>que en su tierra no tenía.
>
>Arribó cubierto de arena
>pues del desierto venía,
>y al ver tanta maravilla
>juró que de aquella tierra
>ni mil guerras le sacarían.
>
>Sueña, sueña, hermano moro,
>que nada cuesta soñar,
>lo que se quiere escapa,
>y por mucho que te empeñes
>como arribaste te irás.
>
>Y así, por donde vino marchó
>lanzando gritos de pena,
>aunque dejando detrás
>casi mil años después

campos llenos de azucenas.

Estábamos un día todos almorzando en el patio y de pronto tocaron a la puerta.

--¿Quién puede ser?, dijo Leti.

Se fue a abrir la puerta y al ratito vino muy sofocada.

--Emilia, son unos gendarmes preguntando por ti.

--¿Cómo por mí?

--Sí, por tu nombre y apellido...

--¿Pero cómo es posible...qué hacemos?

--No se puede hacer nada, saben que estás aquí con los niños y parecen estar enterados de todo; seguramente nos vienen vigilando hace días. Alguien tiene que haberles avisado que estabas aquí. Mira, Emilia, con esta gente no se puede jugar, tienes que dar la cara y ver qué quieren.

--Pero bien sabes que no hablo francés.

--Uno de ellos habla español y con él te entenderás, pero yo estoy aquí esperando por si caso. Anda, no lo pienses más, vete a verlos y salgamos de dudas.

Me levanté con harto esfuerzo y me fui a la puerta dejando a los niños muy nerviosos y llorando.

--Buenas tardes, díganme.

El que hablaba español se dirigió a mí y me dijo:

--¿Es usted Emilia Bellido?

--Sí lo soy.

--¿Y su marido de apellido Vega?

--Sí.

--¿Llegaron ustedes a Francia de Gerona, del pueblo de San Hilario?

--Sí señor.

--Tiene que venirse con nosotros con los niños.

--¿Pero por qué, qué ha pasado.

--No le podemos decir nada ahora, después se le informará. Ande, traiga a los niños y vámonos.

Por el tono de voz me di cuenta que hablaban en serio y de nada me valía hacer más preguntas. Me fui a buscar a los niños y tal como estaban mal vestiditos nos fuimos con los gendarmes. Carlitos no paraba de llorar y Coqui de hacer bucheros. Leti, la pobre, nos miraba con tristeza y me dijo y casi a punto de romper a llorar me dijo:

--No te preocupes, Emilia, todo se arreglará. Yo estaré al tanto de todo, pero déjame preguntarles adónde os llevan, espera.

Volvió Leti más triste aún de lo que estaba y me dijo:

--Estos canallas no quieren soltar palabra, pero yo lo averiguaré, vete tranquila.

Se me había venido el mundo encima, ahora sí que no vería más a Carlos. No sabía dónde nos llevaban si a un lugar cerca o lejos y pocas esperanzas tenía de que Leti lo averiguara. Así ocurría en aquellos tiempos en que la gente desaparecía y nunca más se volvía a saber de ella. Así le ocurrió a un vecino nuestro en San Hilario, que se lo llevaron una noche de madrugada y nunca más supo la familia de él. Se llamaba Ángel y era herrero con mujer y cuatro hijos, pobre hombre y pobre familia.

A unos cien pasos de la casa de Leti había un coche esperando y en él nos metieron casi a empujones. Carlitos le dio una patada a uno de los gendarmes y lleno de ira el muy salvaje lo agarró por los pelos y lo tiró dentro del coche. El que hablaba español dijo gritando:

--Hijo de yegua, si lo vuelves a hacer te tiramos por aquel barranco que ves allí.

Yo me le planté delante y le dije algo airada:

--Mire, usted, que es un niño, no debe tratarlo así, tiene sólo un año.

--No se meta, bruja, niño o no niño que no joda más que no andamos para jueguitos.

Se sentó Regina con Carlitos en las rodillas y Coqui y yo a su lado junto a uno de los guardias. Viajamos como una hora más o menos sin que nadie dijera palabra, al cabo de la cual llegamos a lo que parecía ser un cuartel militar. El que iba de chofer abrió la puerta y con el dedo nos ordenó que saliéramos.

Entramos en el lugar y el que hablaba español nos dijo:

--En aquel banco se sientan y esperan a que se les llame.

Aquel lugar era un avispero humano entrando y saliendo, españoles refugiados casi todos, unos lanzando maldiciones y gemidos y otros llorando sobre todo las mujeres y niños. Los trataban a todos como bestias, insultándolos y vejándolos sin que valieran edades o condiciones físicas pues los había enfermos y desvalidos, unos vendados y otros cojeando y hasta unos cuantos que traían en camillas o cargados en brazos o sobre los hombros. La escena era patética, sobrecogedora, el sufrimiento humano a más no dar. Allí estuvimos sin movernos varias horas sin que nos dejaran siquiera ir al baño y sin darnos algo de sustento que para los niños era mucho. Al poco rato se nos acercó uno de los guardias que también hablaba español, y casi a puro grito nos dijo que lo siguiéramos. Nos llevó a una habitación inmunda con un banco largo y una mesa con una silla y nos ordenó sentarnos en el banco. A los pocos minutos se apareció un oficial con un aspecto temerario, se sentó en la silla, sacó unos papeles, y mirándome fijamente me dijo en un español afrancesado:

--Así que usted es Emilia Bellido, la españolita que se nos escapó. Esa transgresión le va a salir muy cara. Ustedes creen que somos unos imbéciles y que aquí pueden hacer lo que les dé la real gana como si estuvieran en su puta tierra. ¿Qué le pasa, se tragó la lengua?

--No.

--¡Pues diga algo, coño! ¿Es usted Emilia Bellido o no, carajo?

--Sí.

--¿Y lo de Vega su maridito?

--Sí, mi marido es de apellido Vega.

--¿Y dónde carajo está el nene?

--No lo sé.

--¿Cómo que no lo sabe?

--No lo sé, desde que salimos de España no lo vemos.

--¿Es este cobarde el hermano del otro Vega, del gobernador de Toledo?

Aquí no supe que contestarle y me quedé callada.

--No me ande con juegos pues a las buenas o a las malas me va a tener que contestar cada una de las preguntas que le haga. Venga de nuevo, ¿son los dos hermanos?

--...Sí.

--¿Y andan juntos?

--No lo sé, desde que salimos de España no veo a mi marido.

--Ese cuento se lo hace a otro.

--Le digo la verdad.

--Ustedes los españoles no saben nada de la verdad, todo son trampas y embustes como la gente de mala calaña que son.

--Le he dicho la verdad.

--¿Y qué hacían en casa de la señora Suárez del Campo?

--Nos acogió allí al vernos solos.

--¿Así como así, sin saber quiénes eran? Otra mentira, desde luego.

--Así fue, le digo la verdad.

--¿Y durante todo ese tiempo no supo nada de su marido?

--Nada.

--¿Sabía él dónde usted estaba?

--No.

--¿Y cómo tres mil carajos la iba a encontrar, que es el tipo, mago, adivinador, brujo?

Como no sabía qué contestarle guardé silencio. De momento, dando un golpazo sobre la mesa con el puño se levantó y echando fuego por la boca me dijo:

--Me cansé, coño, usted es una perra y ya basta de tontadas. Se van de vuelta al banco y allí esperan. Todos vosotros sois unos sinvergüenzas y cerdos; aquí se nos meten, se aprovechan de nosotros, y después nos queréis dar por el culo.

--¿Sabe usted dónde nos van a llevar?

--Adonde vais a parar todos que mejor sería en vuestra tierra que en la nuestra.

--Tenga piedad, se lo ruego, piense en los niños. ¿Usted es español?

--Si lo fuera me suicidaba.

--Pero habla muy bien el español.

--A la fuerza para lidiar con vosotros. Pero basta de hablar, váyanse al banco.

--¿Pero no nos puede decir qué harán con nosotros?

--Sí se lo puedo decir para que se vayan haciendo idea, a una campo de refugiados.

--¿A un campo de concentración?

--¿Y qué quiere, que los lleve a mi casa? Al español hay que encerrarlo aunque sean niños. ¿Qué puñetas creéis, que vais a estar por la calle haciendo lo que os dé la gana y dando más guerra? Jacques, ¡llévatelos de aquí antes de que pierda la paciencia y los saque a patadas!

--¿Puedo hablar con la señora Leticia?

--¡Con esa vieja puta, ni lo piense! Esa también las pagará con creces por haberos escondido. ¡Venga, venga, iros ya a la mierda!

Nos llevaron a un patio con otros refugiados y nos metieron a todos en un camión destartalado en el que casi no cabíamos. Al no más subir un guardia me ató las piernas a una de las barras diciéndome:

--Tenga, para que no se nos vuelva a escapar.

Nunca me sentí tan humillada y triste al ver a los niños que no paraban de llorar al verme así. El pobre de Carlitos trató de quitarme la cuerda y el guardia le dio un empujón y cayó al suelo dándose un golpe en la frente. Uno de los refugiados que estaba allí se levantó y si no fuera porque lo pararon otros se le hubiera abalanzado al guardia y seguramente lo hubieran matado a tiros o culatazos. Horrible momento, horrible pena, angustia desgarradora, incertidumbre desconsoladora. Así nos fuimos pidiéndole a Dios que nos amparara y protegiese.

Capítulo 3: El maldito campo de concentración.

Llegamos al campo de concentración que por llegar a odiarlo tanto borré su nombre de mi mente por lo que no recuerdo cómo se llamaba, como las malas pesadillas que a la mañana siguiente se olvidan. Serían pasadas las cuatro de la tarde y nos ordenaron salir del camión y ponernos en fila de a dos. A los franceses les gusta llamar a estos campos "campos de internamiento" pero no son sino jaulas para los desgraciados como nosotros. Éramos, calculo yo, unos cincuenta en total, más hombres que mujeres y muchos niños de distintas edades. Entramos por un portón que conducía a un enorme descampado acotado por altas cercas de púas, el suelo enlodado con grandes charcos de agua sucia por lo que había que meterse cuidándose de no resbalar; a lo lejos se veían unas casonas o barracones de cemento de dos o tres pisos con grandes chimeneas de las que salían espesas bocanadas de humo serpenteando en el horizonte y docenas de chozas que supuse servían de albergue. Era tanto el gentío que había allí que sólo de verlo infundía pavor y tan apiñados unos contra otros que más que figuras de carne y hueso parecían sombras, todos pésimamente vestidos y de aspecto miserable; los hombres con melena y barbudos, las mujeres sucias y desgreñadas con rostros cadavéricos, totalmente chupadas, enclenques; los niños casi desnudos y la mayoría descalzos. Por todas partes se veían desechos de toda clase y montones de basura maloliente. Los llantos, los lamentos, las palabrotas que se oían ensordecían a tal punto que mareaban y sin cesar de retumbar un segundo. El simple pensar en meternos allí y mezclarnos con tal muchedumbre me helaba las carnes sobre todo pensando en los niños y más aún en Carlitos por ser tan pequeño. Pero aquel infierno era lo que nos esperaba y no había escape posible. Por todas partes se veían soldados bien armados, unos a pies y otros a caballo, dando grandes voces tratando de mantener el orden lo que era inútil por más que se esforzaban. Delante y detrás de nosotros unos guardias portando fusiles con bayonetas que no nos quitaban la vista de encima. Aquello era un castigo de Dios por nuestros grandes pecados a través de los siglos y más ahora cuando siendo hermanos buscábamos descuartizarnos. El Apocalipsis se había cernido sobre Europa y el fin se aproximaba. Hitler, Franco, Mussolini, tres demonios empeñados en acabar con el mundo. Con uno habría bastado pero nos tocaron tres a la vez y a cada cual peor y no hablemos del soviético Stalin que aunque generoso con los republicanos era hombre férreo y todo un dictador. En todo este tiempo no habíamos comido nada y el agua que nos daban no era potable y sabía a rayos pero aun así nos la teníamos que tragar.

Pues bien, nos adentramos al infierno abriéndonos paso a empujones y poco a poco nos fuimos acercando a uno de los barracones. Caía el sol holgadamente ocultándose entre nubes de un blanco tiñoso, mientras la luna esperaba con su exactitud cósmica posesionarse del trono de luz. Ni la luna ni el sol me importaban pues son como manchas en el cielo cuando el alma vaga en un mar de sufrimientos. Subimos por unas angostas escaleras al segundo piso donde había unas mesas largas con sillas y a ambos costados de la habitación unos bancos. Nos ordenaron sentarnos allí y esperar a que nos llamaran. Los niños estaban como en un sopor, transfigurados, pálidos, temblorosos. A mí se me partía el corazón de verlos así, y digo que era tanto el dolor que sentía que me parecía que iba a reventar, no solamente por ellos sino por ver tanta miseria humana a mí derredor. Estábamos desfallecidos de hambre y sed y tan churrosos y apestosos que daba asco. Todos teníamos los zapatos y la ropa llenos de lodo de los salpicones y cuando uno de los refugiados pidió que nos dejaran al menos asearnos en buen francés le soltaron una palabrota. Ya era casi de noche y no habían llamado a nadie y la única luz eran tres bombillas que colgaban precariamente del techo. Uno de los refugiados se dirigió a mí y dijo:

--¿Qué esperan estos desalmados, que pasemos aquí la noche sin comer bocado y muertos de sed?

--No sé—le dije—, pero no creo que podamos aguantar mucho más.

--Me cago mil veces en estos franchutes y en la madre que los parió, no tienen alma los muy cabrones.

No pasó media hora cuando uno de los que estaba sentado en la mesa llamó por su nombre a uno de nosotros. Cerré los ojos por un momento y le imploré a Dios con este verso:

> ¡O, Señor, en tu calvario,
> con el cuerpo escarnecido y sangrante,
> te llevaron cuesta arriba, solitario,
> a morir en la cruz suplicante.
>
> Pecadora soy, y no me atrevo,
> a alzar mi mirada hacia lo alto,
> pero sufro, Señor, y encontrar quiero,
> tu perdón, mi salvación, no más llanto.

Así nos fueron llamando uno a uno y como iban por orden alfabético a mí me tocó ser uno de los últimos.

--¡Vega, Vega, Emilia!

Me levanté con mucho esfuerzo y me senté cara a cara delante del oficial mirándome como se mira a un leproso, y en un español chapucero me dijo:

--Usted nos hizo una cabronada por partida doble por haberse escapado y después mentido. Bien merecía que se le hubiera fusilado pero somos gente muy humana y comprensiva y aquí tiene la prueba. Déjeme decirle además que es una irresponsable al arriesgar a estos niños inocentes que bien podían haberse quedado sin madre o haber tenido algún gran percance. Madres como usted quién las quiere.

No me atreví a contestarle pero lo que dijo me hirió mucho. ¿Yo mala madre?, inconsciente, tipejo asqueroso, pecadora soy pero no mala madre.

--A ver, ¿qué papeles tiene?

--Le di los papeles que tenía.

--Los tres niños son suyos, supongo.

--Sí, mis dos hijos y mi sobrina.

--¿Y qué diablos hace su sobrina con usted?

--Estaba con nosotros al terminar la guerra.

--¿Y no tenía padres?

--Sí, pero estaban en Madrid.

--¿Y el tal Vega qué, por dónde anda? Bien escondido seguramente.

--No lo he visto desde que salimos de España.

--A ese le estamos siguiendo la pista y pronto lo agarraremos. Se pudrirá en la cárcel con su hermano. Aquí tiene ropa de cama, dos toallas y jabón; firme aquí, les toca el albergue 56.

--¿Ya nos podemos ir?

--Sí.

--¿Nos darán algo de comer?

--En el albergue se encargarán de eso.

--Mamá, ¿más?

Estando en esto se nos acercó una señora y nos dijo mirándonos muy tristemente:

--¡Rompe el alma ver a unos niños así, angelitos de Dios! Son unos canallas, malnacidos, sinvergüenzas.

Uno de los guardias que estaba cerca la oyó y rojo de ira le gritó:

--Vieja de mierda, cómo se atreve a hablar así de nosotros?

--¡No me hable así!—le contestó la señora.

--¡Le hablo como me salga de las pelotas!

Acto seguido le dio un bofetón a la pobre señora cayéndose de espaldas. Un señor mayor que estaba allí se le abalanzó al guardia y dándole un empujón lo tiró al suelo. Se levantó el guardia, agarró el fusil y como un perro rabioso empezó a darle culetazos al señor en la cara y el pecho cubriéndolo de sangre. Ahí se armó la de San Quintín. Saltaron otros españoles y empezaron a darle puñetazos al guardia y teniéndolo en el suelo uno de ellos le dio tan fuerte patada en la cabeza que lo dejó moribundo. Se abrieron paso otros guardias y a uno de los españoles le atravesaron el pecho con bayonetas derribándolo al suelo sin vida. A los otros dos les dispararon a mansalva hiriéndolos gravemente. Todos estábamos aterrorizados viendo aquella carnicería y no sabíamos si quedarnos donde estábamos o salir corriendo. Por fin agarré a los niños y me salí hasta llegar al albergue. Por el camino iba hablando con la señora a la que le dieron el bofetón que se dirigía al mismo albergue, diciéndome:

--La verdad es que salir de España para venir a morir aquí a esta tierra tan extraña y despiadada. El destino del español siempre ha sido aciago; la felicidad se nos escapa.

--Triste es, de verdad—le dije yo.

Otra señora que iba con nosotros dijo:

--Por lo que me han dicho aquí moriremos, estamos atrapados.

--¿Y qué más le han dicho de este lugar?

--Nada bueno, desde luego, la comida es miserable, el agua intragable, y el albergue una cueva de ratas; meten a cien donde sólo caben veinte. Hay una sola ducha para todos y las camas son catres inmundos en los que por lo general duermen dos. Constantemente hay broncas, discusiones, peleas por ser tanta la desesperación, y al que se queja lo castigan dejándolo sin comer un día o dos y si se excede lo meten en aquella como prisión que se ve allí, donde están los dos guardias apostados, la de la alta verja.

--¿Y qué más?—le pregunté yo.

--Si ustedes son cuatro les tocarán dos catres, quizá tres por el niño pequeño, aunque lo dudo. La ropa tiene que lavarla uno en el río, aquel que se ve detrás de los barracones, que está siempre muy sucio por las porquerías que le echan.

--¿Y los baños?

--En cada albergue hay cinco retretes al descubierto y para limpiarse papeles de periódico y, si no lo hay, con algún trapo que tiene que llevar uno por si acaso.

--¿Y las comidas?

--Mucho arroz blanco y una que otra verdura por lo general cruda, nada de carne ni pescado, lo esencial para mantenerse vivo. Se come para no morir y así estamos tan flacos que nos lleva el aire.

--¿Leche para los niños?

--Sí, muy poca, de cabra. Sirven la comida dos veces al día, en el almuerzo y cena, que es toda dinamita. Los que comen bien son ellos sin faltarles su buen vino, desde luego. La ley del más fuerte, como siempre.

--Otra mujer que venía detrás de nosotros comentó:

--A ver cómo se las arreglan con los alemanes con eso de ser los más fuertes. Tendrán que doblegarse, como nosotros con ellos.

Escuchando todo esto sentía terror de meternos en aquel calabozo, el último paso en nuestra desgracia. Nunca pensé caer tan bajo ni ver a mis hijos soportar tanto sufrimiento. No era justo, no, y sentía que enflaquecía mi fe hasta ahora el sostén de mi vida. ¿Qué haces, Señor? Nacimos pecadores, ¿pero no han bastado dos mil años de castigo para ganarnos el perdón? Tanta introspección me abrumaba y sentía arrepentimiento por mi rebeldía y por el estremecimiento de mi fe y así terminé pidiéndole a Dios perdón y jamás pensar de esa manera.

--Una pregunta, señora, perdone, ¿cómo se llama?

--Consuelo.

--Yo soy Emilia. ¿Qué pasa cuando alguien se enferma?

--No siendo casos de gran gravedad hay que aguantarse, pues no hay médicos ni medicinas sino unos que se las dan de enfermeros sin saber dónde están parados. Hay además el enorme problema del lenguaje ya que nadie entre nosotros habla francés y a los franceses no hay quien les haga hablar español aunque los obliguen. Todos tenemos que valernos por nosotros mismos y el que no tiene familia está perdido.

--¿Y cuando alguien se muere?

--Se lo llevan y lo entierran en una fosa común, del otro lado del río.

Todo resultó exactamente como me lo había descrito Consuelo. El aspecto del lugar era tremebundo. Los colchones de los catres muy finitos y manchados bien fuera de suciedad o sangre. En cada catre había una manta de lana gruesa manchadas también y almohadas de tela de saco sin fundas. Los baños asqueaban y los retretes más aún muy pegados unos a otros en hilera y sin divisiones a no ser con una pared que separaba a los de los hombres de los de las mujeres. Al llegar allí había varias personas haciendo sus necesidades mirándose unos a los otros y digo que nunca había visto nada tan vergonzoso ni nada que oliera tan mal. Más valdría haber muerto de una vez, lo aseguro. La ropa se lavaba en el río una vez por semana y tenían que hacerlo las mujeres siempre por las mañanas antes del mediodía usando el mismo jabón que teníamos para bañarnos. Todos los días a las dos de la tarde rayando teníamos que congregarnos todos afuera y pacientemente y guardando silencio absoluto escuchar primero el himno de la Marsellesa y después perorata tras perorata con instrucciones, advertencias, recriminaciones, amenazas, insultos en un tono muy tosco y soez y en un español que no entendía nadie. Se nos permitía estar allí hasta las siete de la tarde y después cada cual a su choza sin hacer otra cosa que conversar y esperar la hora de irse a la cama que era por lo general a las nueve de la noche. A esa hora apagaban las luces dejando sólo encendidas un par de bombillas para poder ir al baño. Claro que nadie se dormía a esa hora y todo era deambular de un lugar a otro entre un bullicio que desesperaba. ¿Quién puede conciliar el sueño en semejante situación? Yo escasamente dormía y me pasaba muchas horas en vela pensando, pensando, pensando hasta que el sueño me vencía.

Todas las semanas moría alguien y tal como me había dicho Consuelo lo enterraban en la fosa común que quedaba del otro lado del río, entre unos pinos. Yo estuve allí una vez y al presenciar aquello me moría de tristeza, sin una lápida, una cruz, una flor, sólo un montón de tierra rodeada de una cerca de palos torcidos y desiguales. Ese día me lo pasé rezando suplicándole a Dios por aquellas almas de padres, madres, abuelos, hermanos, hijos, sepultados en aquella tierra extraña, húmeda, solitaria. Allí quedarían para siempre, lejos de su patria, abandonados y, con el tiempo, todo aquello se convertiría en maleza sin dejar rastro de ellos. Me salí de allí abatida, pidiéndole mucho a Dios que no llegara a ser yo uno de ellos.

Llevábamos allí varios días y una mañana vino un guardia y me ordenó que lo acompañara que querían hablar conmigo. Uno de los guardias sentado en una mesa que preguntó:

--¿Tiene usted algún oficio, algo que sepa hacer?

--Pues no, siempre he sido ama de casa.

--¿Y nunca aprendió nada útil?

--Bueno, a cocinar, coser, bordar, a cuidar de mi hogar y familia.

--O sea, vida de vaga, de inútil.

No le contesté.

--Aquí cada cual tiene que hacer algo y no andar de vago todo el día. Si usted sabe cocinar a la cocina con tal de que no nos envenene y sea comida de la nuestra y no de la porquería que comen ustedes. Váyase y ya le dirán lo que hacer y cuándo.

Estando una tarde afuera se nos acercó un matrimonio y nos pusimos a conversar y la señora me dijo:

--La veo todos los días tirando de sus hijos y me dan mucha lástima. De aquí no saldremos vivos, se lo aseguro. No tenemos dónde marcharnos sino es a América, a México, Cuba o Chile que son los únicos países que nos darían albergue, sobre todo Chile donde Neruda, ya sabe el poeta, simpatiza con nosotros y se quiere llevar para allá a varios de nosotros. También Trujillo en Santo Domingo nos dejaría entrar allí como el presidente de México Cárdenas. Europa está perdida y España es ya de los franquistas. ¿Quién lo iba a decir que un día le lamiésemos el trasero al malvado de Hitler o a Mussolini? Y no hablemos de los asquerosos portugueses, del malnacido de Oliveria Salazar que dice ser neutral siendo gran compinche de Franco. Hasta los norteamericanos, que también dicen ser neutrales, andan de lenguitas con los fascistas proporcionándoles pertrechos de guerra y otros bastimentos. ¿Y sabía usted que Hitler ya se encuentra en los Pirineos?

--No, no lo sabía.

--Pues allí está, a un paso de España, presto a adueñarse de todo y meterse al enano de Franco en un bolsillo. ¿Y su marido dónde está?

--Pues no lo sé, buscándonos por toda Francia.

Les expliqué lo que nos había pasado y lo sintieron mucho.

--No se preocupe, si verdaderamente la quiere ya aparecerá.

--No sabe dónde estamos, es imposible.

--Su amiga Leti lo sabe.

--No con certeza; cuando nos fuimos no se le dijo dónde nos llevaban.

--Fácil es de suponer y todo el mundo lo sabe.

El marido de Catalina--que así se llamaba la buena mujer--dijo:

--A ver comadres, basta de tanto darle a la lengua que no conduce a nada. Dónde iremos a parar no lo sabe nadie ni lo que será de cada uno de nosotros. El camino será largo y escabroso y nadie sabe si llegaremos al final con vida. Yo al menos no lo espero pues me anda la muerte rondando con esta tos que no para, con los pulmones desechos. La aventura de las aventuras, perdonando a Don Quijote.

--Mire, Emilia, no le dé cuerda con Don Quijote que cuando empieza a hablar de él no para.

--¿Qué te pasa con Don Quijote?

--Nada, hombre, nada, que era un iluso o en buen castellano un imbécil.

--¿Cómo es eso?

--Ver la vida al revés es ser un imbécil.

--¿Y tú cómo la ves?

--Como se me mete por los ojos, así, sin darle vueltas. Lo que se ve es.

--Así estás de frustrada y amargada.

--¿Qué quieres que diga, que cuando nos sirven ese arroz patitieso diga que es una paella valenciana, o que cuando vaya a cagar diga que me salen rosas? Déjate de estupideces; ¿por qué no ves tú este infierno donde estamos como un paraíso? Anda, anda con tu Don Quijote y vive de sueños y no pares de darte batacazos. Si vas a hablar de alguien con sentido hazlo de Sancho Panza que veía la vida cual es sin adornos y no como el mentecato de su amo enfrascado en puras quimeras.

--Estás exagerando—dijo Saturnino que así se llamaba el marido.

--¿Y tú qué piensas Emilia de todo esto?—me preguntó Catalina.

--Que la vida es realidad pero también sueño, que no podemos vivir sólo de lo que vemos sino también de lo que no vemos como son la fe y la esperanza, que somos de carne y hueso pero también tenemos alma, lo tangible y lo intangible, lo real y lo imaginario, en otras palabras Don Quijote y Sancho.

--Hombre, Emilia, eso está muy bien dicho, sabias palabras.

--Para soñar hay que tener esperanza—dijo Catalina--y yo ya tengo muy poca.

--Y con la esperanza fe—dije yo.

--También me queda muy poca.

--¿Y vosotros niños qué pensáis?--preguntó Saturnino.

Los tres se sonrieron sin decir nada.

Se retiraron los dos y los perdí de vista entre la muchedumbre.

Cuando llovía, que era con frecuencia, todo se empantanaba y no podíamos salir de nuestras chozas pasándonos allí todo el día como almas en pena. Estábamos muy vigilados con guardias tirando de perros policías más afuera que adentro y con unas caras de piedra. Cuando veían algo que no les gustaba, algo fuera de lo común o sospechoso, salían corriendo y nos aterrorizaban con los perros dando gritos. A uno de estos perros se le acercó un día Carlitos para acariciarlo y casi se le echa encima sin que el guardia que lo sujetaba se inmutase. Verdaderamente que eran unos salvajes y que nos detestaban a más no poder.

Todas las mañanas temprano venían unos curas y celebraban misa al aire libre. Se ponían a sermonear diciendo que a Francia le debíamos nuestras vidas y que Dios había sido muy generoso con nosotros y que no paráramos de rezarle y darle gracias. Mucho de los españoles que estaban allí no les hacían el menor caso y hasta se burlaban de ellos por las cosas que decían. Uno de ellos dijo:

--Por estos cabrones está Franco en el poder; los deberíamos haber matado a todos. Tanta iglesia y tantos curas me tienen hasta los cojones. Que se vayan a sermonear a sus putas madres y nos dejen tranquilos.

Otro hombre que estaba allí comentó:

--No fueron solamente los curas, coño, nuestros vecinos los portugueses bien que nos dieron por el culo.

--¿A qué te refieres?—le preguntó el otro.

--¡Pero coño!, ¿dónde has estado, en la luna?

--No sé de qué carajo estás hablando.

--Pues eres un ignorante, carajo. Hablo de que nuestro vecinito Portugal se alió con los nacionalistas a pesar de haberse declarado neutral. Fueron tan falsos e hipócritas como los franceses e ingleses que firmaron un pacto de no intervención con otros países. Igual hizo Estados Unidos con el embargo de armas del presidente Roosevelt aunque las grandes compañías petroleras yanquis, como la Texaco, apoyaron a los Nacionalistas facilitándoles créditos mientras que otras les vendieron aviones a los republicanos; en fin, que todas estas empresas ávidas de riqueza hincharon sus cofres con nuestra infortunio. Pero no creas que toda la culpa la llevaron los extranjeros. Realmente los que más daño nos hicieron fueron los nuestros, como Largo Caballero y después Negrín con sus ideas socialistas y comunistas rebatidas las primeras por Indalecio Prieto que condenó a los izquierdistas. Por eso el mundo nos mandó a la mierda, por todas las facciones izquierdistas y comunistas que se filtraron en nuestro gobierno así como por los malditos anarquistas. No te olvides, además, que fue el cabrón de Negrín el que mandó todo nuestro oro a Rusia con el pretexto de comprar armamentos. Por otro lado, el muy zorro de Franco, oportunista como su puta madre, se las arregló para unir a todos los bandos que simpatizaban con él como el clero, la aristocracia, los burgueses, y entre ellos formaron un frente común que nos destrozó con la ayuda, por supuesto, de la Alemania nazi y la Italia fascista. Al empezar la guerra España no era comunista, pero después éstos llegaron a ser más poderosos que los propios republicanos. Esa desunión entre nosotros mismos nos llevó al abismo, como siempre nos ha ocurrido. Nada, que somos unos imbéciles, ¡carajo!, que no aprendemos por más trancazos que nos den; somos como los perros, que mientras más se nos pega somos más sumisos. Algo de masoquistas tenemos.

--No sabía nada de eso—le contestó el otro.

--Porque como todos los españoles estás en la luna de Valencia; sois todos unos ignorantes y de ahí el mal que nos aqueja. ¿Y tú dónde puñetas estabas?

--En el frente jugándome la vida, ¿y tú?

--Detrás de ti.

--Oye, tú que lo sabes todo, ¿es verdad lo que dicen que Azaña anda por aquí?

--Se vino para acá huyendo cuando cayó Barcelona y se apoderaron de Gerona; más o menos cuando salimos nosotros, a principios del 39. Debe andar con Negrín y Largo Caballero que también salieron huyendo poco después. Los tres espantaron la mula cuando se vieron perdidos.

--Bueno, había una de dos, o escapaban o los fusilaban.

--Sin la menor duda.

--Tú como que pareces medio derechista.

--Mira, carajo, no me encandiles; soy quien soy, libre de pensar y hacer lo que me dé la gana; lo que quiero es libertad y que no me anden con coñas de partidos y de bandos ni de religiones de mierda.

--Por lo que dices quizás más anarquista que derechista.

--Tíldame de lo que te salga, pero déjame decirte que en el fondo todos somos anarquistas por mucho que lo ocultemos. Estamos hasta la coronilla de leyes y gobiernos que no han hecho sino esclavizarnos.

--Si quieres libertad tienes que irte a Norteamérica.

--Esa es una libertad fingida, aparente, siniestra, maquiavélica; todos son pajaritos en el aire, cantos de sirena que emboban a los necios. El yanqui pretende ser libre porque le sobra el dinero de lo contrario, si pasaran necesidades como el resto del mundo, adiós libertad.

--Ahora estás hablando puras estupideces. Su libertad está garantizada por su constitución tan vigente hoy como hace casi doscientos años.

--¿Qué tienes tú con los yanquis?

--Nada, que tienen mérito, que se han ganado su libertad amparada por leyes e instituciones. Mira, lo que necesita el español es que lo metan en cintura, como quiso hacer Primo de Rivera.

--Ya, un dictador como los otros, como Franco, aunque en el caso de Primo de Rivera fue el rey mismo el que le dio demasiadas alas aunque después se las quiso cortar al casi sublevársele el ejército.

--Al final abdicó el rey.

--Pues claro, al no apoyarlo los militares como se lo había advertido el general Sanjurjo. Cierto es que los militares toleraban al rey y a Primo de Rivera pero recelaban mucho de ellos.

--¿No había dos Primo de Rivera?

--Sí, el padre que se llamaba Miguel y el hijo que se llamaba José Antonio que fue el que fundó La Falange, o sea, el partido fascista y de extrema derecha.

--¿Y qué se sabe de Alcalá Zamora?

--No tengo ni idea, bajo tierra me imagino.

--¿Y de Unamuno el escritor?

--Salió huyendo a Francia por criticar a Primo de Rivera.

--¿Y de los otros intelectuales, de Ortega y Gasset, Azorín, Baroja, Lorca?

--Ortega fue gran enemigo de Primo de Rivera y jugó un papel decisivo en la expulsión del rey. Después se le nombró diputado en Cortés por la provincia de León y fue líder de un grupo parlamentario conocido por la "Agrupación al servicio de la República" Posteriormente se le nombró gobernador civil de Madrid y al estallar la guerra marchó creo que a Portugal. En cuanto a Azorín, si mal no recuerdo, huyó a París al no más estallar la guerra, y a Baroja lo metieron en la cárcel pero sólo por una noche soltándolo después al enterarse de quién era. Así y todo se marchó a Francia encabronado por lo que le habían hecho y no regresó hasta después de la guerra.

--¿Y Valle Inclán?

--Falleció antes de empezar la guerra.

--¿Y Lorca?

--Lo fusilaron los Nacionalistas en Granada durante los primeros años de la guerra; lo tenían bien fichado por sus ideas y también por ser maricón, como se comentaba.

--La verdad es que España se vació de cerebros. Súmale a los intelectuales los profesionales, industriales, comerciantes y ya verás cómo nos hemos convertido en un país de proletarios, de gentuza ignorante y zarrapastrosa De lo que en un tiempo fuimos a lo que ahora somos hay una enorme diferencia. Los mejores hijos de España o yacen muertos o han escapado al extranjero, dos millones entre ambos, según se calcula, sin contar a los enfermos, mutilados, destituidos o desplazados, en fin, casi el 20% de la población directamente afectada por los estragos de esta maldita guerra. Y dime, ¿ qué fue de Calvo Sotelo?

--A ése se la pelaron rapidito sacándolo de su casa en presencia de su mujer e hijos y asesinándolo después en un camión. Se dijo que el asesino fue un tal Cuenca que era o había sido guardaespaldas de Indalecio Prieto. Se debería haber quedado en el extranjero donde estaba al proclamarse la República y no regresar a España sabiendo que tenía muchos enemigos.

Nos quejamos de los franceses, pero en España también tenemos campos de concentración.

--Sí que los hay, franquistas.

--¿Estuviste tú en uno de ellos?

--No, pero oí hablar del de Albatera o los Almendros y del de Miranda del Ebro, que era el peor de todos por las palizas que infligían y los fusilamientos arbitrarios. Claro que los franceses son muy astutos y los disfrazan llamándoles "campos de acogida" o "campos de albergue", en los que actualmente se dice que están recluidos medio millón de españoles de los cuales casi la mitad son mujeres y niños, el mayor éxodo de seres humanos de nuestra historia, mayor aún que el de los judíos en Egipto que es mucho decir. Y ya ves, decíamos que los Pirineos eran una barrera y resultaron ser una gran puerta por la que escapamos todos. Nos tildan de vagos e inútiles y de que somos una carga, pero lo cierto es que muchos de nosotros no hemos dejado de rompernos el lomo en sus campos agrícolas y aun de ingresar en la Legión Francesa. El emigrante español nunca ha sido vago y mucho menos inútil y ahí tienes a América casi hecha toda ella por nosotros.

Dejé a los dos compadres muy enfrascados en sus charlas y nos marchamos.

Se rumoraba entonces la inminente ocupación alemana de Francia lo cual nos tenía muy preocupados. De meterse ellos allí sería catastrófico y lo dar con Carlos una imposibilidad total perdiéndolo para siempre. ¿Y qué sería de nosotros sus enemigos acérrimos? O nos matarían a todos o nos dejarían podrir en los campos de concentración como a los judíos a los que tanto odiaban. Yo le rogaba al Santísimo que tal no ocurriese pero no veía otra realidad. Así, estaba resignada a lo peor sin la menor esperanza de volver a España y menos aún de librarnos del campo de concentración. ¿Y entonces qué? Rusia o América eran las dos salidas. Pensando en todo esto me era imposible dormir por las noches y temía que de momento me diera un ataque de nervios dejando a los niños abandonados a merced de extraños. Los pobres ya habían sufrido bastante y merecían un poco de paz y tranquilidad que yo no podía darles ahora o quizá nunca. ¿Y si los perdía, si me los quitaban, si me los arrebataran una noche mientras yo dormía? Más de una vez pensé en ponerle fin a nuestra miseria, pero entonces me venía a la mente aquello que decía Ortega y Gasset del hombre que quería ahorcarse de un árbol y que estando ya con la soga al cuello y dispuesto a acabar con su vida olió una rosa que salía del tronco del árbol y desistió de su empeño. Esto lo escribió si mal no recuerdo en las "Meditaciones del Quijote" junto con aquello de "Yo soy yo y mi circunstancia y si no la salvo a ella no me salvo yo", y aquello otro de "Vivo luego soy" recordando la frase de Descartes "Cogito ergo sum", "Pienso luego soy" aunque no sé si en el mismo libro. Todo esto lo aprendí de Carlos que era gran admirador del insigne filósofo y se bebía todas sus obras.

Estábamos ya hartos de comer tanto arroz y leche condensada con el estómago hecho nudos y con frecuentes diarreas. El único que no protestaba era el glotón de Carlitos que no paraba de comérselo todo por lo que Coqui lo regañaba diciéndole:

--¡Mamá, sácamelo de aquí que es un glotón, me ha dejado sin nada!

Y Carlitos le gritaba muy acalorado:

--¡Mío, mío, mío!

--Niños, parad—les decía Regina--, toma, Carlitos, coge mío que no lo quiero.

Estaba a nuestro lado un matrimonio joven y de momento me preguntó la mujer:

--¿No le parece señora?

--Me parece qué—le contesté yo.

--Eso que le decía a mi marido.

--Perdone pero no escuchaba lo que decían.

--Pues le decía que todos los españoles son unos haraganes dejando que otros hagan el trabajo y ellos a dárselas de aristócratas, como aquello del hidalgo en el "Lazarillo de Tormes". ¿Usted qué piensa al respecto?

--Pues que no se debe generalizar, que los hay vagos y también industriosos. No hay santo sin pecador ni cielo sin infierno. Tiene que haber de todo.

--Nada, aristócratas—dijo la mujer—como cuando se conquistó América creyéndose todos emperadores mientras esclavizaban al abnegado indio y luego al torturado negro.

--Eran otros tiempos—dije yo.

--Así es—dijo el marido.

--El español siempre ha tenido mucho de soberbio y altanero y con espada en mano ante gente endeble y sumisa mostró su desprecio y los subyugó fieramente.

--No eran tan endebles—dijo el marido.

--Pero sí inferiores en condiciones—dijo la mujer.

--Tratando de cambiar de conversación le pregunté a la mujer:

--¿Dejó familia en España?

--Alguna, pero todos falangistas; mi padre y dos hermanos eran Carlistas, ya sabe, de los Requetés.

--¿Y se vinieron acá los dos solos?

--Junto con unas primas que no sé por dónde andan después que nos separamos en la frontera.

--Bastante que han sufrido.

--No tanto como cuando presencié quemar tanta iglesia y matar a tantos curas y monjas.

--¿Y cómo fue todo aquello tan horripilante?

--Arrasaron con las iglesias quemándolas, saqueándolas sin dejar nada en pie como con los conventos y seminarios. Andar con sotana o hábito entonces equivalía a sentencia de muerte. Bastó aquella frase de Azaña "¡España ha dejado de ser católica!" para que el pueblo se desatara. También presencié varias ejecuciones masivas, fusilamientos de cientos de personas, los infames "paseos" en los que desaparecían tanta gente. Aquellas imágenes nunca se me borrarán de la mente. Todos matamos, ellos y nosotros, creando ríos de sangre. Así como nosotros nos desbocamos con la frase de Azaña, igual hicieron ellos con el lema de "Limpieza de la España Roja" que retumbó por toda España.

--Me acuerdo de la "Pasionaria", que era de nuestro bando.

--Esa sí era un comunista infame que más daño hizo en Rusia que en España. A nosotros nos tildaban de comunistas pero sólo buscábamos justicia, libertad y democracia, que rigiera el pueblo y no un grupo de autócratas facinerosos. Yo al menos no era comunista, ni mi familia, ni mucha de la gente que conocía.

--Tampoco lo éramos nosotros. Aún me acuerdo de aquel grito "¡No pasarán!" en la batalla de Madrid. La verdad es que de ambos bandos se cometieron grandes genocidios.

Nos despedimos y cada cual se fue por su lado. En España las opiniones siempre estuvieron muy divididas. Unos culpaban a la idiosincrasia del español recalcando que España era un hervidero de ideas diferentes y contrapuestas, de distintas razas, culturas y creencias, heterogénea y heterodoxa a la vez, con un alma dispersa e insondable, un país, en resumidas cuentas, apasionado, primitivo, cavernícola, de una vehemencia milenaria. Otros decían que no había sido aquella nuestra única guerra civil, que había habido otras igualmente feroces como las Guerras Carlistas, y que en la Edad Media también nos matábamos entre los cristianos como lo hacían los moros entre ellos.

Se hablaba por entonces entre los refugiados de establecer los llamados "Barracones de cultura" para instruir o más bien entretener a la gente en algo útil y provechoso, en mantener la mente viva y ágil que correrían a cargo de maestros y profesores especializados en distintas ramas del saber con charlas, conferencias y otras actividades intelectuales y culturales organizando a tal efecto comisiones de cultura y deporte. En nuestro campo de concentración nunca llegaron a funcionar aunque se hablaba mucho de ello.

Andaba por el campo un fotógrafo creo que húngaro que se llamaba Capa o Carpa. Un día me tomó una foto con Carlitos en los brazos diciéndome que tal imagen haría llorar a toda Europa. No era él el único fotógrafo o periodista que rondaba por allí y ya antes los había visto al cruzar la frontera. También me acuerdo de haber visto a uno de ellos tomar una foto de unos refugiados cuando salían huyendo de Gerona y a otro que tomó una foto de un contingente de soldados republicanos en la frontera.

Me habían dicho una vez que por ser mujer y con niños pequeños no nos deberían haber metido en aquel campo de concentración pues para gente como nosotros los había aparte así como para distintas clases sociales tales como militares, milicianos, profesionales, labradores, etc., y que seguramente lo habían hecho para castigarnos por habernos escapado. Nada de eso era verdad pues en nuestro campo estábamos todos mezclados según mucha de la gente que conocí. Entre los refugiados había muchos de Navarra y Cataluña si bien una vez conocí a varios gallegos y a un andaluz que se llamaba Pedro que era carpintero con mujer y tres hijos pequeños. Al pobre le faltaba un brazo y cojeaba de una pierna al estallar una bomba mientras cruzaba un puente. La mujer era medio bizca y uno de los hijos albino totalmente. Llegaron a Francia en un carromato con otros refugiados muchos heridos o moribundos. Oír su historia daba verdadera lástima.

Siempre se me pegaba alguien hablándome de su historia o quejándose de algo y yo por educación les seguía la corriente escuchando pacientemente sus desvaríos e incongruencias. Allí no se podía hacer otra cosa que hablar pero a veces me cansaba y prefería que me dejaran tranquila.

Una vez se me pegó una señora mayor lamentándose de que había perdido la fe, que Dios la había abandonado y que no lo comprendía siendo tan misericordioso. Yo le dije:

--Señora, usted no es la única que sufre y que tiene sus dudas respecto a la fe. Pero si se duda no hay fe que consiste en no parar de creer ante toda circunstancia. No se puede tener fe a medias o renunciar a ella cuando se presentan cosas que no entendemos por ser demasiado esotéricas. Agnósticos lo somos todos por la incomprensibilidad de lo divino que para nuestra mente es impenetrable. Créame que esta guerra es nuestra gran prueba de fe.

--Son ya muchas pruebas de fe, señora—dijo ella—, ¿cuántas más tenemos que pasar?

--Pues no sé, las que sean.

--¿Cómo es que a un padre le guste ver sufrir a sus hijos? A veces es preferible morir de una vez.

--La muerte es nuestro perdón y salvación.

--¿Quiere usted decir que al morir vivimos?

--Algo así, incomprensible para nosotros, pero la muerte es nuestra vía a una mejor vida. Muere el cuerpo pero vive el alma; allá va nuestra esencia y lo que queda aquí son despojos.

--Gran paradoja plantea usted y es mejor no darle más vueltas. Me imagino que hay cosas que nunca comprenderemos.

--Así es, justamente.

Aburrida ya de tanto hablar me despedí de la mujer.

Esto de machacar tanto con la fe me tenía desquiciada, aunque comprendía que ante tanto sufrimiento en muchos enflaqueciera como me había pasado a mí. También comprendía la aberración de muchos españoles hacia la Iglesia por haber llegado a ser muy poderosa e influyente. La religión es preferencia, deseo, necesidad y no mandato y el clero siervos y no amos. Así lo decía mi padre que tenía una venita de ateo como comprendí con los años. También comprendía el odio que sentían muchos de los nuestros por los franquistas por haberse ensañado contra la oposición en vez de perdonar y olvidar siendo hermanos. Y, por último, también comprendía el temor que se tenía por las tendencias comunistas y de que España cayera en las garras de tan nefasta ideología. Debo decir, sin embargo, que tal afán de comprensión nunca me condujo a nada. La comprensión y tolerancia generalmente nunca han sido cualidades propias de los españoles.

A veces en mis desvaríos pensaba en los esclavos africanos que transportaban a América, cazándolos en los montes como bestias y lanzándolos en naves infernales apiñados cual ganado con rumbo hacia lo desconocido. Insultos, vejaciones, latigazos, soportándolo todo con una resignación absoluta. Y una vez en América, en aquella tierra tan extraña y distante, más sufrimientos achicharrándoseles la piel bajo un sol implacable. ¿Cómo vivían, cómo se alimentaban, qué vestían, en qué momento del día o de la noche reposaban? Siempre azorados bajo el ojo impasible de sus amos. No sé hasta dónde puede llegar la crueldad de los humanos sobre todo de los que profesan gran fe y anhelan ser salvados. Pero ojo, que más sufrió el negro en su tierra bajo el férreo yugo de sus propios hermanos mucho antes de caer para su mayor desgracia en las fauces del hombre blanco. A América pasaron cientos de miles de esclavos negros como seguramente pasaríamos nosotros en condiciones similares. Nadie se escapa del sufrimiento en una época u otra.

Capítulo 4: Salida del campo de concentración hacia lo desconocido.

Pensando en Francia y tratando de entenderla para apaciguar mi espíritu, una de las tantas noches que permanecí en vela me saltó a la mente este verso:

> Dos pueblos vecinos,
> medio unidos por la historia,
> uno soberbio, astuto, sabio,
> el otro profundo, soñador, hidalgo.
>
> Nada de abrazos, *mercis* o gracias,
> el que es es y así lo ha demostrado,
> más prefiero yo un buen vino de Rioja
> que el tan champán por todos alabado.

Pasó el tiempo como pasan las penas a intervalos interminables. Cuando sentimos felicidad el tiempo es fugaz y cuando falta anda en muletas.

Estando un día como de costumbre deambulando por el campo nos llamaron por el altavoz con instrucciones de dirigirnos al cuartel. Al llegar nos dijeron que nos aprestáramos que pronto íbamos a salir de allí sin darnos más detalles. Todos nos quedamos muy pensativos sin que nadie nos dijera adónde nos llevarían. Pasaron unos días y una mañana se aparecieron unos guardias y sin más nos dijeron que los siguiéramos asegurándonos de llevar todas nuestras pertenencias. Afuera nos esperaba un camión y de ahí nos llevaron a una estación de trenes en un pueblo cercano. Subimos al tren y al cabo de unas horas llegamos a un pueblo que se llamaba Montrevél o algo así cerca de la frontera suiza. Nos bajamos del tren y por un camino pedregoso llegamos a unos caserones que estarían de la estación como a legua y media. Allí nos dijo el que parecía jefe:

--Esta es su nueva morada hasta que se decida lo que hacer con vosotros. Se acomodan en aquella casa y se las arreglan mientras tanto como puedan.

Mientras esperábamos en la estación de Montrevél, se nos acercaron unas monjas ofreciéndose llevar a los niños a Rusia donde estarían muchísimo mejor. Hablaban con mucha dulzura tratando de convencernos, pintando a Rusia como un paraíso y país amigo. A una de ellas le pregunté si iríamos las madres con ellos y me dijo que no, que solamente los niños. Sin pensarlo dos veces le dije que no, que de ellos no me separaba, y se me quedó mirando como estupefacta. Otras madres accedieron y nos las culpo pensando en el bienestar de sus hijos.

Me vino entonces a la mente cuando los republicanos al poco de estallar la guerra evacuaron a miles de niños a distintos países europeos, entre ellos Inglaterra, Bélgica, Rusia y México. Muchos regresaron a España al terminar la guerra mientras que otros se quedaron atrapados en Rusia por la Segunda Guerra Mundial. Igualmente lo habían hecho los Nacionalistas evacuando niños a Portugal, Italia, Alemania y Holanda. También recuerdo que estando en la estación de Montrevél un francés me hizo una propuesta deshonesta, insistiéndome muy melosamente que me fuera con él y que no me preocupara por los niños que tenía a alguien que los cuidaría. Después me enteré que así cazaban a las mujeres españolas, sobre todo a las jóvenes, para dedicarlas a la prostitución que era gran negocio en aquellos tiempos. Todas las guerras engendran desgracias humanas e indudablemente que la prostitución era una de las peores.

Los caserones, que más bien parecían establos, eran de mampostería con el techo de madera y de un solo piso, con dos o tres ventanas escalonadas. Conté en total siete, tres delante contiguos, y cuatro detrás en hilera de a dos, enfrente unos de otros, como en herradura. Se entraba a ellos por dos puertas más otra que quedaba detrás cerrada con candados. Dentro todo lo que se veían eran camitas, como las de los hospitales, a ambos lados de la pared, unas frente a otras, con unas mantas y almohadas. Llegaríamos allí a eso de las cuatro de la tarde y nos estaban esperando unas mujeres que nos asignaban las camas a dos por familia. Entre cama y cama mediaba una vara a lo sumo sin divisiones de ninguna clase. Detrás de cada caserón había dos casetitas sin puertas que eran letrinas con un tablón y un boquete en el medio. Sólo de entrar allí se le revolvía a uno el estómago por la hediondez que despedían, y como no tenían puertas había que hacer las necesidades a la vista de los demás. Como en el campo de concentración, nos limpiábamos con papel de periódico o algún trapo. A menudo se encandilaba la gente y estallaban discusiones y broncas por lo mucho que se demoraban algunos. Para la comida, que se servía también dos veces al día, ponían a la entrada de cada caserón unas mesas largas con unas cacerolas de arroz blanco y potaje de judías o garbanzos y a veces algunas verduras tiesas y desabridas. El agua de beber la cogían de unos tambos y la vertían en unas tazas mugrientas con las que teníamos que quedarnos; olía y sabía a fango a pesar de ser de lluvia. Las duchas eran muy parecidas a las del campo de concentración con dos toallas para los cuatro. Se lavaba la ropa en unos estanques que quedan al fondo entre unos matorrales. Tal era nuestra nueva morada, otro infierno pero con menos gentío.

A las nueve de la noche apagaban las luces y teníamos que acostarnos pues con la oscuridad no se veía nada tal cual estuviéramos metidos en una profunda cueva. Nadie dormía por el mucho ruido debido mayormente a los enfermos cuyos quejidos desgarraban el alma. Se paseaban por allí a su gusto cientos de cucarachas y ratones que no los había visto tan grandes en mi vida y que más bien parecían gatos. Varias veces nos saltaron en la cama y a Coqui la mordió uno de ellos y no había nada para curar la mordida. Al par de días se le infectó y se le puso muy grande y fea y temí que le hubiera transmitido alguna enfermedad pero afortunadamente pronto sanó. Estábamos resignados a nuestro destino y sólo un milagro nos libraría de tal tortura.

Un día nos enteramos por un guardia que se había hecho algo amigo de uno de nuestros compatriotas, que la única manera de salir de allí era si alguien—que tenía que ser francés y persona de posición—nos avalase y encargase de nuestra manutención. A esto no le puse atención por parecerme absurdo que un francés se echase encima tal responsabilidad sobre todo tratándose de familias enteras. ¿Quién en su cabal juicio estaría dispuesto a hacer semejante cosa? Por otro lado, algo de cierto había en esto pues conocí un caso de un matrimonio francés que se había encargado de toda una familia incluyendo a cuatro niños y algunos parientes por lo que no lo descarté completamente. Por supuesto, si me tocara a mí lo aceptaría de mil amores.

Dice el refrán que "Dios aprieta pero no ahoga", que a la larga, cuando menos lo esperamos, se apiada de nosotros y nos echa una mano. Pues bien, un día mientras comíamos se nos acercó un matrimonio francés que no conocíamos y empezaron a hacernos preguntas en perfecto español. Se veía que era gente que venía de fuera, muy bien vestidos y de buen aspecto. Eran muy cariñosos con los niños, sobre todo con Carlitos que se daba con todo el mundo. Se me acercó la señora muy sonriente y me dijo:

--Este niño es un cielo; no sabe usted cuánto siento verlo así. ¿Cómo se llama usted?

--Emilia.

--¿Los demás son sus hijos también?

--Sólo la menor, la otra es mi sobrina.

--¿Qué tiempo llevan en este lugar?

Le conté toda la historia. Al terminar me dijo:

--Emilia, mi marido y yo queremos mucho a España y estaríamos dispuestos a ayudarla.

--Se lo agradezco mucho, ¿pero cómo?

--Haciéndonos cargo de ustedes hasta que enderecen sus vidas, en nuestra casa, con nosotros. Lo hemos decidido ya y si usted accede lo haríamos de todo corazón.

Los niños me miraban con ojos suplicantes entusiasmadísimos de que dijera que sí. Lo que me decía la señora me parecía imposible y titubeé unos momentos sin saber qué contestarle.

--Pues, mire, ¿cómo se llama usted?

--Margarit, y mi marido Pierre, de apellido Lalleman.

--Pues mire, Margarit, ante todo muchas gracias, quisiera decir que sí pero...

--Hagamos una cosa—dijo Margarit—piénselo bien y mañana regresaremos y nos da su respuesta; ¿de acuerdo?

Regina se me acercó y me imploró al oído:

--Tía, por favor, dile que sí.

Tanto rogar y nuestra situación me llenó de ánimo y así le dije a la buena señora:
--Mire, Margarit, con ustedes nos vamos y créame que no sé cómo agradecérselo. Realmente son ustedes muy amables.

El señor Lalleman dijo:

--Fantástico, esperen aquí mientras lo arreglo todo.

Regresó el señor al cabo de una hora y me dijo que toda estaba convenido y que fuéramos por nuestras pertenencias. Después me enteré que le habían hecho pagar una fuerte multa por aquello de habernos escapado lo cual me apenó mucho. Ya con nuestros trastes a cuestas, y después de haber firmado unos papeles, nos fuimos con aquella bendita pareja.

La casa no estaba muy lejos, como a cinco leguas. Era monísima, de dos pisos, con grandes ventanales y rodeada de hermosos pinos. Lo primero que hicieron fue acomodarnos en dos habitaciones muy amplias y bien dispuestas. Nos bañamos, nos cambiamos de ropa, y nos sentamos todos a cenar una comida riquísima que había preparado Margarit. Al poco rato mandé a los niños a su cuarto y los tres nos quedamos conversando de sobremesa.

El señor Lalleman y su mujer eran propietarios de una tienda de antigüedades que les había dejado el padre de él y llevaban allí muchos años. Hablaban maravillas de España donde a menudo iban antes de la guerra a comprar antigüedades sobre todo en la región de Castilla, en Ávila, Burgos, Valladolid. Igual había hecho su padre por muchos años y siempre venía cargado de tesoros que vendía o que por gustarle mucho se quedaba con ellos, como un crucifijo de pie hecho de bronce que vi yo en la tienda que era una maravilla. También se había quedado con muchos "Quijotes" como la edición de la Academia creo que del siglo XVII que era espectacular. Al ver los "Quijotes" pensé mucho en Carlos pues siempre quiso tener una buena colección de la magistral obra.

El señor Lalleman era muy alto, delgado, de complexión clara y de ojos alegres y expresivos hasta el punto de que uno se les quedaba mirando como si hablase con ellos, el pelo canoso y rizado como el de los andaluces, la nariz empinada y puntiaguda con un bigotazo que le cubría toda la boca canoso también, la barba tupida terminada en punta que casi le llegaba al pecho que me recordaba a la de Valle Inclán Los ojos achocolatados y algo achinados y venosos por lo que se quejaba de que algún día perdería la vista. También se quejaba de un dolor en la rabadilla por lo que andaba algo encorvado apoyándose en un bastón doliéndole más cuando se levantaba de la cama o cuando se agachaba. Vestía muy elegantemente con ropa que se veía era de gran calidad, toda muy limpia y planchadita y andaba siempre con su lacito y chaqueta de pana verde o marrón oscuro y cuando salía se encasquetaba su gran sombrero de chistera. Los zapatos lustrosos que siempre los cepillaba por la mañana antes del desayuno. Era evidente que su mujer lo cuidaba mucho y estaba muy pendiente de él. Hablaba con un vozarrón como el de Carlos y sonreía constantemente por lo que se veía que era un hombre feliz. Era hombre afable, gentil, muy humano, pero tirado a la antigua en sus costumbres y hábitos; en fin, un gran señor bien plantado en su sitio y con ideas muy enraizadas en lo tradicional. En esto contrastaba mucho con su mujer que era una melcocha y por eso se llevaban tan bien y estaban tan gusto juntos.

Margarit era simpatiquísima, mujer alegre y bonachona y de modales finísimos por lo que se veía su buena crianza, ligerita de carnes, patatita, llevándole yo como un palmo o más de estatura, de pelo castaño y trenzado, y la tez morena como la mía y de ojos saltones como los míos aunque los suyos eran de color verde y los míos negros como el azabache. A su lado me sentía algo acomplejada en lo de ser mujer pues yo parecía más una carbonera descuidada en el aspecto y no digamos en la vestimenta. A veces sentía miedo de que Carlos me viera así y se decepcionara o sintiera vergüenza de mi persona. Madre, esposa, compañera, pero ante todo mujer sino el hombre se espanta y se descarrila y busca su néctar en otras flores. Vestía como la gran señora que era, con vestidos de seda o de fino algodón estampados y siempre con zapatos de tacón alto aun estando en casa. Le gustaban mucho las joyas antiguas y llevaba un collar de perlas que no se quitaba nunca con una esmeralda colgada incrustada de diamantes. Las uñas impecables pintadas de un rojo intenso y en el dedo meñique de la mano izquierda una sortija de plata y rubís que era una preciosidad. Lo que más me entusiasmaba de lo que tenía era un mantón de Manila que le había regalado su madre cuando se casó, todo bordado de flores de colores brillantes sobre un fondo negro con flecos muy largos del mismo color. Lo tenía sobre la cama haciendo juego con unos almohadones floreados también rojos y amarillos que me dijo había traído su madre de Holanda en uno de sus viajes. Hablaba muy bajito con voz dulce y pausada y en sus labios carnosos siempre una sonrisa como su marido. Era excelente cocinera y repostera y tenía su casa puesta con mucho gusto e inmaculadamente limpia. Cuando yo se lo elogiaba me decía que lo había aprendido de su madre que era en extremo meticulosa ama de casa. Tenían un perro Labrador de nombre Robespierre que era la locura de los niños sobre todo de Carlitos que se pasaba el día jugando con él. Adoraba a los niños y se pasaba el día hablando con ellos haciéndoles cuentos o anécdotas de su niñez. A Carlitos lo tenía siempre sobre las piernas acariciándolo con mucho amor. Ciertamente que nos sentíamos como en nuestra propia casa, como la que teníamos Carlos y yo en Marruecos cuando nos casamos. Ella tendría unos cincuenta años y él frisando los sesenta aunque ninguno de los dos lo parecía por lo bien que se conservaban. La buena vida, la felicidad, la tranquilidad, el estar juntos y quererse tanto alarga la vida y endulza los corazones. Pobre de mí, de los niños, de nuestra mísera existencia, ahogándonos en un mar de dudas y colmados de vicisitudes. Hablo tanto de ellos porque casi llegué a idolatrarlos, segurísima de que sin su ayuda todos hubiéramos perecido.

Según me comentaron habían tenido un hijo que había muerto siendo muy joven en un accidente y fue tanto el sufrimiento que decidieron no tener más hijos. Esto me entristeció mucho y me trajo a la mente al que perdí yo, mi pobrín de Carlitos, aquel angelito que se me fue de las manos aquella dolorosa madrugada.

Años atrás el padre de Monsiuer Lalleman había tenido unos negocios en Barcelona donde se había comprado una casa solariega en la que se pasaban todos los veranos. Un día la casa se les quemó y si no hubiera sido por un hombre español que en ese momento pasaba por allí y los salvó sin duda alguna hubieran perecido atrapados en el segundo piso. Esto lo contaba el señor Lalleman suspirando y con lágrimas en los ojos pues al final nunca se supo quién había sido aquel buen samaritano que de forma tan valiente y jugándose su propia vida hizo aquel acto heroico. Y así su padre sentía adoración por España y los españoles y no se cansaba de alabarlos por su estoicismo y nobleza.. Tan profundo era el cariño que sentía que dispuso que a él y a su mujer al morir los enterraran en España cuyo deseo su hijo cabalmente cumplió. Preciosa y sentida historia de este matrimonio francés por lo que no me vengan a decir a mí que todos los franceses son iguales. Ahora entendía yo el afán de ellos en ayudarnos.

Los Lalleman tenían un buen amigo que era director de un periódico y que los visitaba con frecuencia. Venía con su mujer y dos hijos y lo pasábamos todos muy bien en el jardín comiendo y charlando. Como periodista estaba muy al tanto de la situación mundial y sobre todo la de España, y nos decía que la dictadura de Franco sería para largo pues estaba muy atrincherada en el poder con el apoyo de grandes potencias y la anuncia de la alta jerarquía eclesiástica. A Francia la veía perdida con el avance de los fascistas y dudaba que los franceses pudieran defenderla y dejar que se la arrebataran. Sentía mucho lo de Carlos y a menudo me decía que si apareciera algún día que lo ayudaría.

Capítulo 5: Ocurre el milagro: aparece mi Carlos.

Una mañana llegó a casa muy sofocado el señor Lalleman y vino corriendo al patio donde me encontraba con los niños. Al verme con una gran sonrisa me dijo:

--Emilia, Emilia, no sé cómo decirte esto.

--¿Decirme qué, qué pasa?

--Nada, nada, cálmate, es buena noticia, lo que tanto anhelabas.

--¿Cómo qué?

--Piensa, Emilia, piensa, ¿cuál sería para ti la mayor felicidad?

--Eso ya usted lo sabe, encontrar a Carlos.

--Pues encontrado está...

--¿Cómo es eso?

--Lo dicho, encontrado está.

En ese momento tocaron a la puerta y me dijo el señor Lalleman:

--Anda, Emilia, mira a ver quién es.

Me fui a la puerta temblorosa y la abrí. Delante de mí, de mis propios ojos, estaba Carlos aunque casi no lo reconocí...

--¡Emilia!

--¡Carlos!

Abrazos, besos, suspiros, lágrimas a montones. Vinieron los niños corriendo y se le abalanzaron a su padre abrazándolo fuertemente. El pobre parecía un pordiosero, barbudo, melenudo, muy flaco, demacrado.

--¡Ay Emilia!

--¡Ay Carlos!

--Ven, ven—le dije yo--, vámonos al jardín. Carlos casi no podía caminar no sé si de cansancio o emoción. Entre los cuatro lo llevamos al jardín y lo ayudamos a sentarse en uno de los bancos.

--Carlos, ¿quieres algo?

--Un vasito de agua helada para refrescarme.

Coqui se fue a buscarla y se la zampó de un sorbo.

--¿Tienes hambre, quieres algo de comer, algún bocado.

--Ahora mismo no, déjame miraros.

--Venga, venga—dijo el señor Lalleman—hay que celebrar; aquí traigo el mejor vino que tengo.

Carlos agarró una copa y levantándose dijo muy emocionado:

> "Milagro ha sido el que estemos todos aquí juntos. Brindo por usted, señor Lalleman, y por su mujer, dándoles las más profundas y sentidas gracias por su generosidad y amabilidad. Nada tengo más valioso que mi mujer y mis hijos y a ustedes les debo que nos hayamos encontrado en este momento rebosante de felicidad. Gracias para siempre.

Se levantó entonces el señor Lalleman y no menos emocionado dijo:

"Milagro es y no se debe a nosotros sino a la gracia de Dios que os ha bendecido. Piensa en haberlos encontrado en aquel lugar entre tanta gente y después a ti en un país tan grande y tan revuelto. Bienvenido a nuestra casa y no os preocupéis que echaréis para delante con la gracia de Dios y de nuestra ayuda".

Y dirigiéndose a Carlos le dijo:

--Cuéntanos Carlos, si te sientes con ganas de hacerlo, ¿cómo fue tu odisea?

--Un chatito más de vino—dijo Carlos—para que se me avive la mente y suelte la lengua.

--Fueron meses terribles, espantosos. Al no más cruzar la frontera nos agarraron a mí y a mi hermano Pepe y nos metieron en un campo de concentración, en el maldito Gurs donde languidecían cientos de nuestros conciudadanos. A los pocos días se enteraron de que Pepe había ejercido un alto cargo en el gobierno y nos dejaron ir no sin advertirnos antes que vigilarían todos nuestros pasos. Esto no lo entendimos pues lo lógico hubiera sido que nos hubieran repatriado poniéndonos en manos de los franquistas que seguían afanosamente buscándonos. Puede haber sido también porque en Francia había simpatizantes de ambos bandos, del republicano y franquista, y que nos tocara la suerte de haber dado con los primeros o al menos con un grupo de ellos. Lo cierto es que nos fuimos de allí sin el menor impedimento.

De Gurs nos fuimos a un pueblo que se llamaba Perpignan pero perseguidos muy de cerca por unos tipos raros que aparecían y desaparecían en lugares insólitos. No eran militares ni guardias sino dos hombres vestidos de paisano con gafas negras. Un par de veces tratamos de esquivarlos escondiéndonos detrás de unos árboles pero cuando pensamos habernos librado de ellos resurgieron en una esquina. Nos echamos a correr y nos metimos en un pequeño hotel que estaba en la plaza del pueblo.

En el hotel estaban hospedados unos refugiados españoles y cuando se enteraron de que Pepe estaba allí vinieron enseguida a verlo tratándolo con mucha afabilidad y pleitesía. Trajeron vino, pan y queso y nos sentamos todos a comer. Éramos en total seis y Pepe sacó una navaja que traía siempre en el bolsillo y cortó varias rebanadas de pan. En ese preciso momento entraron unos gendarmes y al ver a Pepe con la navaja en la mano se le abalanzaron y esposaron. Como sabéis en Francia es gran delito portar armas blancas por pequeñas que sean. Se llevaron a Pepe y me prohibieron rotundamente acompañarlo o aparecerme por la cárcel ese día.

Nos quedamos todos espantados y uno de los refugiados dijo que había sido cosa de Franco confabulado con derechistas franceses para atrapar a sus enemigos más prominentes. Me fui al hotel y no pude pegar ojo esa noche pensando en todo lo que había ocurrido y muy preocupado por Pepe. Aún era de noche cuando me levanté y me asomé a la ventana y estaba lloviendo. Tal como estaba vestido me fui a la cárcel. Allí me dijeron que no sabían nada de Pepe y que no insistiera más y que me fuera. Al dirigirme a un teniente que estaba allí me dijo enfáticamente que si no me marchaba en el acto me meterían en la cárcel. No tuve más remedio que marcharme seguro de que no volvería a ver más a Pepe. Volví al hotel y allí permanecí varios días a la espera.

Contando esto Carlos se notaba muy anonadado, casi llorando, sin salirle las palabras; entonces dijo:

--Si os parece bien continuamos mañana con la historia.

Esa noche Carlos y yo casi no hablamos por estar tan cansado y al no más acostarse con ropa y todo se quedó rendido. A media madrugada me levanté, me fui a la ventana y me quedé mirando el patio del que sólo se distinguía el chorro de la fuente iluminado por la luna. Entonces cual rayo me vino a la mente este verso:

> El anhelo del reencuentro,
> la dicha de volverse a ver,
> padres e hijos gozando
> de un nuevo amanecer.
>
> Unos lloran, otros ríen,
> esperando que el azar
> algún día les devuelva
> la felicidad que quedó atrás.

Capítulo 6: Asesinato en Francia del querido hermano Pepe y qué fue del otro hermano Félix y del resto de la familia.

Al día siguiente estando todos reunidos en el jardín continuó Carlos con su historia.

--Pensé varias veces irme del hotel pero no podía hasta averiguar lo que le había ocurrido a Pepe y así, un día, llenándome de valor, me fui de vuelta a la cárcel. Me las arreglé para hablar con uno de los presos que estaba allí y muy sigilosamente me dijo:

--Mire usted, a su hermano lo mataron, no aquí, pero se lo llevaron de madrugada y tienen que haberlo matado aquí en Francia o en España. Oí hablar que se había suicidado pero todo eso fue un cuento para no armar alboroto.

--¿Está usted seguro?—le pregunté yo.

--Hombre, no seguro del todo pero creo que eso fue lo que pasó.

--¿Y oyó usted a mi hermano decir algo?

--El pobre estaba fuera de sí pues si algo me consta es que lo torturaron o dieron varias palizas. Se lo llevaron arrastrándolo y de madrugada para que no los viera nadie. Yo lo vi porque esa noche andaba con diarreas y no podía dormir asegurándome, claro está, de que nadie se diera cuenta.

Continuó Carlos:

--Con el tiempo leí en un periódico que Pepe había muerto en un campo de concentración lo cual no era verdad a no ser que lo hubieran vuelto a meter en Gurs, pero lo dudo mucho. En fin, que desapareció sin saber siquiera dónde se le enterró.

Carlos idolatraba a su hermano mayor que para él reunía todas las cualidades de un ser humano. Pepe era guapísimo, simpatiquísimo, afable y cariñoso, de gran inteligencia y muy entregado a sus ideas. Era medio rubio, como su madre, de ojos azules y semblante muy alegre. Era abogado, como su padre, carrera que también estudió Carlos por seguir los pasos de su hermano. Fue gobernador de Toledo durante la República y estuvo presente en el asedio del Alcázar donde demostró gran valentía.

--¿Y qué hiciste después?—le pregunté yo.

--Pues nada, me fui al parque de Perpignan como habíamos convenido y al no verte estuve allí un buen rato sin que aparecieras y te dejé una nota en un banco.

--Yo también te dejé una nota.

--Nunca la vi, Emilia, después de ese día nunca más regresé al parque.

--¿Y por qué?

No pude, me fue imposible. Ya sabes que a los refugiados no se nos permitía andar por la calle de menesterosos y si hubiera vuelto y hubieran visto me hubieran metido en la cárcel o vuelta a un campo de concentración sin esperanza alguna entonces de volveros a ver. Tenía que esconderme y andar con mucho cuidado. Así lo hice y un día vi una foto vuestra en un periódico, es decir, de ti con Carlitos en brazos, e indagando por aquí y por allá fui a par a casa de tu amiga Leti.

--Esa fue seguramente la foto que me tomó el húngaro en la frontera—dije yo—pero continúa.

--Le dio gran sorpresa verme y estaba muy preocupada por ti. No sabía exactamente dónde estabas pero supusimos que en el campo de concentración. Allí me fui y me dijeron al lugar donde os habían llevado y donde me enteré de lo de los Lalleman. Un día que fui a buscar empleo al periódico conocí al director y me trajo aquí. Ya ves las vueltas que da la vida, increíble. Si algo aprendí en esta experiencia fue que nunca esperes del lobo lamidos ni ternura del usurero. Confía poco y no te dejes llevar por las apariencias.

Mientras hablaba Carlos me fijé detenidamente en él y había envejecido enormemente. La piel de color cetrino, la frente agrietada con ojeras muy pronunciadas, los pómulos muy salidos y las mejillas hundidas, los dientes opacos, amarillentos, la mirada triste, melancólica, la expresión retraída, la voz cuando hablaba entrecortada y débil. Caminaba torpemente, dando tumbos y arrastrando los pies con los hombros caídos y encorvados. Se le había caído mucho el pelo con grandes entradas y se había dejado bigote y barba muy rala y canosa. Vestía como los indigentes, con un pantalón y camisa que nos había dicho se los había regalado alguien, y unas sandalias mugrosas que más parecían alpargatas. Los estragos de la guerra y el hondo sufrimiento habían dejado su huella en un hombre que pocos años atrás era todo un león, como la habían dejado en mí. En fin, que los años y los sufrimientos son como piedras que vamos dejando en el camino, o que los ojos ven lo que el corazón no quiere.

De pronto enmudeció y se echó a llorar. Se levantó, empezó a dar vueltas y yo me fui tras él. Le eché el brazo al hombro colmándolo de besos y le pregunté qué le pasaba. Me dijo que estaba contento y triste a la vez, contento por habernos encontrado y triste pensando en la nebulosa que nos esperaba y en Pepe, Félix y el resto de la familia de la que no sabía nada. Yo le dije que igual me sentía yo pensando en mi familia, en mi querido hermano Pablo y en mis hermanas, pero que dejara de preocuparse que Dios nos socorrería a todos. Temía que a Pablo lo hubieran matado por haberse identificado tanto con la República y lo mismo a Félix que había sido comandante del ejército.

Entonces me dijo:

--Mira, Emilia, los Lalleman se han portado maravillosamente y nos han ayudado mucho pero no podemos abusar de su generosidad máxime ahora conmigo. Se rumora, y tómalo como tal, un simple rumor, que piensan regresarnos a España o mandarnos a América, a México, Santo Domingo o Chile o quizá a Rusia. Mientras tanto, mientras todo esto cuaja de una forma u otra, debería tratar de encontrar empleo para sustentarnos.

--¿Y cómo vas a encontrar empleo en la condición en que está Francia, sobre todo siendo español y refugiado? Los pocos trabajos que hay los acaparan los franceses y es justo que así lo hagan pues es su tierra. Bastante dan de lo poco que tienen, diría yo, hay que ser justos.

--Bueno, al menos se puede hacer la gestión, hablo algo de francés y podría enseñar en algún colegio o escribir.

--¿Te refieres a escribir en el periódico del amigo de los Lalleman?

--Bueno, sí, ahí o en otro o barriendo calles que no me importaría.

--No te veo yo de barrendero.

--No podemos andar con pruritos, hay que ganarse el pan como sea.

--O también podría yo trabajar de criada, limpiando casas, cocinando, cuidando niños.

--Eso desde luego que no, ¿quién cuidaría de los niños?

--Y hablando de los niños, ¿qué será de ellos?

--Todos estamos en las manos de Dios; el pequeñín de Carlitos es el que más me preocupa pues a veces no lo veo muy bien, es mucho para él. Hay que alimentarlo bien y sacarlo de tanto ajetreo. Menos mal que tiene una madre como tú que está siempre pendiente de él.

Mientras hablábamos me vino a la mente aquel verso de Lorca que decía:

> Las cosas que se van no vuelven nunca,
> todo el mundo lo sabe,
> y entre el claro gentío de los vientos
> es inútil quejarse.

--Mira, Carlos, de nada vale quejarse, hay gente que está mucho peor que nosotros, al menos estamos vivos y juntos. ¿Has tenido noticias de Félix?

--Nada, ninguna, debe estar preso y consumiéndose en vida, o muerto pues ya sabes el carácter que tenía. Estos franquistas no tienen misericordia. Repara un segundo en nuestra historia. No hemos hecho otra cosa que matarnos unos a otros desde tiempos inmemoriales. ¿Te acuerdas de los bombardeos de Barcelona y Gerona de la Legión Cóndor? Gente sin entrañas, Emilia, verdaderos monstruos.

--¡Claro que me acuerdo y que nos salvamos de milagro!

--¿Y te acuerdas de aquellas barbaridades que se cometían, como la del soldado que vimos una vez tirado en el suelo con más de veinte heridas de bala y con la cabeza deshecha? O de aquel fraile que sacaron arrastrándolo de la iglesia y que colgaron del umbral de la puerta con toda la gente vitoreando? ¿O en aquellos dos niños abandonados que vimos una vez en Gerona sin que nadie los socorriera?

--Sí, Carlos, de todo eso me acuerdo y me espanta. Todos en el fondo tenemos algo de asesinos. Pero dejémoslo ya que me deprime mucho. Olvidémonos del pasado y pensemos en lo por venir, en nuestras vidas.

--¡Oh campos de Castilla, oh Azorín, oh Machado! ¡Verdes prados de tomillo con arroyos de azulejos murmurando entre rocas soñolientas, aire tonificante y puro, ciervos rumiando apacibles, cielo raso, sol cercano, cipreses, girasoles, campesinos con sus azadas haciendo bultos de paja...Dime tú, Emilia, si no es escalofriante pensar en aquella imagen.

--Sí, Carlos, sí, y en Melilla, donde nos conocimos e hicimos nuestro primer nido. España se nos ha ido y sólo quedan los recuerdos que matan.

Esa noche me puse a pensar en nuestra vida en España antes de la hecatombe. Nos agarró la guerra en Toledo. Nos habíamos casado en Melilla donde Carlos y yo nos conocimos siendo él fiscal. Luego nos trasladamos a Madrid y por último vuelta a Toledo donde llevábamos una vida tranquila y despreocupada. Ya había nacido nuestra hija Rudesinda o Coqui--como la llamábamos cariñosamente--en Madrid, y los tres éramos muy felices. Frecuentemente visitábamos a la familia de Carlos en Madrid donde tenían un piso en la calle de Castelló, y también a mi hermano Pablo y a mi hermana Lucila. Durante el verano cuando arreciaba el calor solíamos irnos de vacaciones a Villafranca del Bierzo en León de donde era Carlos y toda su familia. Por las mañanas nos gustaba bañarnos en el río Burbia y por la tarde almorzábamos buenas tortillas de jamón o chorizo, queso manchego, y un pan delicioso que comprábamos en el pueblo. Después de comer nos poníamos Carlos y yo a cantar fados que eran sus favoritos o sino bulerías que eran las mías.

Cuando íbamos a Madrid nos reuníamos todas las tardes en casa de Consuelo, la hermana mayor, con toda la familia y la pasábamos estupendamente. Nunca tuve quejas de la familia de Carlos aunque por ser andaluza y no castellana, como eran ellos, a veces surgían roces y desavenencias pero nunca llegaba la sangre al río. La familia de Carlos era muy unida y al que venía de fuera lo miraban con un poco de recelo. Consuelo tenía cuatro hijos, un varón y tres hembras siendo la mayor Consuelo o Lelito como le llamaban. Tenía tres hermanos, Pepe, Isabel, Carlos y Félix, el menor, y otro que se había muerto al empezar la guerra y que fue enterrado en Villafranca junto a su padre. Mi hermano Pablo era muy feliz con su mujer e hijos y de vez en cuando los visitábamos disfrutando mucho todos.

A Pepe, el hermano mayor de Carlos, rigiendo la República, lo habían nombrado gobernador civil de Toledo cargo que ocupó hasta el asedio del Alcázar cuando salió huyendo y se vino con nosotros a San Hilario. Allí estuvimos casi un año sin osar salir a la calle pues andaban detrás de Carlos con intención de asesinarlo. Fue allí donde nació mi segundo Carlitos en 1937; el primero había nacido en Villa Alhucemas a finales de 1931 que murió de meningitis cinco meses después.

Este pueblo se llamaba antes Villa Sanjurjo en honor al general Sanjurjo que ganó honores en la guerra del Rif en 1926, pero con la Segunda República se le restituyó su nombre original de Villa Alhucemas cambiando nuevamente a Villa Sanjurjo al posesionarse Franco del poder. Quedaba a unos cien kilómetros de mi pueblo de Melilla. Allí, en San Hilario falleció Mamasinda, la madre de Carlos, al poco de nacer Carlitos y la enterramos en el cementerio del pueblo que quedaba en las afueras. Antes de San Hilario estuvimos algún tiempo en Caspe, Zaragoza, donde Carlos era magistrado de un tribunal. O sea, que de Madrid nos fuimos a Caspe, de ahí a Barcelona, después a Gerona y finalmente a San Hilario desde donde me fui yo con los niños al pueblo de la Junquera en la frontera francesa como tengo dicho. Desde que llegamos a Caspe hasta irnos después a San Hilario las pasamos negras huyendo de un sitio a otro temerosos de que agarraran a Carlos. Después Pepe se marchó con Carlos a Francia y yo me quedé con los niños y mi sobrina Regina, hija de Consuelo, la hermana de Carlos, que estaba con nosotros al estallar la guerra y no pudo regresar con su madre a Madrid.

¡Qué jirones tan imprevistos tiene la vida! Recuerdos cercanos me sitúan en mi hogar rodeada de mis seres queridos, la vida sosegada, apacible, el dulce quehacer cotidiano, mis rincones. Recordaba asimismo a aquel anciano con bastón que venía al jardín y se quedaba conmigo un rato. Se sentaba a mi lado y me contaba historias de su juventud, de su viaje a

Cuba con sus padres en tiempos de la colonia teniendo que salir después al meterse allí los norteamericanos. Me entretenía mucho con sus charlas, siempre amenas y cautivadoras. Un día no volvió más y lo sentí mucho. Recordaba aquel cielo límpido de mi pueblo, las nubes encendidas que se reflejaban con tonos dorados en el mar esmeralda, los cocoteros susurrando con la caricia de la brisa mediterránea, las gaviotas en su eterno paseo matinal... y, de súbito, nos azotó una ráfaga de aire fétido y cambió aquel mundo ideal para siempre. Preñada así mi mente de estos pensamientos me surgió este verso:

> Mi casa, mis rincones, mis recuerdos,
> la felicidad que se esconde y reaparece,
> los sueños que se esfuman, sin regreso,
> la mente que vacila y se retuerce.
>
> Dime tú, ¡oh fuente de la vida!
> qué camino he de recorrer, y cuándo,
> para llegar, si aún se puede,
> al eterno panal de los encantos.

Decidimos pues irnos de la casa de los Lalleman. Ellos se entristecieron mucho con la noticia y nos rogaban que recapacitáramos, que pensáramos en los niños y en su futuro, pero de nada valió pues ya Carlos tenía hecha su mente. Viéndonos tan resueltos el señor Lalleman dijo:

--Mira, Carlos, toma, quédate con esto, no es mucho pero te alcanzará por el momento.

--Señor Lalleman, mire...

--Nada, Carlos, no te pongas cerrero. Toma esto y algún día si nos volvemos a ver me lo devuelves. No os podéis marchar con las manos vacías.

Le había puesto en las manos cinco mil francos. Se lo agradecimos mucho, nos abrazamos y todos sollozando nos despedimos.

Después de mucho andar e indagar encontramos un pisito en las afueras del pueblo encima de una tienda de comestibles. Fue gran suerte encontrarlo y que nos lo dieran siendo quienes éramos y por el aspecto tan miserable que llevábamos. La única condición que nos pusieron fue la de pagar el alquiler por adelantado. Subimos con la dueña al segundo piso y al verlo nos desanimó bastante por ser muy lúgubre y pequeño con dos cuartitos, un baño y cocina raquíticos. Todas las paredes estaban agrietadas con grandes manchas que parecían de carbón y varios de los tablones de las escaleras con los clavos salidos o torcidos. En cada cuarto había una ventanita por la que se veía un despeñadero, dos camitas, una mesita de noche con lámparas del tiempo de la Nana y unas sillas todas desvencijadas y a una hasta le faltaba una pata. En uno de ellos había una pequeña cómoda y al abrir el cajón vi muchos dedales sucios u oxidados, unos ovillos de lana muy enmarañados, una medalla militar enmohecida y un escapulario de una virgen que me pareció ser Santa Teresa la francesa. También había en el suelo varios tiestos con tierra seca y dura cubiertos de polvo. Estando allí nos pasó por delante un ratón que se escabuchó por una rendija de la pared y varias cucarachas de las grandotas que salían del fogón de la cocina. Era, pues, un lugar muy cochambroso e insalubre pero quisiéramos o no teníamos que zambullirnos en aquellas turbias aguas.

La dueña era viuda y vivía con dos hijas, una de ellas ya mayorcita. Tenía la casa invadida de gatos seguramente por lo de los ratones. Las tres eran muy chabacanas y vulgarotas sobre todo al hablar. Lo único medianamente pasable que tenía la señora es que era muy hacendosa pero por más que le daba a la escoba y trapeador la casa seguía siendo una pocilga. Era desdentada, siempre vestida de negro con un pañuelo blanco en la cabeza, con el pelo lacio muy largo que casi le cubría la cara y con los ojos tan pequeños que tal parecía que los tenía cerrados. Caminaba como las gaviotas con paso tambaleante y apresurado que veía yo en el Torreón de Melilla. En el aspecto físico no parecía francesa sino más bien musulmana o hindú o quizá una bruja salida de los infiernos. A los niños los traía aterrados y siempre que la veían la esquivaban sin atreverse siquiera a mirarla. Los gatos estaban por toda la casa echados o saltando de un lugar a otro pelechando a más no dar por lo que había que andar siempre con la nariz y boca cubiertas para no tragarse tanto pelo. La tienda de comestibles era un desastre con mucha comida medio podrida y maloliente y el dueño un cascarrabias y maleducado con el que Carlos tuvo varias veces unas agarradas. Y de los vecinos ni se hable que eran todos unos perros, gente baja, sucia, pura escoria.

Carlos salía por las mañanas muy temprano a buscar empleo y yo me quedaba en aquella cueva cuidando de los niños y haciendo mis labores domésticas. Después de almorzar los sacaba a pasear pero siempre con mucha aprensión temerosa de que nos ocurriera algún percance. Carlos regresaba al anochecer y al poco de cenar nos metíamos todos en la cama. Así pasaban los días dándole puñetazos al viento sin alivio ni alicientes encerrados como ratas. Comíamos por comer, salíamos por salir, dormíamos por dormir sin la menor ilusión por nada. Pensamos poner a los niños en algún colegio pero temíamos separarnos de ellos por las terribles historias que oíamos les ocurrían a los niños españoles. Carlos y yo estábamos muy conscientes de este vacío y nos pasábamos horas y horas instruyéndolos lo mejor que podíamos. Carlitos se acercaba a los dos años de edad, Coqui a los cinco, Regina a los catorce, yo a los treinta y dos y Carlos a los treinta y tres aunque él y yo parecíamos cincuentones, los dos canosos y con la piel muy arrugada sobre todo en la frente quizá de tanto pensar o de tanto espantarnos.

Con la invasión de refugiados españoles aquel pueblo se había convertido en una pequeña España. Muchos se conglomeraban en las esquinas lamentándose de sus vicisitudes en tierra francesa y maldiciendo a Franco por ser el causante de tanto dolor. Una vez se metió Carlos entre ellos y casi lo linchan por culpar a los españoles de nuestra tragedia, comparándolos a los alemanes con la subida de Hitler y a los italianos con la de Mussolini, recalcando que tales monstruos no surgían de la nada sino que eran creados por nosotros mismos, por nuestra ignorancia y apatía. Yo le rogaba que no se metiera en líos que bastante teníamos encima y que dejara a cada cual con sus ideas. Afortunadamente me hizo caso y no volvió más a aparecerse por allí.

Capítulo 7: Se nos presenta la oportunidad de irnos a Cuba.

Un día Carlos se tardó mucho en llegar y me tenía muy preocupada. Pasadas las nueve bajé y me quedé afuera esperándolo. De pronto lo vi que venía corriendo como un desaforado y a grito limpio me dijo:

--¿A Cuba, Emilia, nos vamos a Cuba, a Cubita la bella!

Me agarró por la mano y tirando de mí subimos a nuestro cuarto. Los niños al oír los gritos se nos acercaron con los ojos muy abiertos mirando a su padre.

--¡Se acabaron nuestras penas, Cuba nos está esperando!

--Venga. Carlos, da detalles, ¿qué es eso de irnos a Cuba?

--Pues tal como lo oyes, a Cuba nos vamos y prontito.

--¿Qué paso?, ¡cuenta!

--Nada tengo que contar. En una semana zarpamos en un barco francés que sale para América. Ya está todo arreglado.

--¿Y cómo pasó eso?

--¡Coño con tus preguntitas! Anda, mira este papel que lo certifica.

--Bien, Carlos, ¿pero cómo lo conseguiste? Tenemos que estar seguros de lo que hacemos.

--Un amigo me lo mencionó y me dijo que si me interesaba que me diría lo que hacer. Le dije que sí y me mandó a ver a un amigo suyo que lo estaba gestionando. Me reuní con él y me lo arregló todo en cuestión de unas horas. Cosas del gobierno francés que nos quiere ver fuera de aquí lo antes posible.

--Pero Cuba está muy lejos, al otro lado del Atlántico.

--¿Y eso qué tiene que ver o es que prefieres quedarte aquí sufriendo o que nos manden a Rusia? Cuba es ideal, es una España en miniatura pero tropical, como Andalucía o las Canarias.

--Perdona, Carlos, estoy hecha una cobarde. Tienes razón, Cuba es ideal. ¿Y cuándo nos vamos?

--En una semana como te dije. El puerto está lejos y tenemos que atravesar media Francia rumbo al norte pero lo haremos en tren que es lo más seguro. No te acongojes más y empieza a prepararlo todo.

--Poco hay que preparar, Carlos, que nada tenemos además de lo puesto.

No tardó mucho en propagarse la noticia y que cientos de personas se alistaran para el viaje. La gente andaba eufórica por el pueblo haciendo los preparativos y los franceses más que contentos por deshacerse de muchos de nosotros. Un día se nos acercó uno de estos viajantes y nos dijo:

--Pues Cuba no está mal, aunque están llena de negros.

--Eso no es verdad—le dijo Carlos—que hay mucha gente blanca, españoles casi todos, pero si fueran todos negros qué más daría. Prefiero a los negros mil veces que a los franceses o a mucho europeos que son todos un atajo de canallas y atorrantes.

--Hombre, no hable así—le dijo el otro—; no se olvide que usted y yo somos europeos, y sus hijos, y su mujer, no reniegue de su estirpe.

--Estoy de las estirpes hasta la coronilla, ser humano es lo que vale y cuenta y en esto somos todos unos salvajes como está demostrado en nuestra larga historia.

Era totalmente insólito que Carlos se expresara así con tanto resentimiento hacia su propia patria y raíces, pero nuestra situación lo traía desquiciado sin saber lo que decía. Bien consciente estaba él de lo español que era y lo orgulloso que estaba de su estirpe y raíces.

Un día nos reunieron a todos en el parque y nos dieron los pormenores del viaje. Calculo que habría allí unas cuatrocientas personas incluyendo muchos niños. Nos llevarían a la estación de trenes a pie partiendo desde el parque a las siete de la mañana en punto. Cada cual se hacía responsable de su persona, familia y pertenencias. No se permitiría abordar a enfermos de gravedad, lisiados o ancianos de avanzada edad. Nos advirtieron que el viaje sería largo y peligroso y la comida y agua escasas. El viaje se había previsto para el viernes siguiente.

Llegó el ansiado día y emprendimos la caminata hacia la estación de trenes. La gente se veía alegre, optimista, esperanzada. Llegamos a la estación y la muchedumbre sin esperar aviso en estampida abordó el tren con muchas personas colándose por las ventanas o encaramándose en el techo. El tren era largo, antiquísimo, de muchos vagones, y arrojaba un humo negro y espeso que se elevaba en forma de embudo esparciendo una lluvia de hollín que nos impregnaba la ropa y se nos metía por la nariz. Allí cayeron algunos magullados y hubo varias trifulcas, patadas, puñetazos, empujones. Estábamos tan apiñados unos contra otros que no nos podíamos mover hasta que Carlos, en un ataque de cólera, me cogió del brazo y a puros trompicones nos metimos entre el gentío y logramos abordar el vagón. Pero más era el caos dentro que fuera para agarrar asiento y situarse hasta que unos guardias dispararon al aire y se aplacaron todos. Con pistola en mano dieron órdenes de que se sentaran primero las madres con sus hijos, los enfermos y ancianos y después el resto de forma que a más de la mitad les tocó quedarse parados sin posibilidad alguna de dar un paso o ni siquiera contonearse.

El viaje tomó más de una semana y fue un martirio. Aunque íbamos sentados teníamos tanta gente encima que casi no podíamos respirar, y era tanto el bullicio de la gente y el ruido que hacía el tren que ni hablar podíamos. En nuestro asiento, que era muy pequeño, angosto y totalmente destartalado, íbamos los cuatro con Carlitos sentado en mis piernas. El tren tenía paradas fijas y era cuando podíamos comer algo e ir al baño. Las noches eran interminables y nadie podía dormir. La única forma de aliviar el tormento era sacando la cabeza por la ventana, cerrar los ojos, y respirar el aire puro y tonificante del campo. En esto nos turnábamos y cuando le tocaba a Carlitos no había forma de sacarlo de allí.

En el viaje pasamos por Lyon y Orleans y más hacia el norte por un pueblo que se llamaba Nante, Nantes, o Nantres, en cada uno de los cuales se recogía a más gente hasta que ya no cabían más y atrás quedaron muchos infelices desconsolados y tristes. Finalmente llegamos a la boca del río Loire del que se veía a lo lejos el puerto de Saint Nazaire. Repito que se me perdone si escribo mal los nombres de estos lugares pues han pasado muchos años y son recuerdos que siempre he tratado de evitar. Llegamos al puerto dirigidos por unos guardias donde había varios barcos mayormente de carga con miles de personas aglomeradas bajo un sol implacable. El espectáculo era aterrador, dantesco, infernal. La gente más que seres humanos parecían espectros que se mantenían en pie por la ilusión y la esperanza. Por todas partes se veían pelotones de soldados con metralletas y cerca del barco varios camiones militares y de la Cruz Roja. Estuvimos allí parados como unas dos horas hasta que se ordenó que en fila de a cuatro cada grupo se dirigiera al barco que se le había asignado. A nosotros nos tocaba el Flandre, barco de carga con dos grandes chimeneas y un mástil a ambos lados pintado de rojo y gris. Pasado el tiempo nos enteramos que este mismo barco había transportado a casi doscientos refugiados judíos a Cuba, pero al prohibírseles desembarcar regresó a Francia creo que a principios de 1939. Igual suerte corrieron otros mil judíos que viajaban en el St. Louis a quienes les fue negada la entrada en Estados Unidos siendo Roosevelt presidente. El Flandre había zarpado originalmente del puerto de Hamburgo en Alemania rumbo a Francia. Nos acercamos al barco y una vez comprobada nuestra identidad y dado el visto bueno lo abordamos subiendo por un puente de tablones y sogas. Una vez en cubierta nos hicieron bajar por unas escaleras y después de dar muchas vueltas llegamos a lo que serían las entrañas del barco, un enorme espacio descubierto con literas a ambos lados entre calderas, depósitos de carbón y todos los atavíos propios de una nave. El olor a viejo, humedad y humo nos asfixiaba. Poco a poco zarpó el barco y se fue alejando de la costa. Allá en la penumbra quedaba Francia, España, Europa, nuestras familias, nuestras vidas y sueños. Segura estaba que todo aquel mundo maravilloso quedaría sepultado en el recuerdo.

De pronto se me acercó Carlos con los ojos espantados y me susurró al oído:

--Nos hemos metido en la nave de los condenados. Esto no se dirige a Cuba sino al infierno. Nos han engañado para deshacerse de nosotros.

Lo menos que esperaba era que Carlos pensara así y toda la ilusión y esperanza que tenía se me cayeron al suelo. Quizás tenía razón, nos habían engañado para zafarse de nosotros plantando una bomba en el barco que explotaría a media travesía. Acongojados por estos pensamientos nos desplomamos en nuestras literas y no resucitamos hasta la mañana siguiente.

El mar era nuestro único escape y consuelo, y así nos pasábamos el día asomados a la barandilla contemplándolo. Nunca había estado en alta mar, visto olas tan enormes, un horizonte tan vasto, o agua tan intensamente azul, clara y profunda. Tal me parecía que estaba soñando transportada a otro mundo, un mundo de paz, amplitud, de una belleza incomparable. El sol lo dominaba todo lanzando rayos de luz que rebotaban en el agua tornándola en un verde carmesí.

--¡Emilia!, ¿qué te pasa, estás soñando? ¡Despierta mujer que te vas a caer!

--¡Ah, sí, estaba soñando, pensando, delirando! ¿Y los niños?

--Allá están, sentados en aquellos barriles.

Nos fuimos con los niños y como estaba anocheciendo bajamos y nos acostamos.

La comida la teníamos que cocinar nosotros mismos y el agua como en el campo de concentración era de lluvia. A cada familia le tocaba un trozo de carne que repartían cada dos días muy negra y hedionda, una hogaza de pan más duro que un ladrillo, y uno o dos kilos de arroz. Una vez por semana nos daban unas legumbres medio podridas con las que hacía una sopa para revivirnos. El agua la cogíamos de unos tinajones que estaban en cubierta y estaba por lo general medio sucia y recalentada por el sol. Nos aseábamos en unas bateas y el baño teníamos que compartirlo con los otros pasajeros con las consabidas colas y esperas. Hablábamos poco con la gente para evitar encuentros y caer en discusiones o peleas. Cada persona, sin distinción, era un erizo y una palabra mal dicha o fuera de lugar o un roce leve podía elevar los humos y causar una explosión.

Todas las semanas morían dos o tres pasajeros y lo que estaban enfermos empeoraban. Había un sólo médico que era austriaco o belga y dos enfermeras de la Cruz Roja. Ninguno de los tres hablaba español y trataban a los enfermos con mucho desdén y falta de caridad. Una vez se enfermó una niña de gravedad y tan poco hicieron por ella que a los pocos días se murió. Al que moría lo envolvían en una sábana o manta y lo arrojaban por la borda sin mucha ceremonia. Yo diría que de los que estábamos allí al menos la tercera parte estaban enfermos, lisiados o tullidos y daba pena verlos y oír sus quejidos. Muchos morían de pena con el corazón destrozado, de abnegación, de sobresaltos, de desencantos, de soledad.

Un día pasamos un susto que por nada nos mata. Como Carlitos era tan travieso yo no le quitaba los ojos de encima, pero un día se me escapó y lo encontramos montado encima de uno de los cañones que había en cubierta, y si no hubiera sido por un hombre que lo agarró por los pies se hubiera caído de bruces al agua perdiéndolo para siempre. Desde ese momento lo traía agarrado con una cuerda por la cintura y por más que chillaba no lo soltaba. La gente me criticaba diciéndome que no era un perro pero yo como si nada porque lo que me importaba era Carlitos y su seguridad.

Carlos siempre me regañaba por no haber aprendido algo de francés o catalán a pesar de haber estado varios años en Cataluña. La verdad es que ninguno de los dos me entraba, sobre todo el catalán que para mí era una simple mezcla de francés y español. Carlos me lo confirmaba diciendo que Cataluña se había desprendido de la antigua Marca Hispánica por lo que era lógico que así fuera. De las regiones de España, además de Andalucía, la que más me gustaba era Galicia por su gente dulce y bonachona y bellos paisajes, pero no Asturias donde la gente era muy pedante y tiesa como los catalanes. Tampoco tragaba a los vascos por parecerme españoles desteñidos y por ser además unos cabezones con corazones de piedra. En Villa Alhucemas se hablaba el "rifeño", o sea, "tarifit", pero más en el hogar que en la calle. Y hablando de Cataluña, nos habían dicho que con la llegada de Franco se había disuelto la llamada Ley de Autonomía que le había otorgado a la provincia la Segunda República en 1931, así como prohibido el uso del catalán en todas las instituciones de gobierno y actos públicos debido a los grupos anarquistas que habían florecido durante la guerra.

Camino 2: Rumbo a Cuba.

Capítulo 1: Salida de Francia a América con rumbo a Cuba. La infernal travesía. Capítulo 2: Desvío a Santo Domingo y llegada a este país. Capítulo 3: Nuestra estancia en Santo Domingo bajo la dictadura de Trujillo. Capítulo 4: Carlos y unos amigos fundan el periódico "La Nación". Conflictos entre la administración y Carlos y desenlace. Capítulo 5: La osada conspiración para asesinar a Trujillo. Capítulo 6: Se nos presenta finalmente la oportunidad de irnos a Cuba. Capítulo 7: Nuestra estancia en Camagüey y llegada del hermano de Carlos después de escaparse de la cárcel en España. Capítulo 8: Salida de Camagüey a La Habana y nuestra vida allí durante los primeros años. Se agrava la situación política de Cuba. Golpe militar del general Fulgencio Batista y nuestro gran sufrimiento en La Habana. La Revolución Castrista y consecuencias. Mis impresiones muy personales sobre la Cuba de aquellos años. Capítulo 9: Salida de Cuba a El Salvador en Centroamérica.

Capítulo 1: Salida de Francia a América con rumbo a Cuba. La infernal travesía.

Llevábamos de travesía casi un mes y ya de tanto esperar y sufrir se iban acalorando los ánimos. Como de costumbre Carlos y yo nos pusimos a conversar en cubierta mientras los niños jugaban. Esta vez nos sentamos en unas cajas muy cerca de la barandilla.

--Mucho hemos dejado atrás, Carlos.

--Siempre quedan los recuerdos, Emilia; no te angusties que algún día retornaremos.

--Dios te oiga y ampare. Nunca salimos de España y ahora nos han echado como a perros sarnosos.

--Emilia, todo esto es muy doloroso pero vamos a mejor sitio; en Cuba encontraremos paz y nos abriremos camino.

--¿Ya no piensas como antes, que todo esto de ir a Cuba era un engaño y que feneceríamos en la travesía?

--Trato de no pensar en eso y, además, de haber sido así ya habría ocurrido, debemos estar aproximándonos a Cuba; fíjate cómo ha cambiado el agua, el cielo, el aire, respira, respira profundo y olerás a coco y mango.

--Carlos, no hables tonterías.

--Pues no sé tú, pero te digo que estas no son aguas del Atlántico que huele a azufre y no como este que huele a mar como el Mediterráneo; no todos los mares son iguales.

--Para mí lo son.

--Ahora eres tú la que estás hablando tonterías.

--Bueno, bueno, no caigamos en discusiones con lo del mar; tenemos olfatos distintos.

--Parece mentira que siendo de Melilla hables así.

--Y tú de León, sin puerto de mar. Mira, Carlos, espero que no te molestes, pero estamos muy abandonados, el pelo y las uñas muy largas, las piernas peludas y aún peor los sobacos. Me da mucha vergüenza vernos así.

--Emilia, por favor, no me vengas con nimiedades cuando nos encontramos en una situación tan abismal; todo a su tiempo que no es el presente.

Nos habían dicho que con buen tiempo y sin tropiezos llegaríamos a Santo Domingo en cuarenta o cincuenta días y de ahí directo a Cuba y después a Veracruz. Allí en Santo Domingo regía el férreo Trujillo que decía ser simpatizante de Franco, aunque el mismo Franco no se lo creía. Lo de hacer escala en Santo Domingo era para abastecerse pero por sólo unos días prohibiéndose el desembarco aun de los más enfermos o necesitados.

Continuó el barco en su lenta marcha hasta que una mañana nos dijeron que estábamos próximos a Santo Domingo y que en menos de un día llegaríamos. Mientras se nos decía esto vimos a un costado del barco un periscopio de submarino y acto seguido a unos aviones cruzándonos muy cerca por encima que parecían alemanes por la insignia según dijo Carlos, aunque no distinguía si era la svástica o la del imperio alemán que adoptaron los nazis. Cundió el pánico y corrió la gente desenfrenada de proa a proa lanzando gritos. Unos soldados se situaron detrás de los cañones y comenzaron a disparar sin dar en el blanco y de pronto desaparecieron entre las nubes. Obviamente nos venían persiguiendo desde que salimos de Francia con intenciones de hundir el barco y acabar con nosotros. Franco no nos dejaba tranquilos dentro o fuera de España.

Con este gran percance cambiaron los planes. Ya no iríamos a Cuba sino a Santo Domingo donde nos tendríamos que quedar. La noticia fue devastadora para nosotros y para tantos otros que se dirigían a México. Así, pues, ni Cuba ni México y el barco regresaría a Francia desde Santo Domingo tratando de esquivar el esperado ataque alemán. Las perspectivas eran aterradoras.

Uno de los pasajeros que estaba allí nos dijo:

--¿Qué les parece?, nos tienen rebotando como pelotas. ¿Qué diablos haremos nosotros en Santo Domingo, en esa isla de negros. En México tengo familia y es país más civilizado, pero en esa isla de mierda y con Trujillo estamos perdidos. Oiga, dígame señora, no estaba usted en el campo de concentración de Perpignan?

--Sí estuve allí con mis hijos—le contesté.

--Bien que la reconozco pues las caras nunca se me olvidan. Allí en aquel infierno me violaron a mi hija de trece años y murió de congoja poco después. Mi mujer enloqueció y la angustia se la llevó también al otro mundo. A mí me metieron en un calabozo en el que estuve varios meses sin hablar con nadie ni ver el sol. Y ahora, aquí me ve, cuidando de mi nieto, mírelo, mírelo a los ojos, chorreando amargura con ser tan pequeño.

--Sí lo veo, sí, créame que lo sentimos mucho.

Acongojada por lo que nos había dicho aquel hombre, me surgieron en la mente estos versos:

> Uno más que se va,
> otros que se quedan,
> saber quisiera yo
> quién de ellos da más pena.
>
> El jardín quedó sin flor,
> la golondrina remontó su vuelo,
> oscuridad, inquietud,
> plegarias que llegan al cielo.

> Si alguien me preguntara
> el infierno dónde está
> sin titubear contestara
> en el odio, mentira, maldad.
>
> En esta barca que surca
> las aguas del ancho mar,
> van con el pecho oprimido
> los que anhelan libertad.

Santo Domingo no era nada como Cuba. Allí gobernaba Trujillo que presumía ser gran admirador de Franco y Hitler. Según nos habían dicho en el barco era hombre sin escrúpulos dispuesto a matar a todo el que se le opusiera. Nos hablaron del caso de miles de haitianos que mandó a matar, aduciendo que se habían confabulado para derrocarlo a pesar de haberlos traído él mismo para laborar en los campos. En cuanto a los españoles decían que los trataba bien porque le convenía y que les ofrecía asilo por ser gente de empresa y talentosa en las artes y letras que se proponía fomentar en su país, y sobre todo por ser blancos y purificar la raza; después hizo otro tanto con los judíos cuando salieron huyendo del fascismo alemán. Nos decían que había cambiado el nombre de la capital que pasó de Santo Domingo a Ciudad Trujillo en su honor. Se sentía endiosado y padre de la patria, adulado por el pueblo y muy protegido por las fuerzas armadas.

Carlos y yo volvimos a la barandilla y nuevamente nos pusimos a charlar mientras los niños jugaban cerca. La luna resplandecía como nunca reflejándose en las olas que se astillaban contra el barco. De pronto vimos un gran tronco flotando en el mar en dirección opuesta.

--¿Y ese tronco Carlos de dónde viene?

--De alguna costa, la de Santo Domingo seguramente; es señal de tierra.

--Pero bien puede haber venido flotando por días, semanas.

--Eso sí que no lo sé, puede ser. Por lo grande que es debe ser de mata de mango o de una ceiba.

--Caramba, Carlos, ¿hasta de árboles sabes tú?

--Los de Santo Domingo y Cuba son los más bonitos, frondosos y los que dan mejor fruta.

El tronco flotaba en el agua como los patos que veía en una laguna cerca de mi casa en Melilla; era un tronco sin corteza, desnudo, con unas como hilachas que formaban como una cola.

--Y dime Carlos, ¿a qué distancia está Santo Domingo de Cuba?

--Muy cerquita, pegada a Haití.

--Haití, ¿no es esa posesión francesa?

--Sí lo es, pero no vamos allí sino a "La Española" como se le llamaba antiguamente, son dos países vecinos pero muy diferentes, como España y Portugal.

--Pero España y Portugal son muy parecidos.

--No tanto, en algunas cosas sí pero en otras no. Son vecinos como también lo son España y Francia y ya ves la enorme diferencia que media entre los dos. Haití pertenecía a España como casi toda América hasta que se metieron allí los bucaneros y filibusteros franceses que expulsó Fadrique de Toledo refugiándose entonces en la isla Tortuga, al norte de Haití. Pero a partir de mediados del siglo XVII se convirtió en una cueva de piratas consolidándose posteriormente el dominio francés gracias a los colonos que se radicaron allí. Poco después el gobierno francés se la cedió a la Compañía de las Indias Occidentales poniendo como gobernador a un tal d'Ogeron. Luego se separaron Haití y Santo

Domingo por el Tratado de Aranjuez de 1700 y fue entonces cuando a la parte francesa, lo que hoy es Haití, se le llamó "Saint Domingue" que progresó mucho por el cultivo del café, azúcar y cacao de los esclavos negros que traían de África.

--Pero, espera, ¿también eran los franceses negreros?

--Claro que lo eran junto a Portugal, Inglaterra y Holanda, negocio que les rindió mucho. Sin embargo, el mundo entero culpó sólo a España de la trata de negros y no a los demás. En Haití con el tiempo la población negra superó a la blanca, un millón de unos y veinte o treinta de los otros, muy desunidos entre sí y en constante discordia. Como se temía, a raíz de la Revolución francesa se sublevaron los haitianos y se hicieron libres pero, al ser derrocada la monarquía francesa, fueron entonces los blancos los que se sublevaron aliándose con los negros y mulatos haitianos prometiéndoles su independencia si los ayudaban. ¿Sigo?

--Pues sí, termina ya.

--Ocurrió entonces la guerra de Inglaterra y España contra Francia en 1792 ó 1793. Los ingleses apoyaron a los blancos y ocuparon el sur del país, mientras que los españoles apoyaron a los negros con la ayuda de algunos generales franceses como el general Louverture. Por la paz de Basilea de 1795, al quedar derrotada España, Carlos IV renunció a estos dominios cediéndole a los franceses la parte española de la isla que ocupó el mismo Louverture. Éste promulgó una constitución a principios del siglo XIX que luego rechazó Napoleón enviando un gran ejército al mando de su cuñado. Al resistirse Louverture se desató una cruenta guerra que al final ganó dicho cuñado, huyendo entonces los blancos y adueñándose de la isla los negros y mulatos. Se rebeló entonces un tal Dessalines que derrotó a las tropas napoleónicas proclamando la independencia del país en 1804 y restituyéndole su antiguo nombre indio de Haití y declarándose él mismo emperador. Al morir asesinado dos años después, España estableció su soberanía en la región oriental de la isla, o sea, en lo que es hoy Santo Domingo. Así, Emilia, que no vale confundir a Santo Domingo con Haití, pues en uno permaneció viva la huella de España y en el otro la de Francia con sus marcadas diferencias.

--Tu memoria es prodigiosa, Carlos, es increíble cómo te acuerdas de tantos detalles, de fechas y nombres.

--La lectura, Emilia, la lectura asidua, ininterrumpida, bebiéndoselo todo envuelto en silencio.

--Con leer no basta si no se tiene buena memoria, como me pasa a mí que después no me acuerdo de nada de lo leído. ¿Y qué me puedes decir de Cuba?

--De Cuba hay mucho que hablar por haber sido nuestra totalmente por casi cuatrocientos años. Allí fue a parar lo más ilustre de nuestra raza, de Cortés en adelante. A Cuba siempre se le cuidó y mimó mucho, más que a Perú o México, por su clima, suelo, gente, situación geográfica. De allí zarpó Cortés a México y De Soto a la Florida, y toda nave o galeón que venía de España o América anclaba allí para reabastecerse. Fue, realmente, el foco del descubrimiento, conquista y colonización española en América. De España a Canarias y de ahí a Cuba. Otros focos fueron Perú en el Pacífico y México en la América del Norte aunque eso vino después. Sin Cuba y Santo Domingo, y aun Puerto Rico, no hubiera habido América que es mucho decir.

Cuba nos dio el azúcar, el café, el tabaco, su música incomparable y a José Martí que aunque nacido en Cuba tenía raíces españolas muy profundas. Cuba embruja, Emilia, embriaga, deleita los sentidos, conocerla es amarla.

--Pero tú nunca estuviste en Cuba.

--Ya lo sé, pero conozco muy bien su historia y he oído hablar mucho de ella, de los españoles que han estado allí y han venido entusiasmados. Y te digo más, regresan a España por un tiempo y después vuelven allí donde se quedan para siempre, se aplatanan, como dicen los cubanos.

--¿Así que fue colonia nuestra por tantos años?

--Colonia, no, Emilia, que España no tenía colonias sino provincias como se les llamaba. Los españoles no colonizaban sino poblaban, o sea, que no eran colonias en el sentido de Haití y Jamaica para los franceses e ingleses. En realidad se les consideraba reinos, como el de Castilla o Aragón. Así se refería a ellos Cortés en carta que le envió a Carlos V en 1524, señalando que "en otros cinco años México llegará a ser la más noble y populosa ciudad de todo el mundo". O sea, Emilia, que para Cortés México era parte de España y de ahí lo mucho que lo quería; igual podría decirse de Pizarro con Lima y de tantos otros. Dime tú si el francés buscaba hacer de Haití otra Francia o el inglés de Jamaica otra Inglaterra. Así, España creó pueblos y no colonias, como Roma los creó en Europa. Para Roma, España no era una colonia sino una de sus provincias y quizás la más querida, parte integral del imperio, "Hispania", como le llamaban en latín. Cuba te va a encantar, te lo aseguro.

--Los planes han cambiado, Carlos, ya no vamos a Cuba sino a Santo Domingo.

--Ya lo sé, pero nuestra meta es ir a Cuba y de una forma u otra lo lograremos. Y de no poder ser Cuba México, otro país encantador y con gran historia muy vinculada a la nuestra. De Santo Domingo a Cuba se puede ir nadando o en una lanchita.

--Para de hablar boberías, Carlos, esperemos a ver qué pasa.

Capítulo 2: Desvío a Santo Domingo y llegada a este país.

Todos estábamos muy ansiosos de llegar a tierra, fuese la que fuese. El barco parecía avanzar ahora más deprisa surcando las aguas como un delfín impulsado por un viento misterioso. El cielo se notaba más despejado, de un azul más intenso. De momento vimos saliendo del agua la cabeza y carapacho de una enorme tortuga que indicaba que estábamos cerca de tierra. Avanzó más el barco y en el horizonte se vislumbraba una franja gris y ondulada como de montes. Tomé a Carlos del brazo y llena de emoción le pregunté:

--¿Es tierra, Carlos?

--Tierra parece ser y si no espejismo que nada tendría de raro.

A medida que avanzaba el barco se delineaba perfectamente el contorno de unos montes y mucha espuma como de playa. En ese momento y sin saber por qué me vino a la mente aquel verso de Lorca:

¡Amarga mucho el agua de los mares!

y aquel otro que había leído siendo jovencita:

El mar sonríe a los lejos.
Dientes de espuma,
labios de cielo.

--Bueno, Emilia, ahí tienes a Santo Domingo, tal como lo vio Colón hace cuatrocientos años. Estate lista con los niños que pronto desembarcaremos.

Muy atrás envueltos en el olvido quedaban los lamentos, las zozobras, la inquietante incertidumbre, las interminables noches en vela. Mi corazón se desbordaba de esperanza e ilusión, me sentía más segura, con más fe, más valiente. El regocijo era total y contagioso. Mirando a Santo Domingo a lo lejos plasmé en mi mente este verso:

> ¿Que qué veo, no lo sé,
> una sonrisa, una lágrima,
> un ciprés, una palma,
> un castillo, un batey?
>
> ¿Que qué oigo, no lo sé,
> un pasodoble, una conga,
> un cante jondo, unos bongos,
> un negro echando un pie?
>
> ¿Que a qué huelo, no lo sé,
> a tomillo, a caña,
> a jazmín, a tabaco,
> a castañas, a café?
>
> ¿Que en qué pienso?, no lo sé,
> en un hidalgo, un esclavo,
> tres imperios, ya borrados,
> nuevos pueblos, mucha fe?
>
> ¿Qué dónde estoy?, no lo sé,
> si despierta, si soñando,
> aquí, allá, cavilando,
> lo que será o lo que fue?

--Emilia, ya casi estamos ahí, ínflate los pulmones del aire perfumado que nos llega! ¡Observa las gaviotas cómo se nos van acercando dándonos la bienvenida!

--¿A qué te huela a ti, Carlos?

--¡Pues a trópico, a campiña, a tabaco, a ron; anda, respira profundo, trágatelo todo y que te penetre el alma!

Nunca había visto a Carlos tan ilusionado y contento, tan lleno de vida. A la vista estaba el puerto de una belleza indescriptible. Estando ya muy cerca se aproximaron unas lanchas con soldados y al no más subir pidieron hablar con el capitán. Regresaron después y muy afablemente nos dieron la bienvenida con estas palabras:

> "Bienvenidos en nombre del Padre de la Patria, del general Trujillo quien, como buen cristiano y creyente, se ha compadecido de ustedes ofreciéndoles albergue en nuestro país. Somos un país pequeño y pobre pero muy generoso, dispuesto siempre a socorrer al necesitado. El teniente Sánchez les dirá ahora lo que tienen que hacer".

El tal teniente, de apellido Socarrás, nos dijo que el primer paso era presentar documentos en orden que se haría al no más desembarcar. Que nos situarían en unos albergues provisionales en los que se nos abastecería de lo más indispensable, y que de ahí nos trasladarían a la ciudad donde cada cual se las valdría por sí mismo y marcaría su rumbo. Que lo primordial era obtener empleo para sustentarse y no ser una carga para la sociedad. Que a los niños había que ponerlos en los colegios para lo cual ya se habían hecho los arreglos pertinentes. Que a cada familia se le daría cien pesos para gastos inmediatos y que a los que llevaban moneda extranjera se les cambiaría en pesos. Que nos aseguráramos de acatar la ley en todo momento y serles muy fieles al general Trujillo y que no nos metiéramos en política interna o extranjera. Que España había quedado atrás y que la olvidáramos. Terminó diciendo:

--¿Alguien tiene alguna pregunta?

Uno de los refugiados dio un paso adelante y preguntó:

--¿Cuánto tiempo estaremos aquí en Santo Domingo?

--Esa es decisión de ustedes—le contestó--, pueden quedarse o irse a voluntad.

--¿Y trabajos hay?

--Pocos pero los hay, sobre todo para gente como ustedes que están bien preparados y pueden aportar a la sociedad; aquí no queremos vagos ni bandidos sino gente de bien e industriosa con ánimo de superación. Así lo quiere el general Trujillo y todos nosotros y con esta condición se les ha dado asilo. Esperamos que no nos defrauden.

El refugiado que había hecho la pregunta se acercó a nosotros y dijo:

--Yo no confío en este Trujillo para nada; es tan fascista como los otros y algo se traen entre manos, y ahora con el apoyo de los norteamericanos se ha hecho más poderoso. Además, con todo lo que dice que nos quiere ayudar este país está en la miseria y como dicen en Cuba "no hay dulces para todos"; sabe Dios lo que nos espera.

A Carlos no le gustó lo que dijo y le contestó así:

--Lo que vendrá después nadie lo sabe ni las intenciones que tiene esta gente, pero comparados con los franceses más que bien se está portando o al menos están tratando. No tienen malicia ni trasfondos, creo que actúan de buena fe pero con el tiempo se sabrá.

Y el otro lo arremetió diciendo:

--Usted piense lo que le dé la real gana, pero yo no confío en este atajo de negros, mulatos, indios o lo que sean y mucho menos en gente que se está muriendo de hambre y que se dejan sopapear por un canalla como Trujillo. No es que sean dóciles sino unos imbéciles e ignorantes.

Ahí quedó la cosa y no se volvió a hablar del asunto.

Desembarcamos en Santo Domingo un 7 de noviembre de 1939. Carlos tenía 33 años, yo 32, Coqui 5, Carlitos 2 y Regina 13. Del puerto nos llevaron al refugio que quedaba en un pueblo que se llamaba La Romana o San Pedro de Macorís cerca del río Higuamo, donde nos dieron alguna ropa bien usada y que nos quedaba o muy holgada o estrecha, y los zapatos no nos cabían sobre todo a Carlos que tenía los pies muy grandes. Después fuimos a unas mesas para lo del cambio de dinero y por el que traía Carlos, que eran unos 300 ó 400 francos le dieron en pesos creo que 100 ó 200, todo el capital del que disponíamos hasta que Dios dispusiera. Estuvimos en el refugio menos de una semana y de ahí nos trasladaron a la capital en "guaguas" que es como le llamaban ellos a los autobuses. Llegamos al atardecer y cada uno tiró por su lado.

La huella de España era patente por todas partes en las casas, balcones, iglesias, plazas, faroles en las esquinas, aun en las calles de adoquines muy viejos y desgastados. El aspecto de la gente sencilla, humilde, casi todos de baja estatura, rellenitos y de tez morena o "prieta" que así la llaman ellos. En general la ciudad limpia, ordenada hasta cierto punto, con más gente en la calle que en Madrid o Barcelona a pesar de tener menos habitantes.

Mientras caminábamos miré al cielo y nunca había visto uno tan límpido, un sol tan resplandeciente y tan cerca por lo que así picaba aunque atenuado por la brisa del mar. Tampoco había visto pájaros de tantísimos colores y variedades, ni árboles tan frondosos y verdes, ni tantas plantas y flores exuberantes muchas para mí desconocidas. Me olía todo a jazmín, mi flor favorita, y desde luego al pasar por los comercios y puestos de los que había uno en cada esquina a café, tabaco y ron.

Paramos en uno de ellos y nos tomamos un café que nos rebotó en las entrañas por lo negro y fuerte que era y los niños un agua de coco que les encantó.

--¿Y ahora qué, Carlos?

--A buscar casa antes de que se nos eche la noche encima.

--No somos los únicos que la buscan, otros quinientos españoles andan en lo mismo.

--No seas pesimista, mujer, paso firme y adelante.

Capítulo 3: Nuestra estancia en Santo Domingo bajo la dictadura de Trujillo.

Después de dar más vueltas que un trompo llegamos a un lugar que se llamaba "Hostal las mañanitas" al costado de una de las carreteras que circundaban la ciudad. Entramos y no vimos a nadie. Dimos la vuelta y en el patio nos encontramos a un hombre lavando un caballo y a una mujer cosiendo en una mecedora. Al vernos se extrañaron mucho y Carlos enseguida les dijo:

--Buenas tardes, buscamos alojamiento.

--¿Gallegos, verdad—preguntó el hombre?

--Bueno no gallegos, españoles.

--Aquí les llamamos gallegos a todos los españoles. ¿Republicanos, verdad?

--Así es, acabamos de venir de Francia.

--¿De Francia? ¿En qué barco?

--En el Flandre.

--¿Y no se han enterado?

--¿De qué?

--De que lo hundieron al no más zarpar de Santo Domingo, a pocas leguas de la costa.

--¿Y cómo que lo hundieron?

--Lo torpedeó un submarino alemán y después lo deshicieron en pedazos unos aviones. Estaban esperando a que desembarcaran los pasajeros para hundirlo.

--¿Y cómo se supo lo que pasó?

--A Trujillo no se les escapa nada, tiene ojos por todas partes. Después salió la noticia en el periódico con una foto y todo lo que se veían eran manchas de aceite y unas tablas flotando. Por qué lo hundieron no se sabe exactamente, pero según conjeturas por sospecharse que era un barco espía, quién sabe.

Tal noticia nos dejó lívidos; de ahí lo del submarino que vimos y los aviones. Los habíamos salvado de puro milagro y le dimos muchas gracias a Dios.

--¿Así que salieron huyendo de Franco? A ese enano lo deberían haber liquidado en África, a ese y al otro del bigotito, causantes de la muerte de mi hermano.

--¿Cómo fue eso?—le preguntó Carlos.

--La historia es muy larga. Mi hermano era un idealista consumado y se unió a la Brigada Internacional, la de Lincoln, en el pueblo de Figueras, usted sabe, cerca de Francia. Llegó a ser guardia personal de Merriman y estando en la batalla de Teruel lo asesinaron a bayonetazos. Nos enteramos por un primo que lo presenció, de lo contrario no sabríamos nada.

--Lo siento mucho—le dijo Carlos.

--Bueno, bueno, muerto está y no se le enterró cristianamente. Pero díganme, ¿cuántos son ustedes en total?

--Somos cinco, los que estamos aquí.

--En estos momentos muy poco, lo que nos dieron en el refugio.

--Anjá, pues mire, este hostal se nos quemó hace unos años y lo hemos ido restaurando poco a poco por lo que el espacio es muy reducido. Lo heredamos de mi suegro cuando murió. Lo único que se ocurre pensar es que se metieran en el sótano aunque les advierto que no está en buenas condiciones, pero tiene techo y paredes.

--Con eso bastaría.

--¿Nos lo podría enseñar?

Se levantó la señora y nos fuimos detrás de los dos.

El hombre, que se llamaba Ramón, no tenía pinta de dominicano y menos su mujer; hablaban y se vestían como ellos pero en el aspecto físico eran muy distintos. Él era más bajo que ella y parecía más joven con un lunar debajo del ojo izquierdo del tamaño de un garbanzo. A ella le faltaba medio dedo índice y se le notaba mucho el muñón. El caballo era muy flaco, con las ancas tan huesudas como las de Rocinante, de color chocolate con manchas grises y con la crin que casi le llegaba al suelo; no paraba de relinchar como si no le gustara que le anduvieran trasteando.

Entramos por una puerta en la cocina y bajamos al sótano por una escalera muy angosta y con el techo tan bajo que teníamos que agacharnos para no darnos de frente en la cabeza. Al llegar abajo encendió Ramón la luz y al ver aquello todos nos estremecimos. Allí no valían voluntades pues era todo un chiquero, techo, paredes, suelo, y el vaho a humedad inaguantable. Por todas partes cajas, baúles, tablones, unos amontonados en el suelo y otros de pie contra la pared, juguetes viejos y destartalados, ropa colgada en unos ganchos. Pasamos por un arco y del otro lado había dos cuartos grandes con más cajas y con el techo lleno de telarañas con unas arañas enormes. Allí el olor no era tanto a humedad sino a ratón el cual me conozco muy bien pues era el mismo del barco. Al final de los dos cuartos, a la derecha, había un fogón de carbón y un pequeño fregadero, y a la izquierda en un rincón un retrete asqueroso sin cadena y un lavabo medio cayéndose con el grifo muy oxidado goteando. Las ventanas tres en total y muy pequeñas con una de ellas tapada con un pedazo de cartón con manchones de agua. Al vernos tan compungidos dijo Dagoberto:

--Ya les había dicho que el lugar no es habitable pero es todo lo que puedo ofrecerles. Les ayudaremos a limpiarlo y buscaremos camas y otros muebles aunque no son muy buenos.

--¿Y cuánto sería el alquiler?—le preguntó Carlos.

--Por el momento nada; de eso hablaremos más tarde.

--Es usted muy amable, Ramón—le dije yo.

--Pues bien, nos quedamos—dijo Carlos.

Yo me sentía totalmente abatida pensando en los niños, en meterlos en aquella pocilga asquerosa sin saber por cuánto tiempo. Ellos, los pobrecitos, no decían palabra estando ya tan acostumbrados al mal vivir.

Entre Carlos y Ramón bajaron las camas, una mesa y cuatro sillas, y yo y Catalina—que así se llamaba la buena señora—y los niños empezamos a despejar el lugar y a limpiarlo. Entre Carlos y Ramón lo sacaron todo y lo metieron en un cobertizo en el patio. Abrimos todas las ventanas para que circulara el aire pero el olor a humedad y ratón persistían. Dándole y dándole con sumo esfuerzo y voluntad poco a poco fue mejorando de aspecto el lugar.

Esa noche nos invitaron a cenar y comimos por primera vez comida típica dominicana: yuca con mojo, pollo frito, arroz blanco, frijoles colorados y plátanos verdes apachurrados o machacados que ellos llaman "tostones", y de postre helado de coco con sirope de caramelo. Para nosotros aquello fue un manjar bajado del mismísimo cielo, y comimos tanto y con tanto gusto que estábamos como aletargados. Después se fueron los niños derechitos a la cama y los cuatro nos quedamos charlando de sobremesa.

--Menuda comida, Catalina—dijo Carlos—, la felicito, es usted un gran cocinera.

--Se hace lo que se puede con lo poquito que hay—dijo Catalina—pues el costo de la comida está por las nubes.

--Pero hay abundancia de todo—dijo Carlos.

--Para el que tiene dinero sí, pero no para los pobres que son la gran mayoría. ¿Ve usted ese aguacate?, vale casi 25 centavos y es de los pequeñitos que los grandes valen el doble.

--Vaya con el tal Padre de la Patria—dijo Carlos.

--Padre del diablo—dijo Ramón—que la patria no le importa nada. El dinero lo acaparan los ricos y los del gobierno con sus queridas, mientras que el pueblo tiene que conformarse con los mendrugos que cada día que pasa son menos. Trujillo es un maldito que nos tiene a todos chupados.

--Bien afincado que está en el poder—dijo Carlos.

--Eso ya lo veremos—contestó Ramón-- que no hay mal que dure cien años y las espinas a la larga se sacan por muy enterradas que estén.

Antes de acostarnos le dije a Carlos:

--Carlos, espero que no te soliviantes, pero estamos muy abandonados, el pelo y las uñas largas, las piernas peludas y aún peor los sobacos. Las niñas y yo tenemos sólo una braga, tú un sólo calzoncillo y Carlitos nada y todo olemos a alcantarilla. Me da mucha vergüenza que nos vean así.

--Emilia, por favor, no me vengas con nimiedades cuando nos encontramos en una situación tan abismal. Todo a su tiempo que no es el presente.

Ramón era gran jardinero y cuidaba mucho de su jardín con gran variedad de flores, entre ellas magnolias, girasoles y geranios y unas margaritas preciosas con tallos largos y finitos que se balanceaban al compás del fuerte viento. Era tanto el sol que hacía sobre todo después del mediodía que había que cobijarse debajo de un árbol o cubriéndose la cabeza con una hoja de plátano. Catalina lo ayudaba pero el alma del jardín era él y cuando allí se encerraba a menudo de madrugada no había quien lo sacara o atreviese a distraerlo. A veces se pasaba allí la noche hasta que Catalina lo despertaba a la mañana siguiente con un café calientito. Era hombre que sabía vivir y disfrutar de la vida haciendo lo que más le gustaba con una entrega total. En esto y en otras cosas no era el típico dominicano que tomaba la vida con mucha parsimonia y dejadez.

Así estuvimos varios días hasta que tuvimos la suerte que se desalojó uno de los apartamentos de arriba y como flechas nos metimos en él. Era mucho más amplio, limpio, y bastante bien amueblado, más alegre y acogedor. El hostal en sí no estaba mal; era de tres pisos, todo de mampostería con cuatro balcones con barrotes de hierro y tiestos con flores que daban a la calle. Detrás había un patio enorme con muchos árboles frutales y un arroyito dándole la vuelta. Entre los árboles frutales los más bonitos para mí eran los de guayaba, caimito y mamoncillo que nunca había visto. El de mamoncillo era muy corpulento, de copa muy ancha y frondosa y la fruta con pulpa jugosísima. El de caimito altísimo, de corteza rojiza y flores blancuzcas, las frutas redondas y de pulpa muy dulce. El de guayaba o guayabo bajito con el tronco retorcido, hojas gruesas y puntiagudas y flores blancas muy olorosas y la fruta una delicia; el de tamarindo de tronco grueso y muy recto, extensa copa y flores amarillentas con espigas, y el fruto envuelto en unas como vainillas con mucha pulpa y de una sola semilla; el de guanábana, muy alto, de tronco recto y de color gris oscuro y hojas lustrosas, flores enormes, y el fruto con una pulpa blanca muy dulce con semillas negras. A mí me encantaba sentarme por las noches debajo del árbol de mamoncillo y ver a docenas de cocuyos que parecían como estrellitas parpadeando. El arroyito era de agua muy cristalina, con muchas piedras y medio ensombrecido por la frondosidad de los árboles a ambos lados. Se entraba al hostal por un portón de azulejos azules estilo mozárabe, y delante había una zanja enorme con dos tablones para pasar llena de mosquitos. Un día se cayó Carlitos en ella y lo sacamos embarrado de lodo pero él como si nada muy risueño y feliz.

La comida se la compraba a un vendedor ambulante que pasaba todas las mañana cargado con toda clase de verduras, carnes y provisiones, como carne de res y de cerdo, pollo, pescado, chicharrones de cerdo o puerco, maní tostado, calabaza, boniato, yuca, malanga, aguacates, maíz en grano y en mazorcas, ñame, arroz, frijoles, garbanzos, lentejas, aceite, manteca, mata cucarachas, hilo, soga, clavos, alambre y montones de otras cosas necesarias para el hogar. Venía tirando de una carretilla grande con una sombrillón para protegerse del sol y cantando por la calle marcando el ritmo en una olla vacía como tambor. Si mal no recuerdo se llamaba Nicasio y era negro como el carbón pero muy campechano y bonachón. Se quejaba que muchas personas le debían dinero y que lo tenían arruinado pero así y todo seguía fiándoles por lo bueno que era. Entre canción y canción pregonaba: ¡TOÍTO Y FRESCO! De las verduras la que más nos gustaba era la malanga que hacía yo en puré o en frituras que había aprendido a hacerlas de Catalina, y también la yuca frita que era sabrosísima y que le encantaba a Carlos. De las frutas el anón, con su pulpa blanca y aromática, y la guayaba con la que hacíamos una pasta que untábamos en una rodaja de pan y, desde luego, la exquisita fruta bomba y los cocos de agua que tanto nos refrescaban.

Como hacía mucho calor nos pasábamos gran parte del día en el patio. A Carlitos le encantaba jugar con las lagartijas que sacaba de las vainas de la mata de plátanos así como subirse a los árboles con una agilidad asombrosa como la de los monos. Coqui lo regañaba temiendo que se cayese y se rompiera un hueso pero él hacía caso omiso y cada vez se subía más alto. Al costado del patio había un pozo muy profundo del que salía una estela de luz que más radiaba de noche. Decía Ramón que seguramente era algún depósito mineral que relucía con la luna como si fuera oro o plata. A Carlos lo tenía intrigadísimo y más de una vez estuvo tentado de bajar al pozo y descubrir lo que era pero Ramón lo desanimaba por lo profundo que era y por las muchas alimañas que encontraría. También había en el fondo del patio un muro de piedra antiquísimo que decía Ramón que era de los tiempos de la colonia y detrás un barranco muy empinado y pedregoso que terminaba en un río. Caerse por allí era muerte segura y de ahí lo del muro según conjeturaba Ramón. En fin, que todo aquello era todo muy misterioso.

Cerca de la casa había un parque muy hermoso todo rodeado de ceibas con una fuente y muchos bancos. A mí me encantaba ir allí y mientras los niños jugaban me sentaba debajo de una ceiba leyendo un libro o simplemente meditando. A un costado del parque había una heladería y al lado una bodega de la que era dueño un gallego que había emigrado a Santo Domingo durante la Primera República. Se vino con su tío que se había casado con una dominicana medio mulata que lo ayudaba mucho. Le importaba tres bledos lo de España y era tema que siempre esquivaba para no caer en discusiones. Nos decía que toda Europa era una mierda y que no había lugar en el mundo como Santo Domingo y que a España jamás volvería mucho menos con Franco en el poder. Que lo dejaran entre los negros y mulatos que era muy feliz, querido y respetado por todos.

La gente por donde vivíamos era muy alegre y sandunguera, afable, cariñosa y muy servicial. Siempre que nos veían pasar nos saludaban muy cortésmente quitándose el sombrero y haciéndonos unas como reverencias y con el don y doña por delante. Era toda humilde, bajita, regordeta las más, sencillamente vestida de blanco o de colores vivos. Caminaban al paso, sin prisa, y muy dispuestos a hablar con cualquiera y así se congregaban grupos en las aceras sin casi poderse pasar. De cualquier cosita armaban un titingó --o barahúnda, para nosotros--, y se ponían a tocar guitarra y a bailar el animado merengue. Comían a reventar, sobre todo puerco que asaban en los patios en unas parrillas de palos acompañado de arroz blanco con frijoles y plátanos fritos o tostones y ron que era para ellos elixir de los dioses. Lo tomaban a dos manos y muchos de ellos se emborrachaban sobre todo los fines de semana. Hablaban acaloradamente y alteando mucho los brazos sin oírse nunca una queja de Trujillo o de la situación del país. Decía Ramón que era porque los tenía amordazados y que le tenían pánico por las represalias comunes.

También había cerca del parque una pequeña iglesia cuyo párroco era un granadino que llevaba allí muchos años. Era muy petulante e iracundo y muy propenso a enfrascarse en discusiones políticas. Con él tuvo Carlos varias agarradas por lo de la guerra y otras cosas. Nos culpaba por nuestra desgracia resaltando que si no hubiera sido por Franco España sería hoy un país comunista. En fin que era un buscapleitos y pelmazo razón por la cual dejamos de ir a esa iglesia. Carlos era religioso a su manera y sólo a rastras me acompañaba a la iglesia. Reconocía los méritos de la Iglesia Católica, su historia y tradiciones, pero consideraba que los hombres la habían pervertido convirtiéndola en una monarquía absoluta opulenta y tiránica, cuyas doctrinas y preceptos tenían al mundo confuso y revuelto, y que los curas no eran sino unos sibaritas hambrientos de riquezas y poder. Que era inconcebible que el Vaticano hubiese apoyado a Franco al no más estallar la guerra con el beneplácito del Papa y toda la jerarquía eclesiástica. Yo le decía que no reparase en todos esos defectos y que lo importante era cumplir con Dios y lo demás que lo pasara por alto.

Con Ramón y Catalina hicimos muy buena amistad y nos considerábamos ya como familia. Nos veíamos a diario y a menudo comíamos juntos unas veces cocinando ella y otras yo. En una ocasión les preparé una de mis tortillas de tres pisos y un arroz con leche que les gustó muchísimo, y en otra ella un enchilado de cangrejos y tamales rellenos de pollo y un dulce de coco que nos fascinaron. A Carlitos que era un comelón le encantaba el maní tostado en cucurucho que traía siempre Ramón que se lo compraba a un vendedor ambulante cubano que llevaba en Santo Domingo muchos años. El plato favorito de Coqui era el arroz blanco con huevos fritos y plátanos maduros o tostones, y el de Regina huevos duros con sopa de lentejas. Varias veces les hice también frituras de bacalao y croquetas de pollo y jamón que me quedaban muy ricas.

Gran parte de los huéspedes del hostal eran jubilados. Allí vivía una viuda mexicana de Yucatán donde se había casado trasladándose posteriormente con su marido a Santo Domingo donde murió de tifus. Tenía un sólo hijo varón soltero que trabajaba en un acantilado en un pueblo cercano. A este muchacho le gustaba mucho tocar los tambores que allí llamaban "congas" y se pasaba toda la noche en el balcón repiqueteando hasta pasada la medianoche. Cuando nos cruzábamos con él en el pasillo nos hacía muecas muy feas y nunca nos dirigía la palabra. Tenía el pelo como alambres enroscados hacia arriba y los dientes muy grandes y tiznados. Carlitos le había puesto "camuña" y cuando se encontraba con él salía corriendo y se metía entre mis piernas temblando de miedo. Vivía allí otro tipo muy estrafalario o medio turulato que andaba siempre con la cabeza gacha y sin parar de maldecir. Decían que se le había escapado su mujer con un vecino por lo que había quedado muy traumatizado. Y otro que era herrero casado con una jovenzuela diez o veinte años más joven que él que caminaba meneando mucho las caderas y dando pasitos amerengados. Se rumoraba que era muy promiscua—algunos la llamaban "fletera" que es prostituta— y amante de muchos hombres. Y otro que era socio de una quincalla donde se vendían baratijas de ínfima calidad. Una vez compré allí una aguja que se partió en dos a la segunda usada y un dedal que se puso negro a los pocos días. Este hombre estaba casado con una haitiana medio espiritista o bruja a la que la gente le tenía terror por parecerle un pájaro de mal agüero. Tenía un lunar muy pronunciado cerca del labio superior y Carlitos cuando la veía lo señalaba gritando ¡mosca!, ¡mosca! enfureciéndola mucho y varias veces intentó pegarle. El marido era un papanatas totalmente doblegado a ella que con sólo mirarlo lo ponía a temblar.

Del dinero que teníamos ya no nos quedaba casi nada. Carlos seguía afanándose por conseguir empleo pero no le surgía nada. Ramón y Catalina hacían lo posible por ayudarnos pero ya habíamos tirado demasiado de la cuerda sin haberles pagado todavía un centavo de alquiler. Por todo esto Carlos estaba muy deprimido viéndose arrinconado en un callejón sin salida. Llegaba a casa demasiado tarde, demolido, triste y de nada valía que tratara de animarlo. Se sentía avergonzado, inútil, fracasado y casi no comía ni dormía con tantas preocupaciones. Me decía que ya no quería ver a Ramón porque se le caía la cara de vergüenza y que si las cosas no mejoraban pronto que nos tendríamos que marchar de allí. El colegio de los niños tuvimos que dejarlo porque no tenían nada de ropa y por estar lejos y no poder pagar la cuota del autobús. Y Carlos me decía:

--Aquí me ves, Emilia, hecho una mierda y un fracasado total; aquí no voy a encontrar nada ni ahora ni nunca. Tanto estudio y títulos no me han valido de nada.

--No hables sandeces, Carlos, no es tu culpa; Santo Domingo es un país pequeño y pobre y no puede dar de lo que no tiene. Hay que seguir tratando.

Pasó el tiempo como se estanca el agua al caer por un despeñadero. Un día llegó Carlos casi de madrugada, me despertó y me pidió que le hiciera un café. A mí se me había olvidado lavar el calcetín que usaba como gorra para colar el café pero le di una enjuagadita y tal como estaba lo usé. Nos fuimos al patio y allí con el sol despertando nos pusimos a hablar.

Capítulo 4: Carlos y unos amigos fundan el periódico "La Nación". Conflictos entre la administración y Carlos y desenlace.

--Emilia, he conocido a un refugiado que me ha dicho que él con otros amigos tienen pensado montar un periódico y me han ofrecido hacerme socio. ¿Qué te parece en principio la idea?

--Pues no sé, algo es algo. ¿Cómo le quieren llamar?

--La Nación. Por el momento hasta que las cosas cuajen no hay dinero pero vendrá después.

--¿Y cómo nos las vamos a arreglar mientras tanto?

--Ahí está el quid del problema; entrará dinero pero más adelante.

--¿Te darían un adelanto?

--No lo creo, pero puedo preguntar a ver qué me dicen.

--Eso es lo que tienes que hacer, que te den algo.

--Lo intentaré. Me quieren poner a cargo de una columna que quieren titular "Opinión abierta" además de ser redactor.

--Como están las cosas en este país no puede ser muy abierta, ya sabes a lo que me refiero.

--Ya lo sé, pero eso es lo que quieren.

--Tendrías que medirte la lengua que a veces la sueltas mucho. ¿Y cuándo empezarías?

--Ya, cuanto antes, lo tienen casi montado y sólo están esperando unos permisos.

--¿Y quién es esta gente, Carlos?

--Uno de ellos trabajaba en una imprenta con su tío en Bilbao, el otro era maestro de escuela en Guadalajara, y el tercero un dibujante de Valladolid. A Esteban, el impresor, le mataron a sus padres en Guernica dos días antes de aparecer los fascistas, el maestro, que se llama Simón, estuvo en la batalla de Brunete cuando los republicanos lanzaron la contraofensiva de Madrid, y el dibujante, Ismael, estuvo preso por dos años en Badajoz y lo apalearon tanto que quedó sordo. Después se refugiaron en Francia y se conocieron en uno de los campos de concentración.

--¿Tienen mujer e hijos?

--Pues en verdad no lo sé, pero me imagino que sí.

A mí lo del periódico me daba mala espina sabiendo cómo era Carlos. Con pluma en mano y vía despejada temía que se metería en líos y que parara en la cárcel o aún peor que lo lincharan. Con Trujillo y su camarilla no se podía jugar so pena de extinción total, pero era lo único que teníamos y había que conformarse.

Capítulo 5: La osada conspiración para asesinar a Trujillo.

Carlos se reunía a diario con sus amigos para lo del periódico y estaba muy entusiasmado y hecho todo un cascabel. Hablamos con Ramón y le contamos lo que había pasado y se puso muy contento volviéndonos a decir que no nos preocupáramos por lo del alquiler ni por nada que mientras él pudiera nos ayudaría. Qué buen hombre este dominicano. Así, pues, que nos quedamos donde estábamos muy esperanzados.

Desde hacía varios días venía oyendo por las noches un ruido en las escaleras. Me tenía muy pensativa e intrigada y un día se lo comenté a Carlos pero no le dio mayor importancia. Una noche muerta de curiosidad entorné la puerta y pude oír claramente pasos de gente subiendo y bajando las escaleras. Volví a la cama pero decidida a desenredar el misterio la noche siguiente. Esa noche oí las pisadas, esperé un rato y bajé a la puerta del patio. Allí, por una ventana, vi a Ramón y a unos hombres conversando muy acurrucados. Hablaban muy bajo sin que pudiera percibir lo que decían. Abrí la ventana y escondiéndome detrás de la cortina y empinando bien la oreja uno de ellos dijo:

--¿Entonces está todo listo?

--Casi, casi—contestó uno--, sólo esperamos los explosivos.

--El lugar, la fecha, la hora, ¿todo está convenido exactamente?

--Menos la hora todo lo demás sí. El lugar sabemos por dónde va a pasar y parar y ahí lo estaremos esperando. Si fallan los explosivos lo abalearemos hasta despedazarlo; de esta no se escapa.

--No te olvides que va muy bien protegido.

--Dos del cuerpo de guardia están con nosotros, no te preocupes. Los días del tirano están contados.

¡Ay Dios mío!—pensé yo--, ¿Se estarán refiriendo a Trujillo tramando una conspiración para matarlo? Tenía que ser él pues no había otro tirano. Quedé tan asustada que subí embalada y me metí en la cama muy apabullada. Al no más despertarnos se lo conté todo a Carlos. Él me dijo que se resistía a creerlo, que Ramón se involucrase en algo tan dislocado y siniestro.

--Pues si es verdad y los descubren estamos fritos—dijo Carlos--, lo rastrearán todo hasta aquí y nos pueden involucrar a nosotros, a mí sobre todo. ¿Tienes idea de cuándo lo van a llevar a cabo?

--No lo sé, pero pronto, quizá en unos días.

--¡Qué momento para que pase algo como esto! Temo que nos tendremos que ir de aquí antes de que se arme la gorda.

--¿Pero cómo podemos hacer eso, Carlos?, no tenemos un centavo ni dónde meternos.

--No lo sé, Emilia, pero el riesgo es muy grande y tenemos que apechugarnos. Al menos me voy yo y tú te quedas aquí con los niños, eso, yo me voy y tú te quedas.

--¿Separarnos otra vez, estás loco?

--Déjame hablar con uno de mis amigos a ver si me puede meter en su casa como sea hasta que pase todo esto; creo que es lo más sensato que podemos hacer. Este amigo mío vive cerca así que no estaríamos muy alejados.

--Pero si lo descubrieran vendrían aquí a buscarte.

--No lo creo, realmente no saben quién soy y hasta ahora no me he metido en ningún lío. Pero como soy tan amigo de Ramón sospecharían. En fin, que si vinieran lo mejor sería que no me encontraran.

Lo que decía Carlos tenía sentido aunque para mí era muy duro. Habló con su amigo, arregló las cosas, y a la mañana siguiente se fue a ver a Ramón. Le dijo que por lo del periódico tenía que ausentarse unos días pero que regresaría pronto. Le recomendó mucho que estuviera al tanto de nosotros y ese mismo día se fue dejándonos a los cuatro muy solos y preocupados.

Ya para entonces había aprendido parte de la jerga de los dominicanos, de su lenguaje coloquial; palabras como: "guagua" (autobús), "barbacoa" (especie de parrilla de palos para asar en el patio, "canoa" (pequeña embarcación de remos larga y estrecha), "guajiro" (campesino), "merengue" (baile muy alegre que así llamaban por menearse la cintura como un merengue), "maracas" (instrumento musical para llevar el compás), "jabao" (persona mezclada de negro o indio), "pollo" (mujer despampanante), "nichardo" (persona negra) "jamar" (comer), "ajiaco" (especie de sopón muy espeso con verduras típicas que no nos gustaba), "papaya" (fruta bomba, palabra que en doble sentido se refería a la vagina), "durofrío" (cuadritos de agua helada con distintos sabores de frutas tropicales, deliciosos), y algunos dicharachos como: "estar en la fuácata" (estar en la pobreza), "echar un patín" (salir corriendo o a bailar), "tener peste a grajo" (mal olor en las axilas), "estar en el tibiritábara" (andar alegre o fiestando). Al principio nos era difícil entenderlos así como por la forma que pronunciaban la "zeta", la "elle" y la "jota", muy distintas a las nuestras, y por lo rápido que hablaban comiéndose muchas sílabas o letras finales como al decir "cansao" por "cansado", o cambiando la "r" por la "l" como al decir "calol" por "calor". Carlos me decía que esto era muy peculiar de los países caribeños. Esto me decía Carlos que era peculiar de los países caribeños como Cuba y Puerto Rico debido en gran parte a la influencia andaluza mezclada con la africana. Por otro lado, hablaban muy melódicamente como cantando. Al pobre de Carlitos lo traían frito los niños burlándose de él por pronunciar nuestra zeta castellana llamándole "gallego" con más menoscabo que simpatía. Lo mismo me ocurrió a mí cuando fui a Castilla con mi habla andaluza relajada y melosa. Un día oí a dos hombres en la calle discutiendo su ascendencia taína de la que uno de ellos se vanagloriaba, maldiciendo a los españoles por haberla exterminado. Y decía:

--¿Pues entonces qué carajo somos españoles, indios o negros? Nada, que somos una raza híbrida que es no ser nada. Los españoles y los indios nos cagaron y ahora, para cagarnos aún más, se nos han colado estos gallegos de mierda que no hacen más que joder y arrebatarnos lo poco que tenemos. No les bastó quitarnos el oro y aún quieren más. Que se vayan a Cuba o al carajo o se vuelvan a España a lidiar con Franco que no tardaría en enderezarlos.

Me vi una vez con Carlos en el parque a escondidas y me dijo que todo le marchaba bien, que ya estaba a punto de publicarse el periódico en el que saldría su artículo "El patito feo" refiriéndose a la letra "v" que en Santo Domingo y en casi toda América se pronunciaba como la "uve" labiodental francesa o inglesa y no como la "b" cuya pronunciación es igual siendo ambas bilabiales y no labiodentales. Me preguntó qué había pasado con lo de la conspiración y le dije que no sabía nada, que seguramente había fracasado o que no la habían llevado a cabo. Ramón seguía como siempre sin haberse reunido más con aquellos hombres, en vista de lo cual quedamos en que Carlos regresaría con nosotros al día siguiente.

Pasados dos días de salir el periódico se presentaron en la oficina dos hombres buscando hablar con el director y Carlos. En la reunión les dieron la enhorabuena por la publicación del periódico pero criticaron mucho el artículo de Carlos. Según me lo contó él el que parecía jefe dijo:

--Caballeros, ese artículo se presta a malas interpretaciones de nuestro general Trujillo. No hicieron bien en publicarlo.

--¿Qué quiere usted decir?—preguntó el director.

--Me extraña que me lo pregunte pues para nosotros está más que claro; el patito feo se refiere a nuestro general, no hay otra forma de interpretarlo.

--Pero mire usted—dijo Carlos—el artículo trata sobre gramática y nada tiene que ver con política ni nada que se le parezca. Obviamente ustedes lo han interpretado mal, téngalo por seguro.

--Mucha gente lo ha interpretado de igual manera que nosotros y el general está muy disgustado.

--Les repito que no, que no hay nada de política directa o indirectamente—dijo Carlos--¿me podrían dar algún ejemplo?

--Bueno, pues lo que dice que el patito feo es como una mancha que se ha extendido en zonas próximas a Estados Unidos, y que la única forma de borrarla es educando y abriéndole los ojos al pueblo, y otro en el que usted dice algo de las "chapitas" con las que jugaba un niño como el único juguete que tenía.

--Pero esas eran chapitas de botellas—dijo Carlos--, simples chapitas de botella que usaba el niño por ser pobre y no tener otro juguete.

Esto de las chapitas se refería a la forma en que Trujillo llamaba a sus comandantes por estar siempre cargados de medallas. Carlos y el director se quedaron estupefactos. La acusación, aunque infundada, era seria y nos ponía en peligro a todos. Entonces dijo el director:

--Obviamente todo ha sido un malentendido; en ningún momento ha habido mala voluntad ni deseo de crítica.

Se levantó entonces el hombre rojo de cólera y dando un manotazo en la mesa exclamó:

--¡Basta de vainas, cojones, y de tanto darle al pico! Usted, señor Salinas—que así se llamaba el director—o bota a este escritor de mierda o le clausuramos el periódico; tiene hasta mañana para hacerlo. Ustedes los gallegos son unos marranos y malagradecidos, cagaron a su patria y ahora se proponen cagar a la nuestra. Lo dicho, mañana volveremos.

Acto seguido se marcharon tirando la puerta y gritando a todo pulmón:

--¡Comemierdas!

Carlos y el director se quedaron atónitos, mudos. Entonces dijo Carlos:

--Mira, Juan Manuel, todo esto no es más que una excusa para cerrar el periódico y me han echado a mí el muerto. Aquí los únicos periódicos que existen son los que manejan ellos y así se tardaron tanto en darte el permiso.

--Así puede haber sido pero los que mandan son ellos. Quizás no deberías haber escrito el artículo.

--Lo escribí y tú lo leíste y te gustó.

--Lo leí pero no reparé en lo que éstos dijeron.

--¿Qué estás insinuando, que ese fue mi motivo al escribir el artículo?

--Bueno, no, pero tú sólo lo sabrás.

--Mira, Juan Manuel, no me andes con mariconadas; si lo que buscas es que me vaya salgo por la puerta ahora mismo...

--Bueno, si eso es lo que quieres...

Carlos se levantó, dio media vuelta y se salió de la oficina muy triste y cabizbajo.

Este Juan Manuel, según nos contaron después, había sido seminarista por un tiempo en Guipúzcoa donde tenía un tío párroco de una iglesia a quien ejecutaron con el obispo y su hermana que llamaban "la Pecosa" en medio de una multitud delirante. Tenía otro tío, también sacerdote agustino creo que en Lérida, al que habían castrado forzándole sus genitales por la boca para ahogarlo. Estas atrocidades eran comunes y se repetían por toda España, aunque después se alegó que era toda propaganda de Goering. Efectivamente era cierto que se habían atacado las iglesias por haberlas convertido Franco en fortalezas pero sin cometer semejantes salvajismos.

Esa tarde llegó Carlos a casa derrumbado. No quiso cenar, bañarse ni hablar con nadie. Se encerró en el cuarto dando un fuerte portazo. Carlitos se le metió allí y le dio un fuerte azote obligándolo a salir. A la mañana siguiente se levantó con los nervios de punta y refunfuñando y no nos quiso hablar por un buen rato. Yo me le acerqué, le eché el brazo al cuello y con una mirada mustia me dijo:

--Emilia, estamos perdidos, estamos aquí de más, nuestra vida peligra.

--Carlos, no me asustes.

Me contó lo ocurrido y me puse muy nerviosa.

--Me han puesto la cruz, me tienen fichado, tenemos que escapar.

--¿Adónde?

--Fuera de este país o escondernos.

--Ya te había dicho que en este país con Trujillo hay que sujetar la lengua, no ser impertérrito, denodado, impetuoso, que el machete es afilado y de un tajo corta. El mal ya está hecho y Dios quiera que podamos salir de aquí. Comprendo que lo que te pasó es denigrante para un hombre de tu estatura, conocimientos, valía, pero que no te traspase la piel o se te encone que te puede hacer mucho daño.

--Bien, Emilia, pero déjame decirte esto:

--¿Cómo puede haber en el mundo gente tan obtusa e ignorante? ¡Mira que colegir que con el patito feo insinuaba a Trujillo! ¡A mí qué carajo me importa ese mulato de mierda o su caterva de matones! Si realmente hubiese querido arremeter contra ellos y levantar polvaredas lo hubiera hecho cantándolo a los cuatro vientos siguiendo a Cervantes en aquello que dijo que "la pluma era la lengua del alma", cantar verdades sin vueltas ni engaños. La ignorancia, Emilia, la ignorancia, el verdadero abismo en el que hemos caído todos. Y se me olvidó decirte que otro de los hombres dijo que éramos unos malagradecidos por corresponder de tal forma al que nos había socorrido tanto, y que si éramos tan machotes que nos deberíamos habernos encarado a Franco y no haberle permitido que nos tirara de las barbas, y que si de tiranos se trataba más lo habían sido Cortés y Pizarro aniquilando a toda una raza inocente por la avaricia del oro y del poder. Y que todos nosotros éramos hijos de tales padres, que lo llevábamos en la sangre y que nunca cambiaríamos.

--Carlos, creo que tenemos que echar adelante y que de nada sirven más quejas. Decía mi padre que el quejarse no era cristiano pues Cristo vivió sufriendo y nunca se quejaba, y daba como otro ejemplo a un tipo que iba por un camino quejándose de que le dolían los zapatos nuevos, y en ese momento le pasó por el lado otro tipo tirado en una carretilla impulsándose con las manos porque no tenía pies.

A partir de lo ocurrido nos cuidábamos mucho al salir a la calle como si estuviéramos todos hechos unos paranoicos. Temíamos un desenlace funesto y vivíamos en pura zozobra. Vuelta a caer de rodillas—ya bastante magulladas, casi en el puro hueso—implorándole a Dios que se compadeciera de nosotros y nos ayudara. Carlos se compró unas gafas de sol y dejado crecer más el bigote, y yo ya no me hacía el moño en el pelo sino que lo llevaba suelto y más largo de lo que me gustaba. Carlos salía muy temprano por la mañana y regresaba de noche cerrada y yo dejé de ir al parque con los niños y sólo salía cuando era imprescindible. Una tarde me fui a comprar aceite que se había acabado. Era día de fiesta y estaban las calles casi desiertas. Llovía a cántaros y el agua corría por las calles como si fuera río. Llegó un momento en que era tanto la lluvia que caía que tuve que meterme en unos soportales hasta que amainara. De pronto reventó el sol en el cielo y paró la lluvia. No había caminado dos cuadras cuando a lo lejos vi a Carlos que venía corriendo saltando sobre charcos de agua que se había atascado en los desagües. Llegó a mí empapado y echándome el brazo al hombro me dijo:

--Vamos a casa, Emilia, hay algo que quiero contarte.

Capítulo 6: Se nos presenta finalmente la oportunidad de irnos a Cuba.

Ya en casa, y aprovechando que los niños estaban tranquilitos en su cuarto, nos sentamos en el comedor y Carlos me dijo:

--Emilia, creo que andamos de suerte. Yo no sé si te acuerdas de Jacinto, el cubano manisero, pero me topé con él y me dijo que se volvía a Cuba, que ya estaba cansado de trabajar como un mulo y vivir como un mendigo. Seguimos hablando y me dijo que en Cuba tenía a toda su familia y que se quería hablaría con ella para que nos fuéramos nosotros con él.

--¿Cómo?...

--Como lo oyes, así mismito me lo dijo. Me preguntó mucho por Carlitos y que si aún le gustaba el maní en cucurucho, que él le echaba mucho de menos y que le diera un abrazo de su parte.

Jacinto era muy buen hombre, bonachón, cariñoso, muy trabajador. Había salido huyendo de Cuba donde era sargento de la Guardia Rural en Matanzas estando de presidente Laredo Bru. Al dar Batista el golpe de estado se exilió en la embajada dominicana pasando después a Santo Domingo. Sus padres, que tenían unas fincas y eran de buena posición, hicieron no sé qué arreglo con el gobierno para que lo dejaran regresar y comenzaron a hacer los trámites, a lo que le contestó Jacinto que tenía previsto hacer el viaje en dos o tres meses. Tal noticia nos llenó de alegría aunque para nosotros dos o tres meses eran una eternidad.

Regina y Coqui seguían asistiendo al colegio público que estaba a unas tres cuadras de nuestra casa. Regina siempre venía muy compungida y lloriqueando lamentándose de que la maestra de historia no paraba de arremeter contra España y los españoles y que la humillaba mucho delante de sus compañeros diciéndole que los españoles eran unos malvados y asesinos ávidos del poder y riquezas, y que no habían hecho otra cosa que ultrajar y mancillar a hombres y mujeres y arrebatarles su preciada dignidad y haciéndolos miserables esclavos, y que el peor de todos había sido Colón cuya avaricia, crueldad y fanatismo religioso habían dado pie a la infame conquista española. Que habían diezmado multitud de razas ilustres como la de los taínos y siboneyes y ensañado con mujeres heroicas como Anacaona a quien traicionaron ajusticiándola a pesar de su fidelidad y amistad, y que no bastándoles habían matado a su marido cuando lo llevaban preso a España. Y que Anacaona no hacía más que tratar de complacerlos, como al acceder de buena gana a los amoríos de su hija Higuamota con el español Guevara y que aun así la ahorcaron por orden del desalmado Ovando que fue el culpable de todo. Y que iguales barbarismos habían cometido los españoles en Cuba y en todas las tierras americanas con las culturas Inca, Maya y Azteca. Que con todos esos tesoros que se había robado España lograron enriquecerse y convertirse en el país más poderoso del mundo a costa del pobre indio y del negro, y que si no hubiera sido por el benemérito padre Las Casas que los delató nunca se hubiera enterado el mundo del holocausto perpetrado por los españoles. Y que ahora los muy canallas habían venido a Santo Domingo con igual afán de apoderarse del país y hacerse ricos a costa del dominicano, y que si alguna sangre española corría por sus venas que renunciaba a ella y que no le hablaran más de la siniestra España. Éstas y muchas otras cosas le decía la maestra a Regina atormentándola día a día en la clase sin darle resuello.

Carlos y yo fuimos a ver a la directora del colegio pero apañó a la maestra sin darle la menor importancia al caso. Carlos decidió entonces hablar con Regina con estos argumentos:

--Mira Regina, ciertamente que España cometió muchos errores, agravios y desafueros pero siempre se esforzó por enmendarlos con leyes muy humanas que no se acataron mayormente por la distancia. España nunca envió ejércitos a América sino que se formaron localmente independientes de la Corona. El español era hijo de su tiempo, de creencias y costumbres que hoy nos chocan pero generalizadas entonces.

Con Colón, impulsado por los Reyes Católicos, España alcanzó nuevos horizontes ante los que se cegó aunque mucho menos que Inglaterra, Holanda y otros países que la siguieron. Los españoles querían hacer de América una segunda España sin percatarse de la imposibilidad de tal sueño y de ahí sus desmanes e intransigencias con las otras culturas tan extrañas y opuestas a las propias. Todos aquellos españoles que pasaron a América eran fruto de su época con raíces muy arraigadas en la Edad Media que perduró en España mucho más que en los otros países europeos como Italia y Francia ya abocadas al Renacimiento. Históricamente, España siempre ha estado a la rezaga de los otros países quizá por haberse deslindado tanto de ellos debido a la invasión musulmana que se extendió por casi ocho siglos. En fin, para que lo entiendas mejor, los conquistadores españoles, con Cortés, Pizarro y Alvarado a la cabeza, preservaban una mentalidad medievalista en la que la fe y el honor eran sus rasgos característicos e inconfundibles.

--De Cortés fue del que peor habló la maestra—dijo Regina.

--Pues sí, no me extraña, fue el que más se destacó, el que hizo más cosas.

--Después, con el emperador Carlos V, nieto de los reyes Católicos, y sobre todo con su hijo, Felipe II, España se endeudó mucho y en el oro americano vio su salvación si bien, irónicamente, todo ese oro no la salvó sino que terminó arruinándola endeudándose mucho más con otros países que fueron los que realmente se enriquecieron habiendo hecho mucho menos.

--¿Qué quieres decir tío con lo de "mucho menos"?

--Pues nada, que España marcó el camino y los otros tardíamente se aprovecharon de sus logros con un mínimo de esfuerzo.

--¿Y todo esto lo sabe la maestra, tío?

--Lo sabe pero se lo calla. La historia verdadera es una que cada cual la interpreta y acomoda a su manera.

--¿Y qué debo hacer entonces con la maestra?

--Ignorarla hasta que se canse.

--Pero mira, Regina, todo eso pasó hace cientos de años y ya es hora de que se olvide, como nos hemos olvidado nosotros de los fallos y excesos cometidos en nuestra tierra por otros países y civilizaciones como Roma y los musulmanes. La ingratitud genera malezas que con el tiempo se tornan en selvas impenetrables. Pásese lo malo y piénsese en lo bueno si hemos de progresar y dejémonos ya de echar tanta culpa.

--No te entiendo, tío.

--Bien, escucha, todo lo acontecido en América, quiérase o no, es parte de su historia, como lo es Cortés y Moctezuma, Pizarro y Atahualpa y aun los siniestros piratas y las intervenciones yanquis, las invasiones extranjeras, las explotaciones de su gente y tesoros y las férreas dictaduras. Algo de bueno y mucho de malo que es así como se forjan los pueblos.

Con estas palabras se calmó Regina pero la maestra seguía en sus andadas hasta que no tuvimos más remedio que sacarla a ella y Coqui del colegio.

En nuestro hostal vivía también un matrimonio que por el aspecto parecían alemanes o polacos. Aunque nos topábamos con ellos con frecuencia nunca nos saludaban ni dirigían la palabra. Ella era una mujer nada agraciada, con una panza y trasero deformes y las piernas rollizas y tan arrugadas como la de los elefantes. Andaba siempre cargada de joyas de pacotilla que sonaban mucho al caminar y llevaba el pelo trenzado en unos tirabuzones muy gruesos que me recordaban las culebras de la diosa Medusa. El marido era más feo que ella, igual de obeso pero más alto con las piernas muy largas que le salían del pecho, el trasero chato y los hombros muy caídos. Era calvo como una bola de billar y con unas orejas como alas y la nariz como la del pico de una lechuza. Al fondo vivía otro matrimonio con el que habíamos entablado alguna amistad. Él era corpulento y macizo con una barba negra muy tupida, de piel morena curtida y de semblante afable y gentil. Ella delgadita, menuda, muy trigueña de piel y pelo, con las uñas muy largas y la cara toda pintarrajeada. Decían que a pesar de su apariencia era una tora y muy dominante y que el marido era su lacayo a quien mangoneaba a su gusto y placer. En el piso de arriba o ático vivía un catalán llamado Jusep que asombraba a Carlitos por tener las venas de ambos brazos muy hinchadas como queriendo explotar y por lo arrugada que tenía la cara como si se le hubiera derretido la piel. Aunque hablaba español se dirigía a nosotros siempre en catalán por lo que sólo Carlos lo entendía. Abajo vivía un murciano con ínfulas de escritor o poeta y muy borrachín que Carlos llamaba Sancho Panza por la cantidad de refranes que soltaba.

Pasaron los días sin tener noticias de Jacinto. A veces anhelamos tanto algo que nos consume la vida pero, por otro lado, como decía mi madre, anhelar es saber apreciar lo que a su tiempo nos llega. Carlos también estaba muy preocupado por no haber visto a Jacinto en varias semanas y desgraciadamente no sabía dónde vivía. Pasaron dos, tres semanas, y una mañana cuando estaba en la cama cortándome las uñas irrumpió Carlos en la habitación y lanzándose a mí me dijo muy sonriente:

--Anda, mujer, dame un abrazote.

--¡Venga, mujer, anda, dame un abrazote!

--¡Viste a Jacinto!

--Lo vi y hablamos y nos vamos a la tierra de Martí en unos días. Jacinto lo tiene todo arreglado.

--¿Y por qué no vino a vernos antes?

--Lo vi de casualidad en un bar y me dijo que se le había extraviado nuestra dirección y que no tenía forma de dar con nosotros. Que sus padres nos habían conseguido la visa para entrar en Cuba y que nos podíamos ir con él en dos o tres días. Que vivían en Camagüey en una finca donde podíamos quedarnos indefinidamente y que no nos preocupáramos por nada que ellos se encargarían de todo.

Por aquellos días se nos echó encima un ciclón espantoso que nunca habíamos visto. Una mañana poco después de salir el sol se encapotó el cielo y lo envolvió todo en una oscuridad absoluta. Reventaron ventanas y puertas, volaron tejas y árboles, temblaron cimientos, ráfagas de viento y ríos de agua tumbaron a la gente en la calle como palillos. Todos tratamos de refugiarnos en el sótano pero estaba tan inundado de agua que no pasamos de las escaleras. Y, de pronto, cuando ya nos sentíamos perdidos, el sol reclamó su cetro, el viento enroscó su cola, y las nubes contuvieron su llanto. Tengo que parar con estos arrebatos poéticos y ser más llana en el hablar. La ampulosidad del lenguaje, el no llamar a las cosas por su nombre y subirse por las ramas es pretensión escondida de ociosos y necios.

El día de la partida nos vino a recoger Jacinto muy temprano en un taxi y nos fuimos al puerto. En un vaporcito de mala muerte zarpamos dejando detrás más experiencias y recuerdos. Habíamos permanecido en Santo Domingo aproximadamente un año.

Serían las tres o cuatro de la tarde cuando de lejos vislumbramos la bella isla de Cuba. Del vapor salió una ola que se fue desrizando como una bola de seda hasta estrellarse contra las rocas en filamentos de opal y plata. Llegamos a la bahía de la Habana y a medida que nos fuimos acercando se nos hincharon los ojos ante la hermosura y majestuosidad del castillo del Morro contiguo a la fortaleza de la Cabaña que quedaban a la izquierda enfrente de una larga avenida que llamaban el Malecón. Estábamos asombrados ante tanta belleza. Carlos se me acercó emocionado y me dijo:

--Me siento como Bernal Díaz del Castillo al contemplar por primera vez la majestuosa ciudad de Tenochtitlán. Esto es algo incomparable, lo más precioso que he visto en mi vida. Mira allí, a la derecha, la gran ciudad de la Habana con su inigualable belleza y señera historia. Estoy estremecido, saltándome el corazón del pecho.

Avanzó el barquito por la angosta bahía y fue dando vueltas hasta llegar al puerto. Estábamos todos en la barandilla y de pronto nos dijo Jacinto:

--Allá están mis padres, allá junto a aquel árbol, mírenlos qué risueños, ¡qué alegría!

Desembarcamos y vinieron los dos corriendo abrazándonos todos con mucho cariño. El padre de Jacinto, que se llamaba igual que él, muy emocionado dijo:

--Bienvenidos a nuestra isla, ¿cómo se sienten, qué tal el viaje?

--Bien—dijo Carlos—algo cansados pero muy contentos de estar entre ustedes en esta hermosa isla. Vámonos para que conozcan nuestro Camagüey.

--¿Tienen hambre?—preguntó el padre. Aquí viene este carrito con empanadas, camarones, frutas, cómanse algo.

Se fue al carrito y nos trajo unas empanadas de chorizo que estaban deliciosas, y agua de coco que nos sentó de maravilla. Nos fuimos a un banco y dijo el padre:

--Cuando terminen nos vamos a Camagüey, les va a gustar mucho, pero antes les daré una vueltecita por la Habana para que la conozcan.

Nos llevaron en un coche Ford negro, muy amplio y cómodo, a ver el Capitolio, la antigua catedral y el Castillo de la Punta. Después tiramos por el Malecón hasta llegar al final donde estaba el río Almendares y desde donde se veía parte del reparto de El Vedado. Paramos enfrente del monumento de Antonio Maceo y sentados en el muro nos comimos unas frituras de bacalao deliciosas que le compramos a uno de los tantos vendedores ambulantes que transitaban por allí. De allí dimos la vuelta y nos metimos por el centro de La Habana hasta llegar a la Habana Vieja que me recordó mucho a Marruecos. Todas las calles estaban atestadas de gente vestida muy a lo tropical con ropa ligera blanca o de colores muy llamativos. No vimos tantos negros como en Santo Domingo sino más bien blancos y de buen porte. La ciudad nos dio la impresión de sr muy moderna y bien trazada, limpia y alegre aunque con muchas secciones de estilo colonial. Las mujeres guapísimas y muy airosas con vestidos o faldas muy entallados que les daba mucha gracia y salero al caminar. Los hombres sobre lo bajito y rellenitos pero apuestos, muy parecidos a los sevillanos o malagueños. Los niños impecablemente vestidos y peinados sobre todo las niñas con trenzas y lacitos de vivos colores. Estábamos en pleno invierno y el calor el agotador corriéndonos chorros de sudor de los pies a la cabeza. En el coche íbamos con las ventanas bien abiertas y sólo cuando pasábamos cerca del mar sentíamos cierto alivio por la brisa refrescante que nos llegaba.

Después del recorrido que nos llevó varias horas nos salimos de la ciudad y nos fuimos a un pueblo que se llamaba Regla y a otro que se llamaba Cojímar, precioso pueblo de pescadores que Jacinto quería que conociéramos, y de ahí tiramos hacia el sur en dirección a la Carretera Central. Al pasar por un pueblo en la provincia de Matanzas se nos pinchó una rueda ("goma" como la llamó Jacinto) y nos vino a socorrer tanta gente que era asombroso. El gato (que así le llamaban al aparatito para levantar el coche por recordar a un gato erizado que estira las patas y se eleva) no funcionaba y entre unos hombres levantaron el coche medio metro del suelo y así lo sostuvieron hasta arreglar la rueda. Jacinto les dio una buena propina y se marcharon más que contentos.

Es totalmente indescriptible la belleza de la luna resplandeciendo en la noche, tan grande, llena y reluciente que más parecía sueño que realidad.

Si no fuera por el reloj que marcaba la 1:15 diría que parecía más sol que luna pues todo a nuestro derredor se veía como si estuviéramos en pleno día a no ser unos montes que se veían a lo lejos bañados en sombra. Estábamos en un paraíso cantado por cien poetas y ahora atestiguado por nosotros. En este paraíso me quería quedar para siempre sin olvidar a España que llevaba y llevaré siempre muy dentro del corazón.

Por el camino nos enteramos que el padre de Jacinto era ganadero en Camagüey y que estaba emparentado con la ilustre familia Agramonte descendiente del prócer cubano Ignacio Agramonte gran héroe de la Guerra de Diez Años. Era un hombre simpatiquísimo y afable nieto, según nos dijo, de gallegos que habían emigrado a Cuba cuando era parte de España. Era alto de estatura, esbelto, de pelo rubio y ojos azules y de tez muy blanca como buen descendiente de gallegos. Hablaba esmerada y pausadamente y de vez en cuando se le escapaba una zeta que decía se le había pegado de sus padres. La mujer, doña Dorotea, era igual de simpática y en extremo dulce y cariñosa, tirando a lo bajito pero de buen cuerpo, trigueña y de ojos achocolatados. Adoraban al hijo y se lo comían a besos llamándole siempre "mijito" o la madre "mi cielo" y él a ellos "papi" y "mami". Jacinto en el físico no se parecía a sus padres y en el hablar era más cubano. Era ancho de cara con los ojos medio achinados y la nariz gordota como la de Carlos, de tez morena y pelo lacio muy negro. Se reía siempre a carcajadas y le gustaba mucho decir chistes sobre todo de gallegos y negros. Siendo joven se quiso hacer soldado y se alistó en el ejército a pesar de la oposición de los padres que querían que estudiase una carrera. A nosotros nos decía que los estudios no le gustaban y lo aburrían mucho y que ya con el bachillerato bastaba.

--¿Y qué le parece, don Carlos—preguntó el padre mientras conducía--, mi hijo en Santo Domingo de manisero? Un día sin decirnos nada se nos fue por enredos políticos y hasta que no supimos de él sufrimos mucho. Nunca quiso que lo ayudáramos pues nos decía que lo que le había ocurrido era su culpa y que no nos quería involucrar temiendo que nos pasara algo.

--Buen proceder y ejemplo de hijo—dijo Carlos.

--Bueno, no sé—contestó el padre—los padres están para ayudar a los hijos. Allá en Santo Domingo le fue pésimamente. Yo lo fui a ver un par de veces y no me gustó nada como vivía ni lo que hacía y por más que le insistí que se viniera conmigo no quiso. Su madre sufrió muchísimo, pero ya, gracias a Dios, lo tenemos a nuestro lado.

--Y dígame, don Carlos—dijo el padre--, ¿es verdad que a muchos de los refugiados españoles los pusieron a trabajar como labradores en Francia?

--Así fue, don Jacinto y mucho que sufrieron. A otros, mayormente profesionales y artistas, los enlistaron en el ejército o en las fuerzas de la Resistencia cuando llegaron los alemanes y si se negaban los obligaban a construir campos de concentración como el de Gurs cerca del pueblo Oloron-Ste-Marie. Algunos de los refugiados lograron escapar y lucharon contra los nazis en varios países europeos como Inglaterra y Polonia. Otros españoles, en este caso fascistas, murieron fuera de España en Leningrado en la División Azul.

--¿Y cómo fueron a parar tan lejos?

--Fue cosa de Franco para congraciarse con Hitler. Podían luchar contra los soviéticos pero no contra los Aliados para mantener la neutralidad.

--No sabe usted cuánto siento la tragedia de España y que Franco haya usurpado el poder causando tanto dolor y miseria. Es un hombre despreciable, otro Hitler disfrazado de gallego.

--No disfrazado, don Jacinto, que gallego es, del Ferrol.

Mientras Carlos y Jacinto hablaban plasmé mentalmente este verso:

> Si de alegría se puede llorar
> pensando en lo por venir,
> lágrimas ahora me brotan
> que antes rehusaban salir.
>
> Canta el corazón, canta el alma,
> todo es gozo en mi existir,
> ahora sólo me falta
> volver a mi tierra a morir.

Así continuamos charlando por el camino de la guerra y otras cosas. Al acercarse a un pueblo vimos más puestos de comida y refrescos a ambos lados de la carretera. En uno de ellos probé por primera vez la champola de guanábana que me pareció muy refrescante y deliciosa, el mamey y los anoncillos o mamoncillos y la pasta de guayaba también deliciosos. También probé por primera vez mangos bizcochuelos y filipinos y la semilla de marañón tostada que me gustó muchísimo. Seguimos un buen tramo y después de pasar por un pueblo que se llamaba Ciego de Ávila llegamos a las afueras de Camagüey donde estaba la finca. Al día siguiente nos fuimos todos al centro de la ciudad. Nos metimos por una calle que se llamaba Maceo y fuimos a parar al corazón de la ciudad con casas muy elegantes y muchos parques y plazas. Me llamó mucho la atención la cantidad de hombres a caballo que desfilaban por las calles vestidos como vaqueros con anchos sombreros de paja, botas muy lustrosas y un gran pañuelo al cuello. Iban trotando y saludando a la gente y algunos tatareando guajiras que son preciosas. La gente toda de tez clara y muy limpia, de buen porte, elegante, los hombres muy caballeros y las mujeres muy damas y los niños primorosos. Verdaderamente que el buen gusto y la elegancia sobresalían, elegancia sencilla, la de pueblo, sin pompa, que para mí es la más distinguida. Los hombres con su guayabera blanca como el coco y las mujeres con vestidos o falda y blusa de muchos colores y muy retocadas. Me llamaron mucho la atención los llamados tinajones, típicos de Camagüey, que son como vasijas de barro cocido enormes delante de muchas casas, los jardines, las avenidas, en fin, todo lo que alcancé a ver. Me decían en La Habana que Camagüey era ciudad de guajiros, pero ante lo visto y si así fuera guajira me haría yo.

Al pasar por una casa donde había un bar paró Jacinto para que viéramos una pelea de gallos que son muy típicas de Camagüey, pero ya nos había dicho en qué consistían y yo muy cortésmente le dije que estábamos muy cansados y que lo dejara para otra ocasión. Detesto las peleas, aun las de toros. Bastante las había visto ya en España y no quería ver más. Después nos llevaron a una feria y la pasamos estupendamente; los niños montaron a caballo y después dimos todos una vuelta en la estrella. Nos sentamos en una mesa al aire libre y mientras tomábamos un refresco Jacinto padre le preguntó a Carlos:

--Dígame, Don Carlos, usted que es tan leído, ¿qué me puede decir de la historia de Cuba? Algo sé pero no tanto como usted.

--Cuba siempre me interesó mucho. Fue nuestra desde el descubrimiento y muy querida por los españoles por el clima, la gente, sus paisajes. Desde entonces miles de españoles han emigrado aquí y se sienten como en su propia casa o mejor aún según me han dicho muchos de mis amigos.

--Sí, pero de su historia qué recuerda.

--Recuerdo mucho.

--Dígame algunas de ellas.

--Me está haciendo usted algo así como un examen—dijo Carlos sonriendo.

--No, sólo quiero asegurarme de que usted sabe dónde está y que llegue a querer tanto a Cuba como nosotros. Mientras más se conoce algo más se quiere, ¿no le parece?

--Pues sí, vamos allá.

Fue descubierta por Colón en su primer viaje y conquistada por Diego Velázquez en 1511. Sus primeros habitantes fueron los siboneyes y después los taínos de cuya lengua provino el nombre de Cuba o "Cubanacán". Fue nombrada primero por Colón "Juana" en honor al infante Don Juan, hijo de los Reyes Católicos, aunque después le puso otros nombres. Desembarcó en Cuba el 28 de octubre y al no más verla muy exaltado ante su belleza exclamó que era "la tierra más hermosa que había visto en su vida". Colón venía de la España de finales del siglo XV pasándose todo el tiempo recorriendo los claustros de los conventos y monasterios o confrontando el ambiente frío y hostil de la Corte entre gente soberbia y recelosa que lo abrumaban burlándose de él o tildándolo de demente o ignorante sin que nadie le hiciera caso aun siendo buen marinero y bastante conocido en el arte de navegar. Por fin halló acogida en los Reyes Católicos, principalmente en la reina Isabel pues al rey Fernando le interesaba más África que Asia.

Entonces preguntó el padre:

--Y dígame, don Carlos, ¿era Colón realmente genovés y qué lengua hablaba?

--En cuanto a su procedencia fue siempre muy hermético. Nunca dijo de dónde era ni habló de su infancia y juventud. Como genovés se le tiene, pero también puede haber sido español, catalán, o inclusive judío en cuyo caso no se hubiera atrevido a decirlo en aquellos tiempos. Hablaba algo de genovés y una mezcla de español, portugués o catalán, y después aprendió bien el latín.

--¿Y por qué no llamaron a América Colón?

--Buena pregunta, don Jacinto. Ese era el nombre que merecía, pero por antojos del destino se le llamó América en honor a Américo Vespucio, un explorador italiano de poca monta que se encontraba entonces al servicio de España. Fue todo debido al cartógrafo alemán Walzemüller que al ver el nombre de Vespucio en un atlas llamó así a las tierras descubiertas. Sin embargo, el mismo Vespucio la llamaba "Mundus Novus" o "Nuevo Mundo"; después se le denominó "Las Indias" y finalmente "América" pero sólo a partir de principios del siglo XX cuando descubrieron el mapa unos monjes. Luego Walzemüller cayó en su error pero ya era demasiado tarde para corregirlo y el nombre pegó.

--¿Y este Vespucio quién era?

--Un explorador italiano al servicio de España que acompañó a Hojeda y Juan de la Cosa a la exploración del río Amazonas y al descubrimiento del Río de la Plata. Luego se le otorgó la ciudadanía española y falleció en Sevilla.

--¿Así que estaba al servicio de España?

--Como lo estuvieron otros grandes exploradores como Magallanes, que era portugués, Juan de Fuca, griego, Cabrillo, portugués también, Sebastián Caboto, italiano, y hasta el alemán Humboldt. Nadie los conocería hoy si no hubiera sido por España.

--¿Y de los hermanos Pinzón qué? ¿A qué se debe su fama?

--En realidad no tienen tanta fama fuera de España y, sin embargo, sin su ayuda no se hubiera descubierto América.

--¿Cómo así?

--Por haber sido expertos pilotos y capitanes de dos de las carabelas, Martín Alonso de la Pinta, y Vicente Yáñez de la Niña, además de costear de su propio haber gran parte del viaje. Hay un dato muy interesante que conviene saber, y es que si no hubiera sido por Martín

Alonso Colón hubiera desembarcado en lo que es hoy la costa oriental de Estados Unidos en vez de en la isla de San Salvador en las Bahamas.

--Ese sí es un dato curioso—dijo el padre--, la historia de América hubiera sido distinta.

--Así es—dijo Carlos--, muy distinta; básicamente hubiera sido al revés con América del Norte en primer plano y la América del Sur en segundo. ¡Se imagina usted!

--¡Caracoles!—exclamó el padre.

--Volviendo a lo de Cuba, ¿qué más nos puede decir?—preguntó Dorotea.

--Pues nada, que en un principio fue Cuba el foco de toda empresa descubridora y conquistadora, como lo fue antes Santo Domingo y después México en la América del Norte y Perú en el Pacífico. De Cuba salió Cortés a México y De Soto a La Florida desde donde se fue extendiendo la dominación española por toda América. A Cuba se la disputaron muchas naciones como Inglaterra que, aprovechando la involucración de España en la guerra de Los Siete Años, invadió y ocupó La Habana desde 1762 hasta la Paz de París en 1763 con intención de adueñarse de ella, como lo intentaron y lograron los norteamericanos con la explosión del buque Maine para expulsar a España de América y extender su dominio por todo el hemisferio. Con la guerra Hispanoamericana se quedaron con Cuba, Puerto Rico y Filipinas y después con medio México. Los norteamericanos han sido siempre muy astutos en la política como lo demuestra su relampagueante expansión continental hasta abarcar el mar Caribe, Golfo de México y gran parte del Pacífico. De no ser nada pasaron a ser mucho en poco menos de cien años.

Así continuaron conversando muy amenamente hasta que nos fuimos acercando a la finca. Poco antes de llegar me puse a pensar en Melilla, en su antiguo torreón acariciado por las olas de aquel divino mar, en mi casa con sus balcones en los que me pasaba horas tejiendo y bordando, en mis padres que tanto se querían sin poder estar uno sin el otro por un minuto, en mis hermanos Pablo y Lucila, en el día que falleció mi padre de una insolación y en los gritos de mi madre arrodillada ante el ataúd, en los retratos de mi abuelita María del Rosario y el de mi abuelo Pablo que no conocí, y en mis otros abuelos Pilar y Francisco a los que conocí aunque ya muy mayores, en mi tío Andrés a quien escuchaba embelesada contar historias de su tiempo. Yo, desde que salí de España, lo anotaba todo en un cuadernito, lo que recordaba y veía, algo así como un diario de mis experiencias. Abrí el cuadernito que siempre llevaba conmigo y leí estos versos escritos por mí durante aquellos tiempos:

Mi madre

Está mi alma acostumbrada tanto
al dolor en las luchas de la vida,
que sufre cuando el goce me convida,
y gozo cuando sufro mi quebranto.

Mezclando la risa con el llanto
por el dolor el alma comprimida,
gozaré hasta el final de la partida
puesto que causa el padecer mi encanto.

Mi alma se siente de consuelo llena,
cuando transido el corazón de pena,
la sonrisa en mis labios dilata,
y es que le pasa a la existencia mía,
lo que a las plantas raras que en el día,
viven en sombras porque el sol las mata.

Dame libertad,
paloma real,
palomita que vuelas tan alto,
sin miedo del gavilán...

———————————

Y estos pensamientos:

"La alforja del infortunio agobia mis cansados hombros".

"Coqui y Carlitos son como las mariposas. Pero ellos nunca se van. Nunca".

"He visto correr una mariposa blanca, ahora se posa en el rosal. Me distraigo viéndola. Ahora va hacia el pino y hacia las flores malva y ahora...ya se fue".

"Amo el agua, los arroyos, las flores. No hay nada más bello que un arroyo cuando atraviesa un verde prado. Ni nada como una poesía bonita...¿y un campo de claveles?"

Capítulo 7: Nuestra estancia en Camagüey y llegada del hermano de Carlos después de escaparse de la cárcel en España.

En ese momento gritó Coqui:

--¡Mira, mamá, aquellos dos pájaros negros!

--¿Dónde?

--¡Allá, posados en aquella ramita!

--¡Ah, sí!, esos son totís—dijo Dorotea--, hay muchos aquí en Cuba. Son los que acaban con las siembras comiéndose las semillas y de ahí nuestra frase tan popular "La culpa de todo la tiene el totí" que es librarse de toda culpa.

--Pues mire, don Carlos—dijo el padre--, Camagüey es tierra de ganaderos y lecheros con una carne muy tierna que es la mejor de Cuba. Les va a encantar la mantequilla con pan tostado que aquí comemos en el desayuno como el pescado de Nuevitas, sobre todo el pargo que si no lo han comido todavía se han perdido gran cosa. Es nuestro mejor pescado. La gente es muy decente y trabajadora, las familias muy unidas, y los colegios de primera clase sobre todos los católicos. El calor pica pero no mata, no como el de La Habana o Santiago de Cuba que achicharran.

--¿Y qué le parece La Habana?

--Mucha gente, mucho barullo, partes muy sucias y congestionadas, no como Camagüey que es muy limpio y sobra espacio.

--¿Así que a Cuba la llaman "la perla de las Antillas"?

--Así la llaman y realmente lo es.

Al decir esto Jacinto se me ocurrió este verso:

>   Allá entre mar y cielo
>   bajo estrellas de diamante
>   una perla reluciente
>   se columpia incesante.
>
>   La luna se torna miel,
>   las nubes ocultan sus lágrimas,
>   y el guajiro entre sueños
>   lanza un grito de esperanza.

Paramos a descansar y a estirar las piernas. En eso Carlitos vio pasar un conejo corriendo y quitándose las sandalias se le fue detrás y Regina detrás de él gritándole:

--¡Ven acá, bola de humo!

--Por fin logró alcanzarlo y le dio un azote pero él se quedó tan campante.

Llegamos por fin a la finca.

La casa era toda una hacienda—finca o rancho como le llamaban en Cuba—, grande, espaciosa, señorial, con techo inclinado de tejas y una chimenea a ambos costados. Quedaba al final de un camino o vereda de adoquines con naranjos muy olorosos a ambos lados y una fuente con dos bancos por el que se entraba por una cancela rodeada de una reja de por lo menos tres metros de altura con volutas preciosas. Encima de la cancela con borde de hierro estaba el nombre de la hacienda labrado en madera que se llamaba "Los Jimaguas". La reja circundaba toda la casa con varias entradas y al fondo árboles muy altos y frondosos. Delante de la casa en hilera habían unos tinajones enormes dentro de unos canteros de ladrillos terminados en punta con plantas y flores muy exuberantes. Se entraba por un gran portón de madera tallada con cerrojos de bronce. Al abrirlo había un recibidor redondo con suelo de baldosas muy relucientes (o losetas como creo le llamaban en Cuba), una mesa en el centro con un bello jarrón de flores secas muy exóticas, y una mecedora en esquinas opuestas con una mesita al lado y una lámpara. A un lado de la puerta posterior había un espejo con marco dorado muy lujoso y debajo una mesita en forma de media luna con otro jarrón de flores, y en el otro un cuadro de caballos paciendo en un prado junto a un río y un gran jarrón o urna de cobre en el suelo con unas ramas secas.

La sala era una maravilla con unos sofás y sillones de cuero rojo repujado y una lámpara de araña que me dijo Dorotea habían traído de Trinidad pueblo famoso por la exquisitez de sus muebles coloniales. De frente había una chimenea toda hecha de piedra y encima dos cabezas disecadas de venados o ciervos. A ambos lados de la chimenea dos mecedoras (o balances como les llamaban) y en medio de los sofás una mesa muy rústica montada sobre cuatro cabezas de caballo magistralmente labradas con muchas fotos de la familia. En una de las paredes había un cuadro de un flamboyán entre palmas con un bohío al fondo, y en otro una playa que decía Jacinto era la de Nuevitas. A un costado de la sala había una escalera de caracol de mármol por la que se subía a la segunda planta con dos lámparas de araña más pequeñas. El comedor un ensueño, con una mesa rectangular muy larga y doce sillas tapizadas de rojo y dorado y en el centro un candelabro enorme de bronce con doce brazos para velas. Todas las paredes del comedor eran de azulejos verdes veteados de blanco finísimos y las ventanas con unas cortinas de crepé verde que llegaban al suelo y que daban al patio que era otra maravilla, con una fuente en el centro toda rodeada de una planta que llamaban areca que son como palmas en miniatura, y unos bancos de hierro que nos dijo Jacinto había traído de Nueva Orleans en Estados Unidos cuando trabajó allí por un tiempo siendo joven en un ingenio azucarero. Vamos, que aquella casa era un palacete, una mansión de primerísimo orden con lo que se veía claramente que esta familia era muy adinerada. Era de apellido Loynaz que según me explicaron era el apellido de soltera de la madre de Ignacio Agramonte. Por qué se apellidó así la familia en vez de usar el apellido paterno no lo sé ni nunca lo pregunté.

A ambos extremos de la hacienda había un camino ancho de piedras que conducía a campos y más campos acotados de ganado vacuno y de cerda, caballos y chivos que así llamaban al macho de la cabra y algunos maizales y un cañaveral aunque no muy grande. En Camagüey no se cultiva mucho la caña que era más bien en Oriente, como el ron, y en Pinar del Río el tabaco con fama de ser el mejor del mundo. Yo como no fumaba me importaba poco pero Carlos sí que lo disfrutaba cuando encendía un puro sobre todo después de las comidas. Si mal no recuerdo los que más le gustaban eran el H Upman y Montecristo. De vez en cuando fumaba también cigarrillos de tabaco rubio importado de Estados Unidos como el Camel y Chesterfield. Muchas mujeres fumaban puros también sobre todo las viejas, y hacían cigarrillos de arroz que decía Carlos que sabían a hierba seca. El cubano, como el español, era muy fumador y por todas partes se veía gente en infinidad de puestos tomándose un café acabadito de colar y fumándose un puro. Mal hábito es, pero como bien dice el refrán "De un gustazo un trancazo" y allá ellos. Yo se lo recordaba a Carlos y me decía: --Bueno, Emilia, de algo tenemos que morir; ¿de qué me valdría morir hecho un roble como creo decía nuestro amigo Sancho Panza?

De más está decir las habitaciones que nos dieron y que quedaban a un extremo de la segunda planta, tan bonitas y suntuosas que andábamos con la boca abierta y saliéndosenos la baba. Nos dieron en total tres de ellas magníficamente amuebladas, una para Carlos y yo, otra para Regina, y otra para Coqui y Carlitos, cada una con su baño. En fin, que nos acomodaron como reyes. Al mostrárnoslas, me dijo Dorotea:

--Aquí, Emilia, pueden estar hasta que quieran. En los armarios encontrarás ropa para todos, bien limpia y planchadita. Aquí cada cual se levanta a su hora pero para el desayuno, almuerzo y comida tenemos horas fijas a las que ya se irán acostumbrando. Desayunamos y almorzamos en el patio y comemos en el comedor sobre las seis de la tarde. Mientras tanto, si tienen hambre en la cocina hay bastante que picar o se lo piden a Chola—que era la sirvienta—o a Isidro que es el camarero. No quiero que les falte nada y que estén tan a gusto como en su casa.

Yo no sabía qué decirle pues con las gracias no bastaba. Gente tan generosa y dada de sí no había conocido nunca en mi vida y daba gracias a Dios por esta bendición. ¡Y pensar que conocimos al hijo en Santo Domingo vendiendo maní por las calles, ¡qué vida tan disparatada y absurda!

Pasaron los días y una tarde vino Jacinto padre muy risueño diciéndonos que nos tenía una buena noticia.

--Bueno, don Carlos, estamos de buenas, si le interesa le he conseguido un buen puesto de maestro en el colegio del Sagrado Corazón. Todo lo que tiene que hacer es presentarse allí mañana temprano para tramitar los papeles. Las monjas tienen muchas ganas de conocerlo. El único inconveniente es la distancia pero he hablado con mi primo Ramón que tiene un chalet cerca donde se pueden quedar. ¿Qué les parece?

No nos caímos redondos al suelo de milagro. Los dos nos levantamos y abrazamos a Jacinto y Carlos le dijo:

--Don Jacinto, no sabemos qué decir, nos parece grandioso.

--Nada hay que decir; mañana lo llevo a ver a las monjas y después al chalet que sé les va a encantar. Emilia y los niños pueden venir para que lo vean.

Estábamos todos tan jubilosos que Jacinto mandó a asar un puerco para celebrar. Comimos como marqueses y después nos fuimos a la cama sin que Carlos ni yo pudiéramos pegar ojo de lo contento que estábamos. A la mañana siguiente nos fuimos todos con Jacinto y Dorotea a ver a las monjas y el chalet.

Todo resultó de maravilla y quedaron en que Carlos empezara sus clases a la semana siguiente. Le pagaban de sueldo 80 pesos al mes que para nosotros era un dineral. Al llegar al chalet nos quedamos asombrados de lo bonito y moderno que era, sito en la calle Cuba No. 422 casi en las afueras de la ciudad. Era de una planta todo de mampostería enrejado con unas escaleras que subían a la puerta de entrada, de techo plano de tejas y el patio con gran variedad de árboles frutales y un gran muro o tapia de piedra a un costado. Estábamos tan entusiasmados que a la mañana siguiente nos trasladamos allí y llevó poco tiempo acomodarnos en nuestro nuevo hogar.

Pronto consiguió Carlos varios alumnos particulares de muy buenas familia, entre ellos a Florindita que era hija del administrador de un ingeniero azucarero. Así que, con lo que Carlos devengaba en el colegio más las clases particulares teníamos más que suficiente para vivir holgadamente.

Pasaron varios meses y un día vino Carlos y me dijo que en una reunión de maestros de varios colegios había conocido a unos refugiados españoles que tenían pensado fundar una universidad privada que no había en Camagüey. Estaban muy entusiasmados con la idea y le propusieron a Carlos que fuera el secretario además de enseñar dos clases de historia y lógica. La llamarían Estudios Generales de Ignacio Agramonte en honor al prócer camagüeyano. La idea era buena pero tendría que dejar las clases en el colegio y meterse en una nueva aventura por lo que le dije que lo madurara bien y que no se disparara pero al final se disparó. El español en su tierra es duro pero fuera de ella es piedra como nos pasó con los del periódico en Santo Domingo.

Con gran trabajo y sacrificio fundaron la universidad—si mal no recuerdo en agosto de 1941—en un palacete de dos pisos situado a pocas cuadras de la iglesia de la Caridad. Ofrecía cursos generales que incluía la primaria, la preparación para ingresar en el Bachillerato y en distintas facultades como Arquitectura, Medicina y Ciencias Comerciales, Derecho, Filosofía y Letras, Farmacia, Idiomas y Taquigrafía. Se nombró de rector a un tal Regalado González que había sido catedrático del Instituto Maragall de Barcelona, y de vicerrector a un tal Segura Calbe, de administrador a un tal Alepuz y de secretario a Carlos. Desde un principio les fue muy bien y llegaron a tener muchos estudiantes. Pusimos a Coqui y Regina en el Sagrado Corazón y a Carlitos en los Escolapios.

Con Carlos trabajando y los niños en el colegio tenía tiempo más que suficiente para dedicarme a mi casa, sobre todo a mi jardín que era lo que más me entusiasmaba. Delante hice un cantero de fondos de botella de vino y sembré toda clase de flores que con tanta lluvia y buen sol se me dieron muy bien. Allí me pasaba gran parte del día y sino en el patio donde había sembrado también varias plantas y flores. Me gustaba mucho sentarme debajo de la ceiba a meditar, leer o escribir mis cositas como este verso que escribí una mañana:

¡Qué bonitas son las flores!,
la rosa, la azucena, el clavel,
cuántas formas y colores,
cuánta vida, cuánta miel.

Allá en el prado a lo lejos
me parece vislumbrar
un jardín, un olmo viejo,
puras ansias de soñar.

A Carlitos le encantaba treparse a los árboles sobre todo al de caimito haciéndose el tarzán o subirse a la tapia corriendo de un extremo a otro. Ya era un chavalín pero tan inquieto y travieso como siempre por lo que había que vigilarlo constantemente. Así me tenía a mí de flaca siempre detrás de él para que no se cayera o diera un porrazo. Coqui era mucho más tranquila pero a veces se dejaba llevar por su hermano y había que cuidarlos a los dos, como una vez que se subieron a la mata de caimitos que era muy alta y no podían bajarse. Regina era la señorita, la asentada y juiciosa, pero si le tocaban a Carlitos saltaba a defenderlo como una fiera. Una vez jugando Carlitos con unos amigos a los indios y vaqueros dio un salto de un tronco mocho de plátano y se enterró un palo que llevaba debajo del brazo. Otra, se subió al techo con un paraguas y dándoselas de Superman se lanzó al aire y por nada se mata. Una tarde estando en un parque se subió a la estatua ecuestre de Ignacio Agramonte y tuvo que venir la policía a bajarlo. Ya era famoso en el hospital y siempre que lo veían venir decían: --¡Otra vez el galleguito, qué vaina! A su padre lo traía de coronillas haciendo travesuras unas detrás de otras, pero por más que lo regañaba seguía con las suyas. Una vez lo vio en un parque de diversiones fumándose un tabaco y de un bofetón salió el tabaco volando. Al llegar a casa lo castigó en su cuarto sin comer pero esa noche Coqui y Regina compadecidas le llevaron comida sin que el padre se enterara. Regina y Carlitos se querían mucho pero a veces tenían sus agarradas, especialmente porque Carlitos se burlaba mucho de su nariz. Regina juró vengarse y una vez que hice frituras de seso—que Carlitos detestaba— le dijo que eran de pollo y se las comió tan campante hasta que se enteró de lo que eran. Carlitos no dijo nada, pero otra vez que hice unas croquetas de pollo se las rellenó de algodón y Regina comenzó a toser y por nada se atraganta.

Siempre que podíamos nos dábamos un paseo por el incomparable e inolvidable Casino Campestre, el más bonito de Camagüey y quizás de toda Cuba. Aquello era realmente un edén así en su vegetación y árboles como en sus innumerables paseos, monumentos y fuentes. Allí se reunía lo mejor de Camagüey, gente toda muy decente y honorable e impecablemente vestida. Lo que más nos gustaban eran las grutas por las que se filtraba un agua pura y muy fría que venía de las entrañas de la tierra. Después de almorzar las fiambres que yo siempre llevaba en una cesta preciosa que me había regalado Dorotea, nos íbamos a la glorieta a escuchar la orquesta que tocaba la música más popular del momento como danzones y habaneras. Allí vimos por primera vez el animal que llamaban "jutía" que era como una ardilla grande que muchos comían, y las auras que llamaban "tiñosas", horribles y asquerosas. A ambos lados del casino corrían los ríos "Hatibonico" y "Juan del Toro" y había un monumento a Barberán y Collar que fueron los primeros en pilotear un avión de Sevilla a Camagüey. Allí nos quedábamos hasta ponerse el sol y después nos llevaban unos amigos en su coche a casa.

Todos los domingos íbamos puntualmente a misa en la iglesia de la Caridad que quedaba muy cerca. A Carlos como de costumbre había que llevarlo arrastrando y estaba allí como una estatua sin hablar con nadie. Lo hacía por mí, por complacerme y para darle buen ejemplo a los niños, pero no le gustaba nada y al párroco—andaluz, pero muy aplatanado a Cuba--que siempre nos saludaba lo trataba a distancia y muy fríamente.

Una de las costumbres más bonitas que teníamos era sentarnos con Carlos en su despacho a que nos leyera en alta voz nuestros clásicos como "El Quijote", "El Lazarillo de Tormes", "Platero y Yo", entre otros. Costaba un mundo que Carlitos permaneciese atento y quieto pero con una mirada del padre se quedaba tieso como una vela. En esto Carlos era fiero e implacable y a las buenas o a las malas había que escucharlo. No le permitía a los niños pronunciar la "zeta" como "ese" y más de una vez les dio un coscorrón por hacerlo. Para Carlitos era un suplicio pues todos sus amigos en el colegio se burlaban de él llamándole "gallego" y diciéndole además que "a todos los gallegos les apestaban los sicotes"— que es la cochambre de los pies—. Con esto sufría mucho y lloraba y cuando no estaba delante de su padre hablaba con la "s" para que lo dejaran en paz. La connotación de "gallego" no era realmente peyorativa sino más bien cariñosa e íntima o así al menos nosotros la interpretábamos. Desde luego, como se decía, el que no tenía de gallego tenía de negro que era el peor insulto que se le podía hacer a una persona aunque las dos razas en general cohabitaban en mucha paz y armonía. En el fondo el cubano quería al español aunque en el gobierno y las escuelas se renegaba de las raíces españolas. Esta españolidad férrea e inflexible de Carlos a la larga creó conflictos que nos perjudicaron mucho como más adelante se verá. Este apego entre el cubano y español podía justificarse en parte por la presencia de España en Cuba hasta 1898, meramente unos cuantos años atrás, por lo que aún quedaban heridas que llevarían muchos más tiempo subsanar. Pesaba también la influencia preponderante de los anglosajones, en especial la de Norteamérica que mantenía la política de "América para los americanos" aunque en el fondo buscaban dominarla ellos como manifestaba claramente la doctrina del presidente Monroe. Al respecto decía Carlos que Estados Unidos no quería sombras, externas o internas, manteniendo así a esos países aislados y divididos bajos gobiernos dictatoriales que apoyaba por conveniencia propia. Carlos quería mucho a Cuba y se sentía allí feliz, pero marcaba diferencias tajantes de raza y cultura sin reparar en consecuencias. A los niños les recalcaba que eran españoles y que bajo ninguna circunstancia lo olvidaran manteniendo bien en alto su ascendencia española, que la esencia del hombre era una sola y que no podía desdoblarse espiritualmente por conveniencia o circunstancias. Yo no era tan drástica en estas creencias y trataba a todo el mundo por igual, a los muy blancos y a los muy negros, como a una criada que teníamos que era negra como un tizón a la que siempre traté con mucha dulzura y cariño. Carlos no era así y, aunque se esforzaba por ser afable con todos, mantenía sus distancias sin realmente mezclarse con los que no fueran de su raza o clase.

Un día recibió Regina una carta de su madre Consuelo—la hermana de Carlos—en la que le daba la mala noticia de la muerte de su padre y rogándole que se viniera con ella a Madrid. Con esta noticia Regina se entristeció mucho y nos imploró que la dejáramos ir. Tanto insistió que por fin hicimos los preparativos y se marchó dejándonos a todos nosotros desconsolados. Partió de La Habana en el buque Covadonga y al cabo de dos meses estaba con su familia en Madrid.

La partida de Regina nos tenía muy tumbados. Por un lado, sí, estábamos felices sabiendo que se reuniría con sus padres al cabo de tantos años, pero por el otro tristes por lo mucho que la queríamos.

Coqui estaba ya hecha toda una señorita y guapísima, un cielo de niña e hija. Cuando llegaba del colegio me ayudaba en todo y siempre estaba pendiente de su hermano y de su padre. Siempre me esmeré por ser buena madre, por atender a mi familia asegurándome de que no les faltara nada aun en los tiempos más difíciles. No faltó una noche que no les lavara los uniformes para que fueran bien vestidos al colegio, ni dejé de prepararles sus meriendas de plan de flauta, queso y mermelada de guayaba cuando llegaban a casa. A Carlos también lo mimaba mucho y lo tenía vestido como un rey con su guayabera bien almidonada y planchada de la que siempre presumía. Les cocinada lo que más les gustaba y siempre tenía la cena lista a la hora exacta en que llegaba Carlos. Cuando me sobraba un poquito de dinero, les compraba embutidos importados de España que a todos les encantaban como sardinas en aceite de oliva, calamares en su tinta, zamburiñas, pulpo y chorizos que aunque también los hacían en Cuba no eran de la misma calidad de los de España. Todo esto lo compraba en las bodegas que eran casi todas de españoles, mayormente de gallegos o catalanes, como el vino, turrones y mazapanes en Navidades. El cubano tiene buen diente para la comida típica española y la sabe hacer muy rica como la paella, el caldo gallego o la fabada asturiana.

Por aquel entonces gobernaba en Cuba un galeno llamado Ramón Grau San Martín, hombre débil y corrupto. Era toda figura y aspavientos sin llegar nunca a hacer nada digno de su cargo. Muchos decían que era marica—que en Cuba llamaban "pájaro"—y ciertamente lo parecía por la forma de conducirse y hablar. Después se nombró presidente a Carlos Prío Socarrás que había sido uno de sus ministros y que era tan débil y corrupto como su predecesor y en extremo fementido, impúdico y libidinoso. Se rumoraba que tenía cientos de amantes y que con una de ellas, que se llamaba creo Celia, había tenido un hijo ilegítimo que él llegó a reconocer. Los dos no eran más que unos rateros inmorales para los que Cuba era un arca sin fondo. Indudablemente que aquella Cuba era una jauría de truhanes con gobernantes que saqueaban el tesoro nacional a manos llenas y con leyes que no se cumplían. Se mantenía a flote por el turismo y el apoyo de Norteamérica que le compraba todo el azúcar y controlaba la mayor parte de su industria y comercio. Ciertamente era tanto el relajo y desorden que para tratar de enderezarlos enviaron los norteamericanos a principios de siglo a dos gobernadores uno llamado Taft y el otro Magoon que poco lograron. Por lo general, la familia cubana era muy honorable y apegada a sus tradiciones que eran básicamente españolas aunque, como en todas partes y en todos los tiempos, las había descarriadas. Los presidentes eran simples monigotes que apañaban el poder con la venia y beneplácito de los norteamericanos exceptuando, quizás, a su primer presidente Tomás de Estrada Palma que tenía fama de haber sido hombre íntegro, honorable y justo. Y los otros políticos, senadores, diputados, gobernadores, alcaldes, eran un atajo de lacayos mensos y fanfarrones. En fin, que toda la política de Cuba era un asco de la cabeza a los pies. Este Estrada Palma fue general en la Guerra de los Diez Años y conocido de Martí después de reunirse en Nueva York. Tras la muerte de Martí en Dos Ríos fue nombrado delegado del Partido Revolucionario Cubano y después elegido presidente en 1902 gobernando hasta 1906.

En cuanto a la población había muchos españoles y criollos entendiéndose por estos últimos los casados con negra o mulata ya que en Cuba no había casi indios por haberlos exterminado según afirmaban los españoles o por su flaqueza o tristeza al haber perdido su tierra. Pobres padres, pobres, hijos, pobre gente, pobre raza. Norteamericanos algunos, chinos bastantes y judíos—que llamaban "polacos"— suficientes que controlaban muchos comercios como los chinos los puestos de viandas, lavanderías y tintorerías. Los norteamericanos daban algo, aunque no siempre bueno, mientras que los otros no daban nada manteniéndose ambos al margen de la sociedad sin mezclarse con la población como lo hacían los españoles. La industria se la repartían entre españoles, descendientes de españoles y norteamericanos aun las de más valer como la caña y el tabaco. Decir ser cubano entonces no equivalía a nada o a muy poco por ser raza aún fraguándose, digamos, como decir ser español en la Edad Media.

A los negros se les trataba generalmente bien siempre y cuando mantuvieran su distancia pues gran pecado era mezclarse íntimamente con ellos. Recuerdo una noviecita de Carlitos que era medio mulatita y cuando se enteró su padre le echó una bronca y trató de terminar el romance no tanto por él sino por lo que podría pensar la gente. La muchacha, que se llamaba María Caridad, de apodo "Cachita", compañera de Carlitos en el colegio, aunque era morenita pasaba por blanca pero un día que la llevó al Casino Español no la dejaron entrar porque "tenía una pintita". Su familia era de Oriente y un domingo que Carlitos la fue a visitar conoció a la abuela paterna que era negra retinta. De ahí la frase tan popular de la Cuba de aquellos tiempos "¿Y tu abuela dónde está?" Por otro lado, Carlos tenía a su gran amigo Alberto, español por los cuatro costados, que se había nada menos casado con una negra sin importarle tres bledos la opinión de la gente. Es más, la lucía por todas partes y la alababa mucho por ser muy preparada y culta. Otro amigo de Carlitos, Cecilio, excelente muchacho, era mulato por parte del padre pero la madre era muy blanca y nieta de españoles. O sea, que había sus mezclas pero muy contadas.

Las mujeres como ya he dicho preciosísimas, contundentes, despampanantes, rebosando gracia y salero, los famosos "pollos" que traían al sexo opuesto culecos; los hombres muy simpáticos, alegres, chistosos—o "jaraneros" como les llamaban que "jarana" significaba broma—y muy mujeriegos que con una sola mirada enfocaban los cañones y perseguían a sus damiselas derritiéndose en requiebros.

Estos son algunos de los rasgos de la sociedad camagüeyana que conocí pero aún me quedaba La Habana que seguramente algún día conocería.

El carácter de Carlos siempre fue inquieto y más aún después de la guerra. Le bullían muchas ideas y era ambicioso como su hermano Pepe. Le gustaban los estudios y la docencia pero ganaba lo justo para sustentarnos y él aspiraba a mucho más. Desde que llegamos a

Camagüey le venía rondando una idea que decía él que nos podía hacer ricos. Un día me la explicó con estos detalles:

--Mira, Emilia, sería simplemente un mapa electrónico de una ciudad en el que se señalarían los centros turísticos más prominentes y cómo llegar a ellos. Piensa, por ejemplo, en La Habana con este mapa digamos en el Parque central que te indicara cómo llegar a la Catedral, al Palacio Presidencial, al Malecón. No solamente te lo indicaría encendiéndose en el mapa cada lugar, sino que se iluminarían las calles que habría que recorrer desde el punto de partida hasta llegar allí y las guaguas que tendrías que tomar todo apretando un botón. Del otro lado habría un gran mapa de Cuba con provincias y carreteras y a ambos lados anuncios de los mejores restaurantes, hoteles, cines y cabarets que serían los que pagarían por el servicio. Para llevarlo a feliz realización habría que dar con un buen ingeniero que lo diseñara, un socio para correr con los gastos iniciales, y con un patrocinador que lo apoyase, por ejemplo alguna sociedad u organización de alcance nacional. Lo llamaría "Planímetro" y ya tengo hecho un plano y una maqueta, míralos.

--¿Y las clases de la universidad, tus alumnos particulares?

--Bueno, Emilia, o una cosa o la otra; eso sí, para echarlo adelante tendríamos que irnos a La Habana.

--¿Dejar todo esto, sacar a los niños del colegio, separarnos de tantos amigos, empezar de nuevo, Carlos?

--Todo lo que te pido es que lo pienses bien, con calma.

Así quedó la cosa pero sólo por unos días. Carlos se había puesto más inquieto y no quería defraudarlo, chafarle su idea que me parecía buena pero arriesgada. Así, por complacerlo mayormente, accedí a que llevara a cabo su proyecto. En Camagüey estábamos muy bien pero con el colegio de Carlitos teníamos problemas debido a unos curas franquistas muy retrógrados y virulentos que sabiendo quiénes éramos nosotros la tenían cogida con él y no lo soltaban y aun le pegaban sin merecérselo. Uno de estos curas que se llamaba José había tenido una vez una acalorada discusión con Carlos sobre el presidente Azaña y Carlos se le encabritó y lo mandó a freír espárragos. Al día siguiente el tal cura le pegó a Carlitos con una vara y después con el nudo del dedo le raspó las patillas sin haber hecho nada. Llegó Carlitos a casa llorando y al enterarse su padre se fue al colegio y si no llega a ser por el director de seguro hubieran tenido una gran agarrada. Claro que esto no era motivo para dejar a Camagüey pero nos tenía muy preocupados pues la actitud de estos curas no tenía trazas de cambiar.

Como a dos cuadras de casa vivía una familia de un blanco casado con una negra que tenían un hijo medio anormal. Era muy alto, gordo y acromegálico con el pelo muy largo y revuelto. Siempre que pasaba por su casa se me quedan mirando y yo apuraba el paso temblando de miedo. La verdad es que el chico espantaba y a veces me daba la impresión que se me iba a abalanzar y hacerme daño. Un día que pasé estaba en la acera y al pasarle por el lado me escupió y con un palo que tenía en la mano dio un golpazo en el suelo y me eché a correr.

Esa misma tarde estando sola en casa oí pasos en la cocina y al acercarme estaba él mirándome con ojos desencajados con una capa negra y en la mano una pala vieja y mohosa. Salí corriendo y me metí en el cuarto cerrando bien la puerta con pestillo. De pronto vi el cerrojo de la puerta moverse y me escondí detrás del armario. Paró el ruedo, me fui a la ventana a ver si veía a alguien pero estaba lloviendo y no había nadie en la calle. En ese preciso momento vi al muchacho que salía corriendo. Me había salvado de una buena pues no sabía las intenciones que traía. Cuando llegó Carlos se lo conté todo y se fue enseguida a hablar con el padre que se disculpó mucho, diciéndole que ya no sabía que más hacer con su hijo y con los arrebatos que le daban a menudo. En el fondo nos dio mucha lástima sobre todo al enterarnos que habían metido al chico en un sanatorio.

Un día recibimos una carta de la tía Consuelo dándonos la noticia de que Félix—el hermano menor de Carlos—se había fugado de la cárcel y que estaba en París. Poco después recibimos otra de Félix dándonos los pormenores y que tenía pensado venirse aquí con nosotros. Como tengo dicho, lo habían nombrado comandante del ejército y al ganar los derechistas lo metieron en la cárcel con condena de muerte. Estuvo preso casi doce años y milagrosamente no lo habían fusilado. Carlos con la noticia se puso contentísimo y sin perder un segundo comenzó a hacer los preparativos del viaje. Pasaron un par de meses y una tarde mientras cenábamos tocaron a la puerta y era Félix.

El encuentro fue apoteósico. El pobre estaba hecho un enclenque y muy demacrado, casi fantasmagórico. Se había quedado medio calvo con grandes entradas como las de Carlos sin bigote ni barba y la piel la tenía ceniza con muchas arrugas en la frente y ojeras, hasta el punto que al verlo en un principio casi no lo reconocíamos. Nos pasamos a la sala y con los ojos medio aguados nos dijo:

--Nunca pensé verme aquí entre vosotros. La odisea ha sido larga pero aquí estoy en otro mundo, con el corazón henchido de alegría y placer.

--Sí, Félix, ha sido un milagro—dijo Carlos—pero ahora estás aquí en la bella Cuba con nosotros. ¿Estás con ganas de contarnos todo lo que pasó.

--Ganas en sí no tengo, pues más que recordar quiero olvidar, pero es justo que os lo cuente. Después me contaréis vosotros todo lo vuestro.

--Perdimos y a la cárcel de cabeza esperando que me fusilaran en cualquier momento. Doce años sin casi ver el sol, como los topos, y aguantando toda clase de vejaciones e insultos. Con nosotros se cebaron sin darnos aliento. Podía haberme escapado con otros oficiales antes de que me agarraran pero se marcharon ellos y yo de cretino me quedé sin realmente saber por qué. En camino a casa de Consuelo en Madrid me apresaron y en la cárcel se dieron gusto infligiéndome golpes y palos sobre todo un sargento de la Guardia Civil que no paraba de humillarme y vituperarme. Nos dijeron esa noche que a la mañana siguiente nos fusilarían y que nos aprestáramos a entregarle nuestras almas putrefactas a Dios. Llegó la mañana, nos llevaron a un patio y allí el sargento paseándose delante de nosotros como un pavo real señalaba a los que en su criterio se fusilarían en se mismo día:

--A ver tú, mamón...no tú, hijo de perra, no tú, canalla...pero espera, me equivoqué, venga de nuevo.

--Y así se pasaba toda la mañana hasta que finalmente escogía a uno que por lo general no había nombrado. Un día me mentó la madre y sin poderme contener saqué las manos esposadas por los barrotes y de un tajo le dejé una de las orejas colgando. Me sacaron de la celda y en el patio me metieron en un barril donde estuve encadenado más de un mes sin poderme mover. Allí comía, dormía y hacía todas mis necesidades todo embarrado de mierda y orina y sin aguantar el mal olor. Os digo que mejor me hubiera valido que me hubieran fusilado. Así estuve doce largos años hasta que un día decidí escaparme.

--¿Y cómo lo lograste?

--Al cabo de varios años me indultaron la pena de muerte gracias a un amigo de tu hermano Pablo, Emilia, y después me dejaban ir a casa de Consuelo los fines de semana hasta que decidí no volver a la cárcel. Me quedé en casa de mi hermana un par de días, me dejé crecer la barba y el bigote, y vestido de campesino tiré en dirección a Francia. Atravesé media España a pie y con la ayuda de mucha gente logré al fin llegar a la frontera. De ahí me fui a París en un tren de polizón donde trabajé en una fábrica de cristales con la mala suerte que un día se quemó y me tuve que lanzar por una ventana. Al caer en la acera me socorrió una francesa con la hice amistad y me fui a vivir con ella y con su hijo pequeño; se llama Margarit y su hijo Pierrot. Si no hubiera por ella no estaría aquí haciéndoos el cuento y, para que lo sepáis, pronto estará aquí y nos casaremos.

--¡Vaya hombre, esa sí es una noticia!—dijo Carlos—dinos algo de ella.

--Como ya os he dicho se llama Margarit y tiene un hijo pequeño que se llama Pierrot. Al marido lo mataron en el norte de Francia por violar el toque de queda. Estaba con un hermano que logró fugarse a la región de Vichy que gobernaba Pétain aún no ocupada por los alemanes pero a él lo agarraron y fusilaron. En un principio Margarit no quería venirse a Cuba porque no le gustaba el calor pero la convencí y quedamos en eso. Es muy buena mujer y me quiere mucho. Estoy seguro que os va a encantar.

En ese momento le dio un vahído a Félix y se desplomó. Entre Carlos y yo lo llevamos a la cama y estaba pálido, sudando frío, resollando. Al poco rato se repuso y después de darse un baño y comer algo se fue a la cama y cayó rendido. Pobre Félix, lo que tuvo que haber sufrido en aquella cárcel entre tanta gente vil. Yo lo conocía muy bien y siempre le tuvo cariño. Era muy esbelto, gracioso, hombre muy afable e íntegro, buen hijo y hermano, valiente, resuelto, muy enamorado. Aunque débil de salud estaba muy contento viéndose ahora libre entre seres queridos. Una vez nos dijo que eran gran verdad aquello que había dicho Cervantes: "La libertad, Sancho, es uno de los más preciados dones que a los hombres dieron los cielos". A Carlitos lo adoraba y siempre se lo llevaba a algún lado para hacerle compañía. Estábamos sumamente felices de tenerlo a nuestro lado.

Nos fuimos todos a La Habana en tren entusiasmados con lo del planímetro dejando atrás a mi bello Camagüey. Allí estuvimos casi diez años reparando nuestros cuerpos y almas, crecieron los niños, Carlos y yo profundizamos en nuestro amor, se fue Regina, llegó Félix, ahondaron raíces. ¿Cómo olvidar lo inolvidable? De Melilla salí jovenzuela, de Francia mujer, de Camagüey señora. A cada lugar le debía parte de mi existencia y de cara al futuro ¿qué otras partes me quedarían, qué otros aún caminos por recorrer?

Capítulo 8: Salida de Camagüey a La Habana y nuestra vida allí durante los primeros años. Se agrava la situación política de Cuba. Golpe militar del general Fulgencio Batista y nuestro gran sufrimiento en La Habana. La Revolución Castrista y consecuencias. Mis impresiones muy personales sobre la Cuba de aquellos años.

Cursaba el año de 1950. El viaje fue lento pero cómodo en un tren de primera repleto de gente toda de muy buena pinta. Por la ventanilla no se veía más que campo y de vez en cuando una franja de mar a los lejos. En una de las paradas se subió un trío de músicos con sus guitarras y maracas y empezaron a cantar la "Malagueña", "El cumbanchero", "Siboney", "Amapola" con los pasajeros marcando el compás y bailando.

De pronto se me sentó al lado una señora y me dijo:

--¿Van a La Habana?

--Allá vamos—le contesté.

--La Habana está que arde con el nuevo presidente Prío, uno de los tantos bribones que nos ha caído encima. Ganó las elecciones por fraude y no ha parado de hincharse los bolsillos y mandarlo todo a un banco de Estados Unidos donde lo tiene muy guardado. A ese o se la pelan o los derriban en un golpe militar, ya lo verá. Y mucho peor que él es su mujer María Antonieta que se las da de marquesa despilfarrando millones en ropa y joyas y de darles botellas—enchufes, diríamos nosotros— a sus parientes. Todos son unos inmorales con bacanales todas las noches en el Palacio Presidencial según comenta la prensa.

Un hombre que estaba allí al escuchar lo que dijo la señora se levantó muy violento y dijo:

--Déjese de joder la pita, señora, que usted no sabe lo que dice. Prío fue elegido por las buenas y es muy buen presidente, al menos mucho mejor que Machado que se hizo presidente a la cañona. Ahora en Cuba sí tenemos democracia.

--Perdóneme, pero el que no sabe lo que dice es usted, que Prío es un sinvergüenza sin escrúpulos ni patriotismo, y en cuanto a la democracia bájese de esa nube y no hable tonterías. En Cuba nunca ha habido democracia ni la habrá mientras manden los americanos.

Se metió otro hombre y dijo:

--Ustedes no hacen más que darle al pico pero nadie hace nada, Cuba está como está por nosotros los cubanos que estamos tan corrompidos como los políticos. Aquí lo que hay que hacer es ponerse bien los pantalones, tumbar a toda esa metralla y empezar de nuevo eligiendo a verdaderos gobernantes como hacen los americanos, con un Roosevelt, por ejemplo.

--Allá también los hay torcidos—dijo la mujer.

--Los habrá pero son los menos—le contestó uno de los hombres—, aquello sí es democracia y lo nuestro mera farsa. Mucha patria, mucho himno, mucha bandera, mucha farsa, mucha mierda. Mejor estábamos con los gallegos aun siendo esclavos.

--¡Eso no, coño, malditos sean los gallegos que aunque jodidos somos libres.

--Eso es lo que tú te crees, que somos más esclavos de los americanos que de los gallegos.

Así continuaron hablando hasta que anunciaron que nos estábamos aproximando a La Habana.

Llegamos a la estación de trenes de La Habana que quedaba en la calle Misión en la Habana Vieja, done nos estaba esperando un amigo de Carlos que se llamaba Esteban. Nos metimos en su coche y fuimos atravesando la ciudad hasta llegar a la hermosa avenida del Prado. Allí tiramos a la derecha hasta el Malecón con el castillo del Morro a plena vista. Doblamos a la izquierda en el Malecón cayéndonos encima enormes olas que se estrellaban contra el muro hasta la casa que nos había conseguido Esteban. Era de dos plantas, antigua, señorial, con una terraza que daba al mar a no más diría yo de veinte metros. La vista era impresionante, única, incomparable. Desde la terraza lo veíamos todo desde la fortaleza de la Cabaña hasta pasado el bello monumento a Máximo Gómez. La casa por dentro era enorme, con techos muy altos y una ancha escalera de mármol por la que se subía a la segunda planta donde nos situaríamos nosotros. Tenía tres habitaciones grandes con muchas ventanas, sala, comedor, cocina y un baño todo hecho de mármol. Estaba muy bien amueblada con muebles muy antiguos afrancesados que aunque elegantes no son de mi gusto. Nos la había alquilado Esteban por doscientos pesos al mes que para mí era mucho dinero pero Carlos insistió en que nos quedáramos y así se hizo.

Yo me había traído de Camagüey unos helechos que puse en la cocina debajo de una ventana. Coqui había traído dos semillas de aguacates que puso en un vaso de agua y a los pocos días retoñaron. Carlitos había traído unos caracoles de la playa de Nuevitas y los puso en un jarroncito de cristal y se veían preciosos. Las cortinas de la sala no me gustaban y las cambié por unas que hice yo de unas telas que había comprado en Camagüey para hacer otras cosas. También hice un mantel y unos tapetes para las mesas de la sala y otras cosillas muy finas para el baño y nuestro cuarto. Yo era buena costurera y bordaba muy bien y siempre que podía, como mi madre, andaba con mis agujas inventándome algo. Agujas, hilo y dedal nunca me faltaron.

Detrás de la cocina había una despensa y en un rincón un aparadorcito con cuatro cajones medio destartalado. Nunca le presté atención pero un día mientras estaba limpiando abrí tres cajones y estaban vacíos. Al abrir el cuarto encontré una carta con manchas de óxido doblada en cuatro y sellada a la antigua. La abrí con mucho cuidado pero no pude leer lo que decía. La firma era muy estrambótica como las de antaño con letras capitulares rimbombantes y muchos tachones. Se la mostré a Carlos y tampoco sabía lo que decía ni de quién era la rúbrica. La metí en una caja con llave en el cajón de mi cómoda y nunca más la volví a abrir. Un día subí al desván y estaba cerrado y como no tenía llave no pude abrir la puerta. Pasaron los días y una tarde al sacar una falda del armario se cayó una llave que pensé podía ser la del desván. Efectivamente lo era y me fui enseguida a abrir la puerta del desván. Allí me encontré muchos trastos viejos y entre ellos un par de remos, un impermeable negro con franjas blancas, unas botas, un arcón de madera con agarraderas de cuero y dentro un ángel de piedra con las alas rotas, un buda de jade, una foto grande muy borrosa de una niña sentada con trenzas frente a un espejo, y un crucifijo de hierro muy mohoso. Sin tener ni idea de lo que era aquello lo dejé todo en su sitio y cerré el desván. Al día siguiente se lo comenté a Esteban que me dijo que él no sabía nada pero que seguramente eran pertenencias del antiguo dueño que había sido capitán de un buque mercante en tiempos del presidente Estrada Palma, que lo dejara allí si no me estorbaba y que si no él se lo llevaría lo cual terminó haciendo.

Al poco de mudarnos pusimos a los niños en una colegio particular que muy cercano que se llamaba la Academia Valmaña. Las directoras eran dos cubanas que habían dedicado toda su vida a la docencia, una alta, muy corpulenta, y la otra bajita y regordeta. El colegio tenía fama de ser uno de los mejores de La Habana y ocupaba un hermoso edificio en la calle de Trocadero.

Vino la mujer de Félix, la francesa, y estaba tan decepcionada de Cuba y su gente que al cabo de dos meses regresó a su país y Félix nuevamente se vino a vivir con nosotros. Al poco tiempo conoció a una cubana llamada Consuelo Salazar natural del pueblo de Camajuaní en Las Villas y pronto se casaron y tuvieron una hija que llamaron como la madre. Consuelo era contable en el Ministerio de Hacienda y por unos amigos le consiguió a Félix empleo en una agencia publicitaria del Vedado que quedaba en el edificio de la CMQ en las calles Línea y veintitrés. Él no sabía nada de publicidad pero hablaba y escribía muy bien que le valió de mucho.

Un domingo por la tarde nos fuimos todos a dar una vuelta por el Malecón con rumbo al Morro. Estábamos en noviembre y hacía un poco de fresco con las olas más grandes que de costumbre hasta el punto de que llegaban hasta la acera de enfrente y por más que corríamos nos caían encima empapándonos. Enfrente del Morro había unas escaleras por las que bajamos y desde los arrecifes nos quedamos contemplando aquel espectáculo magistral. Cruzamos el Malecón y nos metimos por la calle San Lázaro y en una fonda de chinos nos comimos un arroz frito delicioso. De ahí caminamos hasta una calle que se llamaba creo Lealtad o Escobar o quizá Soledad y regresamos a casa. Me sorprendió mucho que los chinos hablaran tan bien español aunque con un acento graciosísimo. Viven como en colmenas en un barrio en el centro de La Habana al que llamaban Zanja y donde venden toda clase de viandas y bisuterías. La calle tiene mala fama pero es famosa y está siempre repleta de gente.

Carlos se consiguió de socio para lo del planímetro a un valenciano venático, petulante y muy cascarrabias que no hacía más que echarle en cara el dinero que le debía. Montada la maqueta definitiva se fue a ver al director de la Cruz Roja Cubana que se entusiasmó con la idea y quedó en apoyarlo. Se fabricó el planímetro y se instaló en una de las aceras del Parque Central con mucha bomba y platillo. Era como lo había ideado Carlos, de unos tres metros de altura por dos de ancho hecho todo de aluminio con sus mapas y anunciantes, entre los que sobresalían la Peletería Ingelmo, la cerveza Hatuey, el restaurante español La Zaragozana, el almacén de ropa de hombres Cancha, el restaurante Miami y el Cinecito. Los centros turísticos más importantes eran la

Catedral, la iglesia del Cristo, el Capitolio, el Palacio Nacional, el Morro, el convento San Francisco, la Plaza de Armas y el famoso cabaret Tropicana. Entraba dinero pero la Cruz Roja se quedaba con el 50% de "donación" y del resto 35% para el socio y el 15% para Carlos. En resumidas cuentas que nos quedábamos con lo justo para vivir mientras que la Cruz Roja y el socio se quedaban con la mayor parte.

Corría el mes de enero del año de 1952. La situación política de Cuba se deterioraba por días con muchas protestas callejeras contra el régimen de Prío. La gente ya estaba harta de tanto abuso y desparpajo. Un día amanecimos con la noticia de que el gobierno de Prío había sido depuesto por un golpe militar bajo el general Fulgencio Batista. Este Batista, que era medio mulato o mestizo, provenía de una familia muy humilde de Holguín y de la noche a la mañana de sargento pasó a ser general con más honores que Trujillo. Antes había sido líder de no sé qué y hasta senador. En 1952 se había postulado para las nuevas elecciones presidenciales contra los contrincantes Roberto Agramonte del Partido Ortodoxo y un tal Hevia del Partido Auténtico, pero viéndose perdido se apoderó del gobierno a la fuerza el 10 de marzo de 1952 mientras Prío salía huyendo a la Florida. Durante el férreo gobierno de Batista mejoró algo la economía que el cubano llamaba "la danza de los millones" mayormente por las grandes inversiones norteamericanas y en especial las de la Mafia italiana que se apoderó de todos los hoteles y cabarets. El cómplice de todo aquello era Batista y su camarilla de ladrones y asesinos ávidos de poder y riqueza con el apoyo incondicional del gobierno estadounidense.

Así, pues, en el aspecto moral La Habana se había convertido en una letrina con tugurios dedicados al vicio, prostitución, garitos, juego y perversidad desenfrenada, principalmente en la zona del Puerto –que quedaba a pocas cuadras del Palacio Presidencial—donde desembarcaban muchos turistas que brincaban de Estados Unidos cargados de dólares a desbocarse en La Habana y en la que se veían muchachitas de doce o catorce años paseándose por las calles con sus carteritas colgando del brazo, las faldas cortas y bien ceñidas y zapatos de charol de tacón alto. En cada esquina los chulos con sus chaquetas largas y pantalones abombados haciendo rosquetes con sus cadenas de oro de bolsillo. Junto a él el policía que era su socio en el negocio con su uniforme azul añil y blandiendo el tolete. La música retumbando, los farolitos intermitentes reflejándose en el pavimento húmedo, los vendedores de lotería y de cigarrillos rubios de contrabando vociferando, el olor a los puestos de fritas y tamales en su hoja, todo un mundo reverberando pasiones bajo una luna avergonzada. Además de los turistas estaban los marineros norteamericanos que al no más poner pata en tierra caían sobre La Habana embebidos de lujuria. Una vez tres de ellos totalmente ebrios se encaramaron en la estatua de Martí en el Parque Central y con toda desfachatez la orinaron. Al día siguiente se publicó la foto en el periódico y ni un sólo cubano protestó tomándolo más bien a gracia. Pero tal no era solamente en el Puerto sino en muchas otras zonas céntricas como el Barrio de Colón donde cientos de rameras de todas las edades exhibían y vendías sus cuerpos en plena vía pública a todas las horas del día y de la noche. De tal forma La Habana pronto adquirió fama en todo el mundo como la nueva Babel del placer bajo el otro Calígula llamado ahora Batista como Prío antes de él sin que el pueblo se inmutase o la poderosa Iglesia católica intentase ponerle coto. La Habana estaba perdida y arrastraba a toda Cuba con ella. En aquel ambiente nefasto estaban sumidos Coqui y Carlitos que por su edad eran como esponjas que lo absorbían todo. Carlos y yo lo comentábamos diariamente sin poder hacer nada sobre todo tratándose de Carlitos que era muy atrevido y pata suelta.

Contribuía a exacerbar esta imagen de La Habana y de Cuba en general una revista llamada "Bohemia" con sus páginas repletas de morbosidad con mujeres semidesnudas y cuerpos ensangrentados con las tripas afuera, lo más banal, morboso y grotesco que pudiera imaginarse, pero se vendían miles y el dueño, que me parece era español, muy bien relacionado con la sociedad habanera y el gobierno. Otras dos revistas que se vendían mucho era "Carteles" y "Vanidades" y de los periódicos el mejor "El Diario La Marina". La televisión—incipiente en aquellos tiempos—por lo general otro asco con infinidad de programas obscenos o lascivos que entusiasmaban a la gente. Una vez propuso Carlos a la emisora CMQ una adaptación del "Celoso Extremeño" de Cervantes y después del primer programa la quitaron por no gustar. Igual le pasó con un programa radial que llamó "La voz de España" que cancelaron a los pocos días de salir al aire por falta de acogida. En ambos casos le dijeron a Carlos que si no eran programas "de relajo" que no tendrían éxito.

Con el cambio de gobierno se vino abajo lo de la Cruz Roja y tuvo que lidiar Carlos con el Ministerio de Hacienda que exigía que se le pagara el 60% de las entradas del planímetro más una "tajada" que ellos denominaban "compensación" semanal al cuartel de policía de la zona. Además, entre los anunciantes debían figurar otros que ellos escogieran con un descuento del 50% de la tarifa habitual. Las órdenes eran tajantes y explícitas. Así, en menos de seis meses y con la soga al cuello tuvo Carlos que dejar el planímetro. Pasamos una etapa horrorosa, atrasados en todas las cuentas sobre todo en la del alquiler de la casa de la que ya debíamos tres meses. Sin poder pagar el colegio de los niños tuve que implorarle a la directora que se compadeciera y nos diera una extensión para pagarlo.

Yo trataba de animar a Carlos y apaciguarlo cuando perdía los estribos diciéndole que había más montañas que valles, más sombras que luces, más llantos que sonrisas, que así lo había dispuesto Dios para que tuviéramos fe y nos ganáramos la Gloria, que no se desanimara y que si era verdad que habíamos caído en un pozo con tesón y esfuerzo saldríamos de él como otras veces. Lo que había pasado con el planímetro no era su culpa sino de los cambios de gobierno y de la inestabilidad que plagaba a Cuba. En Camagüey estábamos como en un oasis, de espaldas a la realidad, pero aquí en La Habana la teníamos de frente y dando voces. La Habana era la capital, el centro de centro, la sede del gobierno, y el resto del país, quitando a una que otra ciudad como Santiago de Cuba, el llamado interior, era mayormente campo salpicado de pequeñas ciudades y pueblos. Y ahí estábamos nosotros, en el mismísimo corazón, tratando de mantenernos en pie azotados por el viento.

Carlos me miraba como si estuviera espaciado, absorto, confuso, y de pronto me dijo:

--Todo lo que dices es cierto, pero también sale el sol, cantan los pájaros, los ríos encuentran sus cauces, retoñan las flores y las abejas hacen miel. En cuanto a lo de la fe, desde luego que la llevamos clavada, pero a veces de tanto retumbar se raja o astilla. Dejémoslo, Emilia, ya se me pasará.

Nos salimos de la casa del Malecón por no poderla pagar y nos metimos en una casa de huéspedes en la esquina de las calles San Rafael y Consulado en los altos de la peletería Ingelmo gracias a la generosidad del dueño que era gallego y medio amigo de Carlos. Nos sentíamos desmoralizados, viviendo de limosnas, en la verdadera "fuácata" o miseria como decían en La Habana. Carlos sin empleo, los niños sin colegio y yo por todo ello muy triste y decaída.

En el hotel Consulado—que así se llamaba la casa de huéspedes—vivía gente muy pintoresca. Unos llevaban allí muchos años, otros eran transeúntes y algunos turistas que venían del interior. El hotel era de una sola planta que le daba la vuelta a todo el edificio con comercios en los bajos como la peletería Ingelmo. Habría en total unas cien habitaciones más un comedor enorme en el que se servían dos comidas diarias. Por los cuatro pagábamos creo que unos 50 pesos mensuales que lo incluía todo. El dueño—que se llamaba José—era a la vez el cocinero, hombre hirsuto, corpulento, bonachón, campechano, cuyo único defecto era jugar a la bolita. Un día "se trocó"—como decían e Cuba—y quiso ser el banquero con la mala suerte que muchos de los que apostaron ganaron y como él no tenía suficiente dinero para pagarles se ahorcó en el árbol del patio. Este fue un gran golpe para Carlos que lo apreciaba mucho. Con la muerte de José cambiaron las cosas y se hizo cargo del lugar un militar que había sido coronel en el ejército de Batista. A las pocas semanas tuvimos que salir de allí por falta de dinero. Afortunadamente Félix y Consuelo habían conseguido un apartamento en la calle Campanario esquina a Neptuno y allí nos metimos los siete muy apretados. Era un apartamento pequeño de dos dormitorios, sala comedor, baño y una cocina con un fogón y fregadero que era un cajón. Félix, Consuelo y Consuelito se quedaron con uno de los dormitorios y nosotros con el otro. Félix y Consuelo tenían sus empleos pero nosotros la única entrada de dinero que teníamos eran unas clases particulares que le daba Carlos a la alumna que había tenido en Camagüey que se había mudado a La Habana y que vivía muy holgadamente en el barrio residencia del Laguito. Allí tenía que ir Carlos en guagua tres veces a la semana para ganarse 40 pesos al mes que no alcanzaban para nada. Convenimos que Félix y Consuelo se encargaran del alquiler y la luz y nosotros de la comida. Pronto nos enredamos y fue entonces cuando se desató una de las etapas más árduas y penosas de mi vida, teniendo que ir de bodega en bodega comprando de fiado. Unos me decían que sí, la mayoría que no, y yo humillada y muerta de vergüenza implorando misericordia.

Con lo que me daban me metía en aquel infierno de cocina y chorreando sudor inventaba platos por lo general sosos y desabridos, como "las patatas viudas" que eran patatas con un sofrito de cebolla, ají, pimentón y salsa de tomate. De postre pasta de guayaba con pan o galletas y de beber algún jugo o leche con un poquito de chocolate. En esto consistía la cena, pero para el almuerzo había que conformarse con mucho menos quedándose todo el mundo con hambre. Carlos el pobre estaba destruido, a veces teniendo que irse a pie a casa de la alumna que quedaba del otro lado de La Habana. Los niños sufriendo en el colegio, humillados por no poder pagar la matrícula y sin poder participar en las actividades escolares que costaban dinero y usando transporte público en vez de las guaguas del colegio. Lo único que podía hacer yo era tenerlos bien vestidos con sus uniformes limpios y planchados que les preparaba todas las noches. Así adelgacé y me enfermé de los nervios tragándome toda aquella amargura y desencantos. Empeoraron las cosas cuando cambiaron el colegio al barrio de Santo Suárez y cuando la alumna de Carlos se fue de viaje a Francia por dos meses quedándonos sin ingresos. A consecuencia de todo esto estallaron tensiones familiares y llegó un momento que casi no nos hablábamos, no tanto por culpa de Félix sino de su mujer que justamente exigía que se cumpliese con lo convenido.

¡Cómo le echaba de menos a Camagüey, a la vida sedentaria, los amaneceres silentes, las noches iluminadas, los campos murmurantes, el aroma de los aires! Otro sueño tronchado, otra esperanza desgarrada, otros andares suspensos.

En la acera de enfrente de nuestra casa había varios comercios como una lavandería de chinos, una pescadería que era de un cubano de Guanabacoa que se llamaba Gracián, una peluquería de una señora que se llamaba Inés, y una bodega de un cubano medio español que se llamaba Pedro que fue uno de los que más me ayudó. A pocas cuadras quedaba la calle Zanja por la que sólo pasé una vez porque me daba asco, donde estaba el teatro Shanghai famoso por sus películas pornográficas atestado siempre por viejos decrépitos y turistas. Tirando por la calle Neptuno hacia abajo estaba la avenida Galiano con sus lujosas tiendas El Encanto, Fin de Siglo, la Época y el inolvidable Ten Cent o Woolworth donde estaba la mejor cafetería de La Habana. Al llegar a Galiano a la derecha, paralela a Neptuno, quedaba la calle San Rafael una de las más bonitas, vistosas y entretenidas de la ciudad con hermosas tiendas, bares, cafeterías y cines con miles de personas cruzándose hacia arriba y abajo. En Galiano estaba el famoso teatro América con el mejor aire acondicionado de La Habana y al lado la cafetería El Encanto donde servían un café con leche y tostadas con mantequilla para chuparse los dedos y pegado un puesto de frutas y viandas muy frescas y olorosas.

La calle San Rafael desembocaba cerca del Parque Central donde estaban los magníficos edificios del Centro Gallego, Centro Asturiano y el teatro Payret. Allí en el teatro Nacional del Centro Gallego vimos una día la gran película "Viridiana" del director español Luis Buñuel que nos entusiasmó. Tirando hacia el Malecón estaba la impresionante y bellísima Avenida del Prado con infinidad de tiendas de todos los tamaños y gustos, bares, cines y restaurantes. Cuando nos sobraban unos pesitos, que era de Pascua a San Juan, nos gustaba mucho subir por ella, meternos en el cine Negrete a ver una película mejicana y después de pasar por el Morro bajar por la calle Consulado y en la cafetería Pullman zamparnos un arroz con pollo que despertaba a un muerto. La Habana era una ciudad para pasear, ver escaparates, mezclarse con la gente, picar algo de comer aunque, desde luego, se disfrutaba más con un poquito de dinero. A nadie le importaba el tiempo, si pasaban dos horas o diez, si era de día o de noche o si había que trabajar al día siguiente. Era, indiscutiblemente, una ciudad alegre y rebosante de vida.

A Galiano esquina a San Rafael le llamaban "la esquina del pecado" donde se paraban los hombres en fila al cerrar las tiendas a ver pasar a las empleadas y a colmarlas de piropos. Estas escogidas mujeres eran verdaderos monumentos, bellísimas de cara y cuerpo y muy sensuales con su típico "caminaíto" que hacía a sus galanes derretirse. Era, básicamente, un desfile de belleza al aire libre del que disfrutaban plenamente ambos sexos aunque las mujeres aparentaban no hacer caso haciéndose las mosquitas muertas. Carlitos, que era muy enamorado, se iba allí todas las tardes y llegaba a casa con los ojos en blanco y derrochando baba. Yo estuve allí una vez por curiosidad y me daban mucha gracia los piropos que se oían:

--¡Le ronca el mango!

--Oye, mami linda, ¡quién fuera vestido!

--¡Échale salsita!

--¡Si fuera pelotero me poncharían con esas curvas!

--¡Dame algo, mami, aunque sea una sonrisa!

--¡Oye mami, si yo fuera gato y tú pescado no te dejaría ni una espina!

--¿Saócooo!

Pero no bastaban los piropos. Los hombres estaban resueltos a conquistar y al ver a la mujer que más les llenaba se iban detrás de ella hasta la parada de guaguas y si les daba una miradita o sonrisa se subían en la guagua y la acompañaban a su casa. Así se enredó Carlitos con una camarera del Ten Cent que lo traía desquiciado, muchacha a la que una vez conocí y era preciosísima, blanquita como el coco y con un cuerpazo, bueno, "¡de película!"

Carlos se había hecho amigo del literato cubano Jorge Mañach que le había prometido conseguirle un puesto de catedrático en la universidad de La Habana. Se lo consiguió pero se le exigía hacerse ciudadano cubano que de ninguna manera Carlos no estaba dispuesto a hacer y así se lo dieron a otro. Esto se lo echaron en cara sus amigos españoles que ya eran cubanos culpándolo por haber dejado pasar tan gran oportunidad. Uno de ellos le dijo muy airado:

--La verdad, Carlos, que has metido la pata y quedado por los suelos con tu amigo Mañach. ¿De qué puñetas te vale la ciudadanía española si no te ha dado un carajo? ¿Es que eres tan ingenuo que piensas algún día regresar a España? Allí no te quieren ni les importas tres mierdas. Sin embargo, aquí en Cuba te han abierto los brazos y se desviven por ayudarte. Te has portado muy mal, te lo aseguro. A ver ahora cómo te las arreglas para no morirte de hambre.

El amigo, que se llamaba Alberto, tenía sobrada razón pero Carlos era como era y a veces desesperaba con su testarudez. Él me argumentaba que no, que todo eso era un cuento, que en todas las facultades de la universidad había piñas que no le daban cabida a nadie y mucho menos a un español preparado e inteligente como él, y que no quería andar con ruegos y hacer un papelazo. Le recordaba a Félix que se había hecho ciudadano cubano cuando le dieron el puesto en la agencia de publicidad, a lo que me contestaba que el caso de Félix era distinto por tener mujer e hija cubanas y saber a ciencia cierta que nunca regresaría a España. Que no tenía nada que ver con el cariño que le tenía a Cuba y que si no lo exteriorizaba a menudo que recordara las palabras de Platón "El hombre que siente mucho habla poco".

Cursaba el año de 1957, cumplidos ya cinco del golpe militar de Batista. Cuba estaba muy revuelta a causa de los atropellos y asesinatos del gobierno que se ensañaba fieramente con las ansias de libertad del estudiantado universitario que dirigía José Antonio Echeverría— "manzanita", como le llamaban por lo rojiza de su piel—presidente de la Federación Estudiantil Universitaria o la FEU. Estallaron las pasiones y Echeverría con un grupo de estudiantes se apoderaron de la emisora Radio Reloj y cuando se proponían convocar al pueblo a sublevarse interrumpieron la transmisión. Marcharon los estudiantes a la universidad y en las escalinatas confrontaron al jefe de la policía Cañizares exigiéndole pistola en mano que se fuera. En ese momento se oyó una ráfaga de disparos y cayó al suelo moribundo el valiente Echeverría. Esto coincidió con el ataque al Palacio Presidencial en el que hicieron papilla a otro grupo de valientes que logró llegar hasta el segundo piso donde estaba Batista. Aquella fue una verdadera masacre sin quedar con vida ninguno de ellos. Uno de los colaboradores más allegados a Echeverría era un joven llamado Fidel Castro que con un grupo de guerrilleros había atacado antes el cuartel militar Moncada que fracasó. También recuerdo lo acaecido a Eduardo Chibás allá por el año de 1950 ó 1951, líder del Partido Ortodoxo, que ante tanta corrupción se suicidó en señal de protesta en especial contra Aureliano Sánchez Arango a quien culpaba de malversación de fondos públicos.

Ahora sí ardía Cuba de la Punta de Maisí al Cabo de San Antonio. Asesinatos, bombazos, atentados a militares y miembros de las fuerzas policiacas, desapariciones, golpizas de un bando y de otro. Carlitos por ser muy callejero nos tenía muy preocupados y cada vez que salía temíamos que no volviera. Una noche se fue de juerga con su buen amigo Oscar y ambos se emborracharon y al cruzar la avenida Galiano de madrugada les pasó por delante un coche a toda velocidad y Oscar a todo grito les mentó la madre. Rechinó el coche los frenos y uno de los pasajeros agarró a Oscar por el cuello y lo arrojó al suelo. Al verlo

Carlitos salió en su defensa y empujó al pasajero cayendo al suelo de espaldas. En ese momento Oscar salió corriendo y desapareció dejando a Carlitos embarcado. Lo metieron en el coche que resultó ser de la policía secreta y se lo llevaron al cuartel de policía de la calle Zanja no sin antes golpearlo. Casi al amanecer estaba yo en el balcón oteando a ver si veía venir a Carlitos cuando se apareció un policía gritándome que fuéramos a la estación a dar cuenta de nuestro hijo. Salimos corriendo y allí nos lo encontramos sentado en un banco medio dormido. Uno de los policías le había dicho a Carlitos que no pararían de buscar a su amigo y que si lo encontraban lo matarían. Al enterarse Oscar de esto no se atrevió a salir de su casa por varios meses. Coqui también andaba con un medio novio que era miembro de la FEU y cada vez que salían temíamos que les pasara algo.

Un día llegó Carlos a casa muy animado diciéndome que había conocido en una reunión a un cura jesuita que se hallaba en Cuba buscando a un profesor para enseñar filosofía y letras en la Universidad de El Salvador en Centroamérica. Se entrevistaron y quedando muy impresionado de Carlos le ofreció la plaza que Carlos inmediatamente aceptó. No estaba yo para más aventuras pero la ocasión la pintaban calva y no había más remedio que dar el paso. Una noche me senté con Carlos y le pedí que me hablara algo de El Salvador.

--Mucho no sé—me dijo él—, pero es un país pequeño que con otros cuatro forman Centroamérica. Es tierra básicamente de indios llamados pipiles y mestizos, muy atrasada en comparación a Cuba. La descubrió Cortés al marchar a Honduras y la conquistó Pedro de Alvarado uno de sus capitanes. Otro de nuestros pueblos sumido en la miseria y pobreza. Tiene fama de ser muy pintoresco con muchos volcanes y lagos que son comunes en toda esa región. Da cara al Pacífico y hace frontera con Honduras y Guatemala. Después de conquistar El Salvador Alvarado se asentó en Guatemala sede de los mayas y donde murió su mujer en una inundación.

--¿No fue allí en Guatemala donde fue regidor Bernal Díaz del Castillo?

--Así es y donde casi ciego escribió su historia de la conquista de México, obra póstuma que logró publicar su mujer años después.

--La obra es famosa.

--Lo es por narrar las verdades de aquella gran epopeya en la que ni Cortés se salva de su dura crítica aunque le reconoce sus méritos. Fue su reacción antes las alabanzas de Gómara en su otra historia de la conquista.

--Sabes mucho, Carlos.

--Puede ser pero me estoy muriendo de hambre. La sabiduría es a veces un estorbo, una costra adiposa que nos enturbia la mente creando celos y envidias con serias consecuencias. Ser ignorante es a veces mucho mejor.

--Qué cosas dices, Carlos. A ver si esta vez ponemos el huevo de una vez.

--Con tal que no nos salga podrido como los otros.

--En fin, que creo que nos va a gustar El Salvador y que nos va a marchar bien. Como están las cosas en Cuba gracias a Dios que se nos ha presentado esta oportunidad.

A la mañana siguiente en camino a la bodega me encontré en la acera una cadenita de oro con una medalla de Santa Teresa de Ávila. Miré a mi alrededor y como no vi a nadie me la metí en la cartera. Al llegar a casa se la mostré a Carlos y le encantó y me dijo que era buen augurio de que todo nos marcharía bien. Carlos estaba emparentado con la santa por línea materna pues su madre era también de apellido Cepeda. Esto nunca se comprobó oficialmente pero decía Carlos que así constaba en unos documentos familiares que se perdieron durante la Guerra.

"Una de cal y otra de arena", como dice el refrán. Ocurrió entonces que de repente me enfermé y me llevaron a la carrera al hospital Calixto García. Se me había inflamado el apéndice y había que extirparlo cuanto antes. Este era un hospital público tétrico, deprimente, desgarrador, con enfermos y heridos tirados en el suelo sobre unos colchones inmundos y despidiendo un olor nauseabundo. Nunca pensé que existiera un lugar de condiciones tan infrahumanas en Cuba. A pesar de ser gratuito hubo algunos gastos que afortunadamente pagó Florindita la alumna de Carlos.

Desdichados los enfermos, los que trabajan toda su vida y un día inesperadamente se les quiebra la salud y quedan hechos unos espectros. Uno así conocí yo, un jamaiquino que se llamaba Winston que le dio una embolia de repente y le quedó el brazo izquierdo paralizado, hundiéndose en la total miseria y viviendo de la misericordia del prójimo. Tenía mujer y cuatro hijos y era el barrendero de nuestra calle de Campanario y como siempre que pasaba lo veía apesadumbrado me ponía a hablar con él para animarlo y varias veces le bajaba una tacita de café caliente que le encantaba. Me enteré de su enfermedad por un primo que tomó su puesto y ciertamente que lo extrañaba mucho. ¿Y qué decir de los pobres? Malditos sean los ricos usureros que sentados en su trono desoyen los lamentos de quienes le labraron sus campos y limpiaron sus inmundicias, o el que se queja en vano por hábito o malacrianza cuando hay otros que sobrándole razón para hacerlo se lo callan.

Pronta ya a dar el salto y dejar a Cuba me vienen a la mente otras imágenes y costumbres dignas de mencionarse. Indiscutiblemente que allí sufrí mucho pero también dejé parte de mi corazón. Económicamente Cuba estaba dividida en dos polos que eran los de arriba y los de abajo—como decía el novelista mejicano Manuel Azuela—con una clase media insignificante. Los de abajo eran mayormente los negros y los de arriba los españoles o descendientes de españoles y un pequeño núcleo de extranjeros como norteamericanos y judíos. La clase media la integraban profesionales, dueños de pequeños comercios y los empleados gubernamentales. Los de la clase alta vivían en repartos lujosísimos y muy exclusivos, como Miramar, Kohly, Yacht Club, Biltmore y Country

Club; los de la clase media en otros repartos más modestos como Santos Suárez o la Víbora, el Vedado y Ampliación de Almendares, y en pueblos circundantes como Guanabacoa y Regla, y los terceros en barriadas como el Cerro, Luyanó y Cuatro Caminos con los verdaderamente pobres en el infame Barrio de las Yaguas de La Habana. El guajiro—o "campesino" para nosotros—era una clase aparte pues si bien no tenía dinero se las arreglaba para vivir muy decentemente. Uno de ellos era el padre de la Consuelo, la mujer de Félix, que era dueño de una finca en el pueblo de Camajuaní, hombre íntegro y honorable.

Se decía con sobrada razón que el cubano había nacido para la música, que la llevaba en la sangre, y así tenía grandes artistas de fama mundial como Beny Moré, al que llamaban "El bárbaro del ritmo", Olga Guillot, la Sonora Matancera, Rolando Laserie, Pérez Prado, "El rey del mambo", la orquesta Aragón, la orquesta Riverside. Del extranjero venían muchos artistas famosos en aquel tiempo como el chileno Lucho Gatica, al que Carlos llamaba graciosamente "peleo perrica", el mexicano Pedro Vargas, la gitana Lola Flores, el Trío los Panchos, la argentina Libertad Lamarque, y los Chavales de España con el guapísimo cantante Luis Tamayo que derretía a las mujeres con su sola presencia, y los Churumbeles de España. Todos ellos se presentaban en magníficos espectáculos en el famoso cabaret Tropicana y en los grandes hoteles y casinos como el Hotel Nacional, Montmartre y San Souci. También venían frecuentemente artistas norteamericanos de gran renombre como Frank Sinatra, Nat King Cole y Elvis Presley y se presentaban películas con artistas de la categoría de Rock Hudson, Gary Cooper, Clark Gable, Marilyn Monroe, Kirk Douglas y Elizabeth Taylor, y de los mejicanos Pedro Infante, Jorge Negrete, Cantinflas, Elsa Aguirre y María Félix. El programa de televisión más popular era el "Cabaret Regalías", entre los cómicos los que más gustaban Pototo y Filomeno y entre las bailarinas Blanquita Amaro, exuberante mujer que dejaba a los hombres patitiesos.

Nos gustaba mucho rondar por La Habana Vieja con su multitud de calles angostas y bulliciosas palpitando vida, como la calle Muralla famosa por sus tiendas de telas y quincallas de judíos. Por allí quedaban el famoso restaurante español La Zaragozana, la Bodeguita del Medio y El Floridita, famoso bar donde decían se servía el mejor Daiquirí y Mojito. Por todas las calles de La Habana había puestos de fritas y de camarones. La frita era un pedazo de carne molida entre dos panecillos redondos con patatas fritas muy finitas. En los puestos de camarones vendían camarones con salsa de tomate y limón servidos en unas copas grandes. Y no he de olvidar los carritos de helados de frutas tropicales y muy especialmente el "coco glazé", "glasé" o "glassé", que para mi gusto era el más sabroso, los vendedores ambulantes de maní tostado, los billeteros cargando enormes cartelones con los números de la lotería, los vendedores de periódicos y revistas, y los limpiabotas frente al Capitolio y en las esquinas más céntricas. Una de las costumbres típicas que nos entusiasmaban eran los artistas de guaguas que se subían en cada parada cantando melodías del momento y diciendo al terminar "¡cooperen con el artista cubano!" con una latita en la mano para que le echaran dinero. Y cuando se subía un pasajero a la guagua y para que los demás le hicieran sitio les gritaba el conductor: "--¡Pasito alante, varón!" Y a la última guagua de la noche le llamaban "la confronta" y a las pintadas de blanco "enfermeras". Otros dicharachos muy en boga de que acordaba eran: al coche viejo y destartalado le llamaban "fotingo", a complicar las cosas "enredar la pita", a la mujer quisquillosa o majadera "pituita", al vago "habitante", al morirse "darle la patá a la lata", al policía o al carro de la policía o patrullero "la jara", a la mujer voluptuosa "pollo", a la novia "jeba", al estúpido "comegofio" o "comegandinga", al patán "guajiro" (mal empleado), a un amigo "canchanchán", a un enchufe en el gobierno "palanca", a un cigarrillo de marihuana "pito", al no blanco "jabao", al que se ponía de mal humor o tenía un problema "se le atoró un peo", a una conmoción o alboroto "se armó un arroz con mango", a una mujer pasada su edad "pollo con moquillo", a lo que es obvio "se cae de la mata", al referirse a una prenda de ropa apretada "échale salsita", al toparse con alguien conocido "dímelo cantando", al ser falso, mala persona "ser una tiñosa", a algo grandioso, espectacular "¡de película!", al referirse a la economía nacional "sin azúcar no hay país", "el mundo colorao", el acabose, "matao el gallo", acabado, terminado, "la bola pica y se extiende", se complican los problemas. En esto y en muchas otras cosas al cubano le sobraba gracia recordándome al andaluz cuando andaba de buen talante.

En cuanto a amigos Carlitos tenía a Oscar, a quien ya mencioné, buen chico pero era una bala perdida, muy jugador y amante del ocio y de vivir del cuento. Otro era Rodolfo cuya madre era prima de Jorge Mañach que vivía en una magnífica casa en la Ampliación de Almendares con sus padres y hermana. Coqui también tenía buenos amigos, entre ellos Ileana, sobrina de la directora del colegio, y Albita compañera de estudios que vivía en la calle Reina cerca del Capitolio. Por otro lado, Carlos los tenía a montones, todos ellos refugiados españoles que llegaron a alcanzar altos puestos en Cuba, como uno de ellos—de cuyo nombre no me acuerdo—que era secretario de prensa de Batista, el doctor Pittaluga, a quien apreciaba mucho, y a Mañach con el que se llevaba muy bien. Recuerdo que en una conferencia que dio Mañach le pidieron a Carlos que dijera unas palabras sobre la metafísica de Ortega y Gasset y fue tanta su elocuencia que un negro que estaba sentado detrás de nosotros se levantó y dijo que nunca en su vida había escuchado tanta sabiduría y tan bien expresadas con lo que el púbico se puso de pie y mirando a Carlos lo aplaudieron. Yo no tenía amigos, ni siquiera conocidos, a no ser los bodegueros o los que vendían viandas por la calle. Hecha una pordiosera como estaba lo menos que se me ocurría era entablar amistades con alguien.

Había también infinidad de panaderías y dulcerías de exquisita calidad y variedad, con dulces tan famosos como "el capitolio", hecho de chocolate y merengue, los "eclairs" de chocolate, "el brazo gitano" las empanadas de carne y guayaba, y el delicioso arroz frito que se vendía en las fondas de chinos. El pan era una delicia como los batidos de frutas naturales, los duro fríos, los sándwiches cubanos, el pan con chorizo. En la calle Neptuno llegando al Prado estaba el famoso restaurante Miami que se especializaba en sándwiches de toda clase. Enfrente, casi en la esquina, había un garito de maquinitas entonces muy de moda en el que se metía Carlitos día y noche con sus amigos a pesar de tenérselo prohibido. Me acuerdo que una vez lo saqué de allí de las orejas regañándolo mucho hasta llegar a casa. En este lugar había tenido una bronca con una pandilla de negritos por algo que ocurrió en los arrecifes del Malecón y si no hubiera sido por su amigo Cecilio que lo defendió hubiera salido muy mal parado. De estos garitos había cientos en La Habana como el que quedaba en la calle de San Miguel cerca de casa frecuentado también por Carlitos y sobre todo por su amigo Oscar que era gran jugador de billar.

También recuerdo al pintoresco pueblo de Regla, del otro lado de la bahía de La Habana, de donde era el novio de Coqui que había nacido en Cuba de padres españoles, así como el pueblo de pescadores de Cojímar frente al mar donde tenía una casa el novelista norteamericano Hemingway. Había allí un restaurante típico que se llamaba La Terraza donde servían unas paellas exquisitas, para mi gusto mejores que las de los valencianos. Aquel lugar era un paraíso con la parte de atrás toda terraza de cara al mar. Me había dicho Carlitos que una de las veces que había estado allí vio filmar la película "El Viejo y el Mar" de Hemingway protagonizada por el famoso actor norteamericano Tracy. A lado de este pueblo estaba el otro de Guanabacoa de donde era la muchacha del Ten Cent que le gustaba a Carlitos. A ambos se iba en lancha que salía de la bahía de La Habana o también en coche por carretera aunque llevaba más tiempo.

Entre los mayores atractivos de Cuba estaban indudablemente sus majestuosas playas que bañaban la isla por sus cuatro costados especialmente la de Varadero. Carlitos se pasaba la vida en las de Marianao, sobre todo en las del Casino Español y el Náutico en las que todos los fines de semana tenían los famosos "Tés bailables" amenizados por orquestas de primera categoría como la Riverside y los Hermanos Castro. Estas playas quedaban al final de la avenida Miramar y se llegaba a ellas en la guagua número 32 que costaba ocho centavos. Yo nunca estuve en ninguna de ellas pero las recordaba muy bien por las maravillas que escuchaba de boca de Carlitos y de Coqui que estuvo allí varias veces.

Valga lo dicho para que se vea mi cariño entrañable a Cuba, tierra que nos acogió como ninguna otra y en la que pasamos algunos años muy felices principalmente en Camagüey y los dos primeros de La Habana. Permanecimos allí en total dieciséis años, diez en Camagüey y siete en La Habana a la que llegamos en 1949 ó 1950. Allí se criaron y formaron nuestros hijos, hicimos grandes amigos, y disfrutamos de muchas cosas. Digo y repito, que si no hubiera sido por la política allí me hubiera quedado para siempre aun en el caso de haber podido regresar a España.

Me despido de aquella isla maravillosa con este verso salido de lo más recóndito de mi ser:

>Anda el corazón abatido
>por tener que decir adiós
>y de una boca un suspiro
>brota preñado de amor.
>
>Se sufre porque se añora
>recordando lo pasado,
>el campo bañado de sol,
>los besos de enamorados.
>
>Adiós islita hermosa,
>cuida de tu destino,
>recapacita tu historia,
>define bien tu camino.

Capítulo 9: Salida de Cuba a El Salvador en Centroamérica.

Yo seguía un poco aprensiva pensando en el viaje a El Salvador. Comprendía que no teníamos más remedio que hacerlo pero cambiar a Cuba por aquel país tan distante y desconocido me desencajaba. Carlos trataba de animarme sacando a relucir los encantos del país y aun me recordaba que el propio Martí había vivido en Guatemala donde enseñaba historia y literatura y donde se había enamorado de una joven a la que le había dedicado un verso.

--Y dime, Carlos, ¿Martí no era medio español?—le pregunté un día.

--Era nacido en Cuba pero sus padres eran españoles. Siendo niño se lo llevaron a España por un tiempo y después estuvo allí dos veces estudiando en las universidades de Madrid y Zaragoza.

--¿Y sabes el verso que le escribió a su enamorada?

--Sé la primera estrofa.

--Dímela.

> Quiero a la sombra de un ala,
> cantar este cuento en flor:
> la niña de Guatemala,
> la que se murió de amor.

--¡Qué preciosidad!

Esa niña era una tal María García Granados, hija del presidente de ese país.

--¿Te acuerdas de algún otro verso de Martí?

--Me acuerdo del que más me gusta, que empieza así:

> Mírame, madre,
> y por tu amor no llores:
> si esclavo de mi edad y mis doctrinas
> tu mártir corazón llené de espinas,
> piensa que nacen entre espinas flores.

--Otra preciosidad; gran poeta.

--Lo era, entre los mejores.

--¿Sabes qué, Carlos? Eso de nacer aquí y morir allá es algo que ya me tiene sin cuidado. Nacemos donde nacemos y morimos donde morimos sin que el lugar en sí nos importe.

--¿Qué estás diciendo?

--Que para el emigrante un lugar u otro da lo mismo, al menos en el caso nuestro ¿qué en realidad somos? Nuestra primera etapa en España, la segunda en Cuba, la tercera posiblemente en El Salvador ¿y la cuarta o la quinta o la sexta dónde? Y en cada lugar deja uno parte de su corazón y de tanto dividirlo se va achicando hasta no quedar nada. Todo es añorar, añorar, hasta que el alma se cansa y nos insensibilizamos.

--¿Pero cómo puedes decir tú algo así, has perdido el juicio? Así se expresa una persona espuria que no es el caso tuyo.

--Espuria, ¿qué quiere decir eso?

--Que degenera de su naturaleza u origen.

--Ah, ¿pero no le pasó algo así a Cortés?

--Todo lo contrario, quería a España pero más a Méjico.

--Dos lugares y no diez. ¿Y cómo lo sabes tú?

--Por su testamento y por lo que le encargó a su hijo que hiciera caso de morir en España.

--¿Tienes el testamento?

--Lo tengo, es aquel libro que ves allí.

--¿Me lo puedes leer?

--Te lo leo como está escrito en el español de la época, pero dime si hay alguna palabra que no entiendes y te la explicaré.

"I. 3. Primeramente, mando que si muriese en estos Reinos des españa, mi cuerpo sea puesto y depositado en la iglesia de la parrochia donde estubiere situada la cassa donde yo fallesciere y que alli este en deposito hasta que sea tiempo y a mi subcesor le parezca de lleuar mis huesos a la nueva españa, lo qual yo le encargo y mando que asi haga dentro de diez años, y antes si fuere posible y que lo lleben a la mi villa de coyoacan y alli le den tierra en el monasterio de mongas que mando hazer y edificar en la dicha mi villa yintitulado de la concecion, de la horden de Sanct francisco, en el enterramiento que en el dicho monasterio mando hazer para este efecto. El qual señalo y constituyo por mi enterramiento y de mis subcessores".

--¿Y cuánto tiempo estuvo en Méjico?

--Pues mira, salió de España siendo mozo a los 16 años y falleció a los 62. Quitando los años que estuvo en Santo Domingo y Cuba y el tiempo que estuvo en España en sus dos viajes, calcula que estaría en México en total unos cuarenta años o más, o sea, tres cuartas partes de su vida.

--Eso lo explica todo.

--España lo acogió mal a pesar de su fama, inclusive Carlos V que lo trató con suma displicencia sabiendo perfectamente lo que había logrado. Así, España lo defraudó y profundamente desencantado prefirió pasar el resto de su vida en Méjico donde era querido y respetado. La fama crea envidias y celos sobre todo cuando se adquiere fuera de la propia tierra.

--Olvida lo que te dije antes en cuanto al ser emigrante. En realidad quiero mucho a Cuba y no menos a España y en cuanto a El Salvador el tiempo dirá. Igual debes olvidarte tú de algunas de tus ideas que estamos en otras tierras y tiempos. Adaptémonos a las nuestras circunstancias y dejemos el agua correr. Y cuida mucho de tu lengua al llegar a El Salvador y no te desates hablando de conquistas, castas, de los indios o el oro que son temas candentes y de tus escolasticismos. No te las des de sabiondo ni de profeta ni abogues por un pueblo u otro que con ser español ya tienes las de perder. Discreción y comedimiento al hablar sobre todo en tierra ajena.

Decidimos que Carlos se fuera solo primero para explorar aquello y encontrar casa. Y así se fue una mañana en Cubana de Aviación. Regresó a las dos semanas muy entusiasmado a recogernos y nos fuimos todos a San Salvador. Nos dio mucha tristeza dejar a Félix en Cuba y en el aeropuerto lloramos a chorro al despedirnos. Al poco de despegar el avión me asomé a la ventanilla y vi distanciarse a Cuba hasta desaparecer bajo las nubes...

Camino 3: Rumbo a El Salvador.

Capítulo 1: Llegada a El Salvador en el verano de 1957. Nuestra primera impresión de este país. Asentamiento en nuestra casa de San Salvador en la que permanecimos por más de dos años. Las muchas aventuras amorosas de Carlitos. Capítulo 2: Excursión familiar al volcán Izalco y lo que les ocurrió a Coqui y Carlitos en El Boquerón. Capítulo 3: Otros lugares y costumbres típicos de El Salvador. Varios incidentes que le ocurrieron a Carlitos. Capítulo 4: La gran tragedia en la playa de La Libertad. Capítulo 5: Casamiento de nuestra hija Coqui y marcha con su marido a Estados Unidos y lo que ocurrió después.

Capítulo 1: Llegada a El Salvador en el verano de 1957. Nuestra primera impresión de este país. Asentamiento en nuestra casa de San Salvador en la que permanecimos por más de dos años. Las muchas aventuras amorosas de Carlitos.

Llegamos con buen tiempo al aeropuerto de Ilopango en San Salvador donde nos estaba esperando el jesuita. Después de pasar aduana e inmigración nos dirigimos a un puesto de café donde nos dieron la bienvenida. El café nos pareció muy aguado, nada parecido al de Cuba y el aeropuerto pequeño, lúgubre, sórdido. Miré a mi derredor y sentí estar en otro mundo totalmente extraño y desconocido. El aspecto de la gente, su forma de hablar, el aire, el cielo, la vegetación, nada semejante a lo que estaba acostumbrada. Respiré profundo y todo me olía raro, como a humo o ceniza. Ante todo aquello me entró un arrebato con ganas de agarrar a los niños y desaparecernos de allí, me sentía acorralada, indispuesta, alicaída, confusa. A duras penas nos metimos en el coche del cura y nos fuimos derechitos a la casa que había encontrado Carlos. Mientras Carlos y el cura charlaban yo tenía fija la vista en la carretera. El cielo distante, las nubes arreboladas, el campo distinto, salvaje, primitivo, como podría ser el del Mato Grosso en Brasil, el tiempo húmedo, pegajoso, uno que otro campesino cargado de haces de leña o con bultos más grandes que él, por allá un perro o asno, un pajar, una choza parecida a los bohíos de Cuba pero más raquítica. Al acercarnos a la capital rompió a llover con muchos relámpagos y truenos y de momento nos quedamos en penumbras hasta el punto de que tuvimos que parar porque no se veía nada. El cura nos decía que nos tranquilizáramos que así era el tiempo allí de caprichoso y que ya estábamos cerca. Abocanó un poco y al llegar a una esquina vimos a una familia de indios pidiendo limosna todos harapientos y de aspecto deprimente. Carlos quiso parar para darles algo pero el cura le quitó el impulso diciendo que en cada esquina los había y que no se podía soltar la mano siempre que se viesen. Toda la familia lucía cadavérica, verdaderos esperpentos, pero la peor la madre y uno de los hijos que era medio tuerto con un brazo mocho y totalmente desnudo y descalzo como los demás. La madre con el pelo largo hasta la cintura, contrahecha, con enormes caderas y las piernas arqueadas y también descalza. A otro de los hijos se le notaba el vientre hinchado como de lombrices o falta de nutrición. A pesar de lo que había dicho el cura, al parar en la otra esquina vino la madre corriendo implorando misericordia y extendiendo ambas manos.

--Señor, sea bueno, una limosnita por el amor a Dios.

El cura le soltó una aspereza para que se fuera y Carlos muy airado se lo recriminó. Se bajó del coche y le dio a la pobre mujer unos colones con lo que cayó de rodillas al suelo queriéndole besar los pies. Por otro lado los niños se habían abalanzado al coche pidiendo algo de comer y Coqui y Carlitos le dieron cuanto llevaban que era un pedazo de pan con mantequilla, jugo de china, o de naranja, y una banana. El cura estaba muy soliviantado culpándolos de granujas y bribones y que mientras más se les daba más pedían, actitud inicua e impropia de un sacerdote que nada me gustó y que me hizo pensar muy mal de él. Me fijé en los rasgos físicos del indio y me parecieron muy distintos a los de los cubanos pues ya he dicho que en Cuba no había indios. La cara ancha y aplastada, los pómulos salientes, la nariz chata, la boca bembona y medio torcida, el pelo muy negro y lacio, la piel aceitunada, el cuerpo contrahecho, los pies machucados con los dedos desparramados, la vestimenta rudimentaria.

Proseguimos la marcha y de pronto vimos a lo lejos dos enormes picos mochados que salían de una misma montaña que nos dijo el cura que eran del volcán de San Vicente uno de las dos docenas que había en el país. El único volcán, aunque ya extinguido, que había visto antes desde muy de lejos era el Pico Duarte en Santo Domingo. En Cuba no había volcanes pero sí una montaña muy alta que se llamaba el Pico Turquino en la Sierra Maestra en la provincia de Oriente. En España la había también en los Pirineos que se llamaba "Aneto" y en la Sierra Nevada el "Mulhacén" o algo parecido. También me había dicho Carlos que en Tenerife en las Islas Canarias había un alto monte que se llamaba algo así como "Teide". En resumidas cuentas que por lo visto quedó confirmado que El Salvador era un país de montañas, volcanes y lagos.

Llegamos por fin a la casa y era tanta la lluvia y el viento que no podíamos salir del coche. Bajaron entonces unas indias uniformadas con paraguas y poco a poco fuimos entrando. Como tengo dicho, era una casa de huéspedes en la calle Primera Poniente No. 92 de unos cuatro pisos y de estilo antiguo y muy señorial. Enseguida salió la dueña a recibirnos y nos llevó al comedor donde nos tenían preparados unos bocadillos con chocolate caliente. El comedor era muy alegre y acogedor con un tronco de árbol enorme en el medio con la copa fuera del techo y un par de docenas de mesas con manteles blancos impecables. La dueña se llamaba doña Gabi, señora salvadoreña viuda, de muy buena traza, servicial y atenta. Después de descansar un rato nos subió a nuestras habitaciones en el segundo piso, dos cuartos grandes amueblados y una salita a la entrada con un ventanal que daba a la calle. Aunque pequeño, el lugar era alegre y el servicio inmejorable. Se servían tres comidas al día, desayuno, almuerzo y cena a horas precisas, toda exquisita y bien preparada. El servicio incluía limpieza de nuestros cuartos y lavado de ropa. Lo limpiaban todo tiradas en el suelo a base de cepillo y muñeca sin que quedara una mancha o residuo de polvo en lo que se pasaban varias horas. Había la costumbre de dejar los zapatos delante de la puerta y a la mañana siguiente los encontrábamos relucientes. La casa estaba en un buen barrio no muy alejado del centro de la ciudad. El lugar era atendido por veinte o treinta sirvientas indias de diferentes edades uniformadas de verde con delantal y sandalias blancos. Se desvivían por servir y complacer haciendo muchas reverencias pero sin mirar de frente como los súbditos de Moctezuma que no le conocían la cara. Con unas palmaditas se desbocaban corriendo y si eran de la dueña se le acercaban muy sumidas diciendo "mande". Vivían en el trasfondo a dos o tres por cuarto en pie desde las seis de la mañana hasta las once de la noche. Solamente se les permitía salir los domingos de diez de la mañana a cinco de la tarde y recibir visitas los martes y jueves entre las dos y las cuatro. El sueldo incluía casa, comida—que eran realmente las sobras del día—y según me confesó la que nos limpiaba que se llamaba Rosita unos veinte colones al mes. La mayoría estaban casadas y con prole que veíamos cuando las visitaban.

Vivían en la pensión un muchacho costarricense que se llamaba Roberto representante de una empresa de productos farmacéuticos norteamericana, dos argentinos que eran profesores de matemáticas colegas de Carlos en la universidad, y un señor suizo que era ingeniero químico. Con todos ellos hicimos buena amistad y nos veíamos a menudo sobre todo a la hora de comer. Roberto andaba de amoríos con la hija de la dueña, muchacha muy introvertida y retraída. Se llamaba Gabita y era mona pero de carácter agrio que contrastaba con el de la madre tan dulce y cariñosa. Los argentinos eran unos redichos pero muy competentes en su campo. Se pasaban el tiempo discutiendo con Carlos de temas literarios y filosóficos haciendo alardes de erudición y porfiándolo todo. Al costarricense lo tenían frito con sus ideas y consejos y a Carlitos mucho más por la envidia que le tenían.

La vida en San Salvador era muy tranquila con muy pocas cosas que hacer. Lo único que nos entretenía era ir al cine y a misa los domingos. Como ambos estaban en una buena zona la gente que los frecuentaba era toda de primera categoría incluyendo a muchos de los ricachones. Fue así que conocimos a bastantes de ellos y con los que poco a poco nos fuimos relacionando. Si algo tenía esta gente, al menos en apariencia, era buena educación y refinamiento en el habla y en el trato aunque después en otros lugares y circunstancias se portaran como bestias. Desde luego que la hipocresía, apañada por besos de Judas y abrazos de codo, era muy evidente. La elegancia en el vestir era cortesana con ropa de los mejores modistos europeos y los coches flamantes de las mejores marcas como Mercedes Benz y Rolls Royce conducidos por choferes impecablemente uniformados.

Por las noches después de cenar salíamos a dar una vuelta por los alrededores pendientes de que no nos asaltaran como nos habían dicho que pasaba frecuentemente. Una tarde tiramos calle abajo y llegamos al centro que aunque pequeño era un avispero de gente con comercios por doquier. Al regreso se nos echaron encima varios pordioseros y por caridad o temor les dimos algo. Uno de ellos al no gustarle lo que le habíamos dado se encrespó y le dio a Carlos un manotazo cayendo la moneda al suelo. Tuve que contener a Carlos para que no le cayera encima pues el indio estaba borracho y muy belicoso. Recordé entonces lo que nos había dicho el jesuita comprendiendo que de cierta forma quizás tenía razón. Otra vez nos fuimos al centro en autobús –o "camión", como le llamaban ellos— y con más tiempo pudimos explorar mejor la ciudad a la que los pipiles antiguamente llamaban "Cuzcatlán". La primera impresión fue horrorosa sin realmente ver nada que nos gustara o llamara la atención a no ser la cantidad de gente cargando cestas o bultos al hombro de comida, ropa y otros menesteres y la infinidad de puestos de todas clases principalmente de comida como las pupusas—que eran unas tortillas rellenas de carne o pollo asadas a la brasa—que eran ricas, aunque ver a aquellas indias sucias y desaliñadas amasándolas no era nada agradable a la vista o sentidos.

San Salvador estaba en un valle llamado el "Valle de las Hamacas" y por tanto rodeado de montañas. Se llamaba así por haber muchos terremotos dos de los cuales fueron tan desastrosos que echaron abajo muchas construcciones que databan del tiempo de la Colonia. Aunque pequeña, la ciudad era muy desparramada con docenas de barrios que llamaban "colonias" donde vivía la gente trabajadora y humilde mientras que había otras, cuatro o cinco a lo sumo, reservadas para los ricachones como Escalón, San Benito y Flor Blanca. Seguimos andando hasta llegar a una amplia plaza donde estaba la sede del gobierno y a unos pasos la catedral de San Salvador. La catedral era muy vistosa con altas torres a ambos extremos y un portón en forma de arco. Entramos y encima del Altar Mayor había una imagen de Jesucristo que nos dijeron había sido donada por el emperador Carlos V en 1546 que nos dejó estupefactos. Un seminarista que se nos acercó nos dijo que como turistas no dejáramos de ver el lago Ilopango que había sido antiguamente un volcán con muchas islitas llamadas "Islas Quemadas" por la escasa vegetación y tierra árida o volcánica, el lago de Coatepeque, en una de las laderas del volcán Santa Ana, y el volcán de San Salvador entre el Boquerón y el Picacho. También nos mencionó el volcán Izalco, aún en erupción, y los Chorros. Como estábamos muy cansados regresamos a casa en taxi quedando en visitar todos esos lugares.

En un principio nos costaba harto trabajo entendernos con los indios en parte porque hablaban en tono muy bajo, casi imperceptible y sin mirar a los ojos. Según me había explicado Carlos, muchos de sus vocablos provenían del nahua como "elote" que era el maíz o propiamente la mazorca, "olote", que era la espiga sin los granos, "camote", que era el boniato de Cuba, "zopilote", que era el buitre y en Cuba el aura tiñosa, "camión", que era la guagua o autobús, "babosadas", que eran tonterías, "pisto", que era dinero, "guaro", que era una especie de aguardiente que sabía a rayos, "baboso", que era "tonto" o "estúpido", "bolo", que era borracho, y "vaya pues", que quería decir "bien", "vale". Pronto nos dimos cuenta de la predominante influencia mejicana no sólo en el lenguaje sino en todos los órdenes de la vida incluyendo muchas costumbres. Los hombres eran muy machotes y muy dados a la juerga y a la embriaguez sobre todo durante los fines de semana, y muy abusivos de sus mujeres a quienes tenían cargadas de críos y hechas unas ripieras. Abundaban las rameras a todas las horas del día así como los prostíbulos con muchas niñas o jovencitas que se vendían por centavos.

De la política de El Salvador me da asco hablar por ser una de las más primitivas y corruptas de las que tenía noción. En realidad al país lo gobernaban una caterva de bandidos indecentes y las trece familias latifundistas con más mano de acero que de hierro. Vivían como rajás en los barrios más exclusivos y en verdaderas mansiones atendidos por una servidumbre de docenas de criados. El contraste entre la vida de esta gentuza y la del pueblo era descomunal y en extremo deprimente. A estos inmorales se les veía luciendo la ropa más cara y exquisita de París o Milán cuando se paseaban en sus flamantes Mercedes negros con chofer por la ciudad. Y las fiestas y comelatas que daban en sus palacetes eran suntuosas y suculentas servidas en bandejas de la más fina plata de ley por inditas inmaculadamente uniformadas y en las que generalmente no faltaban prelados de todo El Salvador. Con una bendición y Padre Nuestro cumplían y después a comer a manos llenas y beber como focas. Ninguno de los hijos asistía a los colegios del país sino que los mandaban a estudiar a los colegios de mayor prestigio de Estados Unidos y Europa. Por otro lado, el pueblo se moría de miseria viviendo en chozas inmundas o en barriadas mugrientas atestadas de la más ínfima calaña. Estos eran señoritos, consentidos, ociosos, alevosos, arrogantes, que salían por la noche como aves de rapiña buscando en quién desahogar su lujuria que terminaban siendo inditas indefensas e inocentes que cazaban en la calle o en algún café. Las señoritas se las daban de pudorosas y santurronas pero tenían también sus escapadas nocturnas para verse con algún galán que les calmara su libido. Eran verdaderas mosquitas muertas disfrazadas de princesas. Nosotros conocimos a una de estas trece familias, la más poderosa de todas de apellido Regalías, cuyo hijo era alumno particular de Carlos. El muchacho era simpatiquísimo y muy atento pero los padres unos tiranos. Vivían en las afueras en un majestuoso palacio rodeado de altas verjas y con un pelotón de guardaespaldas armados hasta los dientes. Me contaba

Carlos que vivían como monarcas con grandes séquitos de lacayos y sirvientes. Esta era una familia propietaria de los más grandes cafetales y ganaderías del país con los que habían hecho sus inmensas fortunas. No se mezclaban con nadie y raramente se les veía a no ser en sus fincas y propiedades. De las trece familias era la primera.

El presidente del país era el líder militar José María Lemus al que después derrocaron en un golpe de estado. Era un simple títere de las treces familias y de los intereses de Estados Unidos así como de las grandes corporaciones entre ellas la United Fruit Company que era dueña de medio país. Los bancos estaban en manos de extranjeros y toda la maquinaría manufacturera que se usaba se adquiría en Estados Unidos a precios exorbitantes. Los servicios de hospitales y clínicas eran vergonzosos y los médicos verdaderos matasanos. Cuando alguien de las trece familias se enfermaba salían corriendo a algún país extranjero como Estados Unidos o Alemania. Una vez que me enfermé me llevaron al hospital Rosales que aunque quedaba en una buena zona al no más entrar espeluznaba. Carlitos se vio con un dentista por un dolor de muelas que tenía y le sacó cuatro muelas de cuajo con no sé qué pretextos. Nunca entendí mejor aquella frase de Santa Teresa: "La vida es una mala noche en una mala posada".

Como tengo dicho, el salvadoreño común era ni más ni menos que un esclavo. No le echaban la soga al cuello o le aplicaban el terrible carimbo como a los negros de antaño, pero esclavo era y como esclavo vivía. Una vez conocimos a una dama de la sociedad en el pueblo de Ahuachapán y sentados en la mesa a desayunar una de las criadas que venía con una bandeja de huevos tropezó y se le cayó la bandeja al suelo. En ese momento se levantó la tal dama y empezó a golpear a la indefensa indita que no tendría más de diez o doce años. Rompió la niña a llorar y la otra al oír los alaridos causados por el dolor la pateó de cabeza a pies sin parar de insultarla. Acudieron varias compañeras a socorrerla exacerbando la ira de la tirana y llevándose también ellas sus buenos golpes. Nosotros nos quedamos aterrorizados y por más que trató de disculparse la fiera con nosotros al poco rato nos fuimos pensando mucho en la niña y en su trágico accidente.

Otra historia que al respecto he de contar es lo que le sucedió a Carlitos una vez en la lechería. El jefe le pidió que lo acompañara a su hacienda para unos asuntos que tenía que tratar. Se fueron los dos en el magnífico coche de Rafael—un Lincoln amarillo del año—y llegaron a las doce que era la hora de comer. En ese momento preciso sonó una sirena y de todas partes comenzaron a salir trabajadores indios formando una fila de a dos que se dirigía a una choza en lo alto de un montecillo. A medida que se iban acercando extendían los brazos con las manos abiertas y las indias que estaban allí le ponían en una mano un cucharón de puré de frijoles negros y en la otra una porción de arroz blanco. Una vez servidos, daban la vuelta y se guarecían debajo de un árbol y allí lamían la comida de ambas manos. Al terminar, se dirigían a un estanque donde tomaban agua y se aseaban. Allí había sobre quinientos indios que trabajaban catorce o quince horas diarias excluyendo los domingos y ganando según le dijo uno a Carlitos unos dos colones diarios. Todos vivían con sus familias en la hacienda en unas chozas inmundas. ¿Y qué hacían los domingos? Emborracharse hasta caer desplomados para olvidar por unas horas el dolor y las penas. ¡Qué vidas, Dios mío! ¡Qué injusticia!

Al indio siempre lo cargaron de defectos olvidándose que los cargamos todos como seres humanos. Decían que era indolente, lujurioso, ocioso, pendenciero, retorcido, o que el cubano era jugador, holgazán, falso, impúdico, ¿y del español qué? Si mirásemos bien la historia se le atribuirían muchos más defectos que al indio, negro o cubano, resaltando en él la avaricia, soberbia, vileza, altanería, y no hablemos de muchos otros como el alemán o el árabe en sus tiempos de ansias imperiales. El carácter del indio lo forjaron milenios de opresión y abuso exacerbados por años de tiranías y de injusticias en lo que nosotros los españoles tuvimos mucho que ver por mucho siglos. Piénsese en lo que le hicieron a Félix en la cárcel o en los linchamientos de los judíos por los nazis o en los miles de indios achicharrados en las hogueras por nosotros creyéndonos tan cristianos. Y en todo ello la Iglesia, la religión, lleva también gran culpa por el afán de quitar a un dios y poner a otro siendo como somos todos siervos de uno solo y verdadero. Déjense al indio y al negro tranquilos y mirémonos bien por dentro antes de sacar defectos a los demás y que nadie se dé golpes de pecho que somos todos pecadores. Dijeran lo que dijeran del indio para mí era un ángel de Dios, humilde, dócil, noble, humano con una paciencia envidiable y un espíritu supurando pureza. Y en cuanto al cubano, aunque puede haber algo de verdad en lo que se dice de él, lo opacan sus muchas virtudes como la bondad, generosidad y confraternidad. Y, en cuanto al negro, que paren las malas lenguas que es todo virtud considerando su historia. Por otro lado, me pregunto, ¿qué sería hoy América si su historia hubiera tomado otro rumbo? No Colón, españoles, europeos, negros, si todo hubiera quedado en manos de una civilización indígena apartada, dividida, en decadencia. Igual se podría preguntar de una Europa, o del mundo, sin Grecia o Roma, pero como la historia es tiempo pasado que no se puede cambiar, lo que fue queda y lo que está es. Así que a tragarse lo malo con lo bueno y si indigesta a aguantarse o tratar de mejorarlo que es lo que no se ha hecho a lo largo de quinientos años. El feudalismo que existe hoy en toda América ciertamente lo creamos nosotros pero lo continuaron ellos por lo que llevan más culpa siendo su tierra y sobre todo habiendo pasado tantos años.

Que no me vengan a mí ahora con banderitas, desfiles de falso patriotismo y clamores de democracia cuando se desoye a todo un pueblo sumido en la absoluta inequidad y miseria. Claro que había diferencias entre ellos y nosotros como las hay entre otras razas y culturas por lo que en un principio nos tomó harto esfuerzo comprenderlos y llevarnos con ellos. Con el dominicano y más aún con el cubano nos podíamos identificar, había cierta similitud, vínculos profundos históricos y culturales que se fundieron. Con los indios, cuya raza no mermó a pesar de las constantes guerras y abusos sino que más bien floreció después de la conquista, la asimilación con los europeos fue sólo al principio manteniéndose después aislados o marginados socialmente. Los indios eran, básicamente, una raza tronchada, diluida, forzada a desestimar su propia identidad a cambio de otra completamente ajena e incomprensible. Pero a los demás, a los que los tenían subyugados que eran las trece familias y los intereses creados extranjeros, en especial los de los norteamericanos, les importaban tres bledos y así los mantenían esclavizados. Pensando en ellos me brotó este verso:

>Carnes pútridas de llagas,
>almas de acero fundidas,
>sueños que alcanzan la nada,
>clamor de piedad y justicia.
>
>Hombres necios, malditos,
>que tanto dolor causáis,
>cegados por la codicia
>que es pecado capital.
>
>Algún día, de lo alto,
>se os exigirá dar cuentas,
>sin valer ruegos ni llantos
>que resarcen vuestra vileza.

Una mañana me dijo Rosita que al trapear debajo de la cama se había topado con un bulto y que no sabía lo que era. Corrimos la cama entre las dos y, efectivamente, en un rincón debajo de unas tablas sueltas estaba un paquete envuelto en una tela verde y dentro un libro polvoriento encuadernado en pergamino muy viejo. Lo abrí y para mi gran sorpresa eran las obras de Santa Teresa de Ávila publicadas en Madrid en 1635 con un prólogo de fray Luis de León. Se lo enseñé enseguida a Carlos y se puso muy contento. ¿De quién sería el libro? ¿Cómo habría ido a parar allí? ¿Cómo era que nadie lo había encontrado hasta ese momento? Carlos y yo nos quedamos atónitos. ¿De quién había sido el libro? ¿Por qué no lo había encontrado alguien antes? Se lo enseñamos a doña Gaby y no tenía ni idea de nada pero nos dijo que nos podíamos quedar con él.

1635, diecinueve años después de la muerte de Cervantes y el mismo año en que murió Lope de Vega. ¡Qué casualidad!

A Carlos le iba muy bien con sus clases y Carlitos estaba más que feliz con su trabajo en la lechería. El dueño, Rafael, estaba casado con una muchacha salvadoreña llamada Yolanda de muy buena y acaudalada familia. Vivían en una magnífica casa en la colonia Flor Blanca con tres hijos monísimos. Él era un Adonis y ella una Venus y no exagero que es pura verdad. La lechería, que había montado Rafael con fondos de los suegros, era la más grande y moderna de El Salvador y ocupaba un gran edificio en los Planes de Renderos en las afueras de la ciudad. Fue la primera en introducir la leche en envases de cartón fabricando además jugos de naranja, mantequilla y quesos. Carlitos estaba a cargo de las ventas y publicidad y supervisaba a todos los vendedores y los envíos diarios. Era el primer trabajo serio que había tenido y le pagaban muy bien. Por lo joven y apuesto que era Carlitos pronto adquirió popularidad y se hizo de grandes amigos que lo invitaban a todas partes. A las mujeres las traía alborotadas y le caían por docenas. Así se pasaba los días y noches fuera saltando de fiesta en fiesta y de lecho en lecho. Yo le conocí algunas de sus novias entre ellas a una francesa que se llamaba Marie Claire, hermosísima muchacha, y María del Pilar nacida en El Salvador pero de padres españoles, madrileños, dueños de muchas fincas de café que vivían ostentosamente en una mansión en la colonia Escalón. María del Pilar era preciosa, menudita, muy trigueña, estudiosa e inteligentísima, alumna de Carlos en el colegio de las Dominicas Francesas donde también enseñaba. Como Carlos le tenía mucho afecto se la metió a Carlitos por los ojos y en muy poco tiempo se hicieron novios. A partir de ese momento hicimos buena mistad con sus padres y casi todos los domingos nos los pasábamos en su casa comiendo y disfrutando de lo lindo pues eran excelentes anfitriones. Nos recogía y traía el chofer que se llamaba Salvador en el Mercedes y miento si no digo que nos hacían sentir como marqueses.

Los padres eran franquistas acérrimos aunque habían salido de España mucho antes de la guerra. En Madrid habían sido dueños de una joyería que heredó el padre y en la que hicieron su fortuna. Él se llamaba Ricardo y ella Elena y tenían otros dos hijos además de María del Pilar y el padre un hermano que se llamaba Francisco que era muy soberbio y grosero. Ángel era un ignorante completo, juguete de su mujer pero muy tirano con los demás sobre todo con los indios a los que detestaba. Pero bueno, Carlitos y María del Pilar se hicieron novios y nos tuvimos que tragar a toda esa familia con la que verdaderamente no teníamos nada en común.

Marie Claire era francesa por los cuatro costados, de pelo rucio y ojos azules. Tenía mala fama por su liviandad con los hombres de la alta sociedad de los que se deshacía de la noche a la mañana. Al no más conocer a Carlitos le echó el lazo para añadirlo a su lista de pretendientes pero sin realmente quererlo. Los padres, cansados ya de sus correrías, la mandaron un día de vuelta a Francia y nunca más se supo de ella. Carlitos se quedó muy triste hasta que conoció a otra muchacha que era la viva imagen de la actriz norteamericana Elizabeth Taylor. Se hicieron novios pero a escondidas del padre que se oponía tajantemente a las relaciones bien porque Carlitos era español o por considerarlo de un nivel inferior al de él. Pero como se gustaban tanto se las arreglaban para encontrarse los domingos al romper el alba en una iglesia que quedaba cerca de donde vivía ella. Así, un domingo por la mañana cuando salieron de la iglesia los estaba esperando el padre y encarándose a Carlitos juró matarlo si no dejaba a su hija. Una semana después en una fiesta cuando Carlitos la sacó a bailar llegó el padre con pistola en mano y estuvo a punto de matarlo. Dos días después se enteró Carlitos por una prima de la muchacha que la habían mandado a vivir con unos parientes no sé si en Holanda o Suiza. Otra de las nenas que le conocí a Carlitos— aunque algo mayor que las demás— fue una cantante argentina que había conocido en el hotel Intercontinental de San Salvador y que había puesto muy de moda la canción "la Hiedra". Pero la relación fue muy fugaz pues al terminarse el espectáculo la bailarina desapareció sin dejar rastro.

Un día mientras le arreglaba a Carlitos un cajón donde guardaba su ropa encontré este verso escrito por él:

El rapto

¿Quién de la radiante aurora sus labios besó?
¿Quién del capullo de un jazmín su néctar bebió?
¿Quién de la luna escondida una gota de rocío lamió?
¿Quién de una saya de blanco encaje su nido allanó?
¿Quién desde la fugaz estrella un suspiro exhaló?

--¿Fuiste tú mariposa?
--No, no fui yo.
--¿Fuiste tú abejón?
--No, no fui yo.
--¿Fuiste tú cigarra?
--No, no fui yo.
--¿Fuiste tú lagartija?
--No, no fui yo.
--¿Fuiste tú caracol?
--No, no fui yo.
--¿Fuiste tú escarabajo?
--No, no fui yo.
--¿Fuiste tú alacrán?
--No, no fui yo.
--¿Fuiste tú hormiga?
--No, no fui yo.
Pues entonces no queda sino la culebra, la liebre, el viento, la lluvia...o
¡quizás yo!

Fue la primera vez que me percaté de esta cualidad de Carlitos que indudablemente había heredado de mí como yo de mi madre. Carlos era también medio poeta pero sus versos eran densos y profundos, menos sentimentales.

Por esos días vino de visita a San Salvador el novio que había dejado Coqui en La Habana. Su nombre era Manuelo, nacido en Cuba pero de padres gallegos. Estudiaba ingeniería en la universidad de La Habana y era uno de los dirigentes de la FEU. Se conocieron cuando Coqui empezó a estudiar arquitectura en la misma universidad.

Capítulo 2: Excursión familiar al volcán Izalco y lo que les ocurrió a Coqui y Carlitos en El Boquerón.

"El Faro de Centroamérica". Así le llamaban al volcán Izalco con fama de ser el más grande de la región y como nos habían hablado tanto de él nos fuimos un domingo a visitarlo. Todo el viaje fue una aventura visual como pudo haber sido el de Orellana al internarse en el Amazonas por lo primitivo del paisaje y la sensación de soledad. Claro que íbamos en coche y no a caballo o a pie, pero la densa vegetación, el intenso olor a lluvia y fango, y la neblina que nos rodeaba nos hacían sentir como si estuviéramos en plena selva. Para llegar a la cumbre se subía por un alto monte que se llamaba el Cerro Verde que le quedaba enfrente dando vueltas y vueltas por un camino pedregoso y polvoriento.

Al cabo de un par de horas llegamos a la cima y nos acercamos a un mirador rústico de madera y ahí, a no más de doscientos metros, delante de nuestros ojos cual gigante durmiente como lo podía haber imaginado Don Quijote, estaba el volcán. Era como un cono enorme, gigante, descomunal, cubierto de lava negra como piel de toro estirada sin una sola planta o hierba en la que pudiera descansar la vista y con la cumbre medio encubierta por unas nubes que le danzaban alrededor. Uno de los guías nos dijo que recientemente había hecho erupción y que en cualquier momento podía estallar, que tenía unos 2.000 metros de altura y que era un volcán parásito llamado así por haberse formado del de Santa Ana. El espectáculo era impresionante, sobrecogedor, imaginado sólo en sueños o más bien en pesadillas. Allí permanecimos embelesados casi una hora y después nos fuimos a visitar el hotel de montaña que quedaba a unos pasos del mirador.

Llegamos allí temprano, sobre las nueve de la mañana. Yo había llevado los ingredientes para hacer una paella al aire libre que me quedó muy rica y que disfrutamos todos. El ambiente, el olor a marisco, a vino, a naturaleza salvaje, me tenía transportada y así me quedé adormecida recostándome al tronco de un árbol volándome la mente en mil direcciones.

En otra ocasión estuvimos en el Boquerón que quedaba bastante más cerca que el Izalco en las afueras de San Salvador, y también nos quedamos impresionados por su extremada belleza. Como el Izalco eran en realidad dos volcanes con el Boquerón a la izquierda y el Picacho a la derecha formando parte del volcán de San Salvador. Se veían perfectamente desde cualquier ángulo de la ciudad espectáculo ya de por sí maravilloso. Llegamos a la cima del Boquerón que era un cráter enorme de por lo menos medio kilómetro de ancho y muy profundo viéndose en el fondo el "boqueroncito" que era otro cráter más pequeño de carbonilla. Todo el volcán estaba cubierto de una vegetación muy exuberante por llevar muchos años extinguido. Tanto les impresionó a Coqui y Carlitos que quedaron en volver otro día para verlo con más calma. Hablaron con unos amigos que no lo habían visto tan de cerca y para allá se fueron todos un domingo bien tempranito por la mañana. Al regresar Coqui me relató la gran aventura.

--Pues mira, mamá, estando en la cima a alguien se le ocurrió la descabellada idea de bajar al fondo a ver qué había. Empezamos el descenso y a medio camino resbalé y al tratar de asirme de un tronco se me quedó en la mano con raíz y todo y me fui deslizando vertiginosamente cabeza abajo. Al verme Carlitos se tiró de nalgas y me agarró por un pie sujetándose de una roca hasta que logré parar. Si no hubiera por él me hubiera despetroncado hasta el fondo. No en balde el susto seguimos cuesta abajo y de momento se nos cruzó un campesino cargado de leña con un perro a su lado. Paramos la marcha y le dije:

--Bueno días.

--Buenos días a ustedes, mi señora.

--¿Adónde va tan sofocado?

--Al pueblo a vender esta leña.

--Pero el pueblo está muy lejos.

--Lo hago todos los días y ya estoy acostumbrado; hay que alimentar a la familia.

--¿Tiene usted familia?

--Pos claro, mujer e hijos; vivimos allá más abajo, detrás de aquella matas.

--¿Cuántos son?

--Somos siete, contándome a mí y mi señora.

--¿Tienen su casita, verdad?

--Pues sí, una cabañita que yo hice de troncos y ramas.

--¿No hubiera sido mejor vivir en el pueblo?

--Muy caro para nosotros los pobres.

--¿Y cómo se las arreglan para comer?

--De las siembras y de lo que yo llevo del pueblo.

--¿Y cómo se llama usted?

--Santos Magdalena Quiñones, para servirles. ¿Y ustedes para dónde van?

--Al fondo del cráter.

--¡Ay, virgencita, qué locura!, ¿y qué se les ha perdido allí? Ustedes no conocen el terreno y la tierra es muy resbaladiza y aún les falta mucho para llegar y si les agarra la noche están fregados. Deben regresarse ahora mismo, seguirme a mí.

Traté de convencer al grupo pero estaban empeñados en continuar y no valieron súplicas.

--Tiene usted razón pero mis amigos son muy testarudos.

--Allá ustedes pero tienen que tener mucho cuidado. Y ya que van para allá, ¿por qué no paran a ver a mi familia?

--Así lo haremos; ¿Cómo se llama su señora?

--Tula. Sigan derecho y al pasar aquellas matas verán la cabañita.

--Bueno, Santos, encantada y que le vaya bien.

--Que Dios los guarde y ampare, mis señores. Si lloviera métanse debajo de algún árbol hasta que escampe. Como la subida es mucho más difícil que la bajada traten de apoyarse en algo o ir arreguindados por si alguien resbala. Cuídense de los bandoleros y pillos que por ser extranjeros los pueden asaltar y hacer daño como me pasó a mí una vez cuando venía del pueblo que me acuchillaron, y de los animales como las serpientes que son muy venenosas.

--¿Y cómo se curó las heridas?

--Mi mujer que es medio curandera me puso unas hierbas y poco a poco fue sanando. Me voy que se me hace tarde, adiós.

--¿Y qué otros animales salvajes hay por aquí?

--Yo he visto jaguares y coyotes aunque no tantos como en el monte, pero los hay.

--Este hombre era un titán por la carga que llevaba cuesta arriba a paso firme como si no pesara nada. Era indio puro, chaparrito, muy delgado. Llevaba puesto un sombrero de paja ennegrecido y deshilachado, pantalones marrones con unos tirantes de cuerda basta, camisa azul medio abrochada y calzando unas alpargatas mugrientas y desgastadas de las que se les salían los pies por tenerlos muy hinchados. La piel curtida, los brazos musculosos con las venas a flor de piel del tamaño de macarrones y las uñas como garfios negras de churre. Cargaba sobre los hombros un enorme mazo de leña que lo obligaba a caminar jorobado con la vista baja pero sin tambalearse. El perro—sabueso, desde luego, por no decir asqueroso— era puro hueso de color negro retinto con dos manchas blancas en el lomo y la cola mocha.

Proseguimos la marcha y pronto llegamos a la cabaña de Santos casi oculta entre la neblina. Oímos ladrar a un perro y después una voz preguntando: "¿quién es? Nos acercamos y allí estaba Tula entre la maleza mirándonos con los ojos muy abiertos.

--Hola, señora Tula, acabamos de dejar a Santos.

--¿Son amigos de él?

--Bueno, nos conocimos en el camino.

--Vengan, pasen por aquí, siéntense en este banco. ¿Quieren un poco de agua, algo de comer?

--Agua está bien, gracias.

--Estos son mis nenes... saluden a los señores.

Al no más verlos se me cayó el alma al suelo. Mira, mamá, francamente, estremecedor. Eran tres varones y dos hembras, tan escuálidos y demacrados que daban grima. Los varones estaban totalmente en cueros y las hembras con unas sayitas de hojas de plátano con los pechos afuera.

--Hola, niños, sois muy monos. ¿Qué edad tienen, Tula?

--Este es Mateo, 8, Santos, 10, Nana, 12, Salvador, 5 y Purita, catorce.

Todos se nos acercaron y nos dieron la mano forzando una sonrisa. Quitando al más pequeño los demás lucían como espectros. Mateo era tuerto y chaparrito con la cara llena de lunares y con sólo un mechón de pelo en la cabeza; Santos era puro esqueleto con las costillas saliéndoseles, la cara toda pómulos y con la piel llena de ampollas; Nana estrecha de hombros y anchas caderas con las piernas arqueadas y el labio inferior partido; Salvador muy alto pero de buen aspecto y rellenito de carnes; Purita, patizamba, con los hombros caídos y bizca y los brazos y piernas llenos de manchas. Todos tenían la piel como agrietada de color amulatado y las uñas muy largas y sucias. La madre, Tula, casi enana, de semblante triste, compungido, con mucha barriga y nalga, las piernas cortas como fideos y los pies, ¡ay Dios mío!, como los de los animales, aplastados, huesudos, disparejos, con más uñas que carne amarillentas, una montaña de pelo desigual muy lacio y canoso que le llegaba a los hombros.

Toda la casa estaba rodeada de charcos de agua y fango y era tan pequeña y rústica que no me explicaba cómo podían caber todos en ella ni cómo se mantenía en pie siendo el tiempo tan severo. El techo era de gajos y hojas de guano y las paredes de troncos amarrados con pita. Para entrar había una sola puerta muy baja y angosta con dos ventanitas a cada lado enrejadas de ramas. A un costado, entre unos árboles, había una hamaca de tela de saco muy fina y medio podrida, y detrás un pequeña hortaliza de viandas y maíz , y más atrás un barranco acotado con palos desiguales y medio caídos. Mientras estuvimos allí vi a dos de los niños ir al baño que era simplemente meterse entre unos matorrales, recoger la caca con una hoja y arrojarla por el barranco. Según me dijo Tula cuando los niños tenían alguna herida se las curaba frotándoles la piel con barro cocido y alguna hierba terapéutica y cuando padecían de algún malestar estomacal les daba a beber un extracto o jarabe que ella hacía de las raíces de unas plantas. En esto, según me dijo una vez papá, los indios eran muy sabios usando, por ejemplo, la quina para bajar la fiebre y la hoja de coca para curar muchas enfermedades.

Mientras Tula nos hacía unas pupusas en un fogón de piedras que estaba a un costado de la casa, y que francamente hubiéramos preferido no comer visto como las amasaba con las manos churrosas, nos pusimos a conversar.

--Dona Tula, ¿qué tiempo llevan aquí?

--Desde que nació Purita, hace quince años.

--¿Va al pueblo a menudo?

--Sólo cuando voy a ver a mi mamacita y a mis dos hermanas a las que quiero mucho.

--¿Y suben todos por el volcán?

--Lo subimos y bajamos pero sólo de vez en cuando vamos al pueblo.

--¿Y los niños cómo aprenden?

--Aprenden del campo, de las nubes, las estrellas, el viento, la lluvia...

--No me refiero a eso sino a la educación.

--Pos son muy educados, como usted ha visto, nunca gritan ni contestan cuando los regañamos y nos ayudan en todo.

--¿Cree en Dios?

--¡Ay, doñita, cómo no, y en mi virgencita y mi sagrado Jesucristo que me acompañan siempre. Mire. Déjeme enseñarle esto.

Me metió en la casa y en el medio había una cruz de palos más alta que yo con unas flores silvestres en una corteza de coco a los pies.

--Estas flores de izote que ve aquí se las pongo todas las mañanas, fresquecitas y húmedas de rocío, ¿le gustan?

—Muchísimo, y esas flores son preciosas con esos pétalos tan largos y blancos y muy olorosas; ¿hizo usted la cruz?

--Yo no, Santos, pero yo la cuido.

El suelo de la casa era todo de barro y las camas cuatro palos con colchones de paja, una mesa también de palos y dos bancos; eso era todo, no cocina, no baño, nada, ni siquiera una lamparita o alguna luz a no ser la que se filtraba por las ventanas que era muy tenue.

Nos comimos las pupusas no de muy buena gana y al rato nos despedimos muy cariñosamente de Tula y los críos dándonos mucha pena dejarlos allí tan abandonados en lugar tan solitario. Pero bueno, me dio la impresión que a pesar de la soledad y la miseria eran relativamente felices pues, como dice el refrán, "Ojos que no ven corazón que no siente", con lo que quiero decir que por no conocer otras cosas no las echaban de menos. Por otro lado, uno que lo tiene todo o tiene bastante de nada sirve pues nunca alcanzamos la felicidad o la alcanzamos a medias.

--Pues bien, mamá, ¿qué te parece nuestra aventura?

--Asombrosa, hija, menos mal que llegasteis bien sin percances. Pobre familia la de Santos.

--No sé si llamarle pobre, mamá, que la pobreza depende de cómo se mira. Al menos es gente que no anda lamentándose de lo que no tiene, matándose por el dinero y por alcanzar fama y poder. Es gente sencilla, humilde, sin pretensiones ni ambiciones, conforme con su destino. Nuestra vida comparada con la de ellos ha sido un lecho de rosas y ya ves, no nos parece suficiente y ambicionamos más.

--Bueno, Coqui, aún se puede sufrir mucho con dinero, teniéndolo todo.

--A decir verdad ya estoy harta de tratar de entender la vida. El que menos debe sufrir es el que más sufre y el que más vive para redoblar su sufrimiento, cuando su vida debería ser breve para salirse pronto de este mundo. En esto Dios es muy injusto pues tal parece que bendice al malo y castiga al bueno cuando debería ser al revés.

--Estás exagerando un poco, Coqui. Todos tenemos que sufrir para ganar la Gloria, ese es nuestro destino, y mejor es sufrir aquí que allá, ¿no te parece?

--Entiendo por lo que me dices que según tú este es el verdadero infierno.

--Puede ser, pues aquí más penamos que gozamos cuando allá es todo gozo.

--¡Ay, mamá!, de qué vale tanto hablar si la verdad no la sabe nadie. ¿Crees tú que es justo que los padres de Marita sean los privilegiados y Santos y su familia los infelices?

--Bueno, hija, unos se esfuerzan y otros no, todo depende de lo que cada persona lleve por dentro, de sus ideas y aspiraciones, del afán de superarse.

--Ten por seguro que ese recuerdo de Santos y su familia nunca lo barreré de mi mente.

--Querrás decir, borraré, no barreré.

--¿Cuál es la diferencia, mamá?

--Si se barren vuelven, como el polvo, si se borran desaparecen como algo que escribimos al borrarlo.

--¿Y tú qué piensas, papá?

--Vuelta a enfrascaros en otro debate aunque esta vez no son nimiedades. A ver, los recuerdos son experiencias vividas que barremos cuando estorban y borramos cuando duelen. De lo contrario, cuando no son ni unos ni otros sino que son gratos, dulces, pasan destilándose de la mente al alma donde quedan grabados para siempre.

--¿No puedes dar un ejemplo, papá?

--Entre los que se barren una indigestión, una mala noche, entre los que se borran el asesinato de tu tío Pepe, y entre los que pasan al alma, bueno, cuando conocí a tu madre, cuando naciste tú.

--Ya ves, Coqui, el de Santos es de los que se borran.

--No, mamá, de los que pasan al alma.

Capítulo 3: Otros lugares y costumbres típicos de El Salvador. Varios incidentes que le ocurrieron a Carlitos.

Otro de los lugares pintorescos de El Salvador eran los Planes de Renderos en un monte en las afueras de la capital al que se subía por una carretera con muchas curvas. Al final estaba "la Puerta del Diablo" que eran dos grandes peñascos separados por "la puerta" desde la que se veía toda la ciudad. La vista era impresionante sobre todo de noche con la ciudad iluminada y miles de estrellas resplandecientes. Era lugar predilecto de los turistas y principalmente de los enamorados que bajo la luz de la luna se arrullaban enardeciendo sus pasiones. Subiendo por la carretera se veían casas majestuosas de profesionales y hombres de negocios como un médico que conocíamos con cuya hija Carlitos había tenido amoríos. Otro lugar muy turístico eran "Los chorros" en el pueblo de Juyúa a una hora de distancia de San Salvador. Era un parque acuático de agua manantial que chorreaba en cascadas de acantilados volcánicos. Allí estuvimos varias veces y la pasamos de maravilla en aquel paisaje ensoñador.

Una de las costumbres más encantadoras de El Salvador eran las muy populares "lunadas" que se hacían en pleno campo o playas al oscurecer a base de asados al aire libre. Una vez nos invitaron a una de ellas en la playa en la que asaron una vaca entera con tripas y todo y había que ver a la gente cómo disfrutaba comiendo, bebiendo, cantando y bailando con un grupo de mariachis hasta pasado el amanecer. Otra costumbre encantadora eran las serenatas al estilo Méjico con mariachis o con tríos de guitarristas. Cerca de casa las oíamos a menudo con canciones como "Cielito Lindo", "Cucurrucucú paloma", "Las mañanitas", y otras. Entre las palabras típicas me acuerdo de algunas como "bayunco", de mal gusto, "bolo", ebrio, "carajada", mentira, "cipote", niño, "culero", marica, "cheyudo", perezoso, "enchimbolarse", enredarse, "lana", dinero, "naco", llorón, cobarde, "pinche" inútil, malo, "babosada", tontería, "pendejo", cobarde, "guagua", bebé. Era curioso que esta palabra de "guagua" significase en Cuba algo totalmente distinto como era "autobús" que para los salvadoreños era "camión" también con un significado muy distinto en Cuba y en español.

En El Salvador Carlitos tuvo varios percances más o menos serios. Uno de ellos fue un encuentro violento con uno de los trabajadores de la lechería que se ausentó un día por haberse emborrachado la noche anterior. Fue Carlitos en persona a su casa y lo sacó de la cama a rastras y se lo llevó en el coche a la lechería. Al día siguiente lo estaba esperando el tipo con una pistola y casi lo mata si no hubiera sido por la otra gente que había allí que lo evitaron. Otro fue cuando venía de la hacienda con el jefe y se le tiraron delante del coche en la carretera unos muchachos borrachos estando a punto de volcarse por un barranco. Paró el jefe, se acercó al chofer y poniéndole la pistola en la frente le obligó a pedirle perdón de rodillas. Al día siguiente cuando regresábamos a casa después del cine lo estaban esperando los muchachos con una banda de indios bandoleros. Carlitos se les enfrentó pero si no hubiera sido por su hermana Coqui que, haciendo alarde de su coraje como María de Estrada en el cerco de México, se interpuso lo hubieran matado a balazos o machetazos. Otro fue cuando sin querer arrolló a un ciclista en la calle no habiendo sido su culpa, pero vino la policía y por el mero hecho de ser el accidentado indio y Carlitos español, y aun sabiendo que no llevaba culpabilidad según testimonio de varios testigos, se lo llevaron preso esposado y lo metieron de cabeza en la cárcel. En realidad no sé quién era más bribón si el delincuente o la policía tan corrupta como los del gobierno de quienes aprendieron todas las mañas. Digo de paso que en aquel entonces muchos miembros policiacos iban por la calle descalzos y que por unos cuantos colones se les sobornaba aunque en este caso no fue así. Su padre con un amigo lo fue a ver y le llevó comida y sufrió mucho viéndolo encerrado entre tanta gentuza y sin poder hacer nada. A la mañana siguiente lo pusieron en libertad gracias a su jefe Rafael que era amigo del jefe de la policía de San Salvador. Aquí le fue de gran ventaja ser extranjero pues en la cárcel lo pusieron en una celda aparte sin mezclarlo con los demás presos lo cual pudo haberle salvado la vida.

Me decía Carlos que el elemento que había allí era espantoso, verdaderos criminales para los que la vida carecía de valor. En estos tres incidentes Carlitos podía haber perecido o salido muy descalabrado.

Una noche estábamos todos en un café al aire libre llamado "Drive-In" cerca de la colonia Escalón, y de momento se aparecieron unos señoritos de la alta sociedad portando pistolas y empezaron a disparar a diestra y siniestra muertos de risa. Afortunadamente no hirieron a nadie pero destrozaron gran parte del lugar. Nosotros que estábamos en el coche lo presenciamos todo y nos llevamos un gran susto junto con los que estaban allí que echaron a correr. Así se divertían estos energúmenos con la anuencia de la policía que no osaba refrenarlos por el poder que tenían.

En un país volcánico el salvadoreño no podía ser otra cosa que un volcán, ocultando en su interior tanto odio y resentimiento a lo largo de tantísimos años pronto a hacer erupción en cualquier momento, desplegando verdadera violencia hasta ver la sangre correr. Tuvo otros incidentes con mujeres casadas que por hacerle monerías y verse con él arriesgaban sus matrimonios y aun sus vidas. Y no era que la mujer salvadoreña común fuera promiscua, sino que veía el coito como natural y lógico fuera con quien fuera y aun no gustándole. Según Carlitos y otras personas con las que hablaba del asunto, con un par de mimos y galanterías se entregan por lo que daban la impresión de liviandad y falta de pudor. Así estas mujeres se cargaban de niños sin saberse en la mayoría de los casos quiénes habían sido los padres, niños que paraban en la pobreza y empeoraban la miseria del país. Común era ver a muchas indias en la vía pública rodeadas de críos pidiendo limosna con la ausencia de los hombres que siendo tan machotes y orgullosos no se sometían a tal humillación. Sin embargo, estas desgraciadas con sus hijos arrastraban su honor y dignidad por meros mendrugos sin importarles en lo más mínimo la opinión ajena. Por todo ello se le tenía a El Salvador como el país como el de mayor densidad de población de Centroamérica. Era en realidad un país pequeño en comparación con otros como Guatemala y Nicaragua, y a lo que se debía en gran parte la suma pobreza que lo asfixiaba. El Salvador era, básicamente, un país agrícola con predominio de las frutas y el café como lo eran en Cuba el azúcar y el tabaco, razón por la cual importaban gran parte de lo que consumían a precios elevados inasequibles al pueblo. Y así vestían y comían mal y vivían aún peor sin solución posible. En este aspecto, El Salvador era un microcosmos de toda Hispanoamérica con países como Perú, Bolivia y Ecuador a la cabeza. El salvadoreño estaba atrapado con un gran peso encima que sólo un milagro le podía quitar. Esta era tema del que Carlos y yo hablábamos a menudo aparte de lo que yo leía asiduamente en buenos libros, revistas y periódicos.

Nuestra vida en El Salvador tenía sus altas y bajas. Las altas una relativa estabilidad económica, y las bajas muchos sobresaltos de los que ya he mencionado algunos. Pero aún nos esperaba el peor de todos que bien podía habernos hundido para siempre. Ser extranjero en El Salvador tenía ventajas y desventajas, entre estas últimas ser español pues todavía latían antiguos resentimientos de los tiempos de la conquista. Teníamos que andar con pies de plomo ya que cualquier incidente, tropiezo, o malentendido podía provocar un caos y lo que era peor que nos echaran del país. Otros extranjeros no corrían peligro porque traían dinero como los árabes y judíos, pero nosotros no podíamos ofrecer nada de valor a no ser los conocimientos de Carlos que en poco se estimaban.

Capítulo 4: La gran tragedia de la playa de La Libertad.

En la costa del Pacífico de El Salvador había una playa que se llamaba La Libertad a unos cien kilómetros de la capital. Nunca habíamos estado allí porque nos habían dicho que era muy peligrosa principalmente por las violentas olas y las contracorrientes. En realidad no era país de playas, como Cuba o Santo Domingo, sino más bien como tengo dicho de volcanes y lagos. Por qué lo llamó así Magallanes no lo sé, pero quizás debería haberse quedado con su nombre original de "Mar del Sur".

En la lechería donde trabajaba Carlitos acababan de sacar como nuevo producto el jugo de naranja también en envases de cartón, y como estaba a cargo de las ventas y publicidad ideó una campaña publicitaria muy ingeniosa que incluía darlo a probar en los supermercados. Con tal fin empleó a una muchacha salvadoreña que se llamaba Blanquita que lo repartía a los clientes en un puesto muy bonito que habían mandado a hacer. Aumentaron las ventas y todos estaban muy contentos. Al cabo de dos semanas, al concluir la promoción, invitó Carlitos a Blanquita, su hermana Morena y a su hermanito Tito a pasarse un domingo en la playa de la Libertad. Llegó el ansiado día y se fueron todos en el coche de Carlitos incluyendo a su amigo cubano Ivo y el otro italiano Aldo que era dueño de un restaurante en el centro de San Salvador.

Llegaron a la playa que por ser domingo estaba casi desierta. Carlitos y Blanquita se metieron enseguida en el agua y estando junto a la orilla de momento vino una gigantesca ola y los lanzó mar adentro. Ahogándose Blanquita se asió de la cabeza de Carlitos empujándolo hacia abajo. Falto de aire y ahogándose él también la cogió por los brazos y la empujó perdiendo en ese momento el conocimiento. Poco a poco fue viniendo en sí mientras la corriente lo arrastraba de vuelta a la orilla. En ese momento le pasó por el lado su amigo Aldo y al verlo a salvo prosiguió nadando a socorrer a Blanquita. Alcanzó Carlitos por fin la orilla y se fue a toda velocidad en el coche a buscar ayuda. Al llegar al pueblo estaba todo cerrado y la única gente que había eran unos indios borrachos tirados en la calle. Regresó a la playa y desde lejos vio a Blanquita tendida en la arena, a Aldo encima de ella tratando de revivirla, y a dos indias arrodilladas persignándose. Se fue acercando lentamente y Blanquita estaba muerta con la piel rojiza, el cuerpo hinchado, los ojos espantados, y el pelo sobre la frente cubierto de arena, la hermana dando gritos y Tito volcado sobre la arena machacándola con los brazos. Contaba Blanquita escasamente con quince años de edad. De pronto se encapotó el cielo y comenzó a llover copiosamente. Cogieron el cuerpo inerte de Blanquita y la sentaron en el asiento de atrás del coche cubriéndola con dos toallas. Los dos hermanos se sentaron junto a ella llorando desconsoladamente y así emprendieron el viaje de regreso a San Salvador. En el camino total silencio, miradas, ansiedad y duda sin saber cómo enfrentarse a los padres y darles la triste noticia.

Me decía Carlitos que todo el viaje fue una tortura y que cada vez que miraba por el espejo retrovisor y la veía a ella se estremecía de dolor y pena. Los dos amigos iban a su lado totalmente mudos lanzando de vez en cuando una mirada de angustia y desasosiego.

Atravesaron el pueblo donde vivía Blanquita y poco a poco se fueron aproximando a su casa y al ver a la familia que regresaba de misa se metió Carlitos en una esquina y le dijo a Tito que fuera donde su madre y sin decirle nada de lo ocurrido le pidiera que viniera al coche. Pero el niño sin poder aguantar el sufrimiento que lo consumía al no más ver a su madre se le abalanzó llorando y dando gritos diciéndole que Blanquita había muerto. Salió la madre desbocada seguida de su familia y al llegar al coche abrió la puerta y vio a su hija muerta y a su otra hija tirándose de los pelos gritando. Se agachó, la sacó del coche y cargándola en sus brazos la llevó en procesión hasta llegar a la casa con medio pueblo siguiéndole los pasos. Carlitos y sus amigos se quedaron en el coche sin saber qué hacer. Mientras esto ocurría vino un vecino corriendo muy sofocado y nos dijo que Carlitos se había ahogado en la playa de La

Libertad. Al oírlo salimos todos corriendo trinchados de dolor y cuál no sería nuestra sorpresa al verlo venir por la calle. Lo abrazamos todos llorando de júbilo dándole gracias a Dios por estar vivo.

A la mañana siguiente muy temprano nos fuimos los cuatro al velorio. La casa estaba abarrotada de gente muy bulliciosa y al entrar nosotros callaron todos apartándose para dejarnos pasar. Nos sentamos en una salita contigua a la habitación donde estaba tendida Blanquita. La desdichada muchacha tenía puesto su vestido blanco de comunión con los brazos en cruz y muy bien peinadita con un lazo rosado y la madre a su lado arrodillada con las manos sobre ella rezando. Los cuatro estábamos como estatuas con la gente mirándonos de reojo y como maldiciéndonos entre dientes. En ese momento se nos acercó un periodista y empezó a hacernos preguntas capciosas sobre el accidente. Alguien fue a decírselo a la madre y se acercó a nosotros tambaleándose y sollozante. Tomó a Carlitos tiernamente por las manos y voz trémula pero firme le dijo delante de todos:

--No te angusties, hijo, no fue tu culpa sino voluntad de Dios.

Se acercó entonces a Carlitos abrazándolo y colmándolo de besos. El periodista se le quedó mirando asombrado y gesticulando los brazos se salió de la habitación. Qué más quería él que involucrar a unos extranjeros, principalmente españoles, en la terrible muerte de una joven salvadoreña. Me imaginaba la noticia en la primera plana del periódico: "Español mata a niña salvadoreña".

Durante el velorio la hermana de Blanquita permaneció muda pero, sin embargo, al bajar el ataúd a la fosa en el cementerio lanzó un grito desgarrador y cayó desmayada al suelo quedando después muy afectada de los nervios de lo que nunca se recuperó según averiguamos después. De la madre no volvimos a saber pero yo la recordaba mucho y rezaba por ella y por el alma de Blanquita todos los días. Pensando en ella le dediqué este verso:

Vestida toda de blanco,
sobre una mesa tendida,
yace una niña sin alma
que a los cielos ha ascendido.

Gotas caen sobre el vestido
de unos ojos hinchados,
huele a flor, a lirio,
a campo virgen mojado.

Tierra árida, ceniza,
a tus entrañas se acerca
un angelito dormido
todo bondad y pureza.

Rayos de luz en tinieblas,
silencio que ahoga gritos,
sueños que nacen de penas,
llantos que atrapan suspiros.

¿Qué decir ante este gesto de inusitada y suprema muestra de caridad y comprensión? ¿Qué decir del indio y su naturaleza? ¿Quién se atreve a decir ahora que carece de alma, que se arrastra por la tierra como un mísero gusano, que es de mente cerrada y superficial? De allí salimos deshechos, hundidos de cabeza y hombros, pero más que nunca convencidos de la existencia de la bondad humana que si bien es esporádica de vez en cuando reaparece irradiando luz en un mundo de tinieblas.

A Carlitos le afectó hondamente la muerte de Blanquita. Se sentía culpable por no haberla salvado aun arriesgando su propia vida, ¿pero qué podía haber hecho con un mar tan tenebroso y traicionero? Inútil era nuestro razonamiento y pasaron muchos años antes de que lograse quitarse ese gran peso de encima. Por otro lado, gran muestra de amistad recibió de su amigo Aldo que sin pensarlo dos veces y viendo que ambos se estaban ahogando se lanzó al agua y logró rescatar el cuerpo de Blanquita antes de desaparecer y traérselo a remolque a la orilla. No sé yo quién en iguales condiciones hubiera hecho semejante acto de amistad y heroísmo sobre todo por parte de un italiano con fama de ser ante todo muy egoísta y materialista.

La casa de Blanquita estaba en un pueblo que se llamaba Santa Tecla en las afueras de San Salvador. Era pequeña, humilde, con todos los vecinos indios puros. Ya habíamos estado allí antes de paseo porque era un pueblo muy pintoresco y apacible. En aquella ocasión nos comimos unas pupusas en la calle que nos sentaron como un tiro. También se nos descompuso el coche y costó gran esfuerzo arreglarlo porque siendo domingo todo estaba cerrado. Así eran los domingos en El Salvador, día de descanso y paseo y también de emborracharse para olvidar las penas. El salvadoreño era muy amante de la botella sobre todo durante los fines de semana y en especial los domingos. Tomaba por vicio para ahogar pesares, aunque el rico también empinaba el codo para divertirse y hacer salvajadas. También era muy parrandero y dado a las festividades públicas sobre todo religiosas como Semana Santa y Navidades. Era en extremo religioso y devoto y hasta diría fanático embebido por una fe machacada a lo largo de siglos. En las casas tenían sus altares muy bien dispuestos y adornados con velitas encendidas todo el día. En general era educado, de buenos modales, y al hablar muy cortés refiriéndose a toda persona, conocida o desconocida, con el don y doña antepuesto al nombre de pila, como "don Carlos", "doña Emilia". Era buen trabajador cuando le daba la gana y por duro y agobiante que fuera su tarea la desempeñaba calladamente y sin quejarse. Los hombres eran gallitos, pendencieros, y las mujeres obedientes y sumisas. Comía lo que le daban o podía comprar, sobre todo pollo y cuanto podía hacerse con maíz como las tortillas que eran sus favoritas. Eran buenos amigos y vecinos y andaban siempre en grupos separados los compadres de las comadres. Hablaban con un "tumbao", como decían en Cuba, es decir, a su estilo y manera, pero pronunciando bien las palabras sin comérselas al final como el dominicano o cubano sobre todo los adjetivos o participios terminados en el sufijo "ado" como "acostumbrao" en vez de "acostumbrado", "pelao" en vez de "pelado", o los adjetivos en "ada" como "desgreñá" en vez de "desgreñada", "preocupá" en vez de "preocupada". En general no leían a semejanza del dominicano o cubano, a no ser los periodiquillos cargados de banalidades y estupideces. La mayoría de la población era analfabeta, que no quiere decir estúpida, con un nivel de educación que no pasaba del segundo o tercer año de primaria. En ello se confabulaban el gobierno y la Iglesia pues mientras más ignorantes eran más poder ejercían sobre ellos, y desde luego las trece familias que hacían de ellos siervos. Si la instrucción tiene como meta espabilar la conciencia y ampliar y profundizar el horizonte de conocimientos del ser humano, el arma más poderosa de que se valían unos y otros era la ignorancia del pueblo.

El indio por naturaleza era bueno, pero a base de patadas y arañazos lo fueron haciendo ruin que para mí era gran pecado. Y no vale hablar de sociedad, de conciencia pública o de civismo pues en realidad no existía. En El Salvador todo eran masas dispersas y desunidas con el único vínculo del lenguaje, religión y la mayoría de las costumbres, y así los tenían en un puño faltos de voluntad y rumbo.

En el tiempo que estuvimos en El Salvador vi si acaso a cinco o diez negros, no sé si cubanos, jamaiquinos, haitianos o norteamericanos. Españoles los había pocos, entre ellos la mayoría curas, y criollos bastantes. Extranjeros que se vieran en la calle contados, entre ellos árabes, uno que otro judío y algunos italianos que eran todos dueños de comercios como Aldo, el amigo de Carlitos, que tenía un restaurante muy popular en el centro de San Salvador. Sin embargo, hijos o descendientes de españoles los había a montones sobre todo en la reducida clase media y más en la alta. Había muchos colegios casi todos religiosos como las Dominicas Francesas, que eran casi exclusivamente para las señoritas o señoritos de la sociedad, y en cada pueblo dos o tres iglesias con miles de feligreses a las que concurrían como mansas ovejas. El poder que tenía la Iglesia sobre toda esta gente era más que evidente y palpable, y al decir Iglesia me refiero a la Católica pues las otras denominaciones no existían al menos que yo supiera.

Esa misma noche después del entierro nos sentamos Carlos y yo a conversar.

--Carlos, ¿qué te parece lo de la madre de Blanquita?

--Una verdadera santa. Con una sola palabra en contra nuestra nos hubieran sacado de aquí a empujones o linchado alguna noche en la cárcel. A pesar de su gran dolor en ese momento supo captar lo que se traía el periodista y lo dejó con la ganas. Supo comprender, además, que la culpa no había sido de Carlitos y que no había ningún juego sucio con lo cual demostró gran capacidad de comprensión. Claro que en ello valió que estuvieran allí los hermanos de Blanquita y que lo vieran todo, de lo contrario no hubiéramos salido tan bien parados, creo yo.

--Verdaderamente que tuvimos suerte pues bien le podía haber ocurrido a él y no a ella. Y que después se lo trajera la corriente en vez de impulsarlo mar adentro fue otro milagro, como fue que Aldo estuviera allí y se trajera el cuerpo de Blanquita.

--Yo creo que Carlitos andaba algo enamorado de ella.

--No lo creo, era muy jovencita, casi una niña.

--¿Y a ti te gustaría que Carlitos se casara con una salvadoreña?

--Siempre que fuera decente y de buena familia.

--Los españoles en tiempos de la conquista se casaron o mezclaron con muchas indígenas y según me has dicho con la anuencia y beneplácito de los reyes.

--No al principio pues preferían que se casaran con españolas. Es más, exigían que los hombres se casaran antes de salir para América y que se llevaran a sus mujeres y familias para así poblar las nuevas tierras. Y a las doncellas, es decir, a las solteras que pasaban a América, se les exigía que casaran con españoles como hicieron muchas con los conquistadores a pesar de las diferencias de edades y linajes, como pasó con las doncellas del séquito de María de Toledo, la mujer del gobernador Diego Colón en Santo Domingo, que se casaron muy bien y se hicieron ricas, y con las de otras virreinas como Ana Francisca de Borja y María Arias de Peñalosa. Después, al adentrarse el español en el alma y forma de ser de la indígena la prefirió a la suya por ser más dulce, tierna y dócil. Como bien sabes, la mujer española es por lo general dura, tosca, intransigente y soberbia.

--Oh, oh... yo soy española.

--Lo eres pero no del montón que para mí están perdonadas. Algo tienes tú de especial y por eso nos casamos. Pero mira, Emilia eres mujer bien nacida, noble, resignada y consagrada a los tuyos y, además, guapa y con la cabeza en su sitio, ¿qué más se puede pedir? No te las vengas a dar ahora de tonta o inocente que bien que nos conocemos.

--Carlos, deberías ser un poco más dulce al hablar y no estar siempre gruñendo, tan áspero.

--La dulzura tiene su lugar y momento y no se regala que bastante trabajo costó hacerse de ella. Se trata de ser dulce y no dulzón que empalaga.

--¿Me estás diciendo que empalago?

--No, que no derroches tu dulzura que dar mucho de lo bueno indigesta o se desgasta. También que lo que cuentan son los hechos más que las palabras que se las lleva el viento por ser mayormente huecas e inconsecuentes. ¿De las palabras que oyes a diario hay alguna que se te pegue, que te haga tilín?

--Carlos, todo depende de cómo se digan y de quién las diga.

--Y del momento, Emilia, del momento y del lugar, que no es lo mismo escuchar una sonata de Beethoven en una tienda que en tu casa de noche con los ojos cerrados y la mente rastreando, comer una paella en un restaurante que en la intimidad de tu hogar rodeado de tus seres queridos, o mirar a las estrellas desde una ventana que en el campo abierto bien cerrada la noche. Ten por ejemplo el verbo "querer" que puede significar desear algo, como "hoy quiero comer albóndigas", o amar entrañablemente a una persona como al decir "te quiero". No soy yo amante de soltar palabras como una regadera sino muy contadas en su momento y lugar precisos. Te vuelvo a repetir lo de Platón, que el que mucho habla poco siente.

--Me estás enredando, Carlos, me tienes ofuscada, das tantas vueltas que me pierdes. Volvamos a lo que hablábamos antes. En Cuba te opusiste a la relación de Carlitos con Cachita, la mulatita.

--Eran dos razas distintas.

--¿Y qué tiene eso de malo?

--Nada, que cada raza tiene sus parejas, hombres y mujeres para acoplarse; ¿a qué buscar en otra?

--¿Y si se juntan y se quieren?

--Si se juntaran todas las razas y se fundieran no existirían.

--¿Y...?

--Nada, mujer, nada, que resultaría una totalmente híbrida que es como decir nada.

--¿Y...?

--¡Coño, que nada!, que se casen los amarillos con los rojos, los blancos con los negros, y de paso los hombres con los hombres y las mujeres con las mujeres. Armar el gran potaje a ver en qué pararía la raza humana.

--Puede pasar algún día.

--Todo este barullo, este caos, lo causa la puñetera emigración por lo que cada cual debería quedarse en su sitio.

--Imposible, Carlos, el mundo es grande y los horizontes amplios, hay guerras, catástrofes, epidemias, tenemos que movernos para mejorar de vida.

--Ya lo sé, pero se pierde más que se gana. Ganamos en lo material y perdemos en lo espiritual. Los cambios trastornan, crean yagas y vacíos en el alma. La distancia, la añoranza, los recuerdos van creando surcos que se ensanchan con los años.

--Otro callejón sin salida, Carlos, dejemos ese tema. Pero dime una cosa, ¿qué concepto tienes tú del sajón ahora que está a la cabeza del mundo?

--Me imagino que te refieres al anglosajón, al norteamericano. Inglaterra da asco y no quiero hablar de ella. A Norteamérica la crearon no Inglaterra, es decir la nación, sino los ingleses, el pueblo, al menos fueron los que la encaminaron.

--Pero a Hispanoamérica también, ¿no?

--En ambos casos fue empresa de individuos y no del estado, sobre todo al principio. Es más, el inglés venía huyendo del despotismo e intolerancia política y religiosa de su propio estado que regía Jaime I. Buscaba romper lazos con la corona y no extenderlos que fue exactamente lo opuesto en nuestro caso que se quiso hacer de América una segunda España. Pronto la convirtieron en una colonia, como hicieron con la India y Australia donde fueron a parar todos sus presos. Igual hizo Holanda y aun la misma Francia con el bochornoso Haití que es gran mancha en su historia. La América hispánica fue una extensión de España y la sajona fue una extensión de nada. Los conquistadores españoles veneraban a su rey mientras que los ingleses lo odiaban. Y esos padres peregrinos desembarcaron en lo que es hoy el estado de Virginia como Pedro por su casa sin conquistar nada pues nada había que conquistar. Por otro lado, los españoles chocaron con otros mundos opuestos y siguiendo el patrón de Roma y las creencias de su tiempo los derrocaron en nombre del rey y su religión. Entre los peregrinos resaltaban la sencillez y el pragmatismo, mientras que entre los españoles fueron los sueños de grandeza propios de la época medieval encarnados en el "Amadís de Gaula" y en otras novelas de caballerías. Uno era soñador, el otro pragmático y de ahí la diferencia entre ambas Américas. Y a los peregrinos los siguieron otros emigrantes igualmente sencillos y humildes como los alemanes, holandeses e irlandeses, y entre todos ellos forjaron una nación de obreros siguiendo la filosofía de Calvino para quien el trabajo era honorable y el camino seguro y eficaz para ganarse el cielo. En este sentido nos llevaron gran ventaja pues para el español de aquel tiempo el trabajo era deshonroso teniendo que depender del indio y el negro para que lo hicieran. Acuérdate del hidalgo del "Lazarillo de Tormes" que vivía de pura apariencia y ostentación.

--Con eso quieres decir que el sajón es trabajador y que nosotros vivimos del cuento.

--No es que vivamos del cuento sino que no dejamos que el trabajo nos consuma la vida. Nada, que todos nos creemos hidalgos, quijotes, con unas ínfulas de grandeza siendo todo apariencia. Pero lo que desconoce mucha gente es que antes de los peregrinos estuvimos nosotros y precisamente en esa misma región a la que llegó la expedición de Vázquez de Ayllón nada menos que en 1526, es decir, poco menos de cien años antes de los peregrinos, extendiéndose después con las misiones de los jesuitas hasta llegar a lo que es hoy el estado de Nueva

Jersey. La colonia que fundó Ayllón, San Miguel de Gualdape, fue de corta vida pero la primera en el continente, contradiciendo la creencia de que España se extendió solamente por las costas occidental y meridional y las cercanías de Méjico.

--Carlos, y ya que mencionaste a Haití, ¿no era de este país aquel señor que limpiaba patios en Camagüey?

--No de Haití sino de Jamaica, otro borrón para Inglaterra como los son las Guayanas para Holanda, países, por llamarles de alguna manera, sin identidad propia y personalidad, meros centros de recreo. Dejemos ya todo esto que tengo sueño, vámonos a la cama.

Capítulo 5: Casamiento de nuestra hija Coqui y marcha con su marido a Estados Unidos y lo que ocurrió después.

Como tengo dicho, cuando nos fuimos a El Salvador Coqui y Manuelo ya eran novios pero él se quedó en Cuba con sus padres para terminar su carrera de ingeniero. Se querían mucho y tenían planeado casarse cuanto antes, pero como Coqui insistía en hacerlo a nuestro lado se vino Manuelo de Cuba y se casaron aquí en una boda muy sencilla en la capilla de las Dominicas Francesas. La boda por lo civil sería en La Habana con los padres de Manuelo. A los pocos días se fue Coqui a Cuba y nos quedamos los tres solos en El Salvador.

En la casa de doña Gabi habíamos hecho buena amistad con un matrimonio norteamericano, el Dr. Wells que enseñaba como Carlos en la universidad Nacional de El Salvador y era profesor de física de la universidad de Cincinnati en Ohio, y su mujer Mariana. Hablando una vez Carlos con él surgió en la conversación que Carlitos debería irse a estudiar a Estados Unidos para encaminar su vida quedando el Dr. Wells en encargarse del asunto tan pronto regresara a Cincinnati. Pero como la situación política de Cuba seguía candente, cambiaron los planes en favor de Manuelo y a Cincinnati se fueron los dos. El Dr. Wells le había conseguido una beca en la universidad y a la vez un buen puesto en la compañía de pianos Baldwin.

Ocurrió entonces que el padre y tío de María del Pilar le propusieron a Carlitos la representación en Estados Unidos de uno de sus productos, unas esponjas hechas de la planta "loofa" que cultivaban en una de sus fincas de El Salvador. Se pusieron de acuerdo y para allá se fue Carlitos alojándose en casa de su hermana. Así nos quedamos Carlos y yo solos pero deseando irnos cuanto antes con nuestros hijos.

Como Carlitos era muy hábil y emprendedor pronto se abrió paso y vendió esponjas en tiendas de la categoría de Shillito's y Mabley & Carew, pero al pedir dinero para promocionarlas y otros gastos necesarios se lo negaron y ahí quedó el negocio culpando a Carlitos del fracaso. Como último intento se fue a ver a la poderosa compañía Procter & Gamble y les ofreció el producto. Después de estudiarlo decidieron adquirirlo en grandes cantidades que la empresa de El Salvador no podía proporcionar. Nos decía Carlitos que le habían ofrecido comprar 500.000 esponjas para usarlas como propaganda en uno de sus productos siempre y cuando se las dieran a un precio reducido. Se fue Carlitos a El Salvador a hablar con los dueños y los muy retrógrados dijeron que no, que o las compraban al precio estipulado o que no había negocio. Como consecuencia se enfrió el noviazgo con María del Pilar y se separaron. Más adelante nos enteramos que se había casado con un argentino.

Carlitos se quedó muy triste y empezó a padecer de grandes trastornos estomacales. Sin hablar casi inglés y sin trabajo tenía que depender de su hermana para todo. Vivían entonces en un pequeño apartamento en las afueras de Cincinnati con sus dos hijos.

Ni nosotros podíamos estar sin Coqui y Carlitos ni ellos sin nosotros. ¿Qué hacíamos sin ellos en El Salvador? ¿Qué pintábamos los dos solos allí? Nunca sentimos mayor soledad por lo que estábamos muy deprimidos. Verdaderamente en El Salvador nunca encajamos y ahora mucho menos. El próximo paso a la corta o a la larga era Estados Unidos. Pero si El Salvador nos resultaba extraño ¿qué pensar de Estados Unidos? La diferencia de la lengua, el frío que según Coqui pelaba, la tosquedad y frialdad del norteamericano, ¿cómo nos caería todo eso? Ya nos acercábamos a los sesenta años y nos sentíamos cansados no solamente por la edad sino por nuestra vida errante y la constante zozobra. ¡Ay Camagüey, ay Melilla, ay vida!

Coqui no paraba de gestionar lo de nuestro viaje y eso nos alentaba. Y llegó el día en que teniéndolo todo preparado y con ambos pies en el estribo nos dirigimos Carlos y yo a la tierra de Lincoln. Pero no nos fuimos solos pues Carlitos que había venido a El Salvador a tratar de arreglar lo de las esponjas venía con nosotros.

Habíamos estado en El Salvador dos años, de 1957 a 1959, nuestro cuarto país contando a Francia, Santo Domingo y Cuba. Salir de allí no me causó tanta desazón como al salir de Cuba, es más, me sentía muy contenta en gran parte por reunirnos con nuestros hijos y nietos. Recordaba a El Salvador con cariño pues nos salvó de la hecatombe de Cuba y en general nos trató bien aunque nunca, como tengo dicho, nos caló en el corazón. Fue una etapa más en nuestra larga peregrinación, otro salto de trampolín olímpico.

Camino 4: Rumbo a Estados Unidos.

Capítulo 1: Salida de El Salvador a Estados Unidos y llegada a Cincinnati. Primeras impresiones de esta ciudad, sus costumbres y gente. Lo que fue de nuestra familia de España después de la Guerra. Capítulo 2: Carlos comienza sus labores en la universidad y Carlitos obtiene una plaza de maestro en una escuela pública. Capítulo 3: Casamiento de Carlitos con una chica norteamericana y sus estudios en la Universidad de Indiana y después en la de Madrid. Mi grave enfermedad que casi me lleva a la tumba. Se divorcian Carlitos y Melody. Vuelta a Cincinnati. Capítulo 4: El gran amor de Carlitos y su segundo matrimonio. Capítulo 5: Muerte de nuestra entrañable madre en México. Cambio de narrador de esta historia. Capítulo 6: Cómo conocí a Dagmar y lo que sucedió después. Capítulo 7: Me quedo sin empleo y se nos desata una nueva y larga odisea. Capítulo 8: Enfermedad imprevista y muerte de mi hermana Coqui. Una luz más que se apagaba. Capítulo 9: Muerte de mi padre. Tercera luz que se apagaba. Muerte también de mi suegro, el bueno de Bernabé. Vida de los guajeros de Guatemala. Capítulo 10: Nuestra primera casa y otros acontecimientos dignos de mencionar. Capítulo 11: Casamiento de nuestro hijo Carlitos y lo que nos ocurrió antes y después. Capítulo 12: Marcha de Carlitos a Colorado y yo empiezo mis clases en una nueva universidad y otras cosas que pasaron. Capítulo 13: Segundo casamiento de nuestra hija Isabel y la gran desgracia que le ocurrió a su marido. Capítulo 14: Carlitos, acorralado con problemas, vende la pizzería y otras cosas que sucedieron. Capítulo 15: Continúan nuestras vidas en tierra yanqui. Quedo yo como último eslabón de los que salimos de España después de la Guerra.

Capítulo 1: Salida de El Salvador a Estados Unidos y llegada a Cincinnati. Primeras impresiones de esta ciudad, sus costumbres y gente. Lo que fue de nuestra familia de España después de la Guerra.

Llegamos al aeropuerto de Cincinnati a principios de febrero, y aunque estábamos bien abrigados fue tanto el frío que se nos entumeció el cuerpo y empezamos a temblar. A lo lejos vimos a Coqui y los niños y esa simple imagen actuó en nosotros como un bálsamo de brisa camagüeyana. Antes de ir a casa Coqui nos llevó a conocer el centro de la ciudad, el "downtown" y nos impresionó mucho por los altos edificios, la enorme cantidad de coches, las anchas avenidas, la mucha nieve que se había acumulado en las calles, y lo bien vestida que andaba la gente con buenos abrigos y muchos blancos como no los habíamos visto desde que salimos de España o Francia. Por otro lado, el cielo gris y encapotado, la gente desbocándose por las calles, el ruido, el atolondramiento me tenían despistada sobre todo viniendo de un país tan pequeño y atrasado como El Salvador. Paramos a almorzar en una cafetería y probamos por primera vez la hamburguesa con queso y las patatas fritas que por alguna razón llamaban "French Fries" o patatas francesas. Carlitos se comió un sándwich de jamón y queso, Coqui una tortilla de jamón y queso, y los niños perros calientes que son como longanizas en un panecillo con mostaza. De beber nos tomamos una Coca-Cola helada que nos encantó y de postre una pastel de manzana con helado de vainilla que estaba delicioso. Los camareros eran todos blancos pero los que trabajaban en la cocina, pinches, lavaplatos, todos negros, y desde luego los comensales todos blancos y rubios la mayoría y muy altos.

Tiramos por una calle que se llamaba Vine Street y pasamos por varios pueblos que nos parecieron muy desolados quizá por el frío y la nieve. Nunca había visto tantas casas juntas y, aunque modestas, tenían delante un jardín y césped con puertas y ventanas herméticamente cerradas. Por las calles no se veía a nadie, sólo coches y todos disparados como si fueran a apagar un fuego. Las distancias, calles y más calles interminables, los semáforos en cada esquina, el viento azotando, el frío calándonos los huesos, más cielo gris y nubes, eran para mí algo nunca visto.

Llegamos a la casita de Coqui y nos pareció muy mona, típica, con su césped, garaje a un costado y un amplio patio todo cubierto de hierba muy verde y cortadita rodeado de árboles. Era de una sola planta, de aluminio, con tres recámaras, dos baños, cocina, sala y comedor. Coqui nos tenía preparado nuestro cuarto y Carlitos dormía en el sofá de la sala. Tenía entonces Coqui cuatro hijos, Beatriz, la mayor, Manuelito, Emilita y Pepín. Manuelo seguía trabajando en la compañía Baldwin y le iba muy bien ganando buen sueldo y estudiando en la universidad para terminar su carrera. En fin, que vivían bien y sin apuros aunque con cuatro hijos que los traían tirándose de los pelos.

Para ir a cualquier lado había que echar mano del coche por las enormes distancias. Caminar allí era insospechable sobre todo por las noches por estar prohibido. Esto le pasó a Carlitos una vez que se fue a dar una vuelta por el barrio y se le apareció la policía como si fuera un forajido y lo mandaron derechito a casa. Y mucha gente no tenía un solo coche sino dos, uno para el marido para ir a trabajar, y el otro para la mujer para hacer sus compras. Esto de vivir en las afueras era lo normal, bien apartado del centro de la ciudad que era mayormente zona de negros y gente baja, en fin, chusma. El blanco con el negro no compaginaba y así vivían separados manteniéndose cada cual en su sitio lo cual me chocaba mucho en un país de supuesta libertad y democracia. Y los vecinos, que a veces vivían pegados, eran muy parcos de palabra y del "hello" y una sonrisita no pasaban. El nuestro era aún peor pues casi no nos miraba aunque estuviera afuera todo el día limpiando el coche o asando carne en el patio pasándole por las narices hartas veces. Me decía Coqui que había gran diferencia entre el norteamericano norteño y sureño siendo el primero más seco y tieso y el segundo más amable y cariñoso, como si dijéramos la que existe entre el catalán y aun el castellano y el andaluz o canario. En las fiestas navideñas, que se celebraban más en las casas y en las iglesias, ponían en los jardines muñecos de nieve que llamaban "snowman" y de Santa Claus y adornaban las fachadas con cientos de farolitos multicolores intermitentes. Trabajaban como mulos de lunes a viernes, entre las horas precisas de nueve de la mañana a cinco de la tarde con un pequeño descanso para el almuerzo. Ahora bien, los fines de semana, o los "weekends", eran sagrados y se los pasaban en la casa descansando o paseando por algún lugar. Cuando salían los padres cuidaban a los hijos una niñeras que llamaban "babysitters" a las que les pagaban si mal no recuerdo veinticinco centavos por hora. Asombroso era bajo una tormenta de nieve cómo limpiaban las calles para el tránsito de vehículos, y no menos cómo se conducía a toda velocidad sin que patinaran los coches. Para ir a trabajar los hombres se vestían elegantemente con cuello y corbata, pero al regresar a su casa se transformaban y de poder andarían en cueros con ligera ropa de colorines. Las mujeres eran poco presumidas y se vestían para salir del paso con buena ropa pero también ligera. A los niños simplemente los arropaban y no andaban con remilgos con las niñas por guapas que fueran. Y el tiempo, ¡oh el tiempo!, que para nosotros es una maldición para ellos no era bendición sino un dios por el que se regían como el judío por el Torá o el musulmán por el Corán. Y la ley la llevaban en la sangre como si hubieran nacido con ella con un acatamiento y civismo elogiables. Y el trabajo más que necesario era vida con una dedicación, sentido del deber y eficacia monjil. En cuanto a la fe eran más religiosos que creyentes con mayor número de protestantes que católicos a los que trataban pero no tragaban. El negro, como dije, marginado así como el extranjero y más aún el hispánico de los que había muy pocos. Era, pues, racista e intolerante, soberbio y egoísta.

En el matrimonio andaban parejos el hombre y la mujer gozando de los mismos derechos el uno como el otro, si bien al hombre se le hacía pensar que llevaba los pantalones cuando en realidad era su consorte. O sea, que todo era más bien apariencia pero que funcionaba. Así pasaba en casa con Manolo que se creía llevar las riendas pero en realidad era Coqui la que hacía y deshacía. No así entre Carlos y yo pues él era el que mandaba en todos los sentidos. Los colegios buenos, las universidades magníficas, como la de Cincinnati, el estudiante flojo pero en general obediente y estudioso. La medicina estupenda con grandes hospitales y médicos.

¿Había pobreza en Cincinnati? No como en El Salvador con gente mendigando por las calles , pero sí pobreza de espíritu y de alma sobre todo entre los negros. Una vez fuimos a un parque y había bebedores de agua muy bien marcados para blancos y negros, y en muchas cafeterías los separaban en secciones. Para divertirse el cine, la televisión, los deportes como el juego de pelota o béisbol, el baloncesto y sobre todo el fútbol muy distinto al nuestro. La música hermosa, melodiosa, con las baladas entonces muy en boga al estilo de Frank Sinatra y Nat King Cole. El dinero rey absoluto, por el que se trabajaba y vivía, siendo gran deshonra no tenerlo.

En cuanto al amor conveniente, práctico, interesado, pero sin apasionamientos ni derroche de emociones. El norteamericano guarda sus sentimientos como el judío el dinero o la beata su virginidad por lo que ríe poco y llora menos. La comida sencilla, práctica, desabrida quitando las salsas de las que hay muchas. Mucha carne, algo de pollo, poco de pescado, legumbres, frutas y sobre todo montones de dulces y golosinas. La mujer machota que comparada con la cubana equivalía a comparar el hipopótamo con el pavo real o gacela. El hombre tontainas pero buen padre y marido, cumplidor y responsable.

El inglés, y me refiero a la lengua, era mi gran enemigo que me hacía enmudecer cuando tenía que hablar. Era lengua enredada, confusa, fría, machacada por los norteamericanos como el español por el cubano. Si no hubiera sido por Coqui y los niños que me sacaban de apuros, vamos, si Carlos y yo hubiéramos estado solos en aquel pantano lingüístico, nos hubiéramos muerto de hambre. Era la barrera de las barreras, como estar amordazada y con los oídos tupidos, que ni emitía palabras ni las entendía sino puros sonidos como los de la lluvia y el viento. Pero Carlos, que tenía maña para los idiomas pues sabía latín, griego, y francés y algo de italiano y portugués, se defendía aunque lo escribía mejor que lo hablaba. Así y todo algunas palabritas sueltas sabía como "good morning", "goodbye", "how are you?, "thank you", pero formar oraciones, ordenar las palabras para darles sentido era como subir el Himalaya descalza.

Sus fiestas tradicionales más importantes eran el "Thanksgiving" o "Día de Acción de Gracias" en la que se reunían las familias a comer pavo asado muy aderezado, puré de patatas y pastel de calabaza; el "Halloween" que era el "Día de las Brujas" gran juerga para los niños que se disfrazaban e iban por las casas pidiendo caramelos con la amenaza de hacer una diablura si no se los daban; el 4 de Julio, Día de la Independencia, que se celebraba con una comida campestre o "picnic" a base de hamburguesas, perros calientes y mucha cerveza que era la bebida predilecta. Y, desde luego, la Navidad, pero sin Nochebuena que no la celebraban. También celebraban el Día de Pascuas o "Easter" con una costumbre muy curiosa que consistía en enterrar huevos de distintos colores a ver quién los encontraba, y la Semana Santa pero sólo en las iglesias sin procesiones al estilo de las de Sevilla que eran únicas.

En las farmacias se dispensaban las medicinas únicamente por receta médica y eran como tiendas con toda clase de artículos a la venta. Los mercados extraordinarios con una variedad y calidad de comida insuperables pero en los que tenía uno que servirse solo tirando de un carrito. Consideraban el desayuno como la principal comida del día hartándose de huevos y tocino, una especie de gofre que llamaban "waffles", y unas como filloas con almíbar que llamaban "pancakes", y desde luego mucha leche que bebían como terneros con café más aguado que el de El Salvador. El almuerzo era muy ligero y la cena algo más contundente sin faltar la Coca-Cola que tomaban por jarros. El desayuno temprano, el almuerzo entre las doce y la una, y la cena entre las seis y siete horario que cumplían riguorosamente.

A nosotros siendo extranjeros y máxime españoles nos trataban con recelo y desdén pues en el fondo detestaban todo lo que fuera "Spanish" por la fama que teníamos de zarrapastrosos y cochinos, tratándonos peor que a los perros y aun los gatos. La culpa se les echaba mayormente a los puertorriqueños por la mala fama que tenían en Nueva York, sobre todo en una zona que llamaban "el Bronx". Dudo que tal fama fuera merecida porque aún siendo pobre el hispánico por lo general es decente y guarda de su persona y comportamiento. Pero igual hacían con el mejicano al que consideraban simples peones y bandidos y esto por las películas del Oeste que proyectaban esta imagen. En fin, que nos tenían en la misma categoría de los negros pero con el agravante de no ser natural del país. Allí blanquito, de ojos azules y hablando el inglés perfecto o, de lo contrario, a la lista negra de cabeza. Yo no sé lo que pensarían ellos, pero toda la gente hispánica que conocí en Cincinnati era muy decente y trabajadora, entre ella a una muchacha puertorriqueña alumna de Carlos en la universidad y a un guitarrista mejicano muy amable y cortés. También conocimos a varios cubanos que estaban a un nivel superior quizá por ser judíos de los que había muchos en Cuba. Una de ellas que se llamaba Elena, bastante mayorcita y feúcha, andaba siempre detrás de Carlitos haciéndole ojitos. Su hermana, que se llamaba Berta, era presidenta de la Sociedad Panamericana de Cincinnati en la que daban muchos bailes y fiestas. Había la costumbre, para mí desconocida y rara, de los "dates" que eran las parejas de jóvenes que se iban de fiesta los fines de semana. No me atrevo a llamarles "citas" por tener además de la común una connotación muy distinta que puede prestarse a mala interpretación, sino algo así como novios o enamorados o en el habla callejera tortolitos. La virginidad, el pudor y si se quiere la honra eran para la mujer virtudes anticuadas e insignificantes, indigna de un pueblo civilizado, mero invento de los machos para tener subyugadas a las hembras.

Esto me hacía recordar lo que leí una vez en la "Historia del Perú" de Cieza de León refiriéndose a las indígenas de Cartagena a las que las propias madres desfloraban o "corrompían" metiéndoles los dedos por la vagina antes de desposarse. O a los indios plebeyos del Perú que la noche antes de casarse le pasaban a la novia a los amigos para que "gozasen de ellas" y la hicieran mujer. Pero en los incas nobles la virginidad era gran virtud que hacía a la mujer más digna y deseada.

Me chocaba mucho cómo trataban a los animales domésticos, a los "pets", principalmente a los perros y gatos como si fueran humanos colmándolos de caricias y mimos. El vecino nuestro tenía un "French poodle"—perro maniático e insufrible—que andaba siempre con lacitos en las orejas y en el invierno con una chaquetita de lana y botas. Dormían con ellos y los besaban en el mismísimo hocico con la pasión de un enamorado dejándose lamer toda la cara chorreando baba. A nosotros nos gustaban los animales, el perro, el caballo, el burro, pero si había que darles un puntapié o tirarles de las orejas para que no ladraran o se cagaran en la alfombra lo hacíamos sin ningún reparo y remordimiento como se hace con un niño cuando se pone majadero o le da una berreta. Pero más asombroso era que los llevaban a la peluquería de perros y les cortaban y cepillan el pelo con gotitas de perfume, y a los gatos les tenían unas cajitas con arena para que defecaran y después venía su amo y la recogía con una especie de cuchara y tiraba en la basura. Y no les daban a comer sobras sino comida en lata muy exquisita y cara, cargada de vitaminas y minerales. Si así hicieran con los pobres sería gran caridad y se ganarían el cielo pero por ser tan cerreros no lo entendían. Cuentan con sociedades caritativas que andan por el mundo extendiendo la mano pero la verdadera caridad, para mí, es la directa, personal e individual y no siempre con dinero, como irse a un hospital y lavarle los pies a un leproso, confortar con caricias y dulzura a un anciano moribundo, dejar de comer para que coma otro, o pasar frío para abrigar a un semejante. ¿Pero qué estoy diciendo? Delirios y más delirios, sueños vanos que no cesan. Esto ya no es caridad sino altruismo en el que se procura el bienestar ajeno a costa del propio, y a ver entre los mortales quiénes así lo profesan.

Cincinnati era una de las principales ciudades del estado de Ohio adyacente a otros dos que eran Kentucky e Indiana. A Ohio y Kentucky los separaba el río Ohio que era enorme y del otro lado cruzando estaba el pueblo de Covington famoso por su vida nocturna y libertina que contrastaba grandemente con el puritanismo alemán de Cincinnati. Allí había muchos burlescos en los que las mujeres bailaban medio desnudas de los que también había en Cincinnati. Me recordaban al Shanghai de La Habana aunque menos escandalosos. En las afueras de la ciudad había varios "drive-ins" que eran cines al aire libre para los coches y a los que concurríamos a menudo porque nos encantaban. Uno de los mayores atractivos era el Jardín Zoológico y también los parques de diversiones al estilo del famoso Coney Island de Nueva York.

Carlitos se hizo buen amigo de un judío cubano que se llamaba Jacobo que era vendedor de seguros. Era bajito, gordo como una batea y más que resbaloso con las mujeres a pesar de estar casado y tener varios hijos. Al parecer a la mujer la tenía sin cuidado aunque al salir le recordaba que "por mucho apetito que tuviera en la calle siempre comiera en su casa". La pobre mujer era un adefesio y antipatiquísima y se lo aguantaba todo porque ganaba mucho dinero. Le gustaba mucho andar con Carlitos porque como era tan guapo atraía a las mujeres y así lo invitaba a todas partes y lo colmaba de atenciones. En el fondo lo que buscaba era vender seguros y así engatusaba a las mujeres con regalos y delicadezas, pero al final de la noche sacaba su cartapacio y salía del lugar con varias pólizas de seguros. Claro que Carlitos no necesitaba de él para sus conquistas pues tenía noviecitas por toda la ciudad. Yo le conocí al menos cinco de ellas, todas guapísimas, entre ellas una bailarina cubana que conoció en Covington, y una enfermera del hospital "Good Samaritan" que era el mejor de Cincinnati.

Un día llamó el Dr. Wells a Carlos y le dijo que había un puesto vacante de profesor de español en una universidad católica de Louisville en el estado de Kentucky. Echamos mano de un mapa y la ciudad estaba a unos cien kilómetros de Cincinnati. Carlos hizo las gestiones y le dieron el puesto y a las pocas semanas nos fuimos a Louisville donde encontramos un apartamento en una casa de dos plantas en la calle cuatro en el centro de la ciudad, a dos cuadras de la universidad. Otro salto de trampolín pero ya no olímpico.

Tan pronto recibió Carlos su primer cheque lo primero que hizo fue mandarle dinero a su hermana Alicia en España que estaba sola y en muy mala situación. Siendo muy joven se había ido a vivir con su novio que más tarde la abandonó convirtiéndose en el patito feo de la familia. Nadie quería saber de ella y si no hubiera sido por su hermano que le mandaba dinero todos los meses hubiera parado muy mal. La familia de Carlos de Madrid era buenísima y muy unida pero en aquellos tiempos tener un desliz era imperdonable aun siendo familia. A mí me trataban con cierto recelo y más que nada por ser la mujer de Carlos, pero nunca logré llegar a la intimidad con ellos como tampoco mi hermano Pablo aun habiéndole salvado la vida a Félix cuando estaba en la cárcel. Así éramos –y somos— los españoles creando siempre barreras ante lo extraño y distinto.

De mi familia de España seguía en ascuas sin saber nada, de mi hermano Pablo, mi hermana Lucila y mis sobrinos. Al pobre de Pablo lo metieron en la cárcel al terminar la guerra y estuvo preso varios años. Tenía cinco hijos que le tocó criar solo pues quedó viudo por aquellos años, Pablito, Pilarín, Marisa, Lucila y Matildita que era monja y directora de un convento. Todos sufrieron mucho durante la guerra y más después al quedar la familia arruinada como la nuestra. El que más sufrió fue Pablito que por ser el mayor y más allegado a su padre se tragó toda la hiel que llevaba Pablo por dentro. El pobre nunca se recuperó de nuestra gran tragedia y de haber quedado en la nada rodeado de enemigos. Pablito se casó y tuvo varios hijos pero después se separó de ella en gran parte por tensiones económicas. Carlos y yo nos cuidábamos mucho de hablarles de la guerra a nuestros hijos y les inculcamos amor a todo lo que se relacionase con España; es más, nunca les mencionamos al maldito de Franco con todo lo que lo odiábamos y así adoraban a España y se sentían muy españoles.

Terminada la guerra la familia de Carlos permaneció en España pasando muchas necesidades y miserias. La mayorazga era Consuelo, que había quedado viuda, con sus hijos Consuelo o Lelito, Maruja, Regina, y Manolo o Golo el único varón. Lelito se casó con Miguel Ángel que era de ascendencia alemana, Maruja con Jesús de Villafranca del Bierzo, y Golo con Josefina soriana; Regina quedó soltera aunque tenía novio. De todos el único que tuvo descendencia fue Golo con su hija Consuelito. Tenían un buen piso en la calle de Castelló en el barrio de Salamanca en el que vivía Regina con su madre. Parte de la familia era Antonia la mujer del tío Pepe, al que asesinaron en Francia. La otra hermana de Carlos vivía en Villafranca con su marido José. A España no podíamos ir aunque nos sobrara el dinero pues a Carlos lo tenían fichado y hubiera parado en la cárcel o quizás fusilado. Jesús era todo bondad y simpatía; Miguel Ángel, aunque muy reservado, de buen corazón y muy noble, y Golo todo dulzura y gracia. Lelito, Maruja y Regina buenas hijas de su madre que era una santa pero algo dominantes y de carácter rígido como todas las castellanas. Regina para mí era como una hermana pues con ella en parte me crié cuando salimos de España. Con Lelito y Maruja no tuve tanto trato pero igual las quería por venir del mismo tronco.

Después de la guerra España quedó arruinada y totalmente aislada del mundo y llevó muchos años resarcir las hondas penas y calamidades. Se había convertido en un pueblo a la deriva ahogándose en su propia miseria y subyugado por manos férreas que incluían el estado y la Iglesia. Cundía el odio, el resentimiento, el egoísmo y la ruindad aun entre familias. Franco era fementido, sinuoso, morboso, nacido por nuestro aciago sino para hacernos retroceder a nuestro pasado incierto. Se cebaba con los contrarios, los liquidaba por simples razonamientos y sin dejar huella devorándoselos como el león a la liebre. Triste era haber sido fruto de nuestra propia tierra, como lo era Hitler de la alemana, borrón que repercutía sobre todos los españoles. Si hubiera nacido en el Congo o Indonesia allá irían a parar las culpas pero era uno de nuestros hermanos como el Cid o Cervantes o la santa de Ávila. Cuando entre amigos se mencionaba el nombre de Franco escondíamos la cara avergonzados máxime al decirse que era español.

--Que Franco es tal y más cual.

--Sí, sí, pero es tan español como ustedes.

Qué vergüenza, qué humillación, mezclarnos a todos con aquel réprobo que equivalía a decir que Caín, Atila, Judas y Barrabás eran de nuestro pueblo y vecinos.

Capítulo 2: Carlos comienza sus labores en la universidad y Carlitos obtiene un puesto de maestro en una escuela pública.

Pues bien, nos acomodamos en nuestra nueva morada y estábamos muy contentos los tres. A Carlos le marchaba estupendamente en la universidad y Carlitos, por intercesión de una alumna de Carlos que tenía mucha influencia que se llamaba Filomena, consiguió un puesto de maestro en una escuela pública que se llamaba Séneca no por nuestro eximio filósofo sino por llamarse así el jefe de una tribu indígena norteamericana. Carlitos hablaba y escribía español perfectamente, pero de gramática sólo sabía lo que se le había pegado de su padre que era insuficiente para enseñarla. Pero por el simple hecho de ser español y por el empuje de Filomena se lo dieron y pronto se convirtió en todo un maestro hasta el punto de que sus colegas recurrían a él para que los ayudara. Claro que tener a su padre a su lado le valía de mucho y juntos repasaban la gramática así como nuestra historia y cultura.

La dueña de la casa era una sombra pues raramente la veíamos a no ser cuando le teníamos que pagar el alquiler. El apartamento tenía una sola habitación al fondo y un cuartito a la entrada que ocupó Carlitos, baño cocina, más una pequeña sala y comedor. La casa era de ladrillo, de dos plantas, en una calle muy céntrica casi pegada a la universidad. Louisville era como Cincinnati aunque algo más pequeño y la gente más amistosa y menos atosigada. Había más negros que en Cincinnati y como vivíamos en el centro nos tocaba lidiar mucho con ellos a menudo. Para mí ir al mercado era una odisea pues no importaba lo que dijera me soltaban el fastidioso ""what?" o "¿qué?". Decidí entonces escribir en inglés en un papelito los nombres de los productos más necesarios como pan, leche, aceite, mantequilla, carne, pollo, patatas, y cuando no me entendían les enseñaba el papelito. El norteamericano se aturde y desespera cuando le hablan y no entiende y al sentirse acorralado lanza un bufido. Por otro lado son unos cerreros pues por mal que se pronuncien palabras tan sencillas como "milk" o "bread" deberían entenderse como en español leche y pan. Esto se lo mencioné una vez a Carlos y me dio una explicación muy larga que no entendí, algo así de que el español era uno de los pocos idiomas en el que las vocales no tenían valor fonológico por lo que se entendían aun pronunciándose mal. Me dio el ejemplo del presidente Eisenhower cuando estuvo en Sur América que machacaba el español pero todo el mundo lo entendía.

Lo de lidiar con los negros no nos importaba en absoluto. Eran personas y a decir verdad nos parecían muy humanos. Pero el blanco le tenían el pie encima y lo trataban con desprecio como se trataba al indio en El Salvador. Peor trato les daban en el Sur según me decían no olvidando los tiempos en que fueron esclavos como lo fueron en nuestra América. Lincoln los emancipó desatando con ello la Guerra Civil Norteamericana, pero al cabo de cien años seguían estigmatizados y siendo una lacra de la sociedad. La gente de Louisville hablaba el inglés algo distinto al de Cincinnati, como arrastrando las palabras, y si en Cincinnati me desesperaba por no entender o poder expresarme, en Louisville era mucho peor sobre todo tratándose de los negros que parecían tener su propia lengua.

Esta intolerancia hacia el negro me tenía muy confundida asumiendo que en Estados Unidos la ley era pareja, igual para todos. Un día se lo comenté a Carlos y me dijo que la libertad plena no existía aunque había pueblos como Estados Unidos que se esforzaban por imponerla. Que así rezaba en su Declaración de Independencia y en los artículos de su Constitución principalmente en las Enmiendas XIII, XIV y XV, pero más aún en la primera. Me la trajo y me la fue traduciendo de esta manera:

"Mantenemos como grandes verdades las aquí declaradas, a saber, que todos los hombres nacen iguales, que a todos les confiere su Creador ciertos derechos inalienables, entre los cuales están la vida, la libertad y la busca de la felicidad, y que para garantizar esos derechos los hombres instituyen gobiernos que derivan sus justos poderes del consentimiento de los gobernados."

Esto me confundió aún más pues eso de que "todos los hombres eran iguales" no era verdad ni tratándose de los negros ni de los extranjeros y el resto pura hojarasca. Eran principios manifestados exclusivamente para el blanco y llevó mucho tiempo para rectificarlos aunque no totalmente como consta hoy. Buena intención, bellas palabras, nobles sentimientos pero la realidad era otra muy distinta.

En Louisville, como en Cincinnati, había muy poco que hacer, mucha vida casera sobre todo por las noches. Se salía por tener que hacer alguna diligencia y no como en nuestro caso que lo hacíamos para mezclarnos con el prójimo y pasear. Aquí no se mezclaba nadie a no ser por necesidad y conveniencia y bien rapidito para no crear lazos.

La ciudad era gris, lúgubre, desparramada como Cincinnati, con su centro y las afueras donde estaban los barrios residenciales. La gente en el aspecto parecida a la de Cincinnati pero más morena y peor vestida. Los mismos modales, las mismas costumbres, las mismas tiendas y cafeterías como el Big Boy donde se servían unas hamburguesas contundentes. Kentucky era tierra de tabaco y whisky que era muy distinto al escocés. Me extrañaba mucho que no tomaran vino ni aun para celebrar, todo era licor y cerveza que compraban por cajas. Cargaban la comida de especies y a todo le echaban salsa de tomate que llamaban ketchup sobre todo a las patatas fritas. El tiempo era muy parecido al de Cincinnati pero más húmedo y con menos nieve. Las mujeres eran bonitas y si se quiere algo exóticas y desde luego con mucha más simpatía y gracia que las del estado vecino. Los hombres menos estirados y acartonados, guapos algunos pero la mayoría no tan guapos. Eran mejores amigos que los de Cincinnati, más abiertos, más sinceros y más habladores. Había más vegetación, menos coches, menos humo y no tanta gente.

La política norteamericana es muy rara, vota el pueblo pero no elige al presidente pero sí a los senadores, diputados, gobernadores y alcaldes. Cada estado tenía su capital que por lo general no era la ciudad principal como Frankfort en Kentucky que más que ciudad era pueblo. Como el país cada estado tiene su constitución cuyas leyes acatan al pie de la letra. Hay orden, disciplina, civismo y la policía lo era y no torcida y tramposa como la de Cuba y El Salvador. Louisville era muy conocido por la carrera de caballos que llamaban el Kentucky Derby a la que concurría gente importante de todo el mundo. También por su hierba que decían era azulosa vista desde lejos por lo que lo llamaban "The Bluegrass State" o estado de hierba azul. Esto para mí tenía mucha gracia pues cada estado de la Unión tenía su propio lema que lo distinguía de los demás, como a Ohio el "Buckeye States", que era el nombre de un árbol o planta, a Nueva York el "Empire States", a la Florida el "Sunshine State", a Georgia el "Peach State", etc.

Carlitos seguía conquistando corazones. Tenía en su huerto a tres que yo conocí, una alumna de Carlos que se llamaba Judith, una camarera alemana que se llamaba Inga, una bailarina que conoció en la escuela de bailes Arthur Murray que se llamaba Laura, y una colega suya en el colegio Séneca que se llamaba Catherine con la que nos pasó algo muy doloroso. Ella y su madre vivían con el padrastro en una mansión en las afueras de Louisville y parecer ser que un día tuvo el matrimonio una acalorada discusión y terminó él matándola a cuchilladas. Llamaron enseguida a Catherine que estaba con Carlitos en el colegio y para allá se fueron ambos a la carrera. La escena era patética con la madre en el suelo chorreando sangre y la casa abarrotada de policías. Horrorizada Catherine salió corriendo con Carlitos detrás de ella. Como no sabía qué hacer ni dónde meterse Carlitos la trajo a nuestra casa para hacerle compañía. Pasó la noche con nosotros gimiendo y llorando y a la mañana siguiente se fue Carlitos a su casa a buscar a su hermanita y no estaba. Indagó con unos vecinos y le dijeron que la última vez que la habían visto era cuando se había llevado el cadáver de su madre. Pues bien, enterraron a la madre, al padrastro lo metieron en la cárcel y la hermanita seguía sin aparecer. Esta niña, según decían las malas lenguas, la había tenido la madre fuera del matrimonio habiendo sido la causa de la pelea entre ella y el marido. Ese día Catherine salió y quedó en volver pero nunca más regresó sin saber nadie dónde se había metido.

Un día estaba yo en la cocina preparando unas croquetas de pollo que me había pedido Carlos y de pronto tocaron a la puerta. La abrí y me encontré a una niña de aspecto muy triste preguntando por Carlitos. Le dije en mi mal inglés que entrara, que Carlitos no estaba y que si quería que lo esperara que pronto llegaría. Entró la niña y se sentó en el sofá y en ese momento rompió a llorar y a dar alaridos. Llamé a una vecina venezolana que era amiga mía para que me ayudara con el inglés, y después de hablar con ella me dijo que era la hermana de Catherine y que al presenciar el asesinato de su madre se había refugiado en casa de unos vecinos donde había permanecido hasta ahora. Allí fue donde le hablaron de Carlitos y le dieron sus señas aunque no muy exactas pues dar con él no le había sido fácil. Que la niña quería quedarse con nosotros al menos unos días lo que ella no recomendaba pues nos podíamos meter en un gran lío. Al llegar Carlos y Carlitos les di todos los pormenores y decidimos llamar a la policía para que la vinieran a buscar. Esa noche hablamos pacientemente con la niña tratando de hacerle ver la razón por la cual lo habíamos hecho. No dijo palabra, pero a la mañana siguiente cuando fui a su cama todo lo que me encontré fue esta nota: "Thank you for everything. Goodbye. Debby". Nunca más supimos de ella ni de su hermana Catherine. Dios las cuide y resguarde.

Como las desgracias nunca vienen solas, nos esperaba otra todavía peor. Una tarde recibimos un telegrama de Consuelo de Cuba en el que nos daba la muy lamentosa noticia de la muerte repentina del amado Félix. Llamamos a Consuelo por teléfono y nos dijo que estando en casa se había sentido muy mal quejándose de fuertes dolores en el cuello y los brazos y que poco de llegar al hospital le dio un infarto fulminante y murió. Carlos no estaba en casa y sabíamos que al enterarse se derrumbaría. Dieron las cinco de la tarde que era cuando solía venir y al no más vernos las caras se dio cuenta de que algo malo ocurría y enfáticamente dijo: --Murió Félix. No tuvimos más remedio que decirle que sí. Se fue a la ventana y allí estuvo silencioso una o dos horas mirando los árboles que estaban enfrente de la casa. Acto seguido se encerró en nuestro cuarto rogándonos que lo dejáramos solo. Según nos había contado Consuelo después, como era Navidad se había ido Félix a una tienda de abarrotes española y había comido tanto y tomado tanto vino que le hizo gran daño y afectó el corazón. Lo enterraron en el famoso Cementerio de Colón de La Habana y a los dos o tres meses Consuelo y su hija se fueron a vivir a España. Tendría el hermano Félix unos cuarenta y cinco años de edad. La guerra, los sufrimientos en la cárcel, las separaciones, las distancias, le habían triturado el corazón.

Pero aún nos faltaba otra desgracia. Un día me sentí morir con un dolor muy agudo en el estómago que me atravesaba de lado a lado. Traté de aguantar todo lo que pude pero intensificaba el dolor. Me llevaron al médico y nos dijo que posiblemente era una indigestión y me recetó unas medicinas que no me hicieron el menor efecto. Fui entonces a verme con un especialista que me hizo varias pruebas de sangre y descubrió que padecía de diabetes. Al preguntarme el médico si alguien en mi familia la había tenido y contestarle yo que no, nos dijo que en tal caso lo que procedía era hacerme una operación exploratoria para saber la causa de la diabetes. Habló con un colega suyo que se llamaba el Dr. Claugus, cirujano del Hospital Presbiteriano de Lousiville, y a la semana siguiente me operaron. Me decía Coqui que había venido de Cincinnati con los niños para estar conmigo, que estando todos en la sala de espera se apareció el anestesista y les dijo que me habían encontrado un tumor canceroso en el páncreas y que tenían que extirparlo. Resulto que lo tenía no solamente en el páncreas sino además en el bazo y el estómago que también me extirparon. Me pusieron en una dieta alimenticia rígida y me mandaron unas inyecciones de insulina que tenía que ponerme yo misma todos los días. Así empecé a perder peso y a ponerme como una espiga de flaca arrugándoseme mucho la piel y poniéndoseme el pelo muy canoso, en fin, hecha un espectro. Me daba espanto mirarme en el espejo, aun en la oscuridad, al verme tan flaca y consumida, pura sombra de lo que en un tiempo fui. Había quedado muy delicada de la operación pues me habían casi vaciado y si bien ya no sentía aquel intenso dolor los trastornos y complicaciones se multiplicaban y cada día me sentía con menos fuerzas a punto ya de vérmelas con San Pedro. Me teñí el pelo de rojo y me hice unos moños para lucir más joven, Coqui me compró nueva ropa, maquillajes, perfumes, tomaba baños de sol en el patio para broncearme y estar más a la moda, en fin, que me hice un cambio físico radical pero así y todo estaba hecha un espantapájaros. El hombre puede envejecer, ponerse obeso y barrigón, perder todo el pelo, cargarse de arrugas y canas y no verse mal. Pero no así la mujer cuyo buen aspecto, juventud y lozanía han de ser eternos o de lo contrario lo pierde todo aun el afecto del amado por muy profundo que sea o aparente ser.

Corría el año de 1963. El 22 de noviembre por la tarde cundió la trágica noticia del asesinato en Dallas del presidente John F. Kennedy muy querido por los norteamericanos, crimen perpetrado por un tal Oswald que le disparó desde un edificio mientras viajaba en coche junto con su mujer Jacqueline y el gobernador de Texas. Ya en el hospital trataron de revivirlo pero la herida o heridas eran mortales y al poco tiempo expiró. Inmediatamente ascendió a la presidencia el vicepresidente Lyndon Johnson, hombre malquisto, resbaladizo, siniestro e hipócrita del que se sospechaba después que había estado involucrado en el horrendo crimen aunque nunca se comprobó. A Kennedy se le tenía como buen presidente a pesar de graves fallos como la invasión de la Bahía de Cochinos por unos cubanos exiliados que casi desencadenó una guerra nuclear con la Unión Soviética. Fueron días muy tensos que mantuvieron al país en vilo hasta que los soviéticos retrocedieron los barcos donde venían unos cohetes que se dirigían a Cuba poniendo fin al conflicto. Para mí fue asombrosa la ecuanimidad, orden y buen juicio de la transición presidencial que motivó el que alguien dijera que "si bien se podía matar al presidente de Estados Unidos no así a la presidencia", es decir, a la institución misma.

Al año siguiente bajo la presidencia de Johnson se pasó una ley que garantizaba los derechos civiles prohibiendo toda clase de discriminación contra el ciudadano así como la segregación de los negros en las escuelas. Buena ley aunque casi nunca cumplida pues se seguía discriminando contra el negro, el extranjero, y aun contra la mujer que buscaba entonces independizarse del hombre con igualdad de derechos. En resumidas cuentas, que todo seguía como estaba a pesar del paripé del gobierno y los políticos. ¿Que cómo lo sé? Por haberlo presenciado casi diariamente y por las revueltas que se veían en la televisión sobre todo la del líder negro Martin Luther King y su Marcha a Washington en 1963. Al final, creo que en 1968, terminó asesinado también junto con el hermano de Kennedy Robert en ese mismo año.

Por el sur se soltó un loco llamado George Wallace, gobernador de Alabama, con una ideología muy radical en contra de los negros a los que quería segregar del resto de la población principalmente en las escuelas. Y como el Sur y el Norte siempre estuvieron divididos racialmente, uno en contra y el otro a favor, los sureños lo repudiaron y los norteños lo apoyaron cuando se postuló para presidente, contienda que ya se había visto cien años atrás al estallar la Guerra Civil por causa de ambas ideologías. También había mucho descontento popular por la Guerra de Vietnam en la que morían miles de soldados norteamericanos por una causa perdida.

Estados Unidos estaba en la misma encrucijada que en los tiempos de Lincoln poniendo a prueba los ideales y principios democráticos que cimentaron la nación. Cundía el descontento y la desilusión ante un futuro incierto. Al final sobrevivió la Unión demostrando una vez más su sabiduría política, visión histórica y determinación. Por otro lado, el negro seguía acorralado y como prueba detallo este desagradable incidente que le pasó a Carlitos.

Quiso ir a Miami a ver a su buen amigo Cecilio y al subirse en el autobús Greyhound no había dónde sentarse. En ese momento vino el conductor y se dirigió a un anciano negro que estaba sentado delante y le ordenó bruscamente que le cediera el asiento a Carlitos y se sentara detrás con los otros negros. El pobre hombre se levantó sin chistar e hizo tal cual se le había dicho. En camino a Miami paró el autobús en distintos lugares para comer y refrescarse y en todos había letreros indicando adónde se deberían dirigir el negro y el blanco: "For whites" (para blancos), "For colored people" (para la gente de color). Viajando de Miami a West Palm Beach vio un coche en la cuneta y a una mujer volcada sobre el timón. Pareciéndole muy raro se acercó a la mujer quien casi sin voz y sudando copiosamente gritó: —My heart, my heart, I can't breath! (¡Mi corazón, mi corazón, no puedo respirar!). Salió Carlitos como una centella a buscar ayuda y al llegar a un teléfono público llamó a la operadora y le explicó lo que le pasaba a la mujer. Le contestó un policía y la primera pregunta que le hizo fue: --Is she white or black? (¿Es blanca o negra?). Sorprendido Carlitos le dijo que era blanca y al preguntarle por qué lo preguntaba le dijo el policía que de ello dependía qué ambulancia mandarían, si para blancos o negros. Fue Carlitos donde la mujer y se la encontró muerta y allí estuvo acompañándola más de una hora hasta que llegó la ambulancia.

También algunos años después los Estados Unidos realizaron una enorme hazaña poniendo por primera vez a un hombre en la luna en el vuelo espacial de Apollo 11. Nosotros lo vimos todo en la televisión y estábamos asombrados de la heroicidad de esos hombres que no solamente llegaron a la luna sino que regresaron a la tierra sin el menor percance. Una vez más Estados Unidos demostraba su gran capacidad tecnológica y su supremacía mundial. En esto se le aventajaron a los soviéticos que habían sido los primeros en lanzar un satélite al espacio. El astronauta Armstrong al poner pie en la superficie de la luna exclamó muy emocionado estas palabras: "A small step for man, a giant leap for mankind", o "Un pasito para el hombre, un gran salto para la humanidad" manifestando el comienzo de una nueva era en las exploraciones espaciales.

Coqui y Manuelo tenían muchos amigos cubanos que habían venido de Miami a radicarse en Cincinnati. Todos eran exiliados que habían abandonado la isla por disentir con el régimen castrista. Fidel Castro era un fementido. Llegó a la Sierra Maestra con promesas de liberar a Cuba de la dictadura de Batista, pero al echar garras del poder se quitó el disfraz revelando su sinuosa adhesión a la doctrina comunista. Sacó de allí a patadas a los norteamericanos y mafiosos confiscándoles cuantas industrias y empresas tenían en Cuba. Se alió con los soviéticos abiertamente e implantó en Cuba un régimen dictatorial aún peor que el de Batista. La Perla de las Antillas se había convertido en un enorme campo de concentración empantanado con cercas de púas ocultas. Al cubano le habían dado gato por liebre, o como decían ellos "la vaca por la chiva". Le habían arrebatado su alegría, optimismo, serenidad y metido en una ratonera de hienas con trampas de acero. El tal Castro había resultado ser un farsante, demagogo y asesino, uno más de los del montón, otro Franco, otro Hitler bajo un sol tropical. Y así surgen los gobiernos, se esclavizan los pueblos, se crean océanos de lágrimas y horizontes de cardos. 5000 años de historia, 500 años perdidos. Y Estados Unidos se tragó la píldora sin indigestarse ni sufrir diarreas no dejándose amedrentar por el gusanito caribeño. Abrió la puerta a los expatriados y los alojó en su seno esperando que algún día con su ayuda derrocaran al tirano. Pero el otro, que era muy listo y astuto, amparándose detrás del oso lo confrontó contra el águila cimentando su poder y asegurándole larga vida. En esto me decía Carlos que Castro en algo se parecía al pirata Francis Drake, quien amparado bajo la tiránica y siniestra Isabel I logró eludir la embestida del poderoso imperio español causándole grandes estragos de los que nunca se recuperó.

Capítulo 3: Casamiento de Carlitos con una chica norteamericana y sus estudios en la Universidad de Indiana y después en la de Madrid. Mi grave enfermedad que casi me lleva a la tumba. Se divorcian Carlitos y Melody. Vuelta a Cincinnati.

Como ocurre siempre con los muy enamorados, tarde o temprano les echan el lazo y los ponen a comer del mismo plato. Tal le ocurrió a Carlitos con una muchacha norteamericana de Louisville y de la noche a la mañana se casaron sin el consentimiento de los padres de ella únicamente por ser Carlitos español y católico. Esta muchacha se llamaba Melody y había estado en México varias veces por lo que hablaba algo de español. Tan bonita era que cuando niña habían puesto su foto en los potes de comida de niños Gerber y después de jovencita había ganado un concurso de belleza en Kentucky. Era hija única y muy consentida de sus padres y abuelos. Nosotros fuimos a la boda pero ni sus padres ni abuelos se aparecieron y después estuvieron varios meses sin hablarse.

Carlitos y Melody se mudaron a un apartamento modesto cerca del nuestro. Él seguía de maestro de español pero en otro colegio que se llamaba Saint Xavier High que era católico para varones. Con deseos de superarse se fue Carlitos a la universidad de Indiana en Bloomington— una de las mejores del país— para estudiar la carrera de licenciatura y no solamente lo aceptaron sino que le dieron una magnífica beca pagándole los estudios y un sueldo para que enseñara unas clases. Yo lo acompañé y estaba contentísima y muy orgullosa de él. Al par de meses se fueron él y Melody a Bloomington y a ella le dieron un puesto de secretaria en la misma facultad donde estudiaba Carlitos. En sus estudios Carlos lo ayudaba mucho y a menudo se pasaba semanas con él en Bloomington. Fue allí donde conocieron a varios literatos españoles de renombre que iban a dar conferencias, entre ellos a la célebre novelista Ana María Matute, la poetisa Concha Zardoya, el filósofo Julián Marías, que había sido discípulo de Ortega y Gasset, como lo había sido Carlos, el gran escritor Américo Castro y otros. Este Julián Marías, aunque medio sabio y prolijo escritor, era muy soberbio y pedante, y lo digo porque durante la conferencia Carlos le hizo una pregunta sobre la metafísica de Ortega que por no gustarle o por hacer Carlos gran despliegue de sabiduría, lo trató muy toscamente después sin casi dirigirle la palabra. Con Ana María Matute Carlos y Carlitos hicieron muy buena amistad y junto fundaron en Cincinnati el Instituto de Cultura Hispánica, magnífica institución que por falta de apoyo y fondos duró muy poco. Aún conservo la novela de Ana María Matute, "Los hijos muertos", dedicada por ella de su puño y letra.

Aunque casado y yo diría sobre lo feliz Carlitos seguía detrás de las faldas o las faldas detrás de él, y así tenía varias amiguitas entre ellas a una mujer venezolana que se llamaba Marta, casada y con hijos pero medio separada del marido. Yo la conocí y era muy guapa aunque mayor que él. Una tarde estando yo allí se apareció ella de sopetón y menos mal que Melody estaba trabajando y no se enteró.

Terminada su licenciatura en 1966, le ofrecieron a Carlitos varias becas para estudiar su doctorado entre ellas las que ofrecían el Instituto de Cultura Hispánica de Madrid y la Asociación Norteamericana de Profesores de Español y Portugués en colaboración con la Universidad de Madrid. También se las habían ofrecido las universidades de Harvard, la Florida y Ohio pero más le gustó la otra por ser en España. Aprovechando el viaje fuimos también con ellos yo y mi nieta mayor.

Carlitos estaba muy entusiasmado con esta gran oportunidad que se le había presentado, máxime al enterarse que entre sus profesores en la Universidad de Madrid estaban Gregorio Marañón y Joaquín de Entrambasaguas, dos de los grandes de España. Salimos para Madrid a finales del mes de mayo y allí estuvimos varios meses hasta terminar Carlitos sus estudios. Nos quedamos en el piso de la tía Consuelo y

Regina en la calle de Castelló y lo pasamos muy bien todos juntos. Una mañana a pesar del sofocante calor nos fuimos Melody, la hija mayor de Coqui y yo a dar una vuelta por la calle de Serrano y de momento nos cruzamos con María del Pilar la que había sido novia de Carlitos en San Salvador. Nos reconocimos en seguida y nos abrazamos. María del Pilar se quedó mirando a Melody y como no sabía quién era y para darle un poco de celos le dije que era la mujer de Carlitos con lo que se quedó estupefacta. Melody era bellísima, pelirroja, de ojos azules, cuerpo muy fino y blanca como la leche. Le dije además la razón por la que estábamos en Madrid y se quedó lívida. Fue entonces cuando nos dijo que se había casado con el argentino y que vivía en la Argentina. Nunca más volvimos a saber de ella ni de su familia.

Tuve la enorme dicha de ver a mi hermano Pablo, mi hermana Lucila que estaba muy enferma en el hospital, todos mis sobrinos y a Consuelo la cubana con sus hijos y marido. Al pobre Pablo le habían caído cien años encima con grandes ojeras y la frente agrietada de gruesas arrugas. Una tarde nos fuimos los dos a tomar un café.

--Bueno, Pablo, ¿cómo te sientes?, luces muy bien.

--Hecho polvo, Emilia, todo un vejestorio, enfermo, con pocas ganas de vivir, tirando hasta que llegue me toque el día.

--Debes olvidar el pasado, pensar en tus hijos y nietos, disfrutar más de la vida.

--Si no fuera por ellos no sé lo que hubiera sido de mí, detesto la soledad. Culpa de la maldita guerra que acabó conmigo como con tantos otros.

--Esa ya es historia pasada y deberías olvidarla.

--Trato pero me es imposible, los recuerdos me consumen.

--Ya lo sé, pero tienes que rebasar todo eso y empezar de nuevo, y sobre todo pensar en Pablito que está tan consumido como tú siendo tan joven.

--Pablito es mi único compañero, con el único que puedo desahogarme y sacarme de dentro toda esta hiel.

--Pero lo estás destrozando y no es justo.

--¿Y qué quieres, que reviente por dentro? Además estoy arruinado económicamente, dependiendo de Pablito y de mis hijas para todo. Pablito tiene mujer e hijos y gana sólo 4.000 pesetas al mes que no le alcanzan ni para pagar el alquiler. Ojalá pudiera irme a América con vosotros.

--Lo podrías hacer si quisieras.

--No a mi edad y tampoco quisiera dejar a mis hijos entre tanta miseria.

Mientras hablábamos noté a un hombre vestido de negro con gafas que no paraba de mirarnos. Le pregunté a Pablo si sabía quién era y me dijo que no, que nunca lo había visto antes pero que no le extrañaría que fuera un agente del gobierno. Entonces se me acercó y me susurró al oído:

--Mira, Emilia, a todos los que teníamos altos cargos en el gobierno nos tienen fichados y no nos quitan los ojos de encima. Este tiene que ser uno de los esbirros de Franco pendiente de mis pasos. Vámonos de aquí.

Como era tarde me fui a casa en un taxi dejando a mi pobre hermano muy apesadumbrado.

Pues bien, terminado Carlitos con sus estudios, regresamos a Louisville. Un día nos vino a visitar Coqui y mientras almorzábamos me preguntó:

--Pues bien, mamá, ¿cómo te sientes, cómo anda el azúcar?

--Subiendo y bajando como siempre. La diabetes es una enfermedad terrible y tirana. Si te sales de tu régimen las pagas con creces.

--¿Y a Carlitos cómo le va con Melody?

--Bien, creo, pero aún tienen problemas con los padres que no olvidan lo que hicieron. Son muy resabiosos.

--Algún día tendrán que olvidarlo si en el fondo quieren ver a su hija feliz.

--No lo creo, son protestantes y muy puritanos, ya sabes, intransigentes.

--Mira, mamá, te voy a decir algo que no quería decirte para evitarte un disgusto. Al año siguiente de casarse Melody quedó embarazada y sin enterarse Carlitos ella misma se provocó un aborto echando el feto por el retrete. Me lo dijo tan campante y sin el menor cargo de conciencia.

--¿Y por qué hizo esa barbaridad?

--No sé, mamá, pero me temo que tenía pensado romper con Carlitos mayormente por influencia de los padres que la habían desheredado.

--¡Qué víboras! ¿Y Carlitos no supo nada?

--Nada, ella nunca se lo dijo y tampoco se lo podemos decir nosotros porque lo hundiría; hubiera sido su primer hijo o hija.

--Estos norteamericanos son insufribles, se casan con mucha pompa y después se dan la patada y quedan como si nada. Realmente no tienen alma o la tienen muy distinta a la nuestra.

--Bueno, mamá, un ratito más y me voy. Anímate, come bien y no dejes de tomar tus medicinas.

--Me animo, hija, me animo, pero a veces presiento que el final se acerca.

--Vaya, mamá, no digas tonterías, te queda mucho vivir por delante.

--Dios te oiga. Lo terrible de la muerte es que es demasiado larga y la vida muy corta.

--Ya lo sé. ¿Has vuelto a escribir pensamientos?

--Pocos, algunos aquí y allá para entretenerme.

--¿En tu cuaderno?

--Sí, en mi cuaderno.

--¿Me quieres leer algunos?

--Te van a aburrir.

--Nunca, mamá, todo lo contrario.

--Pues entonces voy a buscar mi cuaderno, espera. Aquí lo tengo, Coqui, escucha:

--"La vida es un constante andar por un camino que sólo existe en nuestra imaginación". Lo escribí cuando salimos de Francia.

--Precioso, a ver el otro.

--"¿Ves tú a la luna o te ve ella a ti?" Este lo escribí una noche en Camagüey.

--Pues nos vemos los dos.

--Sí pero no con los mismos ojos. Tú la ves con ansiedad y esperanza y en ella con lástima y compasión.

--Es verdad, sigue.

--"El horizonte separa lo que tenemos de lo que deseamos". Este cuando salimos de Cuba.

--También precioso, sigue.

--"La distancia puede ser corta o larga, según la veamos con los ojos o el corazón. Este pensando una vez en España.

--Gran verdad, mamá, sigue con el otro.

--"Las pasiones nos dan la vida pero a la vez nos la quitan". Otra vez pensando en España.

--"Una cosa tienen las flores que no paran de sonreírnos". En Camagüey estando en el jardín.

--El más bonito de todos,

--Uno más que me canso. "La sed del cuerpo se aplaca pero la del alma nunca". Este no me acuerdo cuándo lo escribí, posiblemente en Francia cuando conocimos a los Lalleman.

--¿Te acuerdas mamá del aquel cuento tan bonito que escribió papá una vez, el de las golondrinas?

--Cómo no, hija, allí está metido entre aquellos libros.

--¿Por qué no me lo lees?

--¿De verdad lo quieres?

--Sí, mamá, por favor.

--Vámonos allí al sofá que estamos más cómodas; es un poco largo.

"Las oscuras golondrinas"

Por Carlos Vega López

Para Emilia,
que desde su torreón de Melilla las vería pasar,
hace muchísimos años,
hacia España cada primavera,
y cada otoño hacia Egipto.

Regresaban todas las primaveras, y volvían a los mismos nidos que habían dejado. El primer día andaban de mucho trajín arreglando sus casitas de barro abandonadas durante medio año. Entraban y salían muy azacanadas, sacando en el pico briznas resecas y trayendo otras frescas. Parecían señoras que vuelven a su casa tras larga ausencia y se lo encuentran todo malparado y cubierto de polvo. Yo les tenía cariño y respeto. Mi madre me había dicho una vez:

-¿Tú no sabes que las golondrinas son los pájaros predilectos del Señor?

Pues sí. Cuando Él estaba elevado en la Cruz y con su corona de espinas hincada en la cabeza, venían ellas volando y piando (llorando), y al llegar a la Cruz refrenaban el vuelo y ¡pin! ¡pin! ¡pin!, de cada picotazo una espina fuera. Y así, una a una, se las fueron quitando todas. La Virgen miraba aquello, y lloraba también. ¿Quién puede hacer daño a estos animalitos? Sólo un hereje.

Siempre en el aire. La golondrina únicamente se recoge en el nido para dormir. Otros pájaros viven pegados a la tierra, como el pardal en los pajares o como el ruiseñor en la espesura. O como la lechuza en su campanario. La golondrina, no. ¡Siempre en el aire, siempre en el aire!

Durante seis meses, incansables, rasgaban el cielo; volaban como embriagadas con vuelos raudos de flecha. Parecían flechas, sí; con su larga cola hendida y sus largas alas de guadaña. Se distinguen de todos los otros pájaros; hasta de las palomas, de vuelo hermoso también pero siempre con un rumbo. Ellas erraban sin rumbo alguno: iban y venían, iban y venían, volando por volar. Muy por debajo del mundo excelso de las águilas adonde apenas alcanza la vista, y bastante por encima de la volatería de corto alcance, eran entre las torres las verdaderas reinas del cielo que se abarca con los ojos.

Cuando Eugenio regaba la Plaza descendían velocísimas hasta rozar con sus alas la comba cristalina del agua, y luego hacían un quiebro y remontaban el vuelo casi verticalmente para no tropezar con los grandes aleros de los tejados. Al atardecer regresaban a sus nidos (en casa había cuatro), y allí se acomodaban hasta la mañana siguiente. Yo las he visto meterse muchas veces. Revolaban un rato atolondradas, y al cabo se posaban agarrándose al nido con las uñas, y con las puntas de las alas cruzadas sobre la espalda. Después desaparecían por su agujero, luego de mirarme con unos ojos espantados que me daban miedo. Miedo, sí. Los pájaros en libertad, de lejos, volando, qué bonitos son, qué leves. Pero prisioneros, asustados y vistos de cerca… ¿Hay nada más triste y aterrador que un pájaro que se cuela aturdido por un ventano dentro de una habitación donde hay gente, y después de chocar una y otra vez contra las paredes sin atinar con la salida cae al fin en un rincón, extenuado, boqueando, con las alas muy abiertas y despeluzadas? Ya dentro de una jaula, picoteando el alpiste y bebiendo a gotitas en su bebedero, levantando el pico al cielo y mirando de lado, saltando de palitroque en palitroque y columpiándose, llega a resignarse, y canta, y hasta vive contento en su cautividad.

En otoño, de vuelta a Egipto. Egipto: el desierto, la Esfinge con su nariz corcomida , las Pirámides, los camellos lánguidos y apolillados, el Nilo… Otras gentes, otro mundo. Desde allí recordarían el corredor de casa llenos de tiestos rebosantes de flores que mi madre regaba, escalonados en tres filas que llegaban a la mitad de la pared. Acaso dirían alguna vez, hablando con las vecinas y señalando a sus hijas pequeñas:

-Esas son españolas, ahí donde las veis. Sí, de un pueblo precioso que se llama Villafranca del Bierzo.

¡Volando hasta Egipto, tan lejos! ¿Cómo harían el viaje? Un día se lo pregunté a mi madre.

-Hombre, eso yo no lo sé. Pregúntaselo a papá.

Y se lo pregunté. Y él me dijo:

-¿Qué piensas tú?

Yo traje mi atlas, y sobre él fui señalando el camino con un dedo.

-Mira, me iría derechito desde Villafranca hacia el Este. Pasaría por encima de Italia, de Servia, de… Bulgaria. Y en Bulgaria doblaría hacia abajo, y cruzando por encima de Turquía y del mar, derechito llegaría a Egipto.

Mi padre sonreía.

-No creo que las golondrinas vayan por ahí; yo al menos no lo haría si fuese golondrina. ¿No ves tú que si se van de aquí es huyendo del frío? ¿Y cómo van a ir entonces volando por encima de tantas montañas altísimas como hay, siempre cubiertas de nieve? ¿No te das cuenta? Lo que yo haría es seguramente lo que hacen ellas, que no son tontas. Me iría de Villafranca a Cádiz; luego en un volido brincaría el Estrecho y me plantificaría en África. Y una vez allí—quivit-quivit, quivit-quivit--, volando seguiría por la costa para no perder de vista el mar. Así, cuando me cansara o tuviese ganas de comerme algo especial, podía bajar un ratito a la tierra para darme una zampada de mosquitos de los que vuelan bajo, que son los mejores, o para descansar. ¿No te parece?

-¡Claro que sí, claro que sí, eso mismo!—respondía yo--. Y pensaba: papá es un sabio.

Siempre volvían. Volvieron primavera tras primavera, por San José, durante los años de mi niñez. Mi madre las reconocía. Un día remonté el vuelo yo también.

Ha pasado mucho tiempo, muchísimo tiempo. ¡Ay!, aquel niño es ahora un viejo. Y aquellas golondrinas... --Bécquer, sí, Bécquer—ésas... ¡no volverán!

Un día nos llamó Coqui diciéndonos que se había enterado de una plaza de profesor de español en una universidad católica de Cincinnati y que era una gran oportunidad para irnos a vivir allí. Inmediatamente se hicieron las gestiones y le dieron a Carlos el puesto. Todos estábamos muy contentos pero la alegría como ocurría siempre con nosotros duró muy poco. Resultó que un día inesperadamente Melody se largó y se fue a vivir con sus padres sin tener ni siquiera la gentileza de decírselo a Carlitos. Sencillamente se esfumó y fue la madre la que llamó a Carlitos dándole la noticia. Esta víbora de la madre se había salido con la suya pues nunca paró de sembrar cizaña entre Carlitos y Melody y aun andaba de alcahueta para que su hija volviera con un antiguo novio que tenía. A la semana siguiente se recibieron por correo los papeles del divorcio que había planteado Melody y como Carlitos estaba enfurecido y muy dolido los firmó poniéndole fin al matrimonio que había durado escasamente dos años. Después nos enteramos que efectivamente Melody había vuelto con su novio y que se habían casado. Lo sentimos mucho aunque en parte nos alegramos pues a decir verdad Carlitos y Melody nunca compaginaron y con la sombra de la madre nunca hubieran llegado a ser felices. Aunque parezca mentira decirlo nosotros nunca conocimos a los padres de Melody ni estuvimos en su casa ni ellos en la nuestra y ni siquiera Melody estando en nuestra presencia nos los mencionó una sola vez. Sabíamos que eran de apellido Martinson y que vivían cómodamente en una casa en las afueras de Louisville. A Melody sí la conocíamos bien y la queríamos mucho pero sabíamos que al final el matrimonio fracasaría no sólo por la madre sino por ser Melody norteamericana de pura cepa y protestante rabiosa. Tampoco les habían perdonado los padres que se casaran por lo católico y mucho menos que lo hubieran hecho sin su consentimiento.

Pues bien, nos fuimos a Cincinnati y nos instalamos en casa de Coqui que se había mudado a una casa más grande y cómoda. Carlos, como buen padre que era, le consiguió a Carlitos una plaza de profesor en la misma universidad y Carlitos por lo apretados que estábamos en la casa de Coqui se fue a vivir a su propio apartamento no muy lejos de nosotros. Volvía a sus años donjuanescos que yo no sabía cómo podía arreglárselas teniendo tantas mujeres. Una de ellas le había seguido la pista desde Louisville y se le metió en el apartamento contiguo, y como Carlitos no le hacía caso porque no le gustaba le dio a la pobre muchacha un arrebato y tuvieron que venir los padres a buscarla. Un domingo que lo fuimos a visitar nos lo encontramos metido en la piscina con cuatro o cinco muchachas encima de él mimándolo y consintiéndolo. Todo esto daba pie a muchas envidias y celos como le decía Don Quijote a Sancho: "La envidia no trae sino disgustos, rencores y rabias", y he de decir aun en Manuelo, el marido de Coqui, que aunque no se las daba de don Juan sí se creía muy superior a Carlitos en otros aspectos por lo que siempre hubo rencillas entre ellos. Manuelo era guapo, de ojos azules y muy blanco pero bajito y cuadrado mientras que Carlitos era un tipazo, alto, de hombros anchos y ceñido de cintura, pelo negro con mota al estilo del actor norteamericano Rock Hudson al que también se parecía en la cara. Era gran bailador y le gustaba cantar boleros como "La Barca", "Historia de un amor" y "Somos" que había puesto muy en boga el cantante chileno Lucho Gatica. Por otro lado, su cuñado era frío, tosco, algo ignorante fuera de su profesión, pero muy inteligente, emprendedor y ambicioso. Carlos y Manuelo se trataban pero no tragaban porque si a Carlitos le tenía envidia por su tipo y personalidad, a Carlos lo era por su intelectualidad y sabiduría. Manuelo, aunque mucho se superó en su carrera y profesión, procedía de cuna humilde y más que vanagloriarse de su pasado y raíces trataba de borrarlos que era lo opuesto en el caso de Carlos y en el nuestro. Pero juntos estuvimos muchos años desde que llegamos a Estados Unidos, y si bien fuera por Coqui, porque le convenía nuestra compañía, o por ver en nosotros a sus padres que no había visto ni sabido de ellos desde que salió de Cuba, logramos compaginarnos y fuimos relativamente felices.

Carlitos también estuvo enamorado de una alumna suya en la universidad que se llamaba Marilyn, muchacha preciosa y de muy buena familia. Pero todo terminó en desgracia pues a los pocos meses la muchacha se falleció de leucemia. Para Carlitos, que la quería mucho, fue un fuerte golpe y, aunque los padres de la muchacha no sabían nada de su noviazgo, Carlitos fue al entierro sin decir quién era. Allí vio también a un muchacho que lloraba mucho y cuando le preguntó a alguien quién era le dijeron que el novio de Marilyn...

Yo seguía con mi dichosa diabetes a cuestas y de vez en cuando me desmayaba al bajarme el azúcar. Un día me dolió mucho el vientre y me llevaron con un médico egipcio que se llamaba el Dr. Saba. Tan pronto leyó mi historial médico y supo que me habían operado de cáncer en el páncreas nos dijo enfáticamente que el cáncer se había extendido al hígado y que era inoperable. Afortunadamente estaba viviendo en nuestra casa un muchacho español que había venido a Cincinnati a terminar su carrera de medicina y que se había hecho muy amigo nuestro. Al enterarse del diagnóstico del Dr. Saba difirió con él insistiendo que el dolor provenía de piedras en la vesícula y no del cáncer. Vuelta a operarme y efectivamente resultó ser lo que había dicho el Dr. Cid que así se llamaba nuestro amigo. Contaba yo entonces con sesenta años de edad.

En el hospital "Good Samaritan", a pesar de ser muy bueno, no la pasé bien. Nunca me gustó ver a nadie sufrir y sobre todo de tan cerca. Mucha gente enferma de gravedad, muchos niños muriéndose de cáncer, mucha ansiedad e incertidumbre. Me había salvado una vez pero dos ya era mucho pedir. Realmente sentía que la vida se me escapaba. En la habitación contigua a la mía había una señora que se llamaba Pilar cuyo marido había muerto días antes en un accidente de coche. Ambos eran venezolanos y habían venido a Cincinnati a visitar a unos parientes. Alquilaron un coche en el aeropuerto y en la carretera de noche se les atravesó un camión y chocaron de frente quedando el hombre moribundo. Yo lo fui a visitar una mañana y lo vi muy mal y cuando regresé esa misma noche me encontré la cama vacía. Le pregunté a la enfermera quien me dijo que había muerto de repente y se habían llevado el cadáver. Al enterarse su mujer le dio un ataque de nervios y tuvieron que ingresarla. Estuvo allí varios días con complicaciones pero al final rebasó se dolencia y vino a despedirse.

--Doña Emilia, me voy a casa y siento dejarla aquí.

--¿Cómo se siente?

--Por dentro destrozada, sin ganas de vivir. Me he quedado sola en este país tan extraño.

--Pero aquí tiene parientes.

--Están en muy mala situación, pasando mucha miseria.

--¿Entonces se vuelve a Venezuela?

--No lo sé, allí tengo sólo a dos tías ya ancianas y sin mi marido me sentiría muy sola.

--¿Y no tiene hijos?

--Uno murió al nacer y el otro se me ahogó de cinco años.

--Cuánto lo siento, créame.

--Cosas de la vida, que todo es quitar y quitar de lo poco que nos da.

--¿Qué puedo hacer por usted?

--Nada, rezar, rezar mucho. Usted está enferma pero tiene a su marido, a sus hijos y nietos que le endulzan la vida. ¿Y cómo se siente, mejor?

--Ahí vamos tirando, bien del todo no, pero más animada, rogándole a Dios que me alargue un poco la vida.

--Bueno, doña Emilia, cuídese.

--Adiós, Pilar, adiós y buena suerte.

Mi vida empezó siendo muy joven y siempre la afronté con buen ánimo y tesón. Nunca me quejé de nada y me resigné a mi destino logrando sobrepasar tiempos muy difíciles que más que endurecerme el corazón me lo esponjaron. Cuando me envolvía la angustia me aferraba a mis recuerdos y a las alas de mis sueños que siempre volaron muy alto. Me conduje como buena madre y esposa y jamás enflaquecí ante el deber y la responsabilidad. Fui buena hija, hermana, amiga, fiel a mis raíces y tradiciones pero tolerante de otras y compasiva del que no las tenía. Crié a mis hijos bien y les di mucho amor y nunca me separé de ellos cruzando ríos u océanos. Nunca anhelé riquezas ni trepar altas cumbres o sucumbir a la codicia y soberbia. Del dolor hice virtud y de la esperanza rosario. Traté al prójimo mejor de lo que a mí me trataron y del menesteroso tuve piedad y del soberbio lástima. Nunca me inmiscuí en vida ajena ni solté la lengua demasiado, veneré la humildad y prediqué la comprensión y amor humanos. Siempre creí en Dios y su misericordia y en la vida eterna. Amigo tuve pocos y conocidos demasiados, que más hubiera preferido tener menos de éstos y más de aquellos. Pecadora he sido, lo sé, pero no a conciencia. Hui de la tentación y de caer en abismos de impurezas y deshonestidad. Quise a Carlos con frenesí y fui buena compañera arropando sus ideales y acariciando sus sueños. Triste es que ahora, cuando más me necesitan y más los quiero, me flaquean las fuerzas y se me achica el corazón. Y así me hallo hoy, pachucha de carnes y espíritu, feíña y desmadejada, pura sombra de la mujer templada y resoluta que en un tiempo fui. En fin, que tal es la vida, que poco a poco nos vamos consumiendo dejando en el camino huellas que a la larga borra el tiempo. Y sí, extraño hondamente a mi tierra, a mi Melilla que me vio nacer, a su aire, mar, radiante sol. Bien sé que no he de volver, pero todo aquel mundo ensoñador seguirá para siempre en mi corazón. Al expresarme así puede pensarse que presiento la muerte rondándome a modo de despedida purificando mi alma. Ojalá que no sea pronto.

Después de varios años de estar en casa de Coqui decidimos Carlos y yo mudarnos a un apartamento que quedaba en la calle Victory Parkway a dos cuadras de la universidad. Estaba en el quinto piso de un alto y moderno edificio enfrente del imponente río Ohio que veíamos perfectamente desde nuestra terraza. Sin tener patio ni jardín lo llené de tiestos y flores entre ellas geranios y rosas de distintos colores. Como siempre mi querida hija se encargó de todo y como era buena costurera nos hizo unas cortinas para la sala que eran una preciosidad. El apartamento era de una sola habitación pero muy amplio con sala, comedor, cocina, baño y un cuartito en el que Carlos puso su despacho y biblioteca. Lo llené de rincones, como a mí me gustaba, un sillón, una mesita al lado y una lámpara con varios cuadros en la pared entre ellos buenas copias que había comprado Carlitos en el Museo del Prado de "El caballero de la mano al pecho" de El Greco y "Las Meninas" de Velázquez, y unos cuadros originales de mi primo José Seco que me había regalado mi hermano Pablo en Madrid. Uno lo había titulado "El hacho", en Ceuta, la cárcel donde estuvo recluido después de la guerra, y el otro una vista panorámica del estuario de la Ría de Avilés en Asturias. Carlos tenía en su biblioteca más de tres mil libros muchos de ellos que había mandado a encuadernar en Toledo en pasta española y piel. Los estantes los había hecho él con la ayuda de Carlitos y Manolo y pintado de rojo que al no más verlos impresionaba. En aquel nuevo nido, cerca de nuestros hijos y nietos, nos sentíamos verdaderamente en la Gloria, tan felices que a veces temía que tanta dicha perdurara.

Capítulo 4: El gran amor de Carlitos y su segundo matrimonio.

Cumplidos ya los veintiocho años de edad, Carlitos estaba ya harto de escarceos amorosos. Quería como su hermana casarse y tener hogar y familia, ser padre de muchos hijos. Conoció en su vida a tres mujeres que lo hubieran podido hacer feliz, entre ellas a Marita, Catherine, y Judith la alumna de Carlos en Louisville. Todas las demás fueron aventuras de juventud, caprichos, impulsos, incluyendo a Melody con la que se casó según su propia confesión por haber sido un trofeo o galardón codiciado por muchos jóvenes. En cuanto a volverse a casar confrontaba un grave dilema por haberse divorciado de Melody habiéndose casado por la Iglesia Católica, es decir, que lo habían excomulgado. Había tratado varias veces de arreglarlo pero se lo habían negado rotundamente. Le quedaba únicamente casarse por lo civil, con una muchacha de diferente religión, o claro con una atea.

Andando así las cosas para el aniversario de su boda invitó Coqui a varios amigos a su casa, entre ellos a una pareja joven cubana con la que había hecho buena miga. Estando todos en el sótano celebrando muy jubilosos se apareció la pareja cubana. Como ella era guapísima y conociendo bien a Carlitos me le quedé mirando y comprobé mis sospechas. Estaba con los ojos fijos en ella, comiéndosela de arriba abajo, totalmente extasiado. Y como era atrevido y la sangre le hervía de pasión, se fue acercando a ella e ignorando al marido la sacó a bailar. Todos nos quedamos lívidos esperando de un momento a otro una explosión. Bailaron una, dos tres veces seguido muy juntitos y apachurrados, y tan asombrados estábamos, incluyendo el marido, que los dejamos solos sin nadie decir palabra. Volvió la muchacha adonde el marido que había subido arriba con Manuelo y no sé lo que hablaron pero de pronto se despidieron y se marcharon. La muchacha, que se llamaba Dagmar, no solamente era preciosa sino muy exótica, muy tropical, perfecta de cuerpo con pelo largo rizado y ojazos negros.

Llevaba un vestidito de seda azul marino muy ceñido al cuerpo y zapatos de tacón negros. Tan pronto se fueron vino Manuelo y le echó una refriega a Carlitos diciéndole que se sentía muy avergonzado por lo que había hecho y que seguro estaba que había perdido a un buen amigo. Tan furioso estaba que Carlitos, que tenían también malas pulgas cuando se las revolvían, hizo un ademán de darle un bofetón o trompada pero se contuvo al vernos en un rincón azorados. Soy madre pero no quiero cegarme apañando la conducta de mi hijo. Pensando no tanto en Manuelo sino en Coqui que estaba a punto de llorar, lo que ocurrió no me pareció bien ni por parte de Carlitos ni Dagmar, pero el amor tiene juegos que pueden ser limpios o sucios y cuando se desatan las pasiones no hay quien las detenga. De Dagmar pensé que era obvio que no se llevaba bien con su marido y que a él le importaba poco lo ocurrido pues caso contrario se hubiera comportado como un machito al verse ultrajado. Como quiera que sea pasamos un momento muy desagradable rogándole a Dios que el encuentro no echara raíces. Pero las echó y bien profundas. Carlitos y Dagmar se veían no sé cómo, dónde o cuándo, y un día Carlitos nos dejó caer el bombazo de que iban a casarse. Lo presentíamos, quizás, pero no tan pronto. Dagmar se divorció y se quedó con las dos niñas y pronto se casaron ella y Carlitos por lo civil pero no fuimos a la boda por decisión mayormente de Manuelo lo cual a mí me entristeció mucho. Se fueron a vivir a las afueras de Cincinnati en un barrio que se llamaba Kenwood y al año justo tuvieron su primer hijo que llamaron Carlos como su padre y abuelo. A las dos niñas con el tiempo se las quitaron a Dagmar el padre y la abuela por aborrecerla desde mucho antes de conocer a Carlitos. Después nos enteramos que el marido era un alcohólico y mujeriego y que la maltrataba comprendiendo entonces los deseos de Dagmar de zafarse de él.

A Carlitos siempre le enloquecieron las cubanas pues en parte se crió entre ellas, pero quitando a Cachita, la mulatita de La Habana, nunca conoció a ninguna que de verdad le llenara. Tenía sus noviecitas pero nada serio. Era además muy joven e inocentón prefiriendo jugar con sus amigos que involucrarse en amoríos. Estimo que por tal razón quedó prendado de Dagmar y por poseerla y que no se le escapara se tiró de cabeza al ruedo. Todas las muchachas que hasta entonces había conocido eran guapas pero simplonas, a no ser Marita que se le fue de las manos.

Dagmar descendía de muy buena familia de azucareros pero a raíz de la Revolución Castrista ella y sus padres lo abandonaron todo y se exiliaron en Estados Unidos. Su padre, que se llamaba Bernabé, había sido administrador de ingenios en Cuba y su hermana Yvonne una pianista famosa. Su madre, que se llamaba María Josefa, había sido maestra en Cuba siendo soltera. Todos eran oriundos de Guantánamo, ciudad de la provincia de Oriente, donde estaba la base naval norteamericana. En La Habana vivían en el exclusivo reparto de Miramar llevando vida de reyes. Dagmar tenía dos hijas, Ana Lourdes, nacida en Miami, y María Eugenia que nació en Cincinnati. Se trasladaron a esta ciudad porque le habían ofrecido a su marido un puesto en la compañía Procter & Gamble, una de las más importantes del país. El pobre Bernabé sufrió mucho en el exilio sin que nadie de sus antiguos jefes y compañeros le echaran una mano. Rebotó como una pelota de un estado y país a otro en trabajos indignos y al final se radicó en Puerto Rico donde le había ofrecido el cargo de administrador del ingenio azucarero Central Igualdad en Mayagüez. Allí estaba contento y lo admiraban mucho. Con el puesto le habían dado una magnífica casa amueblada muy cerca del batey y pegadita a la playa de Añasco que era maravillosa según decían. Nosotros los conocimos una sola vez y nos caímos bien aunque la madre de Dagmar tenía fama de ser mujer fuerte, intransigente y mandona.

Hago pauta, tomo, aliento, cambio de tema.

El destino nos tenía deparado un salto más, el sexto para nosotros. Una vez tracé en un mapa el camino que habíamos recorrido desde que salimos de España, y me dio más de 15.000 kilómetros, atravesando dos continentes, tres mares, dos océanos y un golfo. No fueron lugares que visitamos como turistas sino en los que vivimos y tratamos de echar raíces. Resultó entonces que Manuelo cambió de trabajo y se fue con la poderosa IBM que tenía oficinas en Cincinnati, y como era tan hábil y trabajador en pocos meses le ofrecieron un excelente puesto en Méjico.

Coqui no quería irse pero fueron tantos los beneficios que le ofrecían que recapacitó y se pusieron de acuerdo. Enseguida Coqui nos pidió que nos fuéramos con ella y como ya Carlos estaba jubilado y por no quedarnos solos accedimos de buena gana.

Pues bien, Coqui se fue a México primero con Manuelo e hijos por carretera, viaje interminable que les tomó casi dos semanas, y una vez que montaron casa nos fuimos con ellos. La casa y el barrio eran espectaculares, realmente toda una mansión en la colonia Polanco en las Lomas de Chapultepec. Llevábamos vida de millonarios, rodeados de sirvientes y con todas las comodidades que se pueden adquirir con mucho dinero. Coqui estaba feliz, como no la había visto antes, codeándose con gente de la alta sociedad que en Méjico era muy exclusiva. Al llegar allí tenía Coqui seis hijos más uno que le nació en Méjico que para mí eran muchos. Y así estaba que no paraba con sirvientes y todo y conmigo a su lado ayudándola. La casa era un palacete rodeada de jardines de flores preciosas y muy exuberantes y de una alta reja que le daba la vuelta. Tenía dos pisos con seis o siete habitaciones, dos o tres baños, magnífica cocina, y la sala y el comedor enormes. En la parte de atrás tenía una casita para los sirvientes que en total eran cinco sin contar el chofer. Coqui la tenía amueblada muy bien con muebles españoles y mexicanos, muchos cuadros y su gran colección de objetos de cobre que le encantaban. En la sala, encima de una mesa, tenían una figura de porcelana enorme de Don Quijote de Lladró que era muy famosa por entonces. El patio era una ensueño rodeado por un muro con enredaderas de muchas flores y grandes jarrones de barro por todas partes con más plantas y flores. Carlos se había hecho su propio despacho con su magnífica colección de libros antiguos y estaba como pez en el agua disfrutando de lo lindo.

A Méjico entramos por la puerta grande por la posición de Manuelo. Siendo nosotros españoles y él cubano tenía sus trabas y fuera de nuestro ambiente teníamos roces con el mexicano típico. Vuelta con la historia pasada y las dichosas heridas que no cicatrizaban. Pero claro, con dinero, y como en todas partes, se olvidan y pasan muchas cosas por desagradables que resulten. Nos llamaban "gachupines" como en Cuba "gallegos" aunque en Méjico en un tono más despectivo e hiriente. En realidad, según me explicó Carlos una vez, era palabra con la que se designaba al español advenedizo en contraposición al criollo ya por largo radicado en toda Hispanoamérica, es decir, que más que originarse del mexicano puro para referirse al español peyorativamente, lo era del criollo resentido por la preponderancia del peninsular. Manuelo, que era muy zorro y astuto, pronto empezó a hablar como los mejicanos empleando el mismo acento y muchas palabras y expresiones de su vernáculo. Decía Carlitos con mucha gracia que exactamente como en Estados Unidos se hacía pasar por un "Yankee Doodle", en Méjico se hacía pasar por un "Juan Charrasqueado" distando mucho de ser uno u otro. Obtener nuestra residencia nos costó un triunfo y lo de Carlos trabajar, en lo que fuese, imposible. Realmente vivíamos apartados del pueblo, en nuestra Torre de Marfil, y como había magníficas tiendas y supermercados donde vivíamos no había necesidad alguna de ir al centro. A decir verdad, entre aquella gente de la alta sociedad me sentía incómoda, fuera de lugar a pesar de los lujos y comodidades, sobre todo los chilenos y argentinos que eran insufribles y mucho peor las mujeres con grandes ínfulas de reinas y princesas. Y así, de vez en cuando, me escapaba sola y me mezclaba con los "rotos" con los que mejor me entendía como lo hacía en El Salvador hastiada de tanta hipocresía. Me parecía increíble, desde luego, que en Méjico hubiera casi la misma pobreza y miseria que en El Salvador siendo país más grande y avanzado, sobre todo en los pueblos y aldeas. Y pensaba que de poco había valido la Revolución Mejicana que, como la de Castro, y tantísimas otras, dejó de cumplir con su cometido. Pero a pesar de la influencia indígena, palpable por doquier, Méjico era muy español así en su aspecto como en sus costumbres y tradiciones como lo eran Santo Domingo y Cuba y me imagino que el resto de Hispanoamérica. Cosa curiosa era el apego y admiración que sentían por Don Quijote cuya figura de madera, hierro o porcelana, así como infinidad de dibujos y cuadros, vendían por todas partes. Mis ciudades predilectas eran Guanajuato, Cuernavaca y Tasco pero igual disfrutaba perdiéndome por cualquiera de sus maravillosos pueblos. El clima insuperable sobre todo después del atardecer, y la comida apetitosa y contundente. Ahora bien, el agua y sobre toda la altura en nada me gustaban y me tomó mucho tiempo acostumbrarme a una y otra.

Carlitos no se encontraba a gusto en Cincinnati mayormente por no tenernos a nosotros junto a él. Se cansó de la universidad y se fue a trabajar en una editorial a cargo de las publicaciones en español. Pronto también se cansó de estar allí y al año le dio el arrebato de irse a Nueva York a buscar trabajo. Allá se fue con Dagmar y Carlitos y al cabo de dos semanas consiguió un magnífico empleo en una editorial muy conocida. Fue entonces cuando nació mi otra nieta, Isabel Emilia, en Nueva York. Lo de Emilia se lo pusieron por mí y lo de Isabel por nuestra primera reina la Católica.

Frisaba el año de 1970 y contaba yo con 63 años cumplidos y Carlos con uno más que yo pues había nacido en 1906 y yo en 1907, él en enero y yo en marzo. Coqui con 34 años cumplidos y Carlitos con 32 que se llevaban dos años de diferencia. De salud Carlos andaba un poco pachucho y yo de capa caída pero aún tirando del carruaje. Ahora me sentía con menos fuerzas, tumbada, viviendo a soplos.

Capítulo 5: Muerte de nuestra entrañable madre en México. Cambio de narrador de esta historia.

Mi madre ha muerto. Murió en México rodeada de mi padre, hermana y nietos pero alejada de mí. Se ha derrumbado la familia. ¿Quién de nosotros tres se atreverá a continuar con esta historia quedando aún mucho por contar? Mi padre hubiera sido la persona idónea pero ya está anciano, le tiemblan las manos, y a Coqui no le gusta escribir. Soy yo, pues, el que siente la imperiosa necesidad y obligación de acometer la ardua empresa siendo manco de ambas manos y más ciego que un murciélago. Ruego que se me perdone mi impulso y osadía y se pasen por alto graves faltas y desaciertos que indudablemente se encontrarán.

Estando un día en mi oficina de Nueva York sonó el teléfono y me contestó Manuelo:

--Carlos, debes venirte cuanto antes, tu madre no se encuentra bien.

--Habla más claro, Manuelo, ¿qué le pasa?

--No lo sabemos, pero vente ya.

Esas fueron sus únicas palabras. Tan pronto colgó Manuelo la llamé por teléfono al hospital y aunque le noté la voz débil y confusa me dijo que se sentía mejor, que se había desmayado por un bajón del azúcar y que la habían traído al hospital como precaución y para tenerla bajo observación. Como no me quedé tranquilo, al día siguiente agarré el avión y me fui a México dejando a Dagmar y los niños solos en Nueva York.

El viaje fue un tormento, tres horas infernales. Todo lo que le rogaba a Dios era que llegara a tiempo, que no muriera sin estar yo a su lado. Arribé al aeropuerto y al no más ver a mi padre sospeché lo peor. Allí estaba plantado solo detrás del cristal, vestido de traje y corbata negros, encorvado, cabizbajo, con los brazos cruzados atrás. Me le fui acercando lentamente y al abrazarlo me dijo con voz trémula: "—Hijo, tu madre ya descansa". Los dos nos abrazamos y rompimos a llorar. Nos fuimos a la funeraria en taxi y al entrar en el salón donde estaba tendida mi madre leí esta esquela mortuoria con letras blancas sobre fondo negro:

Emilia Bellido de Vega
6 de octubre de 1972

Aquello fue para mí como una pedrada. La realidad de su muerte la tenía delante de mis ojos. Entré en el salón y allí, junto al féretro, estaba mi hermana también vestida de negro tirada sobre él y con los ojos enrojecidos de tanto llorar. Al no más verme se me abalanzó gritando: "—Carlitos, ay, Carlitos". Nos quedamos allí toda la noche acompañando a mi santa madre. Temía acercarme al ataúd, verla, gritarle "¡mamá! y que no me respondiera. Al día siguiente se llenó la funeraria de gente portando coronas de flores. De madrugada me acerqué al ataúd y mi hermana sollozando me dijo: "—Carlos, mamá quería que te diera esta cadena con una medalla de la Virgen de Guadalupe, póntela". Nos sentamos los dos en un rincón y le pregunté:

--Dime, Coqui, ¿cómo pasó todo?

--Estaba bien, Carlos, contenta, optimista, deseando irse a casa. De momento emblanqueció y empezó a sudar y si no la agarro se hubiera caído al suelo. Entre papá y yo la pusimos en la cama pero ya sin vida. Le dio un infarto, el corazón ya no podía más.

Al día siguiente, a las nueve de la mañana, fue el sepelio. Cerraron el ataúd y le pusieron encima su pequeño crucifijo al que le faltaba el clavito de la mano izquierda. Pasaron unos instantes y cuando lo fui a coger para guardarlo había desaparecido. Le pregunté a Coqui, a papá, a los niños si lo habían visto y me dijeron que no quedándome muy sorprendido y triste.

En camino al cementerio se nos acercaron unas indias vendiendo flores. Me bajé del coche y al querer comprarle a una india un ramillete de rosas blancas me preguntó:

--Caballero, ¿quién se le murió?

--Mi madre. ¿Cuánto le debo?

--Nada, caballero, lléveselo y récele a su madre un Ave María por mí.

--Pero...

--Por favor, tómelo, se lo ruego. Mi madre también murió el mes pasado. He sufrido como usted y lo compadezco.

La abracé y le di un beso y se echó a llorar. Debajo del tapete de una mesa le dejé un billete de $50 dólares.

Llegamos al Cementerio Español y alrededor de la tumba ya estaban reunidos un cura y varios de nuestros amigos. Bajaron el féretro del coche fúnebre y lo colocaron a un costado de la tumba. Pronunció el cura sus palabras de rigor, alabando con palabras huecas a quien no conocía, se acercaron dos indios con correas y las pasaron de un extremo al otro del féretro. Nos aproximamos todos y lo besamos poniéndole encima cada uno de nosotros una flor. Los indios agarraron las correas por las puntas y lentamente lo fueron deslizando en la fosa. Una vez en el fondo cogieron una pala y fueron echando la tierra acumulada al cavar la fosa. La aplastaron bien y pusieron encima todas las coronas de flores que se habían traído de la funeraria.

Entonces mi padre se plantó delante del cura ensombreciéndolo y con semblante sereno y voz pausada dijo:

"La muerte no es tan dolorosa como pensamos. Muere el cuerpo pero vive o por mejor decir revive el alma al volver a su génesis. Lo que permanece es pura carroña que con el tiempo se convierte en polvo hasta desaparecer. Por otro lado, lo que se va es eterno por cuanto más vivimos cuando morimos o, dicho de otro modo, morir es realmente vivir. Más sufre el que queda por la ausencia del ser querido y el vacío que deja pero para eso están los recuerdos que nos sirven de apoyo y consuelo. Emilia fue una gran mujer, esposa y madre ejemplar, pero si pensamos y razonamos bien lo dicho nuestro pesar debería tornarse en alegría y sobre todo en paz". Así lo hacen los chinos y otras culturas y bien valdría emularlos en este sentido. La muerte es gloria para el que se la merece, como en el caso de vuestra madre, pero ay del que muere en pecado que no es igual que decir pecador que lo somos todos. Con que vayámonos a nuestra casa tranquilos y contentos recordándola y venerándola".

Las palabras de papá nos sosegaron pero así y todo el dolor era tan intenso que no bastaron para aliviarlo del todo. Allí, bajo aquel puñado de tierra azteca, yacía el cadáver del ser más bueno, puro y noble del universo. Allí fue a parar la malagueña lejos, muy lejos de su patria, la que de tinieblas hizo luz, de los montes prados, del cardo clavel, y del dolor canto. Huesos, pellejo, polvo, imágenes , recuerdos, suspiros...

Sobre un féretro una cruz,
entre la gente susurros,
en un rincón una luz,
de rodillas unos niños.

Entra un hijo en el salón,
el padre aguarda en silencio,
se abrazan, huelgan palabras,
vagan muchos recuerdos.

Un camino polvoriento,
el cielo gris, el aire espeso,

unas flores, unos indios,
lento avanza el cortejo.

Tras un portón una fosa,
unas sombras que se mueven,
unos lirios esperando,
unos hombres encorvados.

¿Por qué aquí, ahora,
y no allá en otro día?
Del alma me han arrancado
lo que yo más quería.

Terminadas las exequias nos fuimos caminando al coche mi hermana, mi padre y yo cogidos de la mano. De pronto alcé la vista y cuál no sería mi sorpresa al ver debajo de un árbol a la india de las flores, la que no quiso cobrármelas. Me acerqué a ella, la saludé y le di las gracias y muy sonriente me dijo: "—Ya descansa su madre". Mi hermana me preguntó que quién era y muy conmovido le dije: "—Nadie, Coqui, una buena mujer, una indita del montón".

Después de permanecer en México unos días me regresé a Nueva York. Pasó el tiempo. Un día en una tienda de antigüedades en Nueva Jersey dentro de un mostrador de cristal vi un crucifijo idéntico al de mi madre. Aunque me parecía imposible para cerciorarme le pedí a la empleada que me lo mostrara. Lo miré detenidamente y le faltaba el clavito de la mano izquierda...

Al regresar a la compañía donde trabajaba me recibieron muy mal recriminándome el haber estado ausente tanto tiempo. El jefe, que era inglés, me encerró en su oficina y muy agriamente me dijo que al morir un familiar dos días era lo máximo y no una semana como me había tomado yo. Lo miré de arriba abajo y le dije que en ese preciso momento renunciaba a mi puesto y que se lo confirmaría por escrito. Fui a mi oficina, escribí mi renuncia, la dejé caer en sus manos y me largué.

Cuando vinimos de Cincinnati nos mudamos a Queens en Nueva York donde nació mi hija Isabel Emilia en el hospital Roosevelt. La pobre de Dagmar sufrió mucho con el embarazo y entonces cuidaba a Carlitos y a sus dos hijas que habían venido de Miami a estar con ella una temporada. Después cambié de empleo y nos fuimos a vivir al pueblo de West New York en el estado de Nueva Jersey en un edificio de apartamentos frente al río Hudson. Ocurrió entonces que la editorial para la que trabajaba me mandó en un viaje de negocios a Hispanoamérica. Dejé a Dagmar y los niños con los suegros en Mayagüez y me fui a la aventura. Conocí a muchos países, entre ellos Chile, Argentina, Brasil, Colombia y Venezuela. Fue un viaje de tres largos meses en el que conocí a mucha gente y me adentré en sus culturas. De los países los que más me gustaron fueron Argentina y Brasil, y de las ciudades Buenos Aires, Caracas y sobre todo Río de Janeiro ciudad hermosísima y digna de verse. Caracas me recordó mucho a La Habana y los venezolanos a los cubanos por su forma de ser y de hablar. En cada ciudad me hospedé en los mejores hoteles y comí en los mejores restaurantes pues pagaba la compañía. A Río llegué en el avión de noche y me quedé absorto al verla toda iluminada que más parecía sueño que realidad. Para mí, con todo lo que digan, no hay aquello de "Madrid al cielo" sino de "Río de Janeiro al cielo", pues digo y repito que no hay nada comparable en el mundo, ni París, ni Roma, ni nada. En Río me hospedé en el hotel suizo Ouro Verde enfrente de la playa de Copacabana cuyo espectáculo era sobrecogedor. Por las mañanas desayunaba viendo el mar mientras me servían unas cariocas en sus atuendos típicos que traían unos carritos llenos de frutas tropicales y un café que me sabía a gloria. Después, por las tardes, al regresar del trabajo, me sentaba en la terraza del hotel frente al mar y saboreando una caipiriña veía desfilar a mujeres a cada cual más bonita y sensual, que si hubiera sido soltero me hubiera ido detrás de cada una de ellas sin pensarlo dos veces. Subí al Cristo en la cima del monte Corcovado o Pan de azúcar con una vista de la ciudad realmente sobrecogedora. Allí le compré a Dagmar en la joyería Stern's un anillo con una turmalina incrustada rodeada de pequeños diamantes por la que pagué $150 y al tasarla después en la misma joyería en la Quinta Avenida de Nueva York la valoraron en más de $1.000. Dagmar aún la conserva y se la ha prometido a nuestra hija Isabel cuando se muera. En Buenos Aires me hospedé en el hotel Claridge, también muy bueno, y disfrutaba mucho paseando por la calle Corrientes que quedaba cerca y mirar los magníficos escaparates de las tiendas. En una de ellas le compré a Dagmar un abrigo de pura piel que era una preciosidad. Por las noches me iba al puerto y comía en un restaurante que se llamaba La Cabaña famoso por sus guisados y parrilladas. Me encantaron las afueras de Buenos Aires y la gente que era toda muy distinguida y educada. En Brasil, además de Río, estuve en el imponente San Pablo que me recordó mucho a Nueva York por sus rascacielos, amplias avenidas y muchedumbres. A Santiago de Chile llegué en pésima época pues estaba muy revuelta políticamente con lo de Allende con violentas protestas y atentados por toda la ciudad. Allí estuve hospedado también en un hotel suizo que se llamaba hotel Crillón en la calle Ahumada que me gustó bastante y donde disfruté del muy popular "pisco" y de un café que estaba en la esquina que se llamaba "el Haitiano". Sin embargo, tuve la mala suerte de enfermarme en Santiago después de zamparme un pollo a lo pobre a las dos de la madrugada. Llegué al hotel y eché el bofe con diarreas incontenibles que me duraron hasta una semana después de llegar a Buenos Aires. Este pollo lo servían en una fuente con un par de huevos fritos y un bisté todo mezclado, y aunque sabía bien, sobre todo con el hambre que traía del viaje desde Nueva York que duró más de veinte horas, era una bomba nuclear. Le llamaban así, pollo a lo pobre, porque era muy barato y bastaba para matar el hambre durante todo el día. En Santiago le compré a Dagmar una moneda de oro chilena preciosa, en una joyería que quedaba cerca del hotel y en la que vi, sin lugar a dudas, a la mujer más bonita de mi vida, quitando a Dagmar, desde luego. Aquí sí me sentí tentado a salirme del plato por más que la conciencia me frenaba. Quiso Dios que al regresar a la mañana siguiente se había enfermado y no estaba…A Dagmar siempre le fui fiel y quedó más que demostrado en este viaje pues las tentaciones las había en cada esquina sobre todo por las noches. Y a ver, sumido en aquel ambiente ensoñador de Río, Buenos Aires, Caracas, siendo joven y con dinero en el bolsillo y con la familia a cuatro mil kilómetros de distancia, quién se hubiera resistido a deslizarse en el pecado con un par de copas encima bajo una luna de plata y cielo estrellado. Pero así, aunque parezca imposible, fue en mi caso y me siento muy orgulloso de ello. En caras le compré a Dagmar otra moneda de oro de Simón Bolívar, también preciosa. En Bogotá quise comprar esmeraldas que las vendían a montones por la calle, pero me advirtió un hombre que no las comprara que eran todas falsas. Así y todo, como eran tan bonitas y baratas, le dije a un vendedor que se las compraría si me dejaba enseñárselas a un joyero que estaba enfrente. Accedió de buena gana y cuando salí con el joyero el tipo se había esfumado. En Bogotá, que a decir verdad no me gustó tanto como las otras ciudades, me hospedé en el magnífico hotel Tequendama, y visité el Museo del Oro y la Catedral de Sal que estaban cerca y que me entusiasmaron.

El viaje de Brasilia a Bogotá me impresionó mucho, como el de Santiago a Buenos Aires volando muy de cerca de la cordillera de los Andes con los picos todos cubiertos de nieve y envueltos en densas nubes. El de Brasilia a México fue espectacular porque durante muchas horas al mirar por la ventanilla del avión todo lo que veía era verde atravesando el gigantesco Mato Grosso con el río Amazonas y sus tributarios serpenteando como enormes culebras. Dejaba de mirar, me fumaba un cigarrillo, vuelta a la ventanilla y seguía viendo verde pero un verde muy intenso, resplandeciente. De Caracas a México fue un salto con mucho más azul que verde y de ahí a Puerto Rico un soplo. En México estuve con mi familia cuatro o cinco días y los encontré a todos bien. Me llevaron al cementerio a ver la capilla estilo gótico que le había construido mi hermana a mamá que era una maravilla, con un rinconcito para rezar y un hermoso cuadro de la Virgen de El Greco en la pared rodeada de muchas flores que cuidaba un indio con mucho esmero. El fin de semana nos fuimos todos en coche a Cuernavaca a visitar el Palacio de Cortés que nos entusiasmó.

De México salí para Puerto Rico a reunirme con mi mujer e hijos a los que no veía desde hacía varios meses. En San Juan alquilé un coche y me fui por carretera de noche a Mayagüez y era tanto el resplandor de las estrellas que paré el coche y me las quedé mirando embobado. El silencio, el olor y la brisa del mar ahí pegadito me tenían embriagado. Llegué a Mayagüez a las diez de la mañana y me encontré a Dagmar y los niños jugando en el jardín y nos abrazamos todos con mucho amor. La casa de Bernabé, aunque antigua, era preciosa, toda rodeada de árboles frutales entre ellos guayaba, plátano, guanábana, naranja agria y mango que despedían un aroma indescriptible. Se llegaba a ella cruzando un terraplén con dos matas de mango enormes a ambos lados pasado el ingenio todo construido de mampostería con dos grandes chimeneas negras de hollín. A unos doscientos metros de la casa estaba la inolvidable playa de Añasco toda rodeada de cocoteros y con la arena muy blanca y fina. Un domingo nos fuimos todos en coche a Ponce y almorzamos opíparamente en el bello Hotel Intercontinental que era el mejor de la ciudad. Desde allí nos fuimos bordeando la costa del Caribe hasta llegar a la zona del Condado en las afueras de San Juan donde estaba la famosa y hermosísima playa de Luquillo en el pueblo de Fajardo y donde desayunamos en el majestuoso hotel Conquistador en un montecillo que daba al mar. Delante del hotel había una estatua ecuestre de don Juan Ponce de León que fuera su primer gobernador antes de zarpar para la Florida en busca de la Fuente de la Juventud. Por allí empezaba o continuaba la avenida Ashford donde estaban todos los hoteles de lujo y casinos. De regreso a Mayagüez paramos a comer en un restaurante español en Bayamón y desde allí nos fuimos bordeando la costa del Atlántico pasando por Arecibo y Aguadilla hasta llegar a Mayagüez. Indudablemente que Puerto Rico es una isla de ensueño por sus paisajes, mar, cielo y gente, muy parecida a Cuba aunque más agreste y pequeña. Tuvo la suerte o desgracia de aliarse políticamente con ser Estados Unidos que hasta cierto punto le ha transformado su carácter y personalidad y si no se cuida algún día su cultura y lengua. Se jacta del "Spanglish" que es jerga injuriosa sobre todo en la ciudad de Nueva York donde residen más de un millón de puertorriqueños que trocaron su bella isla por otra infinitamente inferior en el sentido humano en busca de nuevos horizontes que hasta el presente le han sido vedados. Así han sido de ilusos dejándose llevar por pajaritos en el aire y cuentos de hadas. En Puerto Rico me hubiera quedado yo viviendo debajo de un puente y comiendo batata todos los días o buenos mariscos pescados por mí en su ensoñador mar, y de igual forma tratándose del dominicano de los que hay cientos de miles también en Nueva York. Claro que en el aspecto económico le lleva Puerto Rico gran ventaja a las otras islas, pero nuevo coche, hoteles y tiendas de lujo y buenas chequeras bancarias nunca bastarán para alcanzar la verdadera y plena felicidad.

Capítulo 6: Cómo conocí a Dagmar y lo que ocurrió después.

Nada, que me enamoré, tan sencillo como eso, pero esta vez en serio, profundamente, y esa es mi explicación para quien me la pida. Mamá lo entendió bien y hasta creo que mi hermana Coqui, pero si fueron parciales por lo mucho que me querían digo que puede haber sido sin estar seguro. Ni fui el primero ni seré el último pues tal es la condición humana cuando las pasiones se apoderan del buen juicio y razonamiento. Si hice bien o mal el tiempo lo dirá, pero sí sé que Dagmar es hoy mucho más feliz de lo que era antes de conocerme. Y fue tal porque la cuidé bien y le fui fiel que es gran muestra de amor y así hemos estado juntos, inseparables en todo momento, por más de cuarenta y cinco años que en el mundo de hoy es gran novedad y virtud, con dos hijos bien criados con sus hogares y familias, y aun las hijas de Dagmar que se criaron alejadas de nosotros formaron hogares y familias a pesar de desenvolverse en un ambiente de inquinas y odio.

A la familia de Dagmar la traté siempre con cariño y consideración, inclusive a su hermana y familia que eran muy difíciles de tratar, así como a su madre que aunque buena mujer tenía un carácter insufrible. A su padre quise mucho y lo traté dignamente esforzándome por ayudarlo en sus peores momentos. Todo lo justifica el amor si es sincero como lo fue el mío, y no me arrepiento de los pasos dados sino que al contrario los estimo acertados y beneficiosos a lo largo y ancho. Ofrecí adoptar a las hijas de Dagmar siendo pequeñas brindándoles mi apellido si lo querían y me consta que lo hubieran hecho si hubieran tenido la libertad para así obrar.

Y en última instancia, ¿a qué tanto hablar de lo nuestro en este mundo de hoy? ¿Qué decir de los hogares, familias, del hombre, de la mujer, de principios, moral, honor como se nos presentan hoy en un mundo podrido y decadente? ¿Quién está hoy libre de culpa y pecado cuando aún los más castos y santos se revuelven en el lodo sin excluir a instituciones supuestamente honorables como la Iglesia y centros docentes? ¿Qué decir de los gobiernos, de la corrupción y soborno, del atropello de los niños, de las mentiras y vejaciones, de las guerras y violencia, de la pornografía, las drogas y los crímenes? Y ante todo este panorama asqueroso y deprimente, ¿cómo condenar a dos almas que juntaron sus vidas por sincero y profundo amor?

Poco después de conocer a Dagmar le dediqué este verso:

Amada mía.

De Guantánamo surgida, cual capullo de alelí,
asomó a mi alma peregrina la que era para mí.
Se cruzaron las miradas, se encendieron las pasiones,
cantó el gorrión en el campo, palpitaron corazones.

Caña dulce, caña brava, trapiches bailando el son,
soneros repiqueteando la conga, ríos de añejo ron.
La mulata se estremece, la luna tiende su manto,
las estrellas resplandecen, la campiña huele a mango.

En la fuente de los besos con espumas de diamante,
dos figuras se reflejan al compás del flamboyán.
Años vienen, años pasan, nuevos nidos que cuidar,
palomas de anchas alas que habrán de volar y volar.

A los que le siguieron estos:

Fantasía.

Campos que huelen a ron,
mar a pargo y cangrejos,

besos a mango y anón,
noches a sudor y aliento.

Al costado de un camino,
entre abanicos verdes,
de las manos bien cogidas,
dos amantes se retuercen.

--Te quiero,
--Te quiero más,
--Te adoro,
--No como yo.
--Dame un beso,
--¿dónde estás?
--Busca bien y me encontrarás.

Dos miradas,

Sus ojos me miraron,
yo los miré con los míos,
--qué buscas?, pregunté yo,
--ya nada que lo he encontrado.

¿Quién será?

Me quedo mirando, suspiro,
se acerca, me sonríe, tiemblo,
me toma la mano, deliro,
me da un beso, muero.

Dagmar sufrió mucho durante su niñez y juventud. La madre nunca la quiso y el padre estaba muy enfrascado en su trabajo para cuidarla. De jovencita la metieron de pupila en un colegio de monjas para deshacerse de ella y no estorbara mientras la madre viajaba por todo el mundo con su otra hija Yvonne que era la preferida. Repetidas veces le pegaba con un cinto o con lo que tuviera al alcance. Se casó para escaparse de aquel infierno y también porque la obligaron sin estar enamorada del marido y sin quererlo. Él también le pegaba sobre todo cuando se emborrachaba y su suegra la aborrecía. Entre unos y otros la tenían acorralada. La suegra era una víbora, el suegro un menso y toda la familia gente malvada, egoísta e insolente. Tenían dinero, posición, poder y así trataban a Dagmar peor que una esclava.

Antes de separarse Dagmar de su marido hicieron un viaje a Miami con las niñas. Como la echaba mucho de menos una mañana agarré mi Volkswagen y me fui a Miami. Tenía que verla, cerciorarme de que estaba bien en aquella madriguera. En el camino, al pasar por las montañas de Tennessee de madrugada, se desató una tormenta y como se había roto el limpiaparabrisas lo até con una cuerda tirando de él mientras conducía. Se me reventaron dos ruedas, me quedé sin gasolina, se me apagó el coche varias veces y así, sin dormir, hambriento, totalmente exhausto llegué por fin a Miami. Sólo pude hablar con Dagmar una vez por teléfono y estaba tan desesperada que le insistí que se fuera de regreso a Cincinnati y así lo hizo.

En el viaje de vuelta me fue peor con el coche; se apagaba, echaba humo, hacía ruido por todas partes y se me volvió a reventar una rueda. Así fui bandeándome hasta llegar a las afueras de Cincinnati donde el coche lanzó su último suspiro. Lo dejé a una costado de la carretera y llamé a Coqui por teléfono para que me viniera a recoger. A la mañana siguiente fui adonde lo había dejado y no estaba. Empecé a dar vueltas buscándolo y por fin lo encontré en una gasolinera hecho pedazos. Me dijeron que esa noche lo había chocado otro coche conducido por un borracho y que con el fuerte impacto había muerto por lo que sentí gran pesar. Como no había forma de arreglar el coche me lo compraron como chatarra por 50,00 dólares. Como decían en Cuba el coche "estaba salao" y no sé cómo no me maté en él. Cuando estuve en Miami me quedé en casa de mi amigo Cecilio. Una mañana nos fuimos a cazar a los Everglades y de pronto al cruzar un pantano empezó a hundirse el coche. Saltamos Cecilio y yo a tierra firme y se lo fue tragando el pantano poco a poco hasta desaparecer. Nos fuimos a buscar ayuda a un garaje y con una grúa lo sacaron, y así, todo enlodado y cancaneando, regresamos. Fue a la mañana siguiente cuando salí para Cincinnati después de hablar hablado con Dagmar.

Ya divorciada y libre de su marido, Dagmar y yo nos casamos y fuimos a vivir a una zona residencial muy bonita llamada Kenwood. Más adelante, cuando cambié de empleo, nos mudamos a West New York en Nueva Jersey. Las niñas estaban con Dagmar. Un día vino el padre a visitarlas y dijo que quería llevarlas al cine. Dieron las seis, siete, ocho, nueve de la noche y las niñas no aparecían. Esa noche nos llamó por teléfono Ana Lourdes y nos dijo que estaban en Miami donde el padre las había traído. Dagmar quedó deshecha. Se desató entonces una fiera pugna entre el marido y sus padres y nosotros por la custodia de las niñas triunfando ellos al final por su posición y dinero. Tenía entonces Ana Lourdes unos seis años de edad y su hermana cuatro. Pasó mucho tiempo hasta que Dagmar volvió a ver a sus dos hijas.

A nuestra boda en Cincinnati no fue nadie. Mis padres estaban ya alistándose para irse a México, los padres de Dagmar en el extranjero, y la hermana en Madrid donde se había exiliado el marido que era también cubano. Presentes sólo estaba un matrimonio norteamericano amigos nuestros que nos sirvieron de testigos. Nos casamos, claro, por lo civil como dos parias pues la Santa Iglesia nos tenía excomulgados.

En nuestro apartamento de Kenwood nació Carlitos, nuestro primogénito. Yo me sentía en las nubes siendo padre por primera vez y sobre todo de un varón que es el sueño de todo hombre. Nació en las mismísimas entrañas del monstruo, como las llamaba Martí, en Cincinnati, estado de Ohio lejos, muy lejos de nuestro mundo pero en tierra de Jefferson y Lincoln que era gran ventaja. Mi hija Isabel Emilia nació dos años después en Nueva York. Carlitos se parecía a mí y más aún a su abuelo paterno, y Chabita cagada a su madre de los pies a la cabeza.

Habiéndonos quedado solos en Cincinnati y cansados ya de lidiar con tanto gringo, un día agarramos carretera y nos fuimos a probar fortuna en Nueva York. Yo ya conocía la ciudad donde había ido a vender las esponjas de El Salvador y siguiéndole la pista a una bailarina cubana que había conocido en Covington cerca de Cincinnati. Ni vendí las esponjas ni me fue bien con la cubana pues un día me confesó reunidos en el Parque Central que estaba casada y que la dejara tranquila. Al día siguiente se fue a Boston y me le fui detrás en el coche de un amigo que era cónsul de Venezuela, pero al entrar en el teatro me confrontó el marido amenazándome con pegarme dos tiros si seguía molestando a su mujer. Me agarró el amigo cónsul por el brazo y me metió en el coche y sin parar ni siquiera a mear me llevó de vuelta a Nueva York.

Pues bien, salimos Dagmar y yo de Cincinnati rumbo a Nueva York con Carlitos metido en su corral en el asiento trasero. Al llegar nos hospedamos en el hotel Chateau Renaissance que quedaba en el pueblo de North Bergen cerca de Nueva York. Todas las mañanas bien temprano me iba a Manhattan a buscar empleo pero toda gestión fue inútil hasta que decidimos regresarnos a Cincinnati. Estábamos preparando las maletas cuando en ese momento sonó el teléfono y era una de las compañías con las que me había entrevistado. Me pidieron que los fuera a ver y sin perder tiempo me ofrecieron el puesto de editor de todas sus publicaciones en español y portugués con un sueldo entonces de $14.500 anuales. Además, me pagaban la mudanza y la estancia en un hotel cuando regresara hasta conseguir vivienda. Así lo hicieron y ya en Nueva York nos hospedamos en el lujoso hotel Roosevelt en la calle Madison, a una cuadra de mi oficina. Allí estuvimos un mes dándonos buena vida hasta que encontramos un apartamento en Queens pues los alquileres en Manhattan eran intocables. Al cabo de dos años la editorial decidió abrir sucursal en México y me ofrecieron irme allí para administrarla. Fuimos Dagmar y yo y los niños en viaje de exploración pero fueron tantas las trabas que nos pusieron para lo de la residencia y permiso de trabajo por ser yo español y Dagmar cubana que tuvimos que desistir del plan y quedarnos donde estábamos. Perdí el trabajo y de vuelta tuve que lanzarme a la calle a buscar otro.

En aquel primer viaje que hice a Nueva York antes de conocer a Dagmar me fue pésimamente mal; primero, como dije, porque no vendí una sola esponja y segundo porque salí trasquilado con la bailarina cubana. Partí de Cincinnati en un Plymouth de 1957 que estaba en sus diez de últimas, con cien dólares en el bolsillo y una tarjeta de crédito Gulf para la gasolina. Tenía pensado parar en el pueblo de Easton en Pennsylvania para verme con un amigo que vendía maquinarias a la compañía lechera para la que trabajaba en El Salvador y pedirle que me prestara algo de dinero. Estuve con él y sus hijos un par de días y me prestó $200,00. Me dijo también que había hablado por teléfono con un amigo suyo en Nueva York y que lo fuera a ver que me daría más. Salí de Easton de madrugada y como me quedaba poca gasolina di una vuelta en redondo para parar en el garaje que estaba del otro lado de la carretera. En ese instante sentí una sirena y vi un coche de la policía con las luces encendidas a todo dar que me venía persiguiendo. Paré el coche y se me acercó un policía regañándome por haber dado la vuelta en redondo y sin más me dio una multa diciéndome que fuera a ver enseguida a un juez de paz para pagarla. Como no sabía dónde estaba el juez el policía me dijo que lo siguiera y a los cinco minutos llegamos a la casa del juez. Estaba el magistrado en pijamas y después de darme una refriega me dijo que tenía que pagar $200,00 en efectivo por la infracción y que de lo contrario me metería en la cárcel. No tuve más remedio que pagarlos y me quedé escasamente con $40,00 para el resto del viaje. Llegué a Nueva York y al cruzar el túnel Lincoln y llegar a la calle 42 era tanto el gentío, vehículos y bullicio que tuve que parar en una esquina para tomar aliento y orientarme. Lo primero que hice fue llamar por teléfono al que me había recomendado mi amigo pero me dijeron que estaba de viaje y que no regresaría hasta la semana próxima. Ahí me las vi negras en una ciudad tan descomunal como Nueva York, sin conocer a nadie, y con sólo $20,00 en el bolsillo que no me alcanzaban ni siquiera para comer y mucho menos para hospedarme en un hotel. Empecé a dar vueltas sin tener idea por dónde iba y cerca del Parque Central vi un YMCA que es una pensión u hospedaje para estudiantes y le supliqué al empleado que era puertorriqueño que por favor me dejara pasar allí la noche. Accedió el buen samaritano aunque diciéndome que en cuanto al coche lo podía aparcar detrás pero que a las cinco de la mañana tenía que sacarlo de allí. Es más, al explicarle mi situación y verme tan compungido, me dijo que me quedara hasta conseguir el dinero de mi amigo pero sacando el coche como me había dicho. Así me metía en el coche todas las mañanas y me iba a las tiendas tratando de vender las esponjas, pero como no tenía dinero para aparcarlo lo dejaba afuera y siempre que regresaba me encontraba en el parabrisas dos o tres multas. Por fin regresó el amigo que andaba de viaje y me dio $500,00 con lo que pude sostenerme unos días más y pagarle al puertorriqueño el hospedaje. Fracasado mi intento de vender las esponjas decidí largarme de la Babel de Hierro y regresar a Cincinnati. Me fui sin pagar las multas, pero cuando nos mudamos a Nueva York y tuve que ir a pagar una que me habían puesto por pasar una luz roja, salieron todas en la computadora y me hicieron pagar más de $2,500. Carambolas con el viajecito a Nueva York.

Volví a Nueva York una segunda vez con mis padres y familia aún siendo soltero en un viaje para conocer a la gran ciudad. Nos habían dicho que en el Parque Central se podía acampar con el coche con lo que nos ahorraríamos mucho dinero con el hospedaje. Alquilamos un tráiler en el que cabíamos todos y llevándolo a remolque en mi coche que era un Oldsmobile de 1956 nos dirigimos a Nueva York. Llegamos y en la calle 42 y Quinta Avenida le preguntamos a un señor cómo llegar al parque donde queríamos acampar. Nos miró de arriba abajo y no sé si por la facha que teníamos, por la matrícula del coche que era de Ohio, o por considerarnos "hillbillies" que son los guajiros o jíbaros norteamericanos, se echó a reír y con gran sarcasmo nos dijo que siguiéramos hasta llegar a la Segunda Avenida y que allí dobláramos a la derecha hasta llegar al parque. Lo hicimos y nada, no lo encontramos. Agarramos la Tercera Avenida cuesta arriba y no sé si en la calle 80 u 82 le preguntamos a un policía por el parque y nos dijo que allí no era permitido acampar y que nos fuéramos a la Montaña del Oso donde lo podíamos hacer. Nos dijo que volviéramos a cruzar el túnel Lincoln y que siguiéramos derecho hasta llegar a la ruta 9 Oeste sin salirnos de ella hasta llegar a la montaña que nos tomaría unas dos horas. Así lo hicimos atravesando un pueblo que se llamaba Edgewater pero al llegar a otro que se llamaba Fort Lee nos perdimos. Por fin llegamos a la montaña y acampamos en un parque precioso. Estábamos desechos por el viaje pero contentos por haber puesto fin a nuestra odisea. Abrimos el tráiler y nos acomodamos todos. A la mañana siguiente mi madre nos hizo un gran desayuno y después nos internamos en un bosque de pinares y estuvimos allí todo el día disfrutando del paisaje y del aire puro. Regresamos al tráiler y nos zampamos unos bistés con patatas fritas que hizo Manuelo a la barbacoa que nos supieron a gloria. Por la noche Carlos y Carlitos se fueron a dar una vuelta y de pronto vieron un letrero que decía "Watch out for Bears" (Cuidado con los osos). No le dimos mucha importancia pero esa misma noche mientras dormíamos oímos unos rugidos y al salir Carlitos a ver lo que era se encontró casi delante a un gigantesco oso. Sin perder un segundo lo armamos todo y salimos de allí pitando. En el viaje de regreso a Cincinnati paramos en las Cataratas del Niágara que nos entusiasmaron y allí nos pasamos el día. Al llegar a las afueras de Cincinnati conduciendo yo y estando muy cansado y muerto de sueño, puse sin querer el coche en "parking" y explotó la transmisión. Tuvimos que irnos a casa en taxi e ir después a recoger el coche y tráiler. El coche era precioso, un Oldsmobile 98 blanco y verde acabadito de comprar. También tuve que venderlo como chatarra.

Cuando trabajaba de editor en Nueva York tenía que viajar mucho por Estados Unidos y así conocí grandes ciudades como Boston, Filadelfia, Washington, D.C., Pittsburgh, Carolina del Norte, Carolina del Sur y la Florida. También estuve en el pueblo fronterizo de Ciudad Juárez que me dio asco y que en nada se parecía al gran México que yo conocía. Todos eran prostíbulos, garitos, barras y tabernas de mala muerte. También tuve ocasión de visitar grandes universidades, como Harvard, MIT, Yale, Princeton, la Universidad de Pennsylvania y otras. Si algo grande tiene este país son sus universidades como sus carreteras que son magníficas. Con el otro editor tuve ocasión de viajar a España con el presidente de la empresa en busca de impresores para los libros en español. Él fue con su mujer y yo con Dagmar y los niños. Nos hospedamos en el hotel Castellana Hilton en la avenida Generalísimo cerca de la estatua de

Colón y después nos fuimos todos en coche a Barcelona. Nos hospedamos en el hotel Plaza en el Barrio Gótico y un día que fui a reunirme con un colega en el hotel Ritz me pasó por delante Salvador Dalí vestido elegantemente con chaqueta de terciopelo rojo, pantalones de terciopelo azul y botas negras. Era exactamente como lo había visto en fotos, alto, delgado, y con su bigotazo muy rizado vuelto hacia arriba. Me fui detrás de él y al meterse en una limosina que lo estaba esperando le pedí su firma. Sin casi mirarme me pidió papel y pluma y le di lo único que tenía que era mi tarjeta de presentación de la empresa donde trabajaba y me la firmó. No sé si alguien se habrá fijado, pero si se le da la vuelta a la firma se puede leer perfectamente: "yo soy" parecida a la de Felipe II que firmaba "Yo el Rey". Mientras yo estaba en Barcelona el presidente de la empresa se fue a Bilbao y después nos juntamos todos en Madrid. Allí conocimos a un editor español que se contrató para imprimir los libros y con quien con el tiempo hice buena amistad. Una vez me ofreció irme a trabajar con él pero Dagmar se opuso porque no quería separarse de su familia y perdí esa gran oportunidad de radicarme en mi tierra.

En Madrid bautizamos a nuestra hija Isabel Emilia en una iglesia que quedaba cerca de donde vivía mi tía Consuelo en la calle de Castelló. Después dimos una recepción en el Castellana Hilton a la que asistió toda la familia y la pasamos maravillosamente. Pensando que estábamos en España le dije al encargado del bar que se asegurase de tener buen vino de la tierra, coñac y jerez y una o dos botellas de whiskey y ginebra por si a alguien se le antojase tomarlos. Al poco rato vino el camarero y me dijo que nadie había tocado el vino, coñac o jerez, pero que se habían acabado el whiskey y ginebra y que se necesitaban más. Como no los tenían a la mano tuvieron que ir a buscarlos a un bar cercano. Esto me agarró de sorpresa y me dio mucha gracia pues francamente no me lo esperaba. Todos esos gastos más los de la estancia en aquel hotel de lujo los cargaba a dos tarjetas de crédito que con mi firma bastaba. A las dos semanas de llegar a Nueva York recibí por correos un grueso paquete repleto de recibos de todos esos gastos y eran tantos que me tomó casi un día revisarlos. Me había gastado más de 10.000 dólares entre picos y flautas dándome vida de rey siendo un pobretón. Así es el maldito crédito, invento de algún hijo de su madre, firmita tras firmita y después a dar alaridos y tirarse de los pelos. Era la segunda vez que me pasaba pues cuando iba a Puerto Rico me ocurría igual y después venían los agobios y subir montañas para pagar mis locuras.

En esto mi suegro era muy discreto y sabio pues nunca tuvo una sola tarjeta de crédito ni la deseaba, y cuando le pedían algo y no tenía el dinero en el bolsillo "oyendo la conversación", decía que había que aguantarse y no joder más. Y cuando lo criticaban por no haberse comprado casa en Estados Unidos, adquirido una póliza de seguro de vida, o ahorrado dinero para sus herederos, respondía "—el que venga atrás que empuje" y se quedaba tan campante. Cuando estaba en Cuba de magnate logró ahorrar mucho dinero en un banco de Miami pero al subir Castro, entusiasmado como todos los cubanos por ver a una Cuba mejor, lo retiró y se lo llevó a Cuba. A los dos meses el nuevo gobierno nacionalizó los bancos y perdió hasta el último centavo. Su mujer María Josefa, que tenía cinco lenguas y todas largas, nunca se lo perdonó y cuando se lo sacaba a relucir recriminándoselo le contestaba: "—Me cogieron de verraco y me jodí como todos los cubanos, ¡pero para ya con esa mierda que me tienes frito!" Bernarbé era de buen carácter y aguantaba todas las descargas de su mujer que le caían encima a torrentes, siempre con sus pullitas e indirectas mofándose de él o ridiculizándolo delante de otros. María Josefa era en el fondo homofóbica pues no olvidaba que siendo niña su padre la había abandonado con su madre sin que nunca averiguáramos el porqué. A mí me tenía a raya y no recuerdo una sola vez que no me dijera algo desagradable acerca de mi persona, Dagmar, o los niños. Desde luego que era una bola de fuego que más que quemar achicharraba. Por otro lado, era en extremo diligente y trabajadora y cuidaba de su marido como buena compañera. En el exilio trabajó siempre de modista y costurera ayudando en lo que podía. Yvonne, la hermana de Dagmar, se las traía también pero era más comedida y educada al menos delante de la gente, pero muy engreída, de carácter duro y soberbia. Siendo la mayor nunca se interesó u ocupó de su hermana sino de sus constantes viajes y conciertos. Se había casado varias veces y la última con un diplomático cubano bajo el régimen de Castro con el que tuvo su segundo hijo. El primero nació del primer matrimonio en Cuba, muchacho raro y problemático criado mayormente por sus abuelos.

De la otra familia de Dagmar sólo conocía a la que vivía aquí, a su tía paterna Flor y sus tres hijos casados con familias. Me hablaba siempre con mucho amor de sus tíos y tías, abuelos y abuelas, todos oriundos de Guantánamo y muy decentes. Adoraba a su abuelo paterno Sebastián que según ella era gran señor con medio pueblo de amigos, de su tía Teresa que era la matrona de la familia y cuya pulcritud en su persona y casa era bien conocida y admirada siendo además excelentísima cocinera y repostera. De su abuelo Sebastián decía que le gustaba pasearse por el pueblo después de cenar impecablemente vestido luciendo su traje de Drill 100 bien almidonado y planchadito, cargado de perfume y toda la cara empolvada. También hablaba muy bien del marido de su tía Flor que era catalán y dueño de una licorera, y de su tío paterno Agustín gran ingeniero azucarero como su padre y hermanos.

En aquel viaje que hicimos a España pasamos también por mi pueblo de San Hilario de Sacalm en los Pirineos y nos hospedamos en una pensión. Llegamos a él subiendo por una montaña y dando muchas vueltas que me recordaba la subida al volcán Izalco en El Salvador. En la cima estaba el pueblo medio oculto entre nubes con la torre de una iglesia dominando el panorama. Era el mes de noviembre y el frío pelaba más aún en la pensión que no tenía calefacción. Había un sólo baño en cada piso que teníamos que compartir con los demás huéspedes con el agua tan helada que ni podíamos lavarnos las manos. Dormíamos por las noches con dos o tres mantas encima y así y todo titiritando de frío. A la mañana siguiente, que era domingo, nos fuimos a dar una vuelta por el pueblo y paramos en un parquecillo a ver bailar la sardana y en un café cerca nos comimos el más exquisito chorizo y salchichón de nuestras vidas, diez veces más sabrosos que los de Villafranca del Bierzo que es mucho decir. Pasamos por la casa donde había nacido yo pero estaba cerrada y no la pudimos ver por dentro. Nos fuimos al cementerio donde estaba enterrada mi abuela paterna Mamasinda pero lo encontramos clausurado y medio en ruinas. Mi abuela, que estaba con nosotros al terminar la guerra sin saber el porqué, había muerto dos o tres días después de haber nacido yo y cómo la cuidaron y enterraron mis padres sin llamar la atención es para mí gran incógnita. En las afueras del pueblo de regreso a Madrid paramos a almorzar en un restaurante campestre a un lado de la carretera y entre el ambiente, el paisaje, la comida y el servicio estábamos como embobados, sobre todo con una sopa de crema de espárragos que era una verdadera delicia. Antes de llegar a Madrid paramos en Soria y desayunamos en el parador Antonio Machado uno de los más bonitos de España. También estuvimos en Guadalajara y en una iglesia abandonada me encontré un candelabro de bronce antiguo que aún conservo. Permanecimos en Madrid unos días más y después nos regresamos a Nueva York. Fue un viaje inolvidable.

Capítulo 7: Me quedo sin empleo y se nos desata una nueva y larga odisea.

Corría el año de 1972. Al dejar la editorial y como no encontraba empleo por ninguna parte monté mi propia editorial a la que llamé Vega Publishing Company, y al decir monté me refiero meramente al nombre porque para lo demás no tenía dinero, y no solamente eso sino que tenía la oficina en el dormitorio de un apartamento de dos habitaciones con un escritorio desvencijado, máquina de escribir y teléfono que contestaba Dagmar mientras yo estaba en la calle rompiéndome el lomo. A pesar del esfuerzo titánico no me entraba dinero suficiente para cubrir gastos y así empecé a atrasarme en todos los pagos incluyendo el alquiler del apartamento del que debía tres meses y la matrícula del colegio de los niños. La comida escaseaba, la luz y gas estaban a punto de cortárnoslos, los gastos del coche, el seguro, los arreglos, la gasolina. Algunas librerías me compraban libros pero a consignación y después tenía que esperar sesenta o noventa días hasta que me liquidaran que era como el que espera la muerte en la cárcel de una prisión. No tuve entonces más remedio que lanzarme nuevamente a la calle y tratar de vender libros a los estantes de periódicos, farmacias, bodegas de Nueva York y Nueva Jersey y hasta en las iglesias, catedrales y templos pentecostales los domingos con la ayuda de Dagmar y los niños. Muchos de estos comercios estaban en el sistema de trenes subterráneos de Nueva York por lo que tenía que bajar y subir escaleras cargado de pesadas cajas y chorreando sudor abriéndome paso entre la muchedumbre. Así sacábamos algo de dinero e íbamos tirando. También le publiqué libros a un masajista peruano, a un cura español que escribió un libro de protesta contra la Iglesia, y al que había sido primer presidente de Cuba al caer Batista y tomar Castro el poder Manuel Urrutia Lleó que tituló "Democracia Falsa y Falso Socialismo". Con este libro eché el resto y pensé alcanzar gloria, pero la mayoría de los cubanos exiliados, sobre todo en la Florida, culpaban a Urrutia de haber absuelto a Castro después del ataque al cuartel Moncada y no lo quisieron comprar. Le llamaban a

Urrutia "cucharita" porque durante el tiempo que estuvo de presidente "ni pinchaba ni cortaba".

Aquí sí que me las vi negras pues en la publicación del libro me gasté más de lo que me había dado Urrutia sin contar todos los gastos de ventas y promoción. Urrutia era un gran hombre y fiel cubano y en el juicio del cuartel Moncada que presidió como magistrado actuó digna y muy democráticamente al no encontrar pruebas fehacientes para condenar a Castro y así lo puso en libertad. Vivía en Queens con su mujer Esperanza y tres hijos, dos de ellos médicos y la hija, que se llamaba Victoria, estudiando medicina. Enseñaba español en una universidad de Long Island y llevaba a Cuba en el alma. Al ver su libro publicado se puso muy contento pero al enterarse de que no se vendía se sumió en profunda melancolía. Un día me comentó que si el libro se hubiera publicado en inglés hubiera tenido mejor acogida y siempre soñó con hacerlo. Con el alma hecha añicos al verse repudiado por su propio pueblo, y con la salud menguándole por su avanzada edad, falleció una noche de una embolia pulmonar. Mi hijo Carlitos y yo fuimos al sepelio en un cementerio tenebroso de Queens considerado el más grande del mundo. Allí, quitando a su mujer e hijos, no había un alma. Cubrieron el ataúd con una bandera cubana y el hijo mayor se despidió de su padre con palabras muy sentidas. Curioso fue que no hubiera en el cementerio un cura y que la noticia de su muerte no hubiera salido en ningún periódico.

Cierto es que Urrutia no fue elegido por el pueblo sino designado por Castro, pero si lo vamos a ver en Cuba nadie eligió nunca a nadie porque como decía el propio Urrutia imperaba una falsa democracia, un quita y pon de monigotes ávidos de poder y riqueza.

Urrutia nos hablaba a menudo en su casa de sus relaciones con Castro al que en el fondo detestaba por haber traicionado a su pueblo. Estuvo de presidente muy poco, no más de unos cuantos meses, y al ver que Castro abrazaba la nefaria ideología comunista y que por ese rumbo se empeñaba en conducir al país, cortó con él por lo sano y renunció a su puesto. Nos decía que Castro era un indecente y un marrano, que comía con las manos y uñas sucias y hablaba con la boca llena y limpiándose con la manga de la camisa. Que andaba siempre mal vestido y oliendo "a grajo" como si nunca se bañara. Que hablaba por los codos y muy enrevesado como divagando por lo que no se le entendía. Que siempre le tuvo miedo y desconfianza por saber que tarde o temprano lo traicionaría y aun mataría como lo había hecho con otros tantos allegados a él, y que temía por su familia caso de que le ocurriera algo. Un día presintiendo la muerte se fue de Palacio y se internó en la Sierra Maestra con las tropas de Castro pisándole los talones logrando después de varios atentados refugiarse en la Embajada Venezolana de donde partió para Miami y luego para Nueva York. Lo recuerdo con cariño, como hombre noble, íntegro y resoluto en su afán de ver a Cuba libre e independiente. Murió triste, abatido, desilusionado, con su misión incumplida. De su libro se imprimieron 10.000 ejemplares, se vendieron 1.200, él se quedó con 500, y los 8.300 restantes fueron a parar a la hoguera como los libros de caballerías de Don Quijote.

En vez de dedicarme a los libros debería haberlo hecho vendiendo jamones o longanizas que gustan mucho o cucuruchos de maní tostado como nuestro amigo cubano de Santo Domingo. Después de todo el libro es mal alimento que tiende a indigestar sobre todo siendo voluminoso y apolillado. La verdad es que no sé de dónde me vino esa afición a los libros, si fue por haberme criado entre ellos o por ver a mi padre siempre leyendo. En esto, y quitando a papá, era el único en la familia pues que recuerde nadie entre nosotros era amante de ellos a no ser para tenerlos de adorno. En cuanto a la docencia sí fue por influencia directa de mi padre aunque él se metió en esta profesión más por necesidad que vocación o gusto por ser hombre de leyes como su padre y hermano mayor. Desde luego que no lo hice por dinero pues entonces un mecánico de coches o fontanero ganaba el doble de un maestro, y en cuanto a ser profesión ilustre y prestigiosa no hay tal sino esclava y malagradecida como la de un monje, enterrador o enfermero.

Otros oficios y profesiones que contemplé en algún momento de mi vida y las razones por las que no los proseguí:

político pero detesto la mentira y la hipocresía;

misionero pero sin vestir hábito por no ser amigo de dogmas;

médico pero no me gusta crear falsas esperanzas;

vendedor de seguros pero no me gusta que se beneficien unos con las tragedias de otros.

siquiatra, como me decía Dagmar, porque tengo paciencia para escuchar y doy buenos consejos, pero no me gusta la trampa ni jugar con la mente sobre todo cuando vaga y cae en oscuros laberintos.

artista pero sólo tengo una cara;

cartero pero me desagrada dar malas noticias;

periodista pero huyo de las tragedias;

campesino, eso sí y bueno;

peluquero pero estoy medio calvo;

músico pero me espanta el ruido;

soldado pero no sabría bajo qué bandera;

modisto pero me enciende la gente torcida;

poeta, pero no soy amigo de normas;

cerrajero pero amo demasiado la libertad;

carpintero, eso sí y de los mejores;

pescador pero de la orilla del mar no hay quién me saque;

zapatero pero sólo remendón;

aviador pero sólo si me explicaran bien cómo se mantiene un avión en el aire que nunca lo entendí;

limpiabotas pero me marea el olor a betún;

bailarín pero tengo los pies muy grandes y pesados;

joyero pero no soy ladrón ni me gusta explotar a la gente;

bibliotecario pero sólo de libros clásicos;

deportista pero detesto perder;

malabarista pero ya lo he sido desde mi juventud;

impresor pero soy alérgico a la tinta;

mago pero hay mucha competencia;

abogado pero no me gustan los juegos sucios;

jardinero, eso sí y de los mejores;

astronauta pero me desesperan las distancias;

cocinero pero si hubiera sabido qué hacer con las sobras;

contable pero soy torpe con los números;

constructor pero sólo de hospitales;

taxista pero me gusta ir adonde me dé la gana;

fontanero pero bastante me han tupido en mi vida;

filósofo pero con el conocimiento de Dios me basta;

lingüista pero como con la vida la ciencia complica el lenguaje;

pintor pero sólo de brocha gorda;

relojero pero no me gusta vivir pendiente del tiempo.

A todas las contemplé unas con más interés que otras pero nunca me decidí por ninguna por las razones expuestas. Así que editor y maestro a lo que salga.

Estaba con la soga al cuello, entre la espada y la pared, con la punta de la espada muy afilada y la pared como la de un castillo. Viendo a mi familia hundiéndose y sin poder socorrerla por más que me esforzaba. Dagmar era una leona, fiel, entregada, dispuesta, sacando de dónde no había y haciendo mil maromas pero como yo desilusionada y confusa. ¿Era el destino, nosotros, los tiempos, la vida, el país, yo, o quizá nuestra personalidad, carácter o forma de ser? ¿Era acaso algún error del pasado, alguna maldición familiar que venía rodando de antaño? Y los niños ya eran grandecitos y se daban cuenta de todo, y los humillaban en el colegio por no pagar la matrícula viniendo todos los días a casa tristes y cabizbajos con la consabida notita en la mano. Carlitos me acompañaba frecuentemente en muchas de mis aventuras y mucho que se esforzaba y ayudaba a vender los libros. Un día estando en Newark sólo vendimos un libro por $10.00 y con esa migaja almorzamos los dos y con los $6.00 restantes compramos algo de comer para Dagmar e Isabel. Otra vez nos fuimos todos a Nueva York y vendí $27.00 y sin perder un instante nos fuimos a comer a McDonald's incluyendo a los dos hijas de Dagmar que habían venido a pasarse el verano con nosotros. Atravesábamos una etapa de verdadera angustia con el horizonte herméticamente cerrado y sin divisarse una lucecita de esperanza.

Capítulo 8: Enfermedad imprevista y muerte de mi hermana Coqui. Una luz más que se apagaba.

Con la vida hay que tener sumo cuidado por sus muchos reveses que nos acechan incesantemente. Vivíamos en el sube y baja, unas veces apagando fuegos y otras encendiéndolos. Había que conseguir un trabajo fijo a la carrera aunque fuera de basurero o limpiabotas, un sueldecito decente que nos permitiera vivir sin zozobras. La pobre de Dagmar se pasaba el día entero buscándome empleo en los anuncios clasificados de los periódicos pero no encontraba nada. Un día topó con uno que pedía un director general para un editor español y allá me fui desbocado y me dieron el puesto. Sin embargo, por razones que nunca entendí a las tres semanas cerraron la empresa sin dar explicaciones y me volví a ver de patitas en la calle. Pero Dagmar no cejaba y seguía bebiéndose los periódicos hasta que un día vio un anuncio solicitando a un vendedor de tarjetas de ocasión en español. La empresa estaba en Brooklyn que para mí era como decir en la luna, pero allá me fui en tren y autobús en un viaje que me tomó más de dos horas en pleno invierno. Me dieron el puesto y al lunes siguiente comencé mis labores. Estaba a cargo de la zona del Bronx, infame ciudad que siempre detesté por ser ni más ni menos que el basurero de Nueva York. Con toda la mala fama que tenía Harlem de ser otro basurero, infinitamente peor era el Bronx y sobre todo la zona que llamaban el "South Bronx" al que se refería la policía como "Fort Apache" por la cantidad de crímenes, robos y atracos que ocurrían a diario. La ciudad era verdaderamente deprimente con cientos de casas y edificios destartalados y derrumbándose y montones de basura en la calle con ratones como gatos buscando su alimento. En lugar tan inmundo y malsano para el cuerpo y espíritu me metía todos los días visitando comercios que sólo de verlos daban grima. Los ratones, las cucarachas, el polvo, el olor hediondo, la contaminación del aire y la gente por llamarle algo daban ganas de salir corriendo y no volver jamás. Parece mentira que este Bronx sea parte de la ciudad de Nueva York, como Brooklyn que es otra letrina, que la ciudad no es sólo Manhattan sino además de las otras dos Queens y Staten Island a cuál de las dos peor. Es decir, que al hablar de Nueva York se piensa casi exclusivamente en Manhattan sin que a nadie se le ocurra pensar en las otras partes.

Por aquel entonces nos hablaron de un lugar que se llamaba la Casa de España situada en la calle treinta y nueve entre las avenidas Primera y Segunda, y la ponían tan por lo alto que una noche Dagmar y yo nos fuimos a conocerla. Por fuera el edificio era sencillo, típico de Nueva York, pero por dentro muy amplio y llamativo con salas de exposición y conferencias, bar, restaurante y juegos de todas clases. Dependía del Ministerio del Exterior en Madrid y servía exclusivamente para el esparcimiento del emigrante español de Nueva York. El director era gallego y se llamaba Alfonso casado con una dominicana muy excéntrica y bullanguera y con dos hijos varones uno de ellos medio retardado. Como era muy cariñoso y campechano pronto hicimos buena amistad y nos pasábamos casi todos los fines de semana allí en alguna función o actividad. A menudo recibía de España en "valija diplomática" toda clase de embutidos y vinos y como los primeros no se podían importar por estar prohibidos enseguida nos llamaba y los repartía entre nosotros y otros amigos. Lo de prohibir la importación de carnes y embutidos españoles se debía al acaparamiento o monopolio de los italianos que a sangre y fuego defendían los suyos aun siendo de inferior calidad y más caros. Cuando estuve de estudiante en Madrid mi primo Golo me regaló un salchichón del Bierzo que envolví en un periódico para disimular, pero al pasar aduana y por el olor tan penetrante que despedía me lo descubrieron y confiscaron. Seguro estoy que no lo tiraron y que se dieron gran banquete.

En la Casa de España conocimos a muchos españoles con buenos empleos, como uno que era periodista en las Naciones Unidas, otro que era gerente de la compañía de aviación Iberia, el canciller del consulado español de Nueva York, a una señora que era ama de casa del famoso actor Gary Cooper que nos invitó un domingo a comer en su casa, y a otra que era directora de una galería de arte en Nueva York. De todos con el que más amistad hicimos fue con un pintor español que se llamaba

Fernando que firmaba sus cuadros "Felmart", muy iconoclasta y bohemio. Era salmantino, de unos cincuenta años, muy bien parecido, sibarita a más no dar y el perfecto Don Juan. Decía que estaba casado con una colombiana que permanecía en su tierra mientras él trataba de abrirse paso en Nueva York. Yo me hice buen amigo de él y andábamos siempre juntos con Dagmar muy pendiente de nuestros pasos pues bien sabía de qué pie cojeaba. La directora de la galería de arte, que se llamaba Norma, se convirtió en su agente y amante y lo ayudaba muchísimo sin lograr nunca que la quisiera o considerara en lo más mínimo. Una vez me lo encontré en su estudio pintando una acuarela y al terminar le dije que me gustaba mucho. Se me quedó mirando y me dijo: "—Si tienes veinticinco centavos es tuya", "—¿Cómo que veinticinco centavos?", "—Ese es tu precio por ser amigos que yo no regalo mi trabajo ni a mi propia madre". Se la había dedicado a Dagmar que aún la conserva. El estudio era una cueva inmunda que le había dado un amigo suyo español dueño de una cadena de dulcerías en el Bronx. Se hizo él mismo una cama de tres pisos para "que no se le subieran encima las ratas", pero llegó un momento que llegaron a ser tantas que se cansó de matarlas y me decía que "se habían convertido en sus amigas y que en nada le estorbaban". En la Casa de España Fernando tenía una exposición permanente de sus cuadros y algunos lograba vender con la ayuda de Norma y del director. Yo le compré uno precioso a buen precio que se lo pasé a mi hijo Carlos y que lo tiene puesto en sitio de honor en su casa.

Pues bien, a pesar de estar casado y viviendo con Norma en su lujoso apartamento de Nueva York, Fernando no paraba de enredarse con mujeres. Las atraía como dulce a hormigas y él dejándose llevar aunque fueran dos o tres a la vez. Pero un día se pasó de rosca y nos metió a todos en un gran lío. Estando con él en el estudio lo llamaron por teléfono y se puso a hablar muy acaramelado y lascivamente con la que supuse era una de sus múltiples amiguitas, pero al acercarme reconocí la voz y era la mujer de Alfonso, nuestro mutuo gran amigo, quedándome en una pieza. Al terminar se lo recriminé pero me dijo que no me entrometiera y que la mujer era una cualquiera y Alfonso un cretino y que se lo merecía. Se enteró Alfonso de lo que su mujer se traía entre manos con uno de sus mejores amigos y rompió con él y conmigo por no habérselo dicho. Nunca más volvimos a la Casa de España y de Fernando nos enteramos que estaba trabajando para su amigo en una de sus dulcerías en Hoboken. Una día pasamos por allí y nos dijeron que se había ido de vuelta a España. Alfonso se divorció de su mujer, dejó la Casa de España y se fue a trabajar para el Ministerio de Exterior en Madrid. Un día nos dijeron que había muerto de un ataque de corazón.

Antes de lo de la Casa de España tuve que hacer un viaje relámpago a Madrid para cobrar un dinero que se me debía. Con toda mi familia tuve atenciones y colmé de regalos especialmente a mi tía Consuelo y mi tío Pablo al que le di suficiente dinero para que se arreglara la boca que la tenía destruida. Dos años antes habían asesinado en un ataque terrorista perpetrado por la ETA según alegaciones al almirante Luis Carrero Blanco designado por Franco como su sucesor, y en noviembre del mismo año había muerto Franco de ochenta y tantos años de edad. Al morir asumió el poder su otro sucesor el príncipe Juan Carlos, hijo de Juan de Borbón y nieto del rey Alfonso XIII que se había exiliado en Italia después de la proclamación de la Segunda República. Realmente el heredero legítimo del trono era Juan de Borbón pero como Franco recelaba de él por sus ideas liberales decidió a favor de su hijo. Desconozco el paradero del alma de Franco, pero si hay justicia en el otro mundo y el infierno tiene fondo ahí debería estar.

Al poco de regresar de España me vi nuevamente envuelto en penurias. Se me ocurrió entonces montar en un pueblo cercano con mucho esfuerzo una librería de libros en español, pero como el hispano no leía al cabo de unos meses la tuve que cerrar. Vuelta a estar en el aire.

Ocurrió entonces que mi hermana Coqui vino a Nueva York a comprar ropa para su tienda de México. Le había puesto la "Boutique de París" en la zona más exclusiva de México y le marchaba muy bien. Se quedó con nosotros y siempre que podía la acompañaba a Nueva York.

Una mañana resbaló en la ducha y se dio un golpe en el pecho. Cuando llegó de Nueva York se quejaba de que le dolía mucho y notó una bolita en un seno que no había visto antes. No le dimos mayor importancia y ahí quedó la cosa, pero al llegar a México se le acució el dolor y se fue a ver a un médico. La examinaron detenidamente y descubrieron que la tal bolita era un tumor maligno. Le extirparon el seno izquierdo y pusieron otro postizo y al par de meses volvió a Nueva York a comprar más ropa. Regresó a México y empezó a sentirse muy mal y la internaron en el hospital. El cáncer se le había extendido a otras partes del cuerpo sin ya poderla operar. La llevaron a un hospital de Houston en Texas pero ya no había nada que hacer. El cáncer le había invadido el estómago, el hígado, los pulmones, hasta el cerebro. La pusieron en un rígido tratamiento de quimioterapia y a los pocos meses expiró. Falleció el 3 de agosto de 1980 a los 44 años de edad y la enterraron junto a mi madre en el Cementerio Español. De los cinco que salimos de España quedábamos tres, mi padre, mi prima Regina y yo. Vuelta a los versos ahora por la muerte de mi entrañable hermana.

> De tus entrañas Castilla
> un bello clavel floreció,
> el viento lo arrancó un día
> y en sus alas se lo llevó.
>
> Después de mucho volar
> el clavel se marchitó,
> y junto a otro clavel
> la paz al fin encontró.
>
> Tierra indígena, bravía,
> de antaño la Nueva España,
> líbralos de la noche fría,
> cobíjalos bajo tu manto.

Sentí en el alma no poder ir a México pues en esos precisos momentos atravesaba una gran crisis económica, y no sólo era el coste del viaje sino el no poder dejarle a Dagmar suficiente dinero para afrontar los gastos. Andando el tiempo mi familia de México me lo echó en cara pero bien sabe Dios que me fue totalmente imposible ir.

Con la muerte de mi hermana y antes la de mi madre se desintegró la familia de México máxime cuando Manuelo se volvió a casar a los pocos meses. Un día descubrimos que tenía una amante cuya relación databa de cuando mi hermana estaba enferma y fue con ella con la que se casó. La metió en su casa estando allí mi padre y se deshizo de la ropa y pertenencias de mi hermana haciendo eco del refrán que reza: "El muerto al hoyo y el vivo al pollo". Casi treinta años de unión matrimonial, siete hijos, posición, dinero, habían servido sólo para crear un monstruo que se revolvía en un charco de intrigas, engaños, falsedades, y traición. Mi padre estaba pendiente de todo y cuando vino a visitarnos después en Nueva York nos dio los espeluznantes pormenores. Indudablemente que el monstruo y su cómplice buscaban deshacerse de él sin dejar vestigios de su vida pasada. Me consta que los niños sufrieron mucho y que nunca se tragaron a la madrastra y mucho menos ella a ellos. Y así se desbandaron los mayores y tiraron por distintos rumbos.

Manuelo se portó como un canalla y vil sinvergüenza, conducta que en nada me extrañaba pues siempre fue un mentiroso y falso. Mostró pesar al morir mi hermana pero todo era puro teatro. Nunca se ocupó de sus propios padres ni trató de traérselos cuando estaba en Cincinnati sabiendo muy bien cuánto sufrían bajo el régimen castrista. Su único dios era el dinero pero como era muy zorro lo encubría dándoselas de buen padre y marido. Una vez que estuvo en Nueva York me llevó a un prostíbulo y allí se enredó con una mujerzuela estando casado con mi hermana. No recuerdo si entonces ya estaba ella enferma o no. Esto me recordó al padre de María del Pilar que lo primero que hizo al llegar a La Habana en un viaje de negocios fue meterse en un prostíbulo en las afueras de la ciudad cerca del aeropuerto de Rancho Boyeros. Yo y mi tío Félix fuimos con él y como yo estaba soltero me di un banquetazo con una mulata de las que sacan de quicio, pero mi tío Félix, que estaba casado con una hija, se quedó afuera pacientemente esperando que acabáramos, conducta de un hombre digno que no se me olvidará jamás. Quise una vez decírselo a su mujer en Madrid después de su muerte, pero preferí callarlo por temer que no me creería.

Con todo esto mis sobrinos se reviraron y torcieron alejándose de mí, triste consecuencia de los reveses de la vida y de un padre desquiciado. Los tres mayores se criaron conmigo en Cincinnati y siempre fui buen tío sacándolos a muchos lugares y jugando con ellos. Mi hermana Coqui era mujer ejemplar. Salió de España niña y con nosotros afrontó todas las calamidades y desgracias que nos tenía deparado el destino con valor, resolución e integridad. Nunca se separó de mis padres y cuando mi madre se enfermó hincó rodilla en tierra y se hizo cargo de todo hasta su muerte. Las dos eran inseparables, muy unidas en cuerpo y alma, y así cuando murió mi madre sintiendo su ausencia en el otro mundo tiró de ella y se la llevó consigo. Hoy yacen las dos muy juntitas en la capilla que mandó a hacer mi hermana en el Cementerio Español de la capital mexicana. Dios quiera que algún día las pueda visitar.

Capítulo 9: Muerte de mi padre. Tercera luz que se apagaba. Muerte también de mi suegro, el bueno de Bernabé. Vida de los guajeros de Guatemala.

Después de morir mi hermana mi padre se vino a pasar una temporada con nosotros. Las muertes de mi madre y hermana lo habían dejado demolido. Se sentía solo, triste, viejo, enfermo, le dolían mucho las piernas y caminaba con dificultad. Lo llevamos un día a ver a nuestro médico y no lo encontró bien de salud. En México lo habían operado de la próstata y en una ocasión casi se había desnucado al caerse de bruces por las escaleras en casa de mi hermana. También le encontraron que tenía enfisema pulmonar galopante. La situación con Manuelo y su mujer se había deteriorado al máximo y los nietos no querían saber de él por estar ya viejo y enfermo. Quería irse de México, volver a España, morir allí y que lo enterraran junto a su padre y hermano en la tumba que yo costeé.

Mi padre se regresó a México esperando que lo trataran mejor pero resultó todo lo contrario. Sin poder soportar más las vejaciones e insultos un día desapareció sin nadie saber su paradero. Yo lo llamé varias veces para insistirle que se viniera para acá con nosotros, pero me dijeron los sobrinos que se había ido y que no sabían dónde estaba. Así pasaron dos semanas hasta que un día recibí una llamada telefónica de mi padre diciéndome que estaba en Madrid con su hermana Consuelo. Tal noticia me dejó en una pieza aunque en el fondo no me tomó del todo de sorpresa. No sé exactamente el tiempo que estuvo con su hermana, pero un día recibí una carta de él en la que me decía que estaba en un asilo de ancianos en Ponferrada junto a su hermana Isabel. Lo llamé por teléfono y lo encontré muy triste quejándose del lugar y "del atajo de vejestorios" con los que tenía que vivir. Le insistí mil veces que se viniera que aquí lo cuidaríamos pero no hacía más que darme de largas y poner excusas. En la carta que me escribió me decía que lo único agradable del lugar era una monjita que lo despertaba por las mañanas con unas rosas frescas traídas del jardín y con la que se sentaba parte del día a conversar de tiempos pasados. Se había llevado a Madrid su excelente colección de libros que supuse había dejado en casa de Consuelo o de su sobrino Golo. Pasó no sé cuánto tiempo y un día me llamó mi primo Golo dándome la noticia de que mi padre había muerto y que lo habían enterrado como él quería en Villafranca con su padre y hermano. Que en su lecho de muerte estaban todos presentes y que lo cuidaron muy bien hasta entregar su alma. Aquello me rasgó las entrañas llorando por fuera y por dentro sin poder contenerme. Y lo peor, como siempre, me agarró sin un centavo por lo que no pude irme para allá como le correspondía a todo buen hijo y así lo enterraron sin estar yo presente. Menos mal que murió entre seres queridos que lo atendieron con mucho amor hasta el último momento. A los tres o cuatro meses recibí todos sus libros y pertenencias que me mandaron de Madrid y aquí los tengo todos en dos magníficos estantes en mi despacho. También me llegó su traje negro, el que tenía puesto al morir mi madre y supongo al morir mi hermana, sus zapatos del mismo color, camisa blanca, y su corbata negra. Murió de pena, sí, de pena, que es la muerte más dolorosa y fulminante, aunque en el certificado de defunción daban como causa primaria "ataque cardíaco". Si nos ponemos a pensar nunca se sabe la causa exacta por la que se muere. Aparenta ser tal o más cuál pero lo que apaga la llamita definitivamente sigue siendo un misterio. Ya sabemos que al fallar el corazón deja de circular la sangre y al privarse el cerebro de oxígeno se paraliza todo, pero ¿quién, cómo y cuándo se apagaba la llamita? ¿Es la muerte acto humano o divino? Ahí queda la interrogante para los sabios.

La única satisfacción que nos quedó a todos fue que mi padre logró lo que tanto ansió toda su vida. Siempre nos decía que no le importaba dar vueltas y vivir en un lugar u otro, pero, suplicaba, que si moría fuera de España que lo enterraran en ella, en el muy noble y señorial pueblo de Villafranca del Bierzo, junto a su padre y hermano. Este fue siempre su deseo, descansar para siempre en su tierra. Me acuerdo una vez que pasamos por el cementerio de Weehawken cerca de casa y al no más verlo me dijo: "—Qué pena, Carlos, venir a parar a un lugar tan triste y solitario". Este cementerio estaba en el medio de una zona industrial entre dos carreteras congestionadas de tránsito entre nubes de humo y ruido infernal de motores, bocinazos y frenazos.

El que haya leído esta historia hasta aquí ya debe saber la clase de persona que era mi padre por lo que nada tengo que añadir. Del que vale mucho ha de hablarse poco que con cuatro o cinco palabras ha de bastar, y las mías son éstas: honorabilidad, integridad, sabiduría, fidelidad, comprensión. De los cinco quedaban ya dos, mi prima de Madrid y un servidor. Murió mi padre en el pueblo de Villafranca del Bierzo, provincia de León, el 24 de septiembre de 1983 a los 77 años de edad. Dios guarde su alma y me perdona a mí el no haber estado a su lado cuando más me necesitaba. Entre sus papeles que junto a su colección de libros me mandaron de Madrid encontré un día este verso escrito por él:

>Afuera muy alto,
>muy alto,
>adentro muy hondo,
>muy hondo...
>¿Y...?
>Eso no lo sé
>ni cuándo,
>ni cómo,
>ni dónde,
>ni qué.
>¿Es que no lo sabes?
>¡Cállate!
>--Lo adivinaré.
>--Mejor para ti.
>--Peor para usté.

>En la vida o en la muerte...
>qué más da.
>Entre la vida y la muerte...
>qué más da.

¡Ni en la vida ni en la muerte...
más allá!

En ese momento, al terminar de leer su verso, le compuse yo este:

En Villafranca, la del Bierzo, ruge el león,
pasan años, se alza el pueblo, truena el cañón.
De las tierras catalanas, desde la cima de un monte,
se otea la Galia pérfida, asoma un nuevo horizonte.

El océano se ensancha, las aguas se tornan púrpura,
atrás quedan los recuerdos, delante la incertidumbre.
Avanza el león desafiante, quiere volver a rugir,
las fuerzas le van menguando, nuevas ansias de existir.

La rueda de la fortuna en su incesante girar,
cava profundas huellas en la inmensidad del mar.
¿Y qué fue de las golondrinas? ¡Ay Señor, dímelo ya!
--No te angusties, que aunque sola, pudo su nido
alcanzar.

Me encontraba yo por entonces trabajando como asistente del alcalde del pueblo de West New York donde vivíamos. Era, además, profesor asistente de español en dos universidades de Nueva Jersey. Con el alcalde, que era italiano y excelente persona, me marchaba muy bien. Estaba a cargo de la creciente población hispana que venía a radicarse en el pueblo desde distintas partes del país pero mayormente cubanos que habían llegado a Miami del Mariel, los llamados "marielitos". Todos tenían los mismos problemas de lenguaje, inmigración, vivienda, salud y empleo a los que traté de darles solución uno a uno. A tal fin escribí y publiqué varias obras sencillas y prácticas para el aprendizaje del inglés, una guía fonética para usar en hospitales, un vocabulario bilingüe de inmigración, una guía también fonética para emergencias, un diccionario legal y médico, y una obra con todas las leyes de vivienda del estado de Nueva Jersey. También ordené que se hiciera un censo de la población para determinar el porcentaje de hispanos que residían en el pueblo para así aumentar la ayuda estatal y federal si sobrepasaba los 30.000 habitantes, una campaña de limpieza del pueblo con un concurso de belleza, una semana cervantina en honor a la lengua española, y un agasajo oficial al sabio español Severo Ochoa ganador del Premio Nobel de Medicina, y acometí la ambiciosa y ardua labor de traducir al español los documentos políticos más preciados de Estados Unidos: "Declaración de Independencia", "Constitución", "Declaración de Derechos" y la "Alocución de Gettysburg" de Lincoln, todo ello con la ayuda valiosísima de mi padre. Se publicó la obra para celebrar el Día de la Independencia el 4 de julio de 1986, en una magnífica edición de gran formato firmada por más de 3.500 hispanos de todos los Estados Unidos y dedicada por altos funcionarios públicos del país como alcaldes, gobernadores, y senadores. Tal fue el éxito que tuvo que a los pocos días me vi de cuerpo presente en Washington entregando ejemplares al presidente del Tribunal Supremo de Estados Unidos y en la rotonda del capitolio a senadores, diputados y al embajador de España en Estados Unidos. La noticia se publicó en más de 150 periódicos nacionales y se me entrevistó en varias cadenas de televisión y radio entre ellas ABCNews y Univisión. De la obra se publicaron 3.000 ejemplares numerados que se repartieron a universidades, bibliotecas y distintas organizaciones cívicas y culturales en toda la nación.

Como era de esperar, tanta fama fomentó grandes envidias y recelos y pronto me vi envuelto en una red de intrigas y habladurías por parte de la camarilla del alcalde que era toda italiana pero, afortunadamente, les hizo caso omiso y siguió apoyándome y contando conmigo para todo. Una vez salió en el periódico una entrevista que se me había hecho al regresar de Washington titulada "El poder detrás del trono" refiriéndose a mí como la persona más influyente de su administración debido a lo cual había sido reelegido por tercera vez. Sin dejar que nada de esto me preocupara seguí adelante con mis proyectos con el beneplácito de mi amigo el alcalde y otros políticos de la zona que igualmente me apoyaban. Mucha gente me pedía que me postulara para alcalde y otros para congresista pero nunca me interesó la política y de ninguna manera estaba dispuesto a convertirme en el contrincante del alcalde y mis amigos.

Llevaba trabajando para el alcalde más de seis años y ayudando en todo lo posible a los hispanos necesitados. Cuando se enfermaban de gravedad los metía en el hospital sin tener seguro, cuando se encontraban en la calle les conseguía vivienda, cuando necesitaban empleo se los conseguía aun sin hablar inglés y sin estar debidamente capacitados, y aun cuando morían sin recursos hallaba la forma de darles santa sepultura como hice una vez con un muchacho cubano que murió solo de cáncer. A una señora hondureña, divorciada y con cuatro niños pequeños, la cambié de apartamento por las condiciones infrahumanas en que vivía. Una vez que estuve allí me la encontré frenética con escoba en mano matando ratas y fue tanta la rabia que sentí que me fui enseguida a ver al alcalde para que la ayudara. Llamó al dueño del edificio y lo hizo comparecer delante de él poniéndole una multa y exigiéndole que sin demora alguna mandase a fumigar y limpiar el edificio y deshacerse de las ratas y cucarachas. Pero aún hizo más. Despidió al inspector municipal encargado del edificio y le consiguió a la pobre señora un apartamento muchísimo mejor.

El edificio del que se salió estaba en la avenida Hudson a pocas cuadras del ayuntamiento. Por fuera se veía más o menos bien pero por dentro era una inmunda pocilga con las paredes cayéndose, las escaleras desvencijadas con muchos escalones rotos, las ventanas mugrientas, y la basura tirada por doquier. El apartamento estaba en el quinto piso y cuando entré me quedé espantado de lo que vi. Me abrió la puerta la señora con la cara cubierta con un pañuelo, una gorra de pelotero en la cabeza y una escoba rota y sucia en la mano. Me llevó a la cocina y debajo del fregadero había más de diez ratas muertas una encima de otra, en la salita un niño llorando en una cuna con una mordida de rata en el brazo izquierdo, y por una tabla suelta del techo más ratas corriendo de un lado a otro. En toda la cocina, en el suelo, paredes, y encima del fogón, cientos de cucarachas enormes disparándose a sus escondrijos. Me fui a los dos edificios contiguos y ambos estaban iguales de desbaratados y cochambrosos. Se lo dije después al alcalde y rojo de cólera mandó a llamar a los dueños de los edificios y les dio un plazo de diez días para arreglarlos o de lo contrario los metía en la cárcel. Buen alcalde, buen hombre, buen amigo. Murió años después del corazón por su extrema obesidad que había sobrepasado los 350 kilos.

Si algo hay de abominable en Estados Unidos, en barrios buenos o malos, en ciudades grandes o pequeñas, son los dueños de casas o edificios, los detestables "landlords" o "landladies" que son los dueños o dueñas de casa, sobre todo los que viven en el mismo lugar que alquilan y lo dice quien los conoce muy bien por experiencia propia o ajena. Todo lo que les importa es el dinero cobrando lo máximo y gastándose lo mínimo sin la menor consideración y respeto hacia sus inquilinos. Ya iré hablando uno por uno de los que desgraciadamente conocí en su momento, pero de antemano digo y repito cien veces que todos ellos se caracterizan por ser la máxima expresión de todos los defectos que aquejan y deshonran al ser humano, incluyendo vileza, avaricia, ruindad, despotismo, malevolencia, egoísmo, tosquedad y rudeza, y peor los norteamericanos, los de cabeza cuadrada y ojos azules, y las agencias de bienes raíces que abusan del inocente y desvalido. He conocido muchos casos de familias enteras que han sido violentamente desahuciadas por no poder pagar el alquiler debido a causas mayores involuntarias como enfermedad, muerte o pérdida de empleo, puestas de patitas en la calle con todas sus pertenencias sin valer ruegos ni súplicas de madres o niños. E igual digo de las empresas de servicio público como el gas o la electricidad que sin miramientos los cortan por falta de pago en buen tiempo o bajo una tormenta de nieve. Se entiende que las cuentas hay que pagarlas, pero cuando una madre se queda viuda, un hijo se enferma de gravedad, o repentinamente pierde su empleo, lo humano es sentir caridad y darle un poco de alivio. ¿Cuál es pues la alternativa para no pagar alquiler, comprar una casa? Pobre del que se deje atrapar en esa telaraña a no ser el rico que son los menos. Bancos, hipotecas, intereses, abogados, impuestos, reparaciones por 30 ó 40 años para después vender la casa por la mitad de lo que costó.

A la semana siguiente fui adonde Carmela—que así se llamaba la señora—y nos pusimos a conversar.

--Bueno, Carmela, las cosas se van arreglando, se ve más contenta.

--Vamos tirando, don Carlos, gracias a usted y al señor alcalde, pero sola y con cuatro hijos y sin poder trabajar por mi edad y por no saber inglés no levanto cabeza.

--¿Recibe algún subsidio del estado?

--Cupones para la comida y me ayudan a pagar el alquiler y con los niños, pero no me alcanza.

--¿Y tenía marido?

--Se escapó con otra cuando vine de mi país.

--¿De Honduras, verdad?

--Sí señor.

--¿Y cómo llegó a parar aquí?

--Es una historia muy larga y triste. Como la mayoría de los hispanos, colándonos por la frontera.

--¿Y de Honduras a México?

--Querrá decir de un infierno a otro.

--Bueno sí, de su país a la frontera mexicana.

--¿Realmente quiere escuchar la historia?

--Me gustaría.

--En una camioneta con otros veinte infelices, viajando de día y de noche por selvas y pantanos llenos de lagartos y bichos, cuatro días infernales sin casi comer o tomar agua, sin podernos asear y durmiendo con los ojos abiertos. Una madrugada me ataron a mí y delante de todos me violaron e igual hicieron con mi hija mayor sin que yo ni nadie pudiera hacer nada pues nos amenazaban con pistolas y navajas.

--Qué horrible, esos son los que llaman coyotes, ¿verdad?

--Sí, señor, esos mismos.

--¿Y cuánto tuvo que pagar por el viaje?

--De Honduras a Estados Unidos 5.000 dólares, la mitad al salir y la otra al llegar a nuestro destino, y si no lo hacíamos o nos mataban allí mismo o se iban a nuestro pueblo y se desquitaban con nuestras familias. Nos pasaron a la frontera mexicana y allí nos escondieron dos o tres días hasta salir en un camión de madrugada a Tucson en Arizona. Allí en un hotel de mala muerte me estaba esperando mi tía con el resto del dinero y después en autobús nos fuimos todos a Chicago donde ella vivía.

--¿Y mientras tanto su marido dónde estaba?

--Se rajó a última hora en Honduras y no lo volví a ver. Me enteré que se había ido con otra mujer por mis padres que me lo contaron. La mujer era amiga mía y me estaba pegando los tarros sin yo saber nada.

--¿Y qué pasó después en Chicago?

--Mi tía la pobre se murió de repente y una prima que la estaba visitando me ofreció irme con ella a Nueva Jersey y aquí me tiene.

--Mire, Carmela, por mal que le haya ido está ahora en Estados Unidos y aquí a la larga se le arreglará todo.

--No lo sé, don Carlos, no lo sé, eso es lo que esperamos todos, pero a veces me parece que son puros cuentos y fantasías. Aquí discriminan los americanos hasta a su propia sombra, lo quieren todo para ellos y a nosotros nos dan puras sobras. Es un país muy duro y frío, muy difícil para salir adelante sobre todo para una mujer como yo sola y cargada de niños.

--Hasta ahora la han ayudado.

--Así es y lo agradezco, créame, pero veo mi futuro y sobre todo el de los niños negro. No creo que podamos subsistir más miseria.

--Tenga paciencia y fe y ya verá como todo se le arreglará.

--Dios lo oiga, don Carlos, Dios lo oiga...

Así la dejé y me fui a almorzar a la cafetería de un cubano que quedaba cerca. Le comenté lo de Carmela y algo malhumorado me dijo:

--Mire, Carlos, estos sudamericanos, centroamericanos o lo que sean están muy equivocados. Caen aquí de paracaídas creyendo que se lo merecen todo por su cara linda pero aquí hay que doblar el lomo sin esperar limosnas de nadie.

--Pero a ustedes los cubanos los ayudaron también.

--Eso fue sólo al principio que nos dieron una mierdita cuando llegamos a Miami. Yo trabajé como un mulo en tres lugares uno de ellos una factoría de ropa de su puta madre por la noche. Diez años trabajando como un esclavo hasta reunir un poco de dinero y montar este negocito, y aquí me rompo los huevos de seis de la mañana a doce de la noche y mi mujer también que es la cocinera y la que limpia. Así que no me vengan con jodiendas y con tanto lloriqueo que aquí se viene a trabajar y no a vivir del cuento. Y le digo más, que tuvimos que fajarnos con el inglés a puro pulmón estudiando los fines de semana y pegados a la televisión. Le hablo de los cubanos que llegamos en los años sesenta y no de los otros, los cabrones marielitos que son atajo de vividores, toda esa mierda que botó Fidel para embarrar a los gringos.

--No todos los marielitos son iguales, como tampoco lo son todos los cubanos que llegaron en los sesenta.

--Usted como español no está bien enterado de las cosas. Todos los que llegaron en los sesenta son hoy profesionales y dueños de negocios, mientras que los marielitos no hacen más que pararse en las esquinas a hablar mierda, o si no están en la cárcel o en camino a ella.

--Pero bueno, Arsenio, hay que tener un poco de comprensión, caridad y compasión, no todas las personas han nacido iguales ni tienen las mismas ideas y preparación.

--¿Y qué quiere que haga que me los lleve a mi casa y les dé de comer de mi mismo plato? ¿Quién tuvo caridad y compasión conmigo o mi familia?

--Entonces usted paga siempre con la misma moneda.

--Pues sí, trato como me tratan, que ni soy Jesucristo ni su héroe Don Quijote.

--Arsenio, no sabía que era tan duro.

--Los palos endurecen.

--O enternecen.

--No a mí, fueron muchos y muy seguidos.

--Al menos para ustedes los cubanos sólo fue dar un saltito mientras que otros fueron a parar a otro mundo. A ustedes se les abrieron puertas mientras que a otros se las cerraron.

--¿Se refiere a los refugiados españoles de la Guerra Civil?

--A ellos y a otros muchos.

--Así que usted cree que para nosotros fue todo un lecho de rosas.

--No, pero les fue más fácil llegar y abrirse paso. Bueno, Arsenio, me tengo que ir, nos vemos pronto.

--No se olvide de los favorcitos que le pedí, lo de poner las mesas afuera y lo del apartamento de mi suegra.

Me salí de allí porque ya se estaba alborotando el corral y no quería meterme en discusiones y crear animosidades. Arsenio me había pedido que le consiguiera el permiso para poner mesas y sillas en la acera y un apartamento para su suegra que había enviudado.

De allí me fui a la oficina donde me estaba esperando una señora que ya conocía.

--Dígame, Estela, ¿en qué la puedo ayudar?

--¡Ay, don Carlos, ayúdeme, mi hijo está en la cárcel!

--¿Qué pasó?

--Lo acusan de haberse robado de una bodega una barra de pan, leche y unos plátanos.

--¿Y cómo fue eso?

--¡Ay, don Carlos, tenía hambre!

--Bueno, no se preocupe, no es gran delito. Pasará la noche en la cárcel y después el juez le hará pagar lo que se llevó y una multa. Dígale que pase por aquí a ver si le puedo conseguir un trabajito.

--¿Y a mi hija también, don Carlos?

--Se hará lo que se pueda, váyase ahora tranquila.

La avalancha de hispanos y sobre todo de marielitos no cesaba. Fue así que me nombraron director de un programa de asistencia social con sede en el pueblo cercano de Secaucus que después pasaron a una agencia comunitaria muy conocida en Union City. En Secaucus tenía la oficina en un hospital de dementes que aunque estaba apartada de los enfermos al entrar y salir o al ir al baño tenía que meterme entre ellos y oírlos gritar. Allí estuve casi un año y después me pasaron a otro lugar en Union City donde estuve dos años más. Aquí realmente me esmeré por ayudar a la gente pero eran tantos y tantos que venían buscando ayuda que la agencia aunque era grande y con muchos empleados no daba abasto. Estando allí publiqué varios libros y di clases de inglés y español en dos hospitales. También inventé un lenguaje fonético que llamé "Insta-Lang" para facilitar el entendimiento entre médicos, enfermeras y pacientes y que me sirvió de base para dos guías, el "Medic-Lang A", para los médicos y enfermeras, y el "Medic-Lang B" para los pacientes hispanos. También publiqué una guía para adquirir la ciudadanía americana. Tan buena era que un día me llamaron de la Oficina de Inmigración en Newark diciéndome que no era justo facilitar a tal extremo la adquisición de la ciudadanía americana cuando a otros les había costado mucho esfuerzo, argumento que me pareció totalmente absurdo y que pasé por alto. De todas mis publicaciones la que más éxito había tenido era la "Tele-Guía", ideada exclusivamente para obviar la barrera idiomática por teléfono en una emergencia. De la guía, patrocinada por dos grandes empresas y varias oficinas gubernamentales, se imprimieron 500.000 copias con distribución directa a todos los hogares hispanos de Nueva Jersey. Al mes salió una encuesta en el periódico y conforme a testimonios de la policía y bomberos de todo el estado se habían salvado más de diez vidas por el uso de la "Tele-Guía". Estando mi padre aún con nosotros, quiso donarle a la biblioteca de West New York gran parte de su biblioteca que se había traído temporalmente de México, y así lo hizo donando más de 1.000 libros. Este gesto tan generoso lo agradecieron mucho y el propio alcalde en persona le dio las gracias a mi padre.

A pesar de todos estos proyectos el dinero seguía entrándonos a cuenta gotas. Los libros se vendían pero no se pagaban o costaba un triunfo recorrer cientos de lugares para cobrarlos, y el sueldo que me pagaban era poco. Mucho título, mucha fama, muchos artículos de periódico pero más ganaba un basurero en el Bronx que yo. Así tuve que buscar otros ingresos. A las dos de la tarde salía para mi clase en una universidad y de ahí a la otra. En la parada de buses me esperaba siempre Dagmar con un cafecito acabado de colar y un sándwich para llevarme. Los lunes y miércoles por la noche me iba a la universidad de Nueva York para ampliar mis estudios graduados con una beca que me habían ofrecido. Terminaba a las once y llegaba a casa arrastrándome de cansancio pasadas las doce y casi sin haber comido.

Llegó nuestra situación a ponerse tan tirante que un día me dijo Dagmar que quería salir a la calle a trabajar. Yo no estaba muy conforme con la idea pero no tuve más remedio que ceder. Hablé con el alcalde e inmediatamente le consiguió un puesto en la oficina del censo y cuando terminó la campaña otro magnífico como secretaria de un congresista federal en Jersey City. Allí estuvo Dagmar dos años y estaban tan contenta con ella que el alcalde se la trajo a West New York y la nombró subdirectora de Viviendas Públicas de la ciudad puesto que desempeño por casi cinco años. Algunos años antes había trabajado en un servicio de llamadas telefónicas de un judío en Union City, y en un salón de belleza en la Quinta Avenida en Nueva York.

Ocurrió entonces que al padre de Dagmar le dio un infarto cardíaco en Puerto Rico y tuvieron que venirse para acá. No podían contar con su hija Yvonne en parte porque vivía en un apartamento muy pequeño en Nueva York con su marido y dos hijos y así se vinieron con nosotros. Hablé con el alcalde y enseguida les consiguió un buen apartamento en uno de los edificios municipales muy cerca de donde Dagmar trabajaba. Aquí Dagmar se portó a la altura de su persona y de los acontecimientos como lo había hecho antes tantas veces. Una vez más la vida la ponía a prueba y una vez más demostraba su calidad humana, sentido del deber, y amor por su familia. Trabajaba ocho horas diarias cinco días a la semana cumpliendo a cabalidad los requisitos y exigencias de su puesto. Sin embargo, consciente de que sus padres la necesitaban y dependían de ella para muchas cosas, todos los días en su hora de almuerzo se iba donde ellos y los ayudaba en todos sus menesteres, desde limpiarles el apartamento de arriba a abajo hasta cocinarles el almuerzo y aun la cena así como encargarse del pago de todas las cuentas y resolverles todos los problemas que se les presentaban. Por las mañanas se levantaba a las cinco y nos atendía a todos y después del trabajo compraba la comida y nos preparaba la cena lo más abundante posible y apetitosa. Por las noches les lavaba a los niños los uniformes y antes de irse se los planchaba para que fueran al colegio impecablemente vestidos. Todos los años los dos recibían un premio por el "uniforme perfecto" que en Carlitos era el único como en mí cuando a su edad iba al colegio en Cuba. Esto lo hizo por muchos años sin fallar una sola vez. Por otro lado, su hermana Yvonne y su familia esquivaron responsabilidades y con unas llamaditas telefónicas, visitas esporádicas, y acompañar a sus padres una que otra vez a los médicos de Nueva York se creían más que cumplidos.

Mi suegro Bernabé no quedó del todo bien después del infarto cardíaco que tuvo en Puerto Rico. Llevaba una vida tranquila y sedentaria en manos de muchos médicos sobre todo en Nueva York en los que más confiaba. Andaba mal de los oídos, le daban mareos, se sofocaba al caminar. Una madrugada nos llamó su mujer muy asustada porque al querer ir al baño por más que pujaba no podía orinar. Salimos Dagmar y yo enseguida para allá y lo llevamos a un buen hospital en Nueva Jersey. Allí le hicieron varias pruebas una de ellas tan dolorosa y violenta que oíamos sus gritos desde la sala de espera. Le habían metido unas ondas por el pene sin ponerle nada de anestesia, gran barbaridad que le echamos muy en cara al médico sin que nos diera ninguna explicación. Como aún le faltaban dos pruebas más y tenía que regresar en dos horas, nos fuimos a almorzar a un restaurante cerca. Nos sentamos y a los pocos minutos se puso Bernabé blanco, empezó a sudar y temblar y se desmayó. Vino la ambulancia y se lo llevaron de vuelta al hospital donde estuvo ingresado varios días con una infección sanguínea o septicemia. A las pocas semanas se volvió a sentir mal y se fue con su otra hija a un hospital de Nueva York donde le diagnosticaron cáncer en la próstata. Lo operaron y comenzaron a darle radiaciones. Al poco tiempo empeoró y lo llevamos en ambulancia a un hospital cercano. Según nos dijo uno de los médicos las radiaciones lo habían achicharrado por dentro y así se le inflamó todo el vientre derramando mucha sangre. Sobrepasó la recaída pero una noche se puso muy grave y lo llevamos en ambulancia al mismo hospital. Estando yo solo con él en la habitación una mañana exhaló un estertor, torció la cabeza, cerró los ojos y expiró. La pobre de Dagmar, que adoraba a su padre, quedó destrozada. Falleció el abuelo en el pueblo de North Bergen, Nueva Jersey, el 22 de noviembre de 1989 a los 83 años de edad.

Bernabé sufrió mucho durante su enfermedad pero la aceptó con resignación sin protestar o quejarse. Nos daba mucha pena verlo postrado en la cama con el vientre tan hinchado y lleno de tubos. Orinaba por uno de ellos conectado a la vejiga y a un saco o bolsa donde iba a parar la orina y que había que limpiar con frecuencia. Unas veces lo hacía la enfermera y otras mi hijo Carlos a pesar de ser muy joven.

Al no más morir Bernabé Yvonne y su hijo mayor tomaron plena posesión de los acontecimientos creando una barrera impenetrable entre ellos y nosotros. Entre otras cosas nos culpaban de su muerte por haber puesto al padre en manos de médicos incompetentes y en hospitales de ínfima categoría. Pero la verdad era otra: la mala voluntad que siempre le tuvo Yvonne a su hermana inexplicable en todos los sentidos, no sólo por ser Dagmar toda bondad y dulzura, sino por no haberse inmiscuido jamás en su vida ni formado parte de su niñez o madurez. Y en cuanto a su madre, comprendió y aceptó el favoritismo que tenía hacia su hermana por la fama que le sonreía y nunca se lo echó en cara ni recriminó. Y en cuanto al hijo de Yvonne, este niño que nació torcido y con el alma tiznada, se crió sin padre ni madre y fue lanzado en manos de sus abuelos maternos bajo cuya custodia estuvo casi toda su vida. Sin embargo, los vejaba y maltrataba como yo lo presencié muchas veces. Una vez me llamó por teléfono la abuela histérica de madrugada porque el señorito quería matarla con unas tijeras y no me extrañaría nada que este incidente y otros hubieran causado la enfermedad del abuelo y sobre todo del infarto cardíaco que sufrió. Años después encontré una carta de la abuela de su puño y letra en la que describía la horripilante escena de esta manera:

"El viernes pasado estaba cortando una tela y él (el nieto) se me abalanzó para quitarme las tijeras; mi terror fue tanto que forcejeé y pude huir con las tijeras gritando auxilio. Cuando llegué a la puerta del cuarto me metí pero él me alcanzó. En ese momento los dos ingenieros que viven enfrente empujaron la puerta y entraron. Él corrió para su cuarto y yo estaba en un estado de nervios que no podía hablar. Luego le dijo a tu papá que él no quería matarme sino matarse él... Ya puedes imaginarte cómo estamos de tristes y abrumados por tanta maldad e incomprensión. Tu pobre papá está delgadísimo de lo que ha sufrido en estos meses...No creo que tu hermana Yvonne se lo lleve con ella sino que lo deje tirado en Nueva York en algún hospital ya que ella es capaz de todo. Por favor, ten cuidado con los niños que mi nieto tiene mucho odio en su corazón y es capaz de todo".

Huelgan las palabras.

Muerto Bernabé lo metieron en una funeraria cualquiera en una calle de mala muerte y allí se reunió la familia para las exequias en dos bandos, A y B, separados por una muralla de silencio y malquerencia: en uno, la madre, Yvonne, su marido, hijos y los primitos de Dagmar con sus respectivas mujeres e hijos, y en el otro Dagmar, yo, y nuestros dos hijos. El bando A cerró filas y sólo con ruegos dejaron que nos acercáramos al féretro con caras retorcidas y miradas despidiendo odio. Lo enterraron, sin contar con nosotros para nada, en un cementerio apartado con una simple lápida con su nombre y fecha de nacimiento y muerte. Yvonne cogió a la madre y no sé si enseguida o al poco tiempo la tiró en un asilo de ancianos en Nueva York. Al cabo de unos años murió la madre de lo que nos enteramos por una amiga que nos enseño la noticia en un periódico. No recuerdo exactamente cómo llegó a nuestras manos, pero en el testamento de Bernabé no aparecía el nombre de Dagmar ni nuestros hijos sino solamente los de Yvonne y su hijo. No sé si tal fue el deseo de Bernabé, lo cual dudo sobremanera, o artimaña de Yvonne para vengarse o por avaricia aun siendo muy poco el dinero que había dejado el padre. A partir de ese momento se rompieron los lazos familiares para siempre.

Una vez se me presentó en la oficina una señora con sus dos hijas llorando. La habían expulsado de su casa por haberse atrasado tres meses en el pago del alquiler. Llegó el agente judicial con unos hombres, se metieron en la casa sin siquiera tocar la puerta y empezaron a sacarlo todo poniéndolo en la acera sin que valieran en lo más mínimo los llantos y lamentos de la señora y sus hijas. Acto seguido pusieron un candado en la puerta y un letrero prohibiendo la entrada sin una orden judicial y sin más se largaron.

--Bueno, señora, cálmese, a ver qué podemos hacer.

--¡Ay, don Carlos, ayúdeme por amor a Jesucristo!

--Bueno, bueno, siéntese, ¿de dónde es, señora?

--Guatemalteca.

--Ha venido desde muy lejos.

--Qué importa la distancia cuando se vive miserablemente.

--Quiere usted decir en Guatemala.

--¿Y en qué otro lugar va a ser? En mi país vivimos como perros.

--¿Trabajaba en Guatemala?

--Sí, de guajera, si se le puede llamar trabajo a eso.

--¿Guajera, qué es eso?

--Los que viven de la basura.

--No la entiendo, señora.

--¿Nunca oyó usted hablar de los guajeros?

--No, nunca.

--Toda la basura de Guatemala la botan en un enorme basurero en las afueras de la ciudad. Allí mismo, entre todas esas montañas de basura, vive gente que la come y vende, hombres, mujeres, niños, ancianos, infinidad de enfermos y lisiados. Viven metidos en cajas de cartón o al aire libre y de allí no salen nunca hasta que se enferman o mueren.

--Me parece increíble lo que me dice.

--Pues créalo, que así es tal como se lo digo.

--¿Y el gobierno no hace nada?

--¿Qué va a hacer, es buen negocio para ellos, lo que botan se consume y con tirarlo allí se ahorran tiempo y dinero más el tener que preocuparse por nosotros los pobres. Al cabo de una semana toda esa basura desaparece bien porque se la han comido o vendido entre los que están allí o los que vienen a comprarla, como juguetes, muebles, paraguas, ropa, ruedas de carros, latas, en fin, montones de artículos que para los pobres valen mucho.

--¿Y con qué frecuencia lo hacen?

--Cada dos semanas, dependiendo del tiempo.

--¿Y qué pasa con la gente que vive allí si llueve mucho o hay un huracán?

--Se meten en sus cajas hasta que escampe y se sequen todos los charcos de lluvia y fango. Muchos se enferman y otros mueren a causa de disenterías, pulmonías, infecciones, sobre todo los niños y viejos.

--¿Y qué hace con ellos?

--Se los llevan en los camiones y después los entierran en algún lado. Una vez un camión le aplastó la mano a una niña y quedó manca, a otra la arrolló otro camión y la mató, y a una anciana al vaciar el camión toda la basura le cayó encima y la asfixió de lo que no nos dimos cuenta hasta mucho después.

--Increíble, señora, francamente insólito.

--¿Y usted siempre vivió en aquel basurero?

--No, no siempre. Vivía con mis padres y mis dos hijas pero murieron los dos uno detrás del otro y me quedé en la calle. Alguien me habló del basurero y allí me fui con mis dos hijas.

--¿Y el padre?

--No sé quién fue el padre de las niñas, así somos de estúpidas las mujeres. Alguien me tiene que haber preñado no una vez sino dos.

--¿Y cómo llegó aquí, Lucía?

--Como hemos llegado todos, escapando de la miseria. Hablé con una prima que vivía en Filadelfia y me fui con ella hasta que se divorció y de allí me vine para acá con un hombre que después me abandonó.

--Ya sé cómo viajó de Guatemala a México y después a Estados Unidos, como lo hicieron muchos otros de Honduras o El Salvador.

--Nadie sabe lo que se sufre en esos viajes, las angustias, los tormentos, la incertidumbre de si se llega o no, de los mil y un peligros que hay que afrontar entre gente desconocida y malvada.

--¿Y no tuvo problemas al cruzar la frontera de Estados Unidos?

Ninguno porque eso es lo que buscan ellos, que vayamos allí para hacer el trabajo que ellos tanto desprecian, de lo contrario siendo tan poderosos no lo permitirían. Así es el gringo de astuto y malvado siempre velando por sus intereses. Y total, trabajar como animales para pagarnos una miseria. Pero como estamos tan necesitamos bajamos la cabeza y aguantamos las humillaciones.

--No toda es la culpa de Estados Unidos sino también o más aún de esos países.

--Ya lo sé, es buen negocio para los dos. Para nuestros países menos gente mejor y para el gringo mientras más mejor.

--Así es, Lucía—que así se llamaba la señora--, desgraciadamente. ¿Cuánto debe de alquiler?

--Ya son cuatro meses, pero allí no quiero volver.

--¿Pero por qué?

--Por el dueño, un viejo verde que por no dejarme aprovechar por él me metió en este lío.

--¿Y cómo lo sabe?

--Porque no me dejaba tranquila día y noche y además me lo advirtió, como a otras mujeres que vivían en el edificio aunque muchas se le dieron para ahorrase el alquiler y por ser prostitutas.

--¿Cómo así?

--Mire, don Carlos, de eso viven muchas mujeres en este pueblo por vicio o necesidad. Vienen aquí desesperadas y al verse entre la espada y la pared se meten en ese negocio. No son de las que andan por la calle que está prohibido, pero hacen sus enganches por las noches en los bares o repartiendo tarjetitas como masajistas o acompañantes.

Me dieron mucha lástima las niñas al verlas mal vestidas, mocosas, con los zapatos rotos, las miradas tristes. Allí estaban las dos sentadas, pegaditas a su madre y cogidas de sus brazos, ansiosas, esperanzadas, sin quitarme la vista de encima.

--Mire, Lucía, venga mañana a las dos a ver qué puedo hacer por usted.

Me fui a ver al alcalde pero no estaba en la oficina. Lo llamé a su casa, me salió su mujer y le pasó la llamada. Le expliqué sucintamente la situación de Lucía y me dijo que lo fuera a ver a su casa. Llamó a su secretaria y al día siguiente estaba instalada Lucía y sus hijas en un apartamento mejor y más barato.

Aquello de los guajeros me conmovió mucho y a la vez me encolerizó. ¿A qué extremos se puede llegar en maltratar a un pueblo, zaherirlo de tal manera arrebatándole toda dignidad y estimación? ¿Es que lo indios son menos personas? Ya con lo que había visto en El Salvador hacía veinte años atrás me bastaba, pero visto desde Cuba no era igual que desde Estados Unidos y en otros tiempos.

Como ya he dicho vivíamos en un apartamento en un edificio de West New York enfrente del río Hudson. Eran dos torres altas, una contigua a la otra, con una vista impresionante de Manhattan. Cuando nos mudamos en un principio había allí muy buen elemento, casi todo cubanos e italianos, pero poco a poco se fue deteriorando y convirtiéndose en una cuartería. De ser un hombre pacífico me convertí en el "Atila de las cucarachas y ratones" sin darles tregua de día y de noche sin que los combates valieran para nada. Una noche encendí la luz de la cocina y si no salto me comen las cucarachas. No le dije nada a Dagmar para no deprimirla, pero a la tarde siguiente armado hasta los dientes de escobas y palos me metí en la cocina y les di cruenta guerra hiriendo a unas y desintegrando a otras. Pero aún me quedaban dos enemigos que hasta entonces no había visto, dos ratoncitos, uno al que asesiné asfixiándolo con una alfombra, y el otro más hábil que encontré detrás de la puerta del baño que salió disparado escabulléndose en el horno. Aquí me di verdadero gusto. Cerré bien la puerta para que no se me escapara y encendí el horno a todo lo que daba para achicharrarlo en sus propios jugos. Dejé pasar unos minutos, abrí la puerta y ni rastro. Al día siguiente fui a la oficina del edificio y pedí que me cambiaran el fogón. Trajeron uno nuevo ese mismo día, y al sacar el viejo al pasillo salió como una centella el hercúleo ratoncito metiéndose por la rendija de la puerta de las escaleras. Me fui detrás de él para asesinarlo de una vez pero no lo encontré por ningún lado. Fue entonces cuando dije yo hasta aquí y a los dos meses nos mudamos a un apartamento en una casa de dos familias en el mismo Boulevard East. Ya estábamos a salvo, o tal pensaba yo. La dueña era una viuda con más pulgas que cien perros satos y pronto empezaron las discordias que empeoraban cuando se aparecían su misántropa hija y medio marica nieto. Nos hacían la vida imposible, metiéndose en todo y vigilando cada uno de nuestros pasos. Al cabo del año de aguantar tanto martirio decidimos salirnos de allí pero esta vez lejos y en una casa en las afueras de algún pueblo.

Los niños había terminado la secundaria y los cubanos, italianos, y no digamos los americanos abandonaban la zona en masa ante la nueva ola inmigratoria mayormente pobre y necesitada. Cerraban comercios, se vendían casas a bajos precios, aumentaba el desorden y las calles antes limpias se convertían en basureros. En las grandes zonas metropolitanas de Estados Unidos, como en la vida misma, lo viejo tiene que apartarse para hacerle sitio a lo nuevo aunque éste por lo general venga arrastrándose por la necesidad. La sociedad en este país está en constante movimiento, evoluciona, se transforma, unas veces ganando y otras perdiendo por lo que quedaba por ver lo que ocurriría ahora.

Habíamos estado repetidas veces en el pueblo de Teaneck donde estaba la universidad en que enseñaba. Era un pueblo precioso, tranquilo, residencial, con hermosas casas y avenidas arboladas, pero caro y probablemente fuera de nuestro alcance. Nos preocupaba que estuviera poblado en su mayoría por judíos ortodoxos tradicionalmente reacios a convivir con otras razas y culturas. Fuimos allí varias veces y un día nos encontramos una casa para alquilar en una de las mejores calles. Por fuera no parecía gran cosa pero cuando vimos el patio nos pareció estar en pleno campo por lo grande que era y por la cantidad de árboles y plantas. Yo lo vi como un lienzo en blanco y mentalmente agarré una brocha y plasmé el jardín de mis sueños con fuentes y estanques, puentes, muros, veredas, canteros, enredaderas, flores, bancos, y alguna que otra escultura de mármol o madera. ¿Y quién haría todo eso? Yo, recordando a mi madre, haciendo de aquello un remanso del alma y espíritu para mí y mi familia, apartados del "mundanal ruido".

--Bueno, Carlos, ¿qué te parece?, me preguntó Dagmar.

--Todo depende de lo que cueste, pero el patio es una maravilla.

Al día siguiente hablamos con el dueño que era un filipino y en dos semanas nos mudamos.

Empezamos por la casa y la arreglamos toda por dentro y por fuera, tirando abajo paredes, arrancando alfombras, pintando techos, paredes y escaleras, limpiando hasta el último rincón. Quedé yo entonces libre para dedicarme a mi patio.

Por aquellos años se desplomó la Unión Soviética por iniciativa mayormente del presidente Ronald Reagan. El que había sido actor mediocre de cine resultó ser un magnífico gobernante contrario a su antecesor Jimmy Carter que había llevado al país a la ruina. A Reagan le sucedió George Bush que había sido su vicepresidente, y a éste Bill Clinton que resultó ser otro Carter aunque más hábil y tramposo. A su mujer Hillary le jugó cabeza con un sinfín de mujeres dentro y fuera de la Casa Blanca y así cayó en desgracia sobre todo al hacer falsas declaraciones delante de un gran jurado.

También por aquel entonces estaban muy de moda las revistas "Playboy", "Penthouse" y "Hustler". El norteamericano, en un tiempo tan religioso, puritano y apegado a sus tradiciones, se deslizaba en el abismo de lo banal y pornográfico.

Un día recibí una llamada telefónica de la mujer del dueño de la revista "Penthouse" diciéndome que me quería ver y que me reuniera con ella. Llevado más por la curiosidad que por voluntad o deseo, me entrevisté con ella y sin dar muchos rodeos me ofreció encargarme de la edición en español de la revista. Acto seguido me llevó a conocer a uno de los vicepresidentes con el que fui a presenciar la toma de fotos de las modelos. Había allí más de diez mujeres, todas despampanantes y totalmente en cueros, haciendo muchas poses y sonrientes. Hombre soy y no de los más castos, pero por alguna razón aquella escena me dio asco. Pensé, además, en Dagmar y mis hijos, en toda mi familia, en nuestra honorabilidad e integridad y sin darle más vueltas y dejando al vicepresidente con la palabra en la boca me largué. Tal impulso me lo criticaron mucho después mis amigos, diciéndome que en la situación económica en que me encontraba había sido un imbécil e irresponsable en dejar pasar tan gran oportunidad para levantar cabeza, y que me dejara de tantos pruritos que no conducían a nada. Por otro lado, Dagmar se puso muy contenta dándome muchos abrazos y besos. Me volvió a llamar la mujer del dueño de la revista, que por cierto era inglesa, y al ver que no aceptaba la oferta me preguntó si conocía a alguien que se interesara en hacerlo. Por quedar bien con ella le recomendé a un editor de Barcelona que conocía y que resultó ser el que sacó la revista en español y según me enteré después con mucho éxito. España, también, había cambiado mucho.

Capítulo 10: Nuestra primera casa y otros acontecimientos dignos de mencionar.

Como venía diciendo nos mudamos a Teaneck y pusimos la casa como nueva. Mi próxima meta era hacer del patio el jardín de mis sueños. Con plano a la vista comencé mi labor. Como ya dije, el patio era enorme, casi de media hectárea o unos cuatro o cinco mil metros cuadrados aunque más a lo largo que a lo ancho, y tan era así que desde la casa no se veía el fondo. Lo primero que hice fue cortar la hierba y limpiarlo todo, sacar ramas y hojas secas que me llevó varios días. Lo segundo hacer un camino de ladrillos desde la casa hasta el lugar donde tenía pensado hacer un estanque como el de la casa de mis tíos en Villafranca lo cual me tomó casi un mes trabajando los fines de semana y por las noches a veces hasta el amanecer. Corría el mes de diciembre y un día nos azotó una tormenta de nieve con mucho viento y los dos altos pinos que estaban a ambos lados del camino se desplomaron hasta la raíz. Afortunadamente tenía un amigo que era carpintero, albañil y jardinero y con su ayuda y con sierras eléctricas cortamos los troncos y ramas de los pinos. Uno de ellos se había caído más de la mitad en el patio del vecino y había dañado el techo del garaje y abierto grandes hoyos y surcos en la tierra. Con las ramas y troncos hice varias cercas redondas que fui situando por todo el patio sembrando dentro gran variedad de plantas y flores. A un extremo hice una pequeña terraza de ladrillos y junto a ella una cruz grande de ramas con tres enredaderas de clemátide con flores blancas, azuladas y violetas. Con el amigo trabajando durante varios fines de semana hicimos una fuente de piedra, el estanque de cemento con una catarata y sobre él un puente de madera que pintamos de verde. En un promontorio de tierra que había a un costado hice una escultura de la isla de Cuba con un canal que le daba la vuelta hasta el estanque todo rodeado de luces y reflectores. Para llegar al estanque se pasaba por debajo de de arco de madera cubierto de rosas de distintos colores y piso de piedras planas que aquí llamaban "flagstones". Por dos semanas con la ayuda de mi hijos hicimos una estatua de troncos y ramas de Don

Quijote de tamaño natural, sentado sobre un tronco mocho con su yelmo de Mambrino que había hecho de una vasija de cobre, coraza, espada y lanza y el brazo izquierdo en alto con el dedo índice señalando al cielo como el dibujo de Doré de Don Quijote y Sancho en Sierra Morena, y rodeada de un cantero de piedras con muchas plantas y flores, y en el manzano que estaba a un lado entre las ramas puse una luna que hice yo de una lámpara con luces que se reflejaban en Don Quijote. A un costado del patio, cerca de la fuente, construimos un muro de ladrillos estilo mozárabe con una campana encima que se tocaba tirando de una cuerda al pasar como en los monasterios, y colgando del muro muchos tiestos con geranios. Para tomar el camino que conducía al fondo del patio había que pasar por debajo de otro arco de troncos con grandes tiestos de geranios rojos y blancos a ambos lados. El garaje lo eché abajo e hice allí una especie de glorieta con un huerto detrás de hortalizas. Al lado del estanque hice una casita también de troncos y ramas con un comedor en el medio que hice de las raíces de los dos pinos que se habían caído. Por último, cerca de la glorieta, hice una terracita con un letrero de letras de cobre dedicado a Thomas Jefferson, el prócer norteamericano y autor de la "Declaración de Independencia".

Hacer todo esto me tomó más de dos años seguidos aprovechando cuanto rato tenía disponible y sin importarme las condiciones del tiempo aun bajo aguaceros y nevadas. Me trepaba a los árboles como un mono, cavaba zanjas, cargaba sacos de piedras, arena y cemento como si fueran de plumas así como rocas que pesaban casi tanto como yo. De dónde sacaba la energía no lo sabía pero me sentía como un toro. Palear la nieve en el invierno y barrer las hojas secas en el otoño en aquella inmensidad de patio y tropezando con tantos obstáculos era labor más que ardua, pero al llegar la primavera y encenderse de vida toda aquella naturaleza bien que lo compensaba. Allí pasamos momentos inolvidables unas veces con los pies metidos en la fuente o bañándonos en el estanque y otras tumbados en la hierba tomándonos una copa o comiendo. Muchas veces en el verano me quedaba dormido en aquel paraíso con el salpicar de la fuente, el aroma de las flores, y el cantar de las docenas de pájaros que habían hecho allí sus nidos. Como a mi madre, nada en el universo me daba mayor placer que estar metido allí rodeado de mi familia y amigos. Vida de campesino, de bohemio, de asceta, de romántico empedernido, tranquilo, sereno, con la mente despejada y lejos, muy lejos, de los problemas y zozobras del cotidiano vivir.

Un día estaba tan inspirado que escribí este cuento dedicado a mi madre, gran amante de la naturaleza y en especial de los jardines:

El Jardín

Cuando era niño mi madre me pedía que cuidase del jardín de nuestra casa, de sus bellas flores multicolores, de sus docenas de inquietas mariposas, de las traviesas ardillas cuyas acrobacias nos hacían siempre reír. Todo irradiaba vida en aquel pedacito de cielo.

--Y no te olvides antes de terminar—me insistía mi madre—de barrer debajo de la cruz y de recoger las hojas secas de la enredadera ¡pero sin pisarlas, que les duele!, ni de limpiar el agua de la fuente. El agua, hijo mío, es regalo de Dios y ha de mantenerse siempre pulcra en su nombre. Cuida asimismo de los pececillos y dales regularmente su alimento para contentarlos y alargarles la vida que en ellos es muy efímera. Una vez hecho todo esto pon rodilla en tierra, alza los ojos y con los brazos en alto agradece al Señor el pan de cada día, el aire que respiras y el techo que te cobija pues la felicidad que hoy te sonríe es como todo lo humano perecedera.

Lo recuerdo todo muy bien a pesar de los años. Siempre cumplía con el deseo de mi madre cuando llegaba del colegio y ella, viéndome en mis faenas para complacerla, resplandecía de gozo fijando en mí sus ojazos negros. No había mayor ilusión para mi madre que la de su hermoso jardín.

Pasó el tiempo. El niño se hizo hombre y la madre encaneció y se fue encorvando. Un día partí hacia tierras extrañas y se quedó sola. A pesar de la distancia siempre me las arreglaba para hablar con ella por teléfono y preguntarle por su jardín. Un día me dijo:

--Triste es, hijo, muy triste, que ha crecido la hierba y las flores han marchitado. Las ardillas y mariposas han mudado de hogar y sólo quedan las solitarias, como yo. No hay quién cuide del jardín desde que tú te fuiste y yo, con mis muchos años a cuestas y por más que empujo tirando de los recuerdos, no me obedecen mis endebles huesiños.

Y yo le contesté:

--No te preocupes, mamá, pronto regresaré y todo volverá a ser como antes. Te lo prometo.

Más vueltas del reloj. Ahora el encanecido era yo. Regresé un día a mi casa. ¡Qué sorpresa para mamá! Salté del automóvil y a grandes zancadas me fui derechito al jardín.

--¡Mamá, mamá!...

El silencio retumbó en mi alma con grito angustiante y fatídico. El aspecto de mi casa ya no era el mismo ni tampoco se respiraba aquel aire perfumado de nuestro jardín en flor. En el patio faltaban la escoba y el sombrero de paja que mamá colgaba en el muro encima del tiesto preñado de claveles rojos. Los ladrillos del cantero yacían desparramados por doquier. La jaula del canario vacía, mugrienta, meciéndose a desgana en el incesante viento. Su mecedora tirada en un rincón desvencijada y descolorida. La pala, rastrillo y podaderas y un guante blanco semienterrados en el lodo seco.

Llegué al jardín jadeante que no era ya sino un crecido y espeso matorral.

--"¡Mamá!... ¡Mamá! Mamáaaa!"

Mi voz rasgó el silencio astillándose contra los cipreses que aún se erguían desafiantes en torno al jardín. En el tronco del cerezo, bajo cuya sombra solía adormecerme de niño con el dulce chorrear de la fuente, leí escritas con letra temblorosa estas palabras:

--"Hijo, yo lo cuidaré desde el cielo por ahora. Después lo haremos los dos juntitos como solíamos hacer…"

Cuando nos mudamos a Teaneck publicaba una revista titulada "Qué pasa en los casinos" de Atlantic City. Me la imprimía un chino de Nueva York al que tenía que pagarle en efectivo y por adelantado y con el que no valían excusas ni historias, o sea, cuentos chinos. La montábamos en casa entre nosotros cuatro encargándose Dagmar de escribir todos los artículos y entrevistas de los artistas. Marchó bien al principio pero la tirada era pequeña y como los casinos exigían que fuera más grande y no contaba con suficientes ingresos la tuve que dejar. Esta revista engendró otra mejor editada e impresa, "CasinoMagazine", que se proponía atraer a más hispanos de toda la región a los casinos. También marchó bien en un principio y se consiguieron buenos anuncios pero a la hora del cobro se atrasaban mucho y llegó el momento que no la pude sostener. Fue entonces cuando conocí en una cena en uno de los casinos a Donald Trump y a Henry Kissinger el que había sido Ministro de Relaciones Exteriores bajo el presidente Nixon. Entrevisté a Trump y le dediqué un número de la revista pensando entablar relaciones con él pero de la entrevista no pasó. Yo no sé cómo se las arreglaban otras empresas para cobrar sus cuentas, pero en mi caso era como decía el norteamericano "pulling teeth" o sacar muelas. Se tomaban el tiempo que les daba la gana, pagaban al final lo que querían, o simplemente se desaparecían sin dejar rastro. Así me pasó con dos italianos que quedaron en pagarme en tres meses y cuando me aparecí en sus respectivos comercios me los encontré clausurados por no haber pagado los impuestos. Otros me daban cheques sin fondo que rebotaban como una pelota y cuando los iba a ver me pagaban a cuenta gotas y nunca la cantidad completa. Habiendo fracasado en ambos intentos la soga al cuello me daba ya tres vueltas y cada día apretando más.

Tómese nota que en el campo de los negocios no se juega limpio en Estados Unidos que igual puede ser en otros países. Todas son trampas, chanchullos, marañas, centrífugas, maquinaciones, todo un mundo de bandidos y bandidajes con el lobo que es el gobierno disfrazado de abuelita. Así, si se ha de triunfar hay que jugar sucio, y como a mí no me gustaban jugar ni sucio ni limpio ya que nunca fui jugador, me acosaban los problemas y no salía del hoyo. Pero la vida me llevaba por ese rumbo y a las buenas o a las malas tenía que navegar en esos turbulentos mares.

Viéndome tan silencioso y abatido, un día me dijo Dagmar que empeñara su pulsera de oro. No quise hacerlo, pero tanta era la desesperación que me fui a Nueva York a empeñarla. La pulsera era de oro macizo de por lo menos 24 quilates que le había regalado su padre con una moneda, doblón o pelucona de Carlos Tercero que había encontrado un campesino en una playa de Cienfuegos, posiblemente de uno de los tantos galeones que naufragaron rumbo a España. Además de esta moneda yo le había comprado otras seis cuando viajé a Sur América más una que le compré en España de los Reyes Católicos. Me dieron por todo en una casa de empeños de Broadway $850.00 y con eso pagamos algunas de las cuentas apremiantes entre ellas dos meses del alquiler. Religiosamente pagaba los intereses todos los meses pero una vez que fui allí me encontré la casa de empeño clausurada con una reja y un letrero que decía: ""Closed by order of the Court" o clausurada por mandato judicial. Se me vino el mundo al suelo. Me fui corriendo a la estación de policía más cercana donde me dijeron que la habían cerrado por no pagar los impuestos y que no sabían en qué pararía el asunto. Cargando ese gran peso encima me fui a casa y se lo dije a Dagmar que se puso muy triste pero no me lo recriminó. A los pocos días volví a la casa de empeño y me la encontré abierta, y al preguntarle a un empleado por la pulsera me dijo que no sabía nada "que eran los nuevos dueños". El valor de la pulsera sería hoy de unos $50.000.

La vida me tenía acorralado. Si no hacía algo a la carrera nos hundíamos definitivamente. Vendimos algunas cosas de valor que teníamos y con el dinero que sacamos apaciguamos en algo a los acreedores. Como ya no podía más, y como el que juega póker y está perdiendo y a la desesperada se lo juega todo en una última carta o baraja, publiqué otra revista que titulé "Fama" dedicada al mundo de la farándula hispano-americana. Montamos imprenta propia para hacer la revista más otros trabajos de imprenta que nos caían. El alma de la imprenta era mi hijo Carlos que de la noche a la mañana y a puro empujón aprendió el oficio. Le llamábamos, como a mi hermana Coqui, "manitas de plata", pues todo lo hacía a la perfección con simplemente tocarlo. La imprenta la montamos con $50.000 que me prestó un amigo al que tenía que pagarle por lo menos $500.00 semanales incluyendo los intereses. Aquí francamente echamos el resto trabajando sin resuello los siete días de la semana día y noche. Teníamos que conseguir anuncios para la revista, montarla, escribir todos los artículos y diseñar los anuncios, componerla, imprimirla y después lanzarse a la calle a repartirla y a cobrar. Salía de la imprenta cargado de revistas a las seis de la tarde y regresaba a casa de madrugada puesto que la mayoría de los anunciantes eran restaurantes y cabarets que cerraban tarde en toda el área de Nueva Jersey y Nueva York incluyendo el Bronx, Brooklyn y Queens. Entrevistamos a muchos artistas famosos de aquellos años, entre ellos a Luis Miguel, Dolly Parton, Michael Jackson, y Tito Puente y llegamos a conocer lugares de mucho postín como el club Copacabana, el Morocco y el Palladium. Pero con todo ese esfuerzo descomunal, y por las mismas agonías de siempre con los cobros, el dinero escaseaba y nuevamente empecé a atrasarme en las cuentas así personales como las del negocio. Nos cortaban la luz y el gas, el teléfono, el agua y hasta la basura que no recogían y la pobre de Dagamr tenía que afrentarlo todo rogando y suplicando día tras día mientras Carlos y yo nos íbamos de combate a buscar el dinero y a pagar lo que se debía. A veces lo lográbamos y otros no, por lo que teníamos que alumbrarnos con velas, calentarnos con carbón, bañarnos con agua de lluvia, y tirar la basura en algún lugar recóndito sin que nadie nos viera. Admito que en parte tuvimos o tuve yo la culpa pues parte del dinero que entraba lo gastaba en arreglar mi jardín y en comprar coches antiguos que esperaba vender después al doble de lo pagado. También montó mi hijo Carlos una cafetería estilo de los años 1950 que fracasó por estar situada en un mal lugar. Lo del jardín fue un exceso, un escape quizás para la mente y espíritu, pero los demás se hizo como negocio para sacarle dinero y pagar deudas. Al final, todo se evaporó, casa, imprenta, cafetería, y coches. Con toda la maquinaria de la imprenta se quedó el dueño del edificio para pagarle lo que le debía, con la casa y el hermoso jardín el filipino al que le debía más de $10.000, la cafetería la derribamos sin quedar una tabla en pie, y los coches los vendimos con pistola en pecho en bastante menos de lo que nos habían costado. Estábamos literalmente al borde del precipicio con montones de gente detrás empujándonos con las dos manos para que nos despetroncáramos de una vez. Y como si todo eso fuera poco, nos cayó encima el IRS u Oficina de Impuestos o Rentas exigiéndonos el pago de miles de dólares. Uno de los días más dolorosos de mi vida fue cuando vino el filipino con su mujer y suegra a tomar posesión de su casa. Quisieron ver los arreglos que habíamos hecho y tuve que llevarlos como el que va en un calvario a todos los rincones de la casa y del jardín. Le debía $10.000 pero en la casa y el jardín nos habíamos gastado más de $100.000 con lo que salió él ganando. Igual con la imprenta, que le debía al dueño $11.000 pero el valor de lo que nos habíamos gastado sólo en maquinaria sobrepasaba los $150.000. Pero como me sentía derrotado y sin ganas de seguir luchando, bajé la cabeza, me mordí la lengua, mandé la familia al cine, y dejé el agua correr. Dicen que en otros países al que debe dinero se la pelan, es decir, lo atajan en un callejón de noche y lo machacan a palos, pero al menos, aunque dolorosa, es una muerte rápida y no como la de aquí que es lenta, angustiosa, demoledora. El filipino, sin importarle ya un carajo las historias que yo le hacía de los tiempos en que Filipinas era de España, ni que así la llamaran en honor de nuestro rey Felipe II, ni que en su país aún se hablara la lengua de Cervantes, nos había puesto un ultimátum de tres días para abandonar la casa o de lo contrario sheriff a la vista. Fueron tres días terribles, casi sin comer ni dormir, sacándolo todo a empellones tirando mucho y guardando poco pues no teníamos dónde meterlo. Al segundo día se fueron Dagmar y Chabita a buscar apartamento y afortunadamente encontraron uno a pocas cuadras de distancia. Pasada la hecatombe nos metimos a la carrera allí y poco a poco se fueron sosegando nuestros corazones.

Con la revista "Fama" en un principio nos fue bien conociendo a mucha gente y visitando magníficos lugares. Hicimos buena amistad con Tito Puente y Celia Cruz, teníamos entrada libre en todos los casinos de Atlantic City que nos invitaban frecuentemente a sus fiestas, comíamos en los mejores restaurantes de Nueva York que pagaba con intercambios de anuncios en la revista, y en los clubes y cabarets entrábamos como Pedro por su casa ocupando siempre las mejores mesas y dándosenos un servicio inmejorable. Conocí por aquel entonces a un brasileiro que era dueño de un taller de mecánica en Newark y que de la noche a la mañana se había convertido en importador de bebidas alcohólicas brasileiras entre ellas el famoso Maracuyá. Le fue bien en un principio pero después tuvo problemas con el fabricante y se le vino abajo el negocio. Lo perdió todo incluyendo su casa y el taller y paró vendiendo seguros de vida a comisión.

Por aquel entonces estaban muy de moda los "Latin Nights" en cabarets de lujo. Uno de los más famosos era el del Shanghai Red's los miércoles por la noche que amenizaban orquestas de categoría como las de Tito Puente y José Alberto el Canario. Allí nos reuníamos todos cada semana y la pasábamos estupendamente. Otras "Latin Nights" las había en el Palladium, el Village Gate, Studio 54 y el Limelight que era antes una iglesia estilo gótico en el corazón de Manhattan. Una vez me las quise dar de empresario y organicé una fiesta-banquete en el restaurante más exclusivo Nueva York que se llamaba Regine's en la calle exclusiva de Park Avenue. Allí pensé "hacer la zafra" como decían en Cuba, pero como siempre me salió el tiro por la culata. Se presentaron menos de cien personas que no quisieron ni comer ni tomar por los altos precios, y así al final de la noche al reunirme con el director del lugar me puso en la mano una cuenta de más de $20.000 que tenía que pagar. Si no hubieran estado cerradas las ventanas me hubiera tirado por una de ellas, pero como no tenía escapatoria me compuse lo mejor que pude y le dije que la fiesta había sido un fracaso y que me diera un par de semanas para pagarle. Como él bien sabía lo ocurrido no tuvo más remedio que acceder y salí de allí como el que sale de un coche en llamas. Esta vez sí que me acompañó la suerte pues al menos del mes cerraron el restaurante y desaparecieron todos incluyendo el director.

Entre nuestros clientes para la revista y trabajos de imprenta teníamos a muchos "go-go bars" o como también les llamaban "strip clubs" que son los clubes nocturnos en que bailarinas de las llamadas exóticas por maromear y treparse por un tubo como los simios sin siquiera tapar sus vergüenzas con una hojita de parra. Los había por todas partes, grandes y pequeños, verdaderos tugurios o suntuosos palacetes, en las zonas más céntricas o en las más apartadas. Eran grandes negocios en los que los hombres de todas clases y edades derrochaban su dinero por ver lo que se oculta y tanto se desea. A mí, por ser eso, todo negocio, me repugnaban y veía a las mujeres como las carnes colgadas en los mataderos que sólo de verlas asquean y matan el hambre. Los burlescos de Cincinnati y Covington eran mucho mejor pues las mujeres se desnudaban como se pela un plátano avivando los sentidos y disparando la imaginación. Pero aquí era de frente y de sopetón tirándose en el suelo con las piernas desparramadas para que los parroquianos metieran donde se junta la línea del bikini con la piel billetes de distintas denominaciones. Y lo curioso del caso es que estaban allí plantados unos matones y al que se atreviera a tocar a una de las mujeres, aun con el dedo meñique y "guillao" como decían en Cuba, los sacaban a puntapiés y fuera les daban una paliza. En fin, que les ponían el pastel delante de los ojos para que se les aguara la boca y si querían al menos probar un pedacito les sacaban las entrañas. Las mujeres escondían su disgusto, aversión a los hombres y cansancio bajo capas de maquillaje y forzadas sonrisas pero bien que gozaban al terminar y contar el dinero.

Un día me fui a uno de estos lugares a entregar un trabajo y cobrar mi dinero. Bajé a la oficina del dueño que era un italiano zoquete y me lo encontré sentado en una mesa y contando montones de dinero. Sin casi mirarme revisó el trabajo que le había traído, me pidió la factura y me pagó en efectivo. Entonces le dije:

--Estas mujeres deben ganar mucho dinero.

--A montones, más que el presidente de Estados Unidos meneando el culo. Llevan una doble vida, aparentando una cosa siendo otra.

--Para usted es buen negocio también.

--No tan bueno como para ellas que se lo llevan casi todo.

--¿Y de dónde vienen?

--La mayoría de buenas familias del interior del país, de algún pueblo perdido por ahí, estudiantes de día casi todas.

En ese momento entró una de las bailarinas para que se le pagara por lo del "lap dance" que era bailar o mejor dicho contonearse en las piernas de los hombres sentados que costaba $20.00 por cinco minutos de lo que le correspondía a ella la mitad. Se sentó al lado del dueño quien le puso en las manos contándolos uno a uno 100 billetes de a $20.00 o $2.000. Después de recontar el dinero para asegurarse de que estaba completo dio las buenas noches y se marchó. Yo me fui detrás de ella para entrevistarla y escribir un artículo en la revista y al llegar al estacionamiento le dije:

--Hola.

--Hola—me contestó ella.

--¿Cómo te llamas?

--Melissa, pero aquí me conocen por "Candy".

--¿Eres latina, verdad?

--Colombiana, de Bogotá.

--¿Te gusta lo que haces?

--Me gano la vida.

--Bueno, bueno, $2.000 más lo otro que serán unos $1.000 ó $1.500 más no está nada mal por una noche.

--Según como se vea, este tipo de vida acaba con una, se pone una vieja antes de tiempo.

--Es lo que tú querías, ¿no?, nadie te forzó.

--Me forzó la vida, con dos hijas y sin marido tenía que trabajar.

--Pero podía haber sido en otra profesión, secretaria, camarera, empleada de una tienda.

¿Y morirme de hambre? ¿Cómo se puede vivir con $300.00 a la semana?

--Es un trabajo más honorable, más decente.

--Eso me importa tres pepinos. Aquí no existe la honorabilidad, son cosas del pasado y no de estos tiempos. Doy lo que la gente busca, sexo y más sexo que es todo está el dinero y lo demás es llevar vida de pobre.

--¿Así que tienes dos hijas?

--De dos y cuatro años.

--¿Y quién las cuida?

--Mi novio.

--¿Y padres?

--Hace mucho tiempo que no los veo, viven en Kansas.

--¿Están de acuerdo con lo que haces?

--No lo saben; piensan que sigo estudiando enfermería.

--¿Otra familia?

--Un hermano que está en la cárcel por drogas; tenía una hermana menor que yo que se suicidó.

--¿Y tu novio no trabaja?

--No, cuida a las niñas y atiende la casa.

--¿Y el padre de las niñas?

--Por ahí debe andar, no sé nada de él.

--¿Y cuánto tiempo más vas a estar en esto?

--Hasta que me dure la juventud que sin ella no hay trabajo.

--¿Eres feliz?

--No pienso en eso, no tengo tiempo.

¿Te puedo sacar una foto?

--¿Para qué?

--Me gustaría hablar de ti en la revista.

--¿Qué revista?

--La mía, ésta.

--Sin mencionar mi nombre.

--Bueno, el de Candy.

--No diga nada de mis padres o hermanos.

--No, nada.

--¿Puedo ver el artículo?

--Te lo traeré cuando se publique.

--A ver, ponte allí, para sacarte la foto.

Le tomé la foto, Candy se metió en su coche y se fue. Miré el reloj y eran las cuatro de la madrugada.

Candy tendría no más de 20 ó 21 años, de cuerpo menudito con pronunciados senos y piernas muy largas, pelo teñido de rubio rizado y suelto. Estaba sin maquillaje pues lo primero que hacían al terminar la noche era quitárselo. Era agraciada de cara sin ser guapa, con mucha nariz, labios carnosos y cejas depiladas. Tenía dos lunares pintados, uno sobre el labio superior y el otro en el inferior. Vestía bluyín con blusa blanca muy escotada y botas. Su coche era un flamante BMW negro último modelo.

Al día siguiente fui a ver a otro cliente en Manhattan y por curiosidad me metí en una tienda de adultos en la calle 42. Quitando el techo lo demás eran anaqueles con toda clase de artículos pornográficos, incluyendo montones de revistas, periódicos y vídeos. Habría allí unos veinte hombres medio agazapados soltando baba. Recorrí la tienda de un extremo a otro y me metí en una cabina para ver un "peep show" que era mirar por una ranura, como si se estuviera mirando por el ojo de una cerradura a mujeres desnudas, por lo que había que echar una moneda de 25 centavos por cada minuto. Salía la mujer ligera de ropa y poco a poco se iba desnudando a minuto por prenda hasta llegar a la braga que le tomaba entre tres y cinco minutos. Hasta ahí había costado la broma unos $1.50. Después se ponía a bailar de espaldas y entre picos y flautas pasaban otros cinco minutos o $1.25. Después daba la vuelta de frente agachada para que no se le vieran sus vergüenzas y lentamente se iba estirando hasta mostrarlo todo, otros $1.25. A todas estas, la muchacha no paraba de hablarle al tipo que ya para entonces estaba sofocado con la lengua afuera incitándolo a que la acompañara, vano intento pues entre los dos mediaba una puerta de acero de diez centímetros de grueso con dos fuertes cerraduras. De ahí en adelante se ponía a bailar contorneándose de cabeza a pies y sin parar de sonreír. Terminada una entraba la otra y así todo el día que si se saca la cuenta cada nenita se ganaba al día más de $500.00. Me fui a tomar un café y reflexioné en todo lo que había visto.

Tomando en cuenta las más de cien revistas y periódicos, sin contar los vídeos, que había allí y se calculaban veinte mujeres por cada una, cada edición requería por lo menos 2.000 mujeres que por doce veces al año eran 24.000, y si contáramos los vídeos de los que había al menos el doble, otras 40.000 o 50.000, o sea, más de 100,000 mujeres distintas por año. La pregunta, pues, era la siguiente: ¿De dónde salían todas estas mujeres? ¿Quiénes eran? ¿A qué se dedicaban? Imposible que fueran todas rameras por lo que se llegaba a la conclusión de que eran muchachitas comunes y corrientes que por avaricia del dinero o por su naturaleza libidinosa se dedicaban a ello. En algún lugar había leído que la industria pornográfica en Estados Unidos sobrepasaba los 500 billones de dólares al año.

Me fui caminando desde la calle 42 atravesando Times Square y después hasta la Segunda Avenida y conté en total más de cuarenta de estas tiendas y por lo menos diez "strip clubs".

Echaba mucho de menos a mi jardín y una noche compuse este verso:

> Robles, rosales, mariposas,
> fuentes, veredas, ardillas,
> cantos de grillo y sinsonte,
> familias allí reunidas.
>
> Tiempo que trota implacable,
> partidas hacia otros lares,
> y en lo más hondo del alma,
> recuerdos siempre imborrables.
>
> --Dime, pajarillo hermoso,
> ¿qué fue de aquel jardín?
> Si en él conociste el gozo,
> ¿por qué abandonarlo así?
>
> --Tonta pregunta me haces—
> replicó el pajarillo—,
> que todo en la vida es sueño,
> sueño vano o pesadilla.

Antes de desplomársenos el universo mi hija Isabel se había casado. Conoció por cosas del destino en Nueva York a un chileno y llevada por impulso más que razonamiento a los pocos meses se casó con él. La boda fue en casa, muy sencilla y familiar un día que habían caído más de dos metros de nieve. El chileno era ateo pero después de mucho insistirle aceptó que los casara cualquier religioso con tal que no fuera católico lo cual para nosotros fue una bofetada pues católicos éramos todos. Llegó el religioso con su mujer abriéndose paso entre la nieve. Poco antes se había roto la caldera de la calefacción y tuvimos que salir corriendo para que nos echara una mano el vecino que sabía de estas cosas pero, por más que se esforzó, la caldera no encendía y así titiritando de frío se iniciaron las nupcias. Blandió el religioso su biblia, leyó un par de párrafos temblándole los labios y quedó unida mi hija con el chileno.

Al cabo de un año tuvieron un hijo que llamaron Nicolás que bautizamos por lo católico en una iglesia cerca de casa. Al año siguiente empezó a resquebrajarse el matrimonio pues el tal chileno, que se llamaba Gerardo, se había convertido en un alcohólico empedernido portándose como pésimo marido y padre además de ser un falso y haragán. La mortificada, le pegaba, se iba de ronda con sus amigotes hasta las tantas de la madrugada, por lo que no aguantando más decidió Chabe dejarlo y se vino con su hijo a vivir en nuestro nuevo apartamento de Teaneck. Siguió trabajando confiando en su madre para que le cuidara a Nicolás y así estuvieron con nosotros varios años hasta que se compró su propio piso a pocas cuadras de donde vivíamos. Ahora estaba más tranquila, más optimista, más dedicada a su hijo, en mejor ambiente y con mejores amigos. Dagmar, como siempre, se portó a la altura de los acontecimientos cuidando de su hija y nieto como madre y abuela ejemplar. Verdaderamente estábamos todos muy felices.

Capítulo 11: Casamiento de nuestro hijo Carlitos y lo que nos ocurrió antes y después.

Carlos ya se había independizado y su primer paso fue comprarse un piso en uno de los mejores edificios de la zona. Trabajaba entonces para una importante empresa de Nueva Jersey a cargo de todos los trabajos gráficos. Vivía como un rajá, en un piso precioso y rodeado de los cuadros, muebles y libros que le habíamos regalado nosotros. Llevaba, como su padre a su edad, vida donjuanesca con un desfile inagotable de muchachas todas muy guapas y de distintas nacionalidades entre ellas una italiana, dominicana y libanesa. Esta fue, indiscutiblemente, una de las mejores etapas de su vida que disfrutó a plenitud.

Nunca tuvimos la menor queja de nuestros hijos. Los criamos bien, a la antigua, sumergidos en nuestras tradiciones y recuerdos e inculcándoles los mismos valores con los que nos habíamos criado nosotros. Nunca se torcieron ni deslizaron, dieron un paso en falso o motivo de deshonra. Carlitos era travieso, un meteoro, pero dulce como la caña y noble como sus abuelos paternos. Chabe era más sosegada, más introspectiva, pero de igual corazón y nobleza. Carlos pobre estudiante y más de la calle, Chabe más aplicada y más de su casa. En nuestros tiempos opacos ambos se portaron magistralmente sin separarse de nosotros y enfrentándose a las altas mareas que nos amenazaban con sepultarnos. Nunca se quejaron o enflaquecieron a pesar de su juventud y jamás hasta nuestros días nos reprocharon los mal pasos dados ni nuestras privaciones, sobresaltos y angustias de los que ellos también fueron víctima. Lo soportaron todo con temple y resignación abrigando la esperanza de mejores tiempos. Ambos fueron con Dagrmar y yo el alma de nuestros negocios, Chabe pegada al teléfono junto a su madre, y Carlos a la imprenta junto a mí, y cuando alguien venía en son de guerra dispuestos a acribillarnos de palabra u obra arremetían como panteras con argumentos sensatos y convincentes. Lujos nunca les dimos ni los esperaban pero de todo lo demás les dimos con creces.

Carlos sufrió mucho cuando perdió su colección de coches antiguos en aquellos aciagos tiempos en que nos lo quitaron todo, entre ellos un Chevrolet de 1959, un Pontiac de 1958, un Studebaker de 1960, y un Buick de 1950. Aunque yo lo ayudé a comprarlos, fue él con su propio dinero el que aportó la mayor parte. En sus ratos libres amenizaba bailes y fiestas de artistas famosos como Priscilla Presley, la mujer de Elvis, o servía de ingeniero de sonido para grandes orquestas como las de Tito Puente. Nunca dejó de trabajar desde muy pequeño, como salvavidas, entregando pizzas, paleando nieve, limpiando coches, o vendiendo libros conmigo. Siempre presente, siempre dispuesto, siempre al pie del cañón como yo, como sus abuelos, como su madre.

La vida no paraba de darme latigazos con las llagas supurando la hiel del derrotado. Nuevamente me veía en la calle si empleo, suspenso en el aire y con los bolsillos desfondados. Lo que más me preocupaba era que no teníamos seguro de salud que en este país era imprescindible para no morir caso de que nos enfermáramos Dagmar y yo. Tampoco lo teníamos cuando lo de las revistas e imprenta y fue gran milagro que durante todo ese tiempo ninguno de nosotros nos enfermáramos.

Un día Dagmar escudriñando los periódicos vio un anuncio en el que se solicitaba un maestro de español para una escuela particular. Salí para allá montado en mi Pegaso y me dieron el puesto. Era un colegio grande, de más de 1.000 estudiantes, católico, en una de las mejores zonas de Nueva Jersey. Volvía a mis tiempos de maestro de escuela, a lidiar con los borricos empujándoles el español que para ellos era como tomarse un purgante. Lo estudiaban por ser un requisito, pues de lo contrario ni arrastrándolos lo harían. Pero como maestro tenía que atraérmelos, despertar en ellos cierto gusto por nuestra lengua y cultura. Eso, despertar en el estudiante interés por lo que se enseña, es, o debería ser, la esencia de la pedagogía aunque lograrlo no es fácil y de ahí que en el fondo los estudiantes no aprendan nada. Tal era lo que me había propuesto esta vez si bien lo había intentado antes varias veces sin éxito.

Como parte del plan empecé por decorar mi aula al estilo español o más bien hispánico para crear un ambiente en el que se respirase la materia que me proponía enseñar, como si dijéramos transportar al estudiante a uno de nuestros países y sumergirlo en él inadvertidamente. Lo llené hasta el techo de mapas, cuadros, fotos, banderas, libros y objetos de artesanía que me traje de casa bajo los gruñidos de Dagmar. Pero aún hice más. A la entrada del colegio, a la vista de todos, había puesto la estatua de madera de Don Quijote en un estrado que tenía en el jardín de nuestra casa y que había guardado de recuerdo. Curioso fue que al consultárselo al director no me pusiera trabas y me diera la luz verde para hacerlo. La estatua era imponente y llamaba mucho la atención aunque uno o dos maestros de inglés se quejaron de que si se honraba a Cervantes igual debería hacerse con Shakespeare pero nadie les hizo caso.

Entraban los estudiantes en mi clase muy contentos y algunos me decían que esperaban ansiosos todo el día para tener su clase de español. Todo parecía indicar que iban aprendiendo y así lo entendió el director y estaba muy contento.

Pero, como el viento no siempre sopla en la misma dirección, y los dioses son caprichosos y se aburren cuando todo marcha bien, surgió en el horizonte la envidia y comenzó a hacer sus acostumbrados estragos. La jefa del departamento, una vetusta cubana que llevaba allí tantos años como llagas tenía en el alma, retraída por el adelanto de mis estudiantes y los comentarios halagüeños que circulaban por todo el plantel, maquinó un enjambre de intrigas y falsedades para menoscabar mi labor y como la envidia engendra envidia y se esparce como el fuego pronto me vi envuelto en problemas. La cubanita tenía al director acorralado comiéndolo los oídos, y como era la jefa y llevaba allí tantos años y tenía de su parte a la caterva de sumisos subalternos a los que también los devoraba la envidia, salió triunfante y yo derrotado aunque aún con fuerzas para echar adelante.

Aquel colegio de católico no tenía nada, ni de católico ni de cristiano ni de humano y no lo digo por resquemor por lo que estaba pasando conmigo sino por ser verdad lo cual para mí fue una gran decepción. Empecemos por los uniformes de las muchachas, unas falditas tan cortas que al sentarse ponían al descubierto lo que el pudor debería esconder. Y los hacían a lo descarado, con toda desfachatez, conscientes de que cuantos ojos había de los varones que eran por lo menos la mitad de la clase de frente o de soslayo iban a parar allí. Unos con otros se abrazaban, se besaban, se sentaban unos encima de otros pero no por inocente amistad sino lujuriosamente incitando los sentidos. En los pasillos se acaramelaban delante de jefes y maestros que les pasaban por el lado haciendo caso omiso de tal desparpajo. En un baile que tuvieron una vez al que asistieron el director y su mujer, todos los maestros, y algunos padres, bailaban las parejas con ella restregando su trasero entre las piernas de él emulando vivamente el acto sexual sin que nadie, ni el director, su mujer ni ninguno de los maestros o padres hicieran el menor intento por separarlos o llamarles la atención. Es más, el director los miraba sonriente como estimulándolos. Yo estaba sentado con uno de los maestros y se lo comenté y mirándome sorprendido me dijo que nada tenía de malo lo que hacían, que era gente joven con derecho a divertirse. En cada clase un crucifijo en la pared encima de la pizarra, misas todas las mañanas antes de comenzar las clases con muchos cantos, loas y bendiciones, comuniones, ojos en blanco, recato, comedimiento, promesas, curas encerrados en sus oficinas con alumnos recordándoles la palabra de Dios, padres dejando a sus hijos por las mañanas convencidos de que estaban en buenas manos, seres perdidas para siempre, una generación más de inútiles e inmorales. Como último esfuerzo monté una gran exposición hispánica en el colegio para lo que me traje de casa mis mejores posesiones entre ellas magníficas copias de Velázquez y Goya, monedas antiguas, primeras ediciones de nuestros clásicos, maravillosos ejemplos de artesanía toledana y mexicana, mapas, documentos, manuscritos, pero el daño ya estaba hecho y de poco valió todo. Como los cuentos amargos no deben ser largos, termino diciendo que al cabo de dos años me dieron el puntapié dejándole campo libre a la cubanita sin más sombras que las de su corrompida alma.

Vuelta al abismo. Pero Dagmar no era mujer de darse por vencida y cuando las cosas ennegrecían más se fortificaba su espíritu y más ánimo me daba. Llegaba a casa cargada de periódicos y después de cenar se los bebía buscando oportunidades de empleo. Y así, galopando con los dedos en un bosque de anuncios topó un día con uno en el que buscaban a un profesor de español en una universidad estatal de cierto renombre. Me dieron el puesto que era por un año con la posibilidad de renovarlo indefinidamente. Aquí ya me sentía en mi ambiente enseñando clases avanzadas de lenguaje y literatura con magníficos estudiantes casi todos hispanos. Por las experiencias pasadas atornillé la lengua y trataba a todo el mundo con deferencia y respeto y más aún a dos profesoras feministas que profesaban rabiosa androfobia, una judía y la otra española y además lesbiana. Aquí sí que los estudiantes aprendían y estaban contentos dándome muestras de gran afecto y cariño manifestados en dos placas que me dieron. En una decía:

> Otorgamos este homenaje al Dr. Carlos B. Vega
> con admiración y cariño por todos sus logros en
> la representación de nuestra cultura hispana,
> y por la humana inspiración que nos brinda a todos
> al pasarnos en el camino de su culta vida.
>
> Gracias por llevar nuestros pensamientos
> a un nivel más alto.
>
> Los estudiantes de la clase de Literatura 364-02
> del semestre de la primavera del 2003.

Y en la otra:

> Profesor Carlos Vega
>
> En reconocimiento por su dedicación a sus estudiantes

y su gran sabiduría.

Cariñosamente
(siguen los nombres de todos los estudiantes)
17 de octubre de 2000.

Todos los profesores que habían observado mis clases concordaban en mi capacidad y competencia inclusive algunos en los que yo no confiaba mucho. Realmente me ponían muy por lo alto recalcando mis conocimientos y trato hacia los estudiantes, y el que más el director que había presenciado mis clases tres veces. Si pusiera aquí algunos de sus comentarios me tomaría varios pliegos.

Pasó el primer año y me renovaron el contrato del segundo y después del tercero. De repente cambió el decano, se puso a una mujer judía también de presidenta de la universidad, el que estaba de director del departamento renunció, y la judía profesora vio la gran oportunidad de reemplazarlo y muy astutamente se situó en posición de ventaja dividiendo al profesorado en dos bandos uno a favor y el otro en contra con la mayoría en el primero. Su primer paso fue desenvainar la espada de dos filos y cortar las cabezas de los que más aborrecía entre ellos a un profesor español que llevaba allí muchos años y a mí. Hablé con el asistente del nuevo decano que se había hecho amigo mío, me dirigí a la presidenta y a todos mis colegas que tenía por amigos pero fueron gritos en el desierto. Un buen día se me dijo en una simple nota que desalojara mi oficina y sin siquiera la secretaria dirigirme la palabra salí de allí como perro apaleado con el rabo entre las piernas. Indudablemente, como decían en Cuba, tenía un chino atrás, y bien quería irme a la China y descalabrarlos uno a uno pero estaba muy lejos y los chinos eran muchos.

Estando en esta universidad publiqué tres libros seguidos:
"Conquistadoras: Mujeres heroicas de la conquista de América, "The Truth Must be Told: How Spain and Hispanics Helped Build the United

States, y "Spanish for the Prisons". Otros profesores del departamento habían publicado libros pero costeados por ellos mismos y no por un editor independiente como los míos, que era como un soldado condecorarse asimismo sin haber estado nunca en la guerra. Un día la librería de la universidad montó una exposición de mis libros y se invitó a la facultad del departamento sin que un sólo profesor se apareciera por allí. También monté una exposición hispánica en la biblioteca para celebrar "El Día de La Raza" que aquí llaman "Columbus Day" o "Día de Colón" que entusiasmó a los estudiantes pero a la que no se presentó un sólo profesor o miembro del departamento.

¿Y ahora qué? Dice el refrán que "el hombre propone y Dios dispone", pero yo ya no tenía nada que proponer ni Dios que disponer.

Sobre este tema de la docencia no quiero machacar mucho porque me aburre y desespera. Pero después de abandonar la universidad se me presentó otro puesto como profesor asistente en una universidad católica de Nueva York y como tenía que lanzarme al agua o sucumbir lo acepté. Llegar allí me tomaba dos horas de ida y dos de vuelta teniendo que atravesar el puente Washington y meterme en cinco autopistas. Allí estuve cinco años haciendo una magnífica labor y publicando más libros, uno de ellos "Painless Spanish" por la conocida editorial Barron's. Pronto se convirtió en un "best-seller" con ventas de más de 250.000 ejemplares en todo el mundo que me daba lo suficiente para tirar los cuatro meses del verano que no enseñaba. Un día en el boletín de la universidad vi un anuncio buscando a un profesor de tiempo completo o titular , y sin perder un segundo presenté mi solicitud discurriendo que el mejor candidato era yo por llevar allí más de cinco años y haber comprobado cabalmente mis credenciales y competencia. Pasaron los meses y nadie me dijo nada y un día me llamaron para hacerme una entrevista la jefa del departamento y el que lo había sido antes que ella. Me pareció totalmente absurdo pues ambos bien que me conocían pero a la entrevista me sometí y contesté todas las preguntas de rigor. Pasaron dos, tres meses sin la menor novedad hasta que cansado de esperar llamé un día al que había sido jefe antes que me dijo que el puesto se lo habían dado a otro acabado de graduar de una universidad de Ohio, es decir, un novato sin experiencia y totalmente desconocido. Esto sí que no lo entendí llegando a la irremisible conclusión que había sido por causa de la edad. Contaba entonces con 62 años que era la edad de la jubilación.

Me fui a mi arsenal que ya estaba casi agotado y saqué dos lombardas viejas de gran calibre que tenía y las enfilé hacia donde procedía. Planteé una querella contra la universidad con la agencia gubernamental correspondiente por daños discriminatorios debido a la edad. Respondió la universidad enseguida a través de sus abogados con argumentos inverosímiles e infundados y arremetía contra ellos con pruebas fehacientes e irrebatibles. Pasaron varios meses y la agencia sorpresivamente dictó a favor de la universidad dejándome a mí una vez más derrotado. Me refugié en mi Torre de Marfil que como siempre era Dagmar y meditamos el próximo plan de ataque. En realidad no era otro que acogernos a la pensión del Seguro Social que aunque poco en algo nos ayudaría. Había llegado el momento en que los dioses se tomasen unas vacaciones—que en nada se merecían—y me dejaran de una vez tranquilo. Pero como son poderosos y se mandan ellos mismos eran pensamientos y deseos vanos. Unos se jubilan y se van a vivir a Las Bahamas, otros a mecerse en hamacas leyendo un libro, otros a buscar caracolitos en la arena, otros a jugar bingo o a contar mariposas, yo, a escalar Himalayas con alpargatas y sin máscara de oxígeno Yo no sé qué altura tendrá el Himalaya o si tiene cumbre pues por más que subía y subía nunca la vi o encontré.

Al echársenos de nuestro casa de Teaneck logré salvar algunas objetos de valor que teníamos entre ellas una magnífica colección de libros muchos de los cuales habían sido de mi padre, así como varias copias de gran tamaño de "Los Borrachos" de Velázquez y "El Cacharrero de Goya". Los había comprado pagando buenos dólares en una galería que se llamaba "El Prado" que quedaba en los bajos del edificio de la General Motors en la Quinta Avenida esquina a la calle 59, y me los había enmarcado un orfebre que trabajaba para el Museo Metropolitano de Nueva York. Ambos copias eran obra del gran pintor Joaquín María de

Valverde Lasarte, por aquel entonces el único pintor español autorizado por el gobierno para copiar a Goya y Velázquez en gran escala en el Museo del Prado, firmadas por él y fechadas en 1972. Allí también había comprado varias porcelanas de Lladró y otros objetos de fina calidad. Logré salvar también algunos muebles españoles que había comprado en un almacén de Nueva York que se llamaba "El Rastro", entre ellos una mesa de mosaicos con cuatro sillas de cuero repujado, y un espejo y mesa de sala también de mosaicos, así como otros muebles españoles hermosísimos que perdí por no pagar el alquiler de una oficina que tenía montada en el pueblo de Englewood Cliffs en Nueva Jersey. Este fue un incidente muy doloroso.. El dueño, que era italiano y mafioso, desde un principio le había echado el ojo a los muebles y muy vilmente hizo una canallada para quedarse con ellos. Yo en aquel entonces no lo sabía, pero existía una ley que prohibía la incautación de toda propiedad sin una orden judicial por cualquier razón o causa. Yo le debía solamente dos meses de alquiler y un mañana que fuimos Dagmar y yo a la oficina nos la encontramos cerrada. Llamamos al dueño varias veces y no nos contestaba y cuando hablamos con un abogado al no más enterarse de quién le temblaron las piernas de miedo y rehusó encargarse del caso. Todos aquellos muebles me habían costado sobre $5.000 que pagué con las pesetas que había traído de España cuando estuve allí en 1975.

Por necesidad imperiosa tuve que vender en una ocasión una colección de magníficos libros como la primera edición de la "Conquista de México" de Solís, la primera edición de "La Florida del Inca", del Inca Garcilaso de la Vega, varias ediciones del Quijote, y una magnífica edición de las obras de Santa Teresa de Jesús. Me dieron por todo en una librería de viejos de Manhattan $800.00 con lo que pagamos algunas deudas y comimos. Poco a poco lo íbamos perdiendo todo.

Por aquel entonces tuvo lugar la insólita catástrofe del derrumbamiento de las dos Torres Gemelas en Manhattan. A nosotros nos afectó muy de cerca por Carlitos que poco antes de derrumbarse la primera torre pasaba por allí camino a su oficina. Al verla caer salió corriendo sin parar hasta llegar al muelle para tomar el transbordador para Nueva Jersey pero por el gentío no pudo dar un paso. Por fin llegó al transbordador y dando un salto se asió de la baranda pero le resbalaron las manos y cayó al agua. Volvió nadando al muelle y a empujones y codazos logró subirse al transbordador que tambaleándose de lado a lado por el peso de tanta gente logró llegar a Nueva Jersey. Milagrosamente había escapado con vida. Nosotros lo estábamos viendo todo por televisión y al ver caer la primera torre llamamos enseguida a Carlitos por el celular pero no contestaba. Seguimos llamando y al cabo de dos horas nos contestó. Fueron dos horas angustiosas sin saber de él y pensando lo peor. A Carlitos nunca se le borró esto de la mente y más aún por haber visto a varias personas tirándose al vacío entre llamaradas por las ventanas de la torre.

Dos días después nos fuimos él y yo a "Ground Zero" y me enseño el lugar por donde había pasado unos minutos antes de derribarse la primera torre. El espectáculo era sobrecogedor, casi idéntico a Berlín después de ser bombardeado por los Aliados durante la Segunda Guerra Mundial. Era inconcebible pensar que en un país que se libró siempre de una guerra en su propio suelo hubiera ocurrido semejante desgracia. Entre las cosas que más nos llamaron la atención fueron ver un camión de bomberos achicharrado por el fuego y aún humeante, los cientos de fotos de las víctimas en la reja de una iglesia cercana con los parientes indagando entre la muchedumbre si alguien los había visto, y los cientos de bomberos y policías afanándose por encontrar más víctimas entre los escombros de ambas torres. De allí nos fuimos a la oficina de Carlitos que quedaba en un edificio muy cerca de las torres y estaba todo cubierto de una gruesa capa de polvo incluyendo las ventanas y aun las oficinas. Al llegar a Nueva Jersey desde el muelle nos quedamos mirando el lugar donde estaban las torres y era asombroso ver el enorme vacío del que salía un espeso humo que se elevaba al firmamento.

Tonto será el que confíe en los musulmanes de una secta religiosa u otra. Siempre se afanaron por conquistar imperios y en cada instancia terminaron conquistados. Brillaron en una época y se apagaron en las subsiguientes. Tras siglos de explotación y miseria, de ser subyugados por otros, renacieron en ellos pasados sueños de poder que brotaron en ese aciego día de septiembre 11 de 2001. No fue ese el final sino el comienzo de lo que le espera al mundo en años venideros pues con esa espina, esta vez, no se quedarán. Y la contienda no será de cara a cara, de frente a frente entre dos ejércitos como son las guerras convencionales en las que hay victorias y derrotas, sino como el que tira y esconde la mano, a hurtadillas, entre sombras, cuando menos se espera. Y así, con todo el poderío de Estados Unidos o de cualquier otro país europeo, si no se encuentra la forma de atajarlos de igual manera o similar, todos acabarán derrotados.

Tras el derrumbe de las torres se desató la guerra contra Irak en la que Estados Unidos hizo gran despliegue de su enorme poderío militar. Cayó Saddam Hussein y los Estados Unidos se posesionaron del país con promesas de establecer en él un sistema democrático. Unos decían que se habían metido allí para proteger los depósitos petrolíficos, otros para salvaguardar a los judíos aliados, y otros por temor a lo que se creía era un nuevo arsenal de Hussein de armas de destrucción masiva. Una vez más los Estados Unidos se esforzaban vanamente por implantar un sistema político que le era totalmente ajeno no sólo a Irak sino a gran parte del mundo, partiendo de la premisa de que si había triunfado en propia tierra igual debería ser en otras. Olvidaban que les había tomado a ellos doscientos años implantarlo a base de mucho sacrificio y por voluntad propia y no impuesta a la cañona como en el caso de Irak ocupado por miles de tropas y con un gobierno títere y corrompido.

Algún tiempo después tuvo lugar el ignominioso escándalo de los curas pedófilos que sacudió a la Iglesia Católica. Primero en Estados Unidos, después en Irlanda, más tarde en Hispanoamérica y posteriormente en todo el mundo. Y los prelados, que afirmaron total desconocimiento de los hechos, se confabularon entre ellos dando la callada por respuesta sin consideración alguna por cientos de víctimas inocentes. Vale aceptar marranadas de los hombres pero no de los siervos de Dios enmascarados tras columnas de alabastro y humaredas de incienso. Decía mi madre que lo que realmente importaba para ganarse el cielo era cumplir con Dios sin reparar en la conducta del mensajero que era la Iglesia regida por el hombre. Me parece cierto y no lo discuto, pero a partir de aquel momento sentí tal repugnancia que metí la Biblia en un cajón y no volví a poner pie en la casa de Dios.

Carlitos era buen hijo de su padre en cuestión de amores dándose vida de marinero con un nuevo romance en cada puerto. ¿Y por qué no? Joven, apuesto, simpático, inteligente y ganando buen dinero ¿qué mujer en su buen juicio se le podía resistir sobre todo en tiempos de plena liberación femenina? Pero como todo río tiene su cauce y todo ser su pareja, conoció un día de chiripa a una muchacha puertorriqueña y de buenas a primeras frenó sus conquistas. La muchacha, que se llamaba Cornelia, era muy guapa, alta, medio rubia, de buen cuerpo, piel y ojos claros, de madre puertorriqueña y padre polaco que un día remontó el vuelo volviéndose a casar la madre con un coterráneo. Había terminado su carrera en una universidad de Boston y trabajaba de secretaria en una empresa financiera de Nueva York. Era pues, en conjunto, un buen partido para Carlitos aunque no española o cubana como quizás hubiéramos preferido desde un punto de vista tradicional y no tanto personal. Después de tantos años en Estados Unidos todas estas nimiedades de raza, cultura y casta van quedando en el pasado no juzgando a la gente según su procedencia, raza o credo sino su persona que es lo apropiado y justo.

Los Estados Unidos han sido siempre un país de inmigrantes—o quizás debería decirse "emigrantes" que es el que emigra—de todas partes del universo que muy sagazmente han sabido adaptarse política y económicamente a su tierra adoptiva. Sin embargo, ni uno sólo de esos inmigrantes, al menos los pertenecientes a la primera, segunda y hasta la tercera generación como los asiáticos y musulmanes, han renunciado del todo a sus propias culturas, creencias y formas de ser resultando su americanismo más aparente que real o por simple conveniencia. Y así, en las grandes zonas metropolitanas como Nueva York, Chicago y Los Ángeles mantienen vivas sus tradiciones y aun sus lenguajes apartados del resto de la población. Claro que igual podría decirse de los alemanes o ingleses en Buenos Aires o los judíos y chinos en La Habana antes del castrismo. En este sentido, el "melting pot" o crisol de razas nunca en el fondo ha sido tal pues la esencia humana jamás se disuelve o funde en su totalidad como el azúcar en el café, el hierro o el acero. El querer ser muchas cosas equivale a no ser nada y de ahí la frase de Shakespeare "to be or not to be", "ser o no ser", como diciendo o se es una cosa u otra pero no dos a la vez como tigre y mono, blanco y negro.

Carlitos y Cornelia empezaron a salir juntos y un día ella se mudó con él a su piso y al poco tiempo él al de ella. Descubrimos entonces que Cornelia era pentecostal y que había nacido y criado en el Bronx que es lugar que se calla por su mala fama. Lo de puertorriqueña o boricua—gentilicio derivado de la denominación indígena de "boriquén" o "borinquén" que se refiere al puertorriqueño si bien más al que reside en Nueva York que en la isla misma—le venía de familia pues ella en su aspecto físico no lo parecía por haber sido su verdadero padre polaco. Así tanto ella como su familia renegaban de sus raíces y hasta apañaron el apellido suprimiéndole letras para hacerlo más sajón, como si dijéramos llamarse "Belid" por "Bellido" que es el colmo de las estupideces. Esto no era nada de tirarse de los pelos y se comprendía en su caso pero así y todo nos chocaba y nos forzaba tratarlos a distancia y con cierta frialdad.

Pues bien, un día nos dijo Carlitos que se casaba con Cornelia y se comenzaron a hacer los preparativos de la boda. Un poco antes nos habíamos mudado Dagmar y yo al apartamento o piso que era propiedad de nuestro hijo Carlos y por cosas del destino al año justo de estar allí tuvimos que dejarlo y aprovechó Carlos la ocasión para venderlo y con ese dinero comprarse una casa en un pueblo bastante apartado de todo.

Llegó el día de las nupcias y allá nos fuimos todos ansiosos por ver a nuestro hijo hacerse hombre. La boda, aunque no nos agarró de gran sorpresa, fue en una iglesia pentecostal, cristiana o protestante del pueblo donde vivían y pronto nos dimos cuenta que estábamos allí de más. Con los cuatro a un lado forzando sonrisas y la familia de ella rebosante de alegría y dueña absoluta de las circunstancias se inició la ceremonia y se consumó la unión. Los padres de ella estaban radiantes, chochos, eufóricos, y más aún al llegar ella a la iglesia montada en un carruaje blanco tirado de caballos emulando al de la Cenicienta y obstruccionando el tránsito. Hizo la entrada triunfal en la iglesia y cogida del brazo de su padrastro y con todas las miradas encima se fue acercando al altar donde la espera Carlitos. Concluidos los ritos de costumbre nos fuimos todos a la recepción en un restaurante próximo a la iglesia. Estando todos allí reunidos cesó la música de una banda que había contratado Carlitos y por la señorial escalera de caracol bajó la infanta con la cara cubierta con un antifaz. Bailaron ellos primero, después ella con su padrastro, seguido del hermanastro y al final conmigo no porque me hubiera brindado yo sino por ser ella la que me sacó a bailar. Se fueron de luna de miel a Italia y España por un mes y la pasaron estupendamente bien y trajeron muchas fotos. Carlitos estuvo en Villafranca en la tumba de su abuelo y llegó alabando las maravillas de España y con ardientes deseos de volver y radicarse allí. Habló con el marido de mi sobrina que era dueño de una de las imprentas más grandes de España y después de mucho tira y encoge se regresó con las manos vacías. Esto nunca lo entendí no sólo por ser familia sino porque contar con la ayuda de un profesional como Carlitos le hubiera valido de mucho. En Madrid fueron muy bien atendidos por mis primas Regina y Maruja con las que fueron a muchas partes y a comer una noche en su casa. En realidad no esperaba menos de ellas pues nos querían mucho y siempre fueron muy atentas y serviciales con todos nosotros.

Trabajaba entonces Carlitos de ejecutivo en una empresa financiera de Wall Street en Nueva York. La casa que se compraron era preciosa en un pueblo llamado Hope en Nueva Jersey pero cerca del estado de Pennsylvania. Era de tres pisos, pintada de blanco, con un hermosos jardín y patio. La había remodelado Carlitos totalmente con harto esfuerzo y gastando mucho dinero. El único inconveniente era la distancia que tenía que recorrer en tren o coche para llegar a su trabajo por lo que se levantaba al amanecer y regresaba entrada la noche. Se compró un perrazo que llamó César pero como era muy grande y alborotado tuvo que deshacerse de él con el beneplácito de Cornelia que no era gran amante de los animales. Un día me fui allí a ayudarlo en el patio y le construí de ramas y troncos un rincón con un arco de flores y una cruz de tamaño natural parecida a la que teníamos en nuestra casa de Teaneck. Lo hice mayormente para agradar a Cornelia y hasta le puse un letrero con su nombre. Pensaba hacer muchas más cosas como me había pedido Carlitos pero nunca se realizaron por una causa u otra. A un costado de la entrada de la casa había una cochera o casita muy mona en la que quería Carlitos que nos mudáramos Dagmar y yo para estar todos juntos, deseo que se esfumó en el aire sin causa ni explicación.

En esta casa de Hope se desataron muchas pasiones entre Cornelia y su familia y nosotros. Los padres se habían posesionado de la casa y se pasaban allí todo el tiempo haciendo y deshaciendo a su albedrío. Estallaron un día las pasiones y la madre de Cornelia arrinconó a Dagmar descargando sobre ella un torrente de insultos e improperios que la dejaron atónita. Para evitar más tragedias agarré a Dagmar por el brazo y nos largamos de allí entre lamentos y sollozos. Durante ese fin de semana ni Cornelia ni su madre tuvieron la menor atención o delicadeza con nosotros. Se levantaban tarde habiendo dejado la casa la noche anterior patas arriba como esperando que Dagmar se encargara de todo. Con las dos durmiendo a pata suelta se levantaban Carlitos y su sumiso suegro muy temprano a hacerse el desayuno y a limpiar la casa con la ayuda de Dagmar. Después se aparecían las dos muy lozanas y se sentaban a charlar mientras los demás ponían la casa en orden. A partir de ese día regresamos allí sólo dos veces más asegurándonos de antemano que no había moros en la costa.

No quiero inferir con lo dicho que no fuera gente buena, decente, honorable, trabajadora, responsable, pero veníamos de dos mundo distintos con diferencias muy profundas que hacían imposible toda relación íntima y aun cordial. Nos tratábamos por compromiso, por necesidad, por mantener la paz y por no herir a Carlitos y crear brechas en su matrimonio y futura felicidad. En el fondo, ni los culpo a ellos ni a nosotros sino a la condición humana, a como hemos nacido y nos han hecho para bien o para mal. El ser puertorriqueños para ellos era un gran mancha, un estigma y más aún por haber vivido por muchos años en el Bronx que es un segundo Puerto Rico. En su casa, donde estuvimos un par de veces como ellos en la nuestra, no había nada que recordara a su tierra ni nunca les oímos decir que eran puertorriqueños o nada referente a su patria o cultura. Por otro lado, a nosotros se nos salía por los poros lo de ser españoles y cubanos y nuestra casa era imagen viva de lo que sentíamos y de quiénes éramos.

Nos fue imposible hacerle un buen regalo a Carlitos por su boda pero después, haciendo un esfuerzo descomunal, le mandamos a hacer a España una copia del cuadro de Carlos V de Ticiano que tanto le gustaba. Pero como antes le habíamos regalado tantas cosas de los tesoros que teníamos no nos sentíamos tan mal, entre ellas nuestro comedor castellano, una copia magnífica que mandamos también a hacer a España de la Venus o Dama del Espejo de Velázquez en un gran marco antiguo que le compramos a un ruso, el maravilloso cuadro de nuestro amigo Felmart, un escudo heráldico de la familia Vega hecho por el gran pintor y amigo villafranquino Norberto Beberide, una armadura romana, un águila de bronce, y parte de mi colección de libros antiguos incluyendo magníficas ediciones del Quijote. Todo esto lo había comprado yo a través de los años con gran esfuerzo en parte porque me gustaba pero también como legado a nuestros hijos ya que no les pudiéramos haber dejado dinero o una casa como hubiéramos querido. Mi plan siempre fue dejarles negocio y casa propios, lo que no habían hecho nuestros padres por circunstancias ajenas a su voluntad, pero no lo quiso así el destino y me tuve que conformar.

Al año siguiente se iluminó el cielo y nació nuestra primera nieta. Se parecía más a la madre con quizás uno o dos rasgos del padre, piel y ojos claros y mucho pelo. Pero vuelta a lo incomprensible e insólito, a las sorpresas siempre acechando en las esquinas de Cornelia. Le pusieron de nombre Gianna Jolie, uno italiano y el otro francés carente totalmente de sentido y opuesto a nuestras tradiciones, algo así como llamarle a Don Quijote "Hans of La Mancha" y a Dulcinea "Ivette del Toboso". Lo lógico era que le hubieran puesto un nombre español o aun norteamericano de los que hay cientos muy bonitos pero se tiraron por Italia y Francia dos países con los que no teníamos nada en común. La idea tuvo que haber sido de Cornelia por apartarse de todo lo hispano, como su apellido de soltera que lo habían acoplado a la grafía inglesa para disimular su procedencia puertorriqueña. Creció la niña como un sol poniéndose cada día más guapa y pareciéndose mucho al padre a esa edad en lo inquieta y revoltosa. A los pocos meses se planeó el bautizo y le pidieron a mi sobrina y marido que fueran los padrinos. Vuelta a lo incomprensible e insólito pues bautizaron a la niña en la misma iglesia protestante en que se habían casado sin contar con nosotros para nada y dándonos otro bofetón por mucho que nos doliera. Cornelia y su madre llevaban como siempre la batuta y poco les importaba lo que pensaran los demás. En realidad, desde el principio, no nos habían dejado poner una, ignorándonos por completo como padres y abuelos. La parcialidad de Carlitos, ahora hecho un pelele de la voluntad de su mujer y suegros, nos tenía desconcertados pues nunca lo vio en nosotros, ni en Dagmar hacia mis padres, ni en mí hacia los suyos, pues siempre nos cuidamos de tratarlos a todos por igual. Era un palo detrás de otro, una afrenta cada vez que nos reuníamos, un pisotearnos a mansalva sin nunca haberlo provocado. Evidentemente que buscaban apartar a Carlitos de nosotros así como de su hermana, quedarse ellos con todo, y si no hubiera sido por lo mucho que queríamos a Carlitos les hubiéramos dado por la vena del gusto y haberlos mandado a todos a freír castañas. Dejo el tema porque me exaspera y por no decir lo que el corazón siente y la mente censura. Carlitos había caído en un pozo y por su buen carácter y nobleza de espíritu temíamos que a la larga lo convirtieran en un sinsonte, o en buen castellano, calzonazos, como su suegro que era el perrito faldero de su consorte. En esto no salió en nada a su familia paterna, pues si bien todos nosotros siempre respetamos y consideramos a nuestras mujeres y las manteníamos muy en alto, se guardaban distancias y como dice el refrán "cada cual en lo suyo": el hombre hombre, la mujer mujer, el padre padre, y la madre madre, y cada cual tan satisfecho y contento. Y el que no piense así que haga lo que le dé la gana y a pagar las consecuencias que a la larga han de llegar con resultados desastrosos.

El apartamento donde nos tuvimos que mudar al salirnos del piso de Carlitos era una cueva. El dueño, que vivía en los bajos, era médico ya jubilado, un viejo decrépito y misantrópico a no más dar. Alquilaba el apartamento por avaricia pues la casa ya la tenía pagada desde hacía muchos años y dinero le sobraba. El día que lo fuimos a ver había en el alféizar de las dos ventanas de la sala montones de moscas muertas y un olor pútrido que salía de la cocina. Vino un día un hombre a investigar, echó abajo los armarios y se encontró detrás en un agujero un animal muerto cubierto de gusanos. Todo el apartamento estaba invadido de cucarachas y un día nos encontramos en la cocina detrás de los platos un ratón que mató Carlitos más otro que apareció después y que fue la causa de que Dagmar se cayera y se diera un buen golpe en las caderas. Pero yo, como seguía siendo un iluso y mentecato, hice en uno de los cuartos un rincón moro como el que tenían mis padres en Marruecos. En verdad me quedó precioso y era tema de conversación de todos los que nos visitaban. Ese era mi oasis, en el que me apartaba del mundo tirado entre grandes cojines mirando televisión, escribiendo o meditando. Allí estuvimos un año y después nos volvimos a mudar a un apartamento en una casa en la misma avenida con Manhattan de frente. El dueño era italiano, un encanto de hombre, pero la hija una arpía llena de resabios que nos hacía la vida imposible. Era joven y se le habían muerto su madre y hermano pero toda una reclusa de un carácter áspero e insufrible. Y como el padre se pasaba la vida trabajando por necesidad o por estar alejado de su hija con la que no se llevaba muy bien, teníamos que lidiar con ella para todo.

Por estar en el verano y sin ingresos Dagmar me consiguió otro empleo de maestro de español en una pequeña escuela católica en el peor barrio de Jersey City que es como el Bronx del otro lado del río. Como no tenía otra cosa ni perspectivas de conseguir nada, acepté el puesto y allá me fui dispuesto a meterle el hombro. Los estudiantes eran todos negros e hispanos de la más ínfima escala social, verdaderos salvajes que me recordaban a los de la película "To Sir With Love" de Sidney Poiter. Había caído en un verdadero pozo, totalmente fuera de mi ambiente, pues aquellas mulas no necesitaban un maestro sino un carcelero. Al no más entrar en clase empezaban a volar toda clase de palabrotas como "shit", "fuck", "bitch", "cock", "queer" y si les llamaba la atención o trataba de disciplinarlos me insultaban gritándome en mi propia cara "fuck you!" o "¡que te den por el culo"! Desesperado me fui a ver al director y después de darle los detalles me dijo que así eran aquellos muchachos y que tuviera paciencia. Accedí de mala gana y al regresar al aula me encontré escrito en la pizarra con grandes letras "FUCK YOU

VEGA!" o "¡QUE TE DEN POR EL CULO, VEGA!" Volví donde el director y se lo enseñe y todo lo que hizo fue borrarlo y pedirle a los estudiantes que no lo volvieran a hacer. A uno de los alumnos le había prestado temporalmente mi libro de texto porque me decía que no tenía dinero para comprarlo, y al pedírselo de vuelta un día me dijo llena de furia: "Stick it in your ass, Vega!", o "¡Métetelo por el culo, Vega!" provocando un estallido de carcajadas entre los estudiantes. Una tarde después de clases fui a mi coche y me lo encontré todo rayado y pintarrajeado y como no se supo quién lo había hecho ahí quedó la cosa. Aguanté dos semanas más y una mañana me fui a ver al director que por cierto era puertorriqueño y le entregué mi renuncia. Me pagaron por las tres semanas de clases $450.00 dinero que acepté porque no me quedaba más remedio aunque hubiera preferido decirle al director que se lo metiera por el culo o romperlo en pedacitos. A partir de ese momento juré no regresar a tan inmunda ciudad.

Capítulo 12: Marcha de Carlitos a Colorado y yo empiezo mis clases en una nueva universidad y otras cosas que pasaron.

Un día de sopetón se deshizo Carlitos de su casa, dejó el puesto de Nueva York y se fue a uno nuevo en Colorado y para allá marcharon los dos con Gianna. Alquilaron buena casa cerca del trabajo y nos decían que les encantaba el lugar y que estaban muy contentos. Pero, según nos dijo Carlitos después, la madre de Cornelia estaba muy acongojada con la ausencia de su hija y nieta y así empezó a tirar de ella y al año de estar en Colorado se regresaron esta vez a vivir en casa de los suegros. A Carlitos lo tenían totalmente acaparado sin poder chistar y humillado.

Ocurrió entonces que el dueño de la casa donde vivíamos falleció de repente y se quedó su hija encargada de todo. Como había sido buen amigo y lo apreciábamos mucho fui al velorio donde estaban su hija, su novia, y su madre de casi ya cien años de edad. La hija nos había pedido que en lugar de flores hiciéramos una donación en nombre de su hermano y en la funeraria le entregué un cheque de $100. Al ver a la madre arrodillada frente al ataúd de su hijo, en el sobre donde había metido el cheque escribí esta nota que traduzco del inglés:

¿Qué es más doloroso: para una madre ver a su hijo muerto o para él verla a ella muerta? Quizás la madre por esperar morir primero.

No sé si llegó a leerlo pues no me hizo el menor comentario.

Como ya dije antes esta muchacha, de unos treinta y cinco años, era toda una reclusa y con el alma llena de espinas. Su padre nos había advertido que era muy rara lo que atribuía en gran parte a la muerte de su madre y hermano. Tenía muchísimas manías, entre ellas la de coleccionar osos de trapo de tamaño natural que guardaba en el desván donde se pasaba horas y horas del día y la noche sin que nadie supiera lo que hacía. No salía a ninguna parte, no abría las ventanas, y cuando le entregan algún paquete tenía dicho que se lo dejaran fuera para no abrir la puerta. Nunca la vimos ir o venir del mercado, del banco o alguna tienda, por lo que no teníamos idea de cómo comía o se las arreglaba para hacer sus diligencias. Vivía rodeada de gatos satos que no paraban de maullar y que salían disparados las pocas veces que abrió la puerta de las escaleras que daban a nuestro apartamento. Afuera le ponía platos de comida a otros gatos y a una mofeta que pasaba casi todas las noches despidiendo un olor que nos obligaba a cerrar las ventanas. No arreglaba nada de lo que se rompía por no gastarse dinero y en el invierno no limpiaba la nieve que era ley y ni siquiera echaba sal para no resbalar. Como la casa era vieja a menudo se apagaban las luces y por más que se lo decíamos no hacía nada. El techo de nuestra habitación y el de los closets cayéndose a pedazos, la puerta de la entrada con la cerradura medio rota, las paredes de las escaleras sin pintar después de haberlas arreglado unos chilenos que dejaron de terminar el trabajo por falta de pago, goteras por todas partes por la cantidad de tejas rotas, el césped sin cortar, la basura amontonándose, y sin tener aparcamiento ni lavadora y secadora de ropa. Allí me las veía yo negras cuando llegaba del mercado cargado de pesadas bolsas o cuando tenía que bajar la ropa y llevarla a un chino para que nos la lavara. Y aparcar era una pesadilla pues había que sacar el coche dos días a la semana para que limpiaran la calle o le metían a uno una multa de $45.00. Allí estuvimos varios años haciendo de tripas corazón.

Nuestra situación se deterioraba por días. Después de dejar el colegio católico seguíamos sin ingresos por todo el verano viviendo sólo de nuestra pensión que escasamente nos alcanzaba. Volvió Dagmar a encontrar un anuncio en el periódico para un profesor asistente en otra universidad de Nueva York y me lo dieron. Estaba lejos de casa pero sólo enseñaba dos días a la semana viajando por una carretera de poco tránsito y muy agradable. Ya lo de la docencia me tenía un poco aburrido después de tantos años haciendo lo mismo. A pesar de la fama de que goza en todo el mundo la educación en Estados Unidos deja mucho que desear. Quitando las grandes universidades del "Ivy League" que son unas diez entre ellas Harvard, Yale Princeton, Stanford y Columbia, más otras dos docenas de relativa categoría, las demás o unas dos mil son mediocres especialmente los llamados "colleges" que no pasan de ser nuestro bachillerato aunque inferior. A ellos como ganado van millones de estudiantes pagando una fortuna de matrícula más un sinfín de gastos como libros, ropa, coche, gasolina, comida. La matrícula promedio cuesta $30.000 anuales que en cuatro años suman $120.000 más los gastos que son unos $20.000 arroja un total de $140.000 para los cuatro años. Así se empeñan ellos y sus padres por vida para al final parar en una oficina ganando con suerte $25.000 al año que restando los impuestos se quedan en $17.500 o $336.00 semanales con lo que tienen que vivir. Parte de los gastos son los préstamos que tienen que pagar por los cuatro años de estudio más los intereses. En resumidas cuentas que no vale la pena pues al final salen la mayoría hechos unos cafres y que es todo un chanchullo de las grandes corporaciones para hinchar sus arcas como las de automóviles, seguros, gasolina, ropa, libros, comida. Se estudia por vocación, por la ilusión de terminar una carrera, de aprender y llegar a ser un buen profesional y buen padre de familia, pero no por cumplir requisitos u obtener un diploma que si no viene de una de las grandes universidades es papel inservible. Dígase de qué vale y a qué puede llegar un estudiante que se haya graduado de un college cualquiera de Idaho, Nebraska o Montana. Cuatro años perdidos, desilusión, desengaño, tristeza, melancolía, empezar abrigando sueños y terminar con las manos vacías. Y no quiero referirme a los profesores por haber sido uno de ellos y respetar la profesión, pero valga decir que la mayoría, en estos tiempos, viven del cuento, de apariencias, de pretensiones infundadas con la única meta de asegurarse sus puestos y vivir al jubilarse de sus pensiones.

Lo dicho de las universidades vale para las escuelas secundarias en las que el gobierno desperdicia billones de dólares al año. También enseñé una vez en una de estas escuelas públicas en Fort Lee en Nueva Jersey y fue tanta la decepción que la tuve que dejar. Recuerdo que una vez vi a un par de estudiantes fumando marihuana en el patio y al comentárselo al director me dijo que no podía hacer nada por no alterar a los padres que eran los que sostenían a la escuela con sus impuestos. En estas escuelas era donde realmente se descarriaba la juventud deshaciendo la labor de muchos años aprendida en el hogar. De niños pasaban a ser adultos, de la inocencia a las cruentas realidades de la vida sin pausas ni reflexiones o explicaciones, que era como lanzarse al agua no sabiendo nada o leer a Don Quijote no sabiendo español. Y así se les emponzoñaba el alma y titubeaban ante la vida, daban tumbos y se caían llevando vidas turbulentas sin nunca alcanzar la felicidad. Son años de formación de mente, carácter y espíritu que navegan sin capitán a merced de fuertes tormentas. Por otra parte son admirables las escuelas de primaria con maestros consagrados a su profesión y cargados de paciencia.

Carlitos estaba como un tigre enjaulado en casa de sus suegros que era un cuchitril en un barrio apartado de Nueva York. En Colorado había ahorrado un poco de dinero con el que tenía pensado comprarse la pizzería en la que había trabajado siendo un jovenzuelo. Habló con el dueño y se pusieron de acuerdo. Compró la pizzería aprendiendo el negocio a la carrera. Mejoró el lugar, amplió el menú y se esforzó por cocinar todo con ingredientes de primera calidad. Trabajaba desde las ocho de la mañana hasta las doce de la noche sin parar un minuto los siete días de la semana con la ayuda de un asistente al que tenía que pagarle $800.00 semanales más a los que entregan la comida a domicilio y a un lavaplatos. Estos negocios triunfan cuando los atiendan marido y mujer y el dinero que entra se queda en la familia, pero cuando hay que pagar sueldos en ellos se va gran parte de los ingresos. Ese era el plan que según me había dicho Carlitos tenían los dos, trabajar juntos, pero a las pocas semanas se quejó la suegra de tanto cuidar a la nieta y Cornelia tuvo que dejar la pizzería y encargarse de su hija. Esta fue la versión de Carlitos, pero por otro lado Cornelia no era mujer de estar metida en la cocina, pasarse el día de pie y servirle a la gente. Además, como ya mencioné anteriormente, la zona donde estaba la pizzería había decaído mucho con gente muy humilde y sin dinero. Se multiplican los atracos, deambulaban por las calles borrachos y forajidos y Carlitos, que cansado de vivir con los suegros había alquilado un apartamento cerca de la pizzería, lo tuvo que dejar y volver a vivir con ellos. Las distancias, el cansancio, la gente, los problemas monetarios por tener que vender la comida a precios reducidos sin alterar la calidad lo tenían acorralado. Yo trataba de ayudarlo y no menos Dagmar que le hacía sopas y arroz con leche para atraer a más clientes. Tenía también Carlitos que lidiar con el antiguo dueño de la pizzería un italiano enano con más llagas en el alma que un leproso. Como era dueño del edificio donde estaba la pizzería le pagaba una fortuna de alquiler y, por congraciarse con él o por sentir pena por estar en su casa aburrido y teniendo que lidiar con su mujer que era una pantera, lo dejaba trabajar dos o tres veces a la semana pagándole más que a los otros empleados. El italiano lo tenía agarrado por las narices con una serie de estipulaciones en el contrato de venta en las que salía él ganando y Carlitos perdiendo, como una de ellas que estipulaba que en caso de no comprar el edificio tenía que pagarle $25.000. Para triunfar en los negocios en este país hay que ser un maldito y como Carlitos no lo era sino un pedazo de pan, el italiano y otros le daban tres vueltas y lo tenían exprimido. Mal paso fue comprar la pizzería y meterse en camisa de once varas pero Carlitos era muy impulsivo y le tocó pagar las consecuencias. Por otra parte, Cornelia ponía el grito en el cielo porque nunca lo veía y por estar molesta de no tener su propia casa y tener que depender de sus padres para todo y ver a su hija criarse con sus primos que eran un par de salvajes. Todo esto pesaba sobre Carlitos que estaba hecho un espectro y con los nervios destrozados.

Nuestro mayor agobio eran las tarjetas de crédito que tuvimos que usar frecuentemente para salir de muchos atolladeros. Habíamos caído en ese pozo del que no se salía nadie ni montado en un cohete. Todas ellas estaban a la desbandada con veinte mil trampas para sacar más dinero. Cada atraso en los pagos traía un sobrecargo y si se pasaba uno del saldo estipulado otro mayor. Pagando la cantidad mínima—que es lo que hacía todo el mundo—no se acababa de liquidar jamás, y de esa cantidad la mayor parte era para pagar los intereses que no bajaban del 25% ó 30% anuales, mensuales, o semanales que nadie lo sabía con certeza. Todo, según ellos, se detallaba en el contrato que se hacía al principio con una letra tan minúscula y tan enredada que ni con lupa se distinguía. Mucha gente como nosotros no lo leían y lo tiraban a la basura o se lo daban al perro o gato para jugar. Pero después venían los lamentos y tiradas de pelo y el ciclo interminable de seguir pagando hasta la sepultura. Sabio fue mi suegro Bernardo que nunca se hizo de una de estas tarjetas gastando justamente lo que traía en el bolsillo. Y así fueron subiendo nuestros saldos y llegaron al infinito y aún hoy los seguimos pagando con enorme sacrificio. Tal es el capitalismo que con el oro de América se inventaron los ingleses y holandeses para empeñar al hombre hasta el fin de su vida. Por otro lado, sin crédito este país—y hoy el mundo—estaría en la ruina pues nadie tiene el dinero en efectivo para comprarse una casa, automóvil o tomarse unas vacaciones. Y la cuenta está muy clara conforme a lo que se gana de promedio, que quitando los impuestos no pasa de quince o veinte mil dólares anuales con los que sólo puede vivirse modestamente. Y así se ha lanzado la mujer a la calle a trabajar para poder sustentarse una familia, y trabajan los hijos y el marido doble para mantener el nivel de vida deseado. Todo es matarse por el dinero que a la larga es esclavitud.

Por aquel entonces andaban por ahí unos fanáticos intentando menoscabar los cimientos cristianos sobre los cuales se había fundado esta nación manifestados claramente en las últimas líneas que cierran su "Declaración de Independencia":

"Y así, para dar respaldo a esta Declaración, y con plena confianza en la protección de la Divina Providencia, mutuamente empeñamos en ello nuestras vidas, fortunas, y sagrado honor."

o el Artículo VII de su Constitución:

Promulgada en Asamblea general con el consentimiento unánime de todos los Estados aquí presentes, este séptimo día de septiembre del año mil setecientos ochenta y siete de Nuestro Señor…

Cierto es que actualmente Estados Unidos es una nación básicamente politeísta con libertad absoluta de culto estipulada en las dos primeras líneas de la primera enmienda a la Constitución:

"Se guardará el Congreso de promulgar ley alguna que prohíba el libre culto de la religión y el libre ejercicio de la misma. "

Ahora bien, esa primera enmienda fue promulgada en 1791 cuando Estados Unidos era básicamente un país judeocristiano y no tenía que lidiar con cien religiones distintas como lo hace hoy. A pesar de ello sigue siendo cristiano en su mayoría y por hacer alarde de su tolerancia o de ser "politically correct" que es la tolerancia llevada al extremo, ha permitido el desdén y la injuria contra sus creencias y tradiciones cristianas más estimadas, como llamarle a la Navidad "Xmas" en vez de "Christmas" disfrazando el nombre de Jesucristo para que no protesten las demás religiones. Y así se ve y oye por doquier "Merry Xmas" en vez de "Merry Christmas", o Happy Holidays", "Felices Fiestas", y no se permiten demostraciones públicas cristianas de ninguna índole como los nacimientos o imágenes religiosas ni siquiera los Diez Mandamientos. El sentido de la Navidad brilla por su ausencia en todo el país a no ser en las iglesias

El Día de Navidad (Christmas Day), el 25 de diciembre, fue declarada fiesta nacional por el presidente Grant en 1870 y desde entonces ha sido celebrada por la inmensa mayoría de la nación. La palabra "Christmas" se originó del inglés "Christ mass" que proviene de "Christmasse" y anteriormente de "Cristes Maesse", del griego "Cristos" y del latín "Missa", y la fiesta navideña se celebró por primera vez el 25 de diciembre según consta en un manuscrito romano del año 354. O sea, que la tradición es antiquísima y así fue instituida por la nación estadounidense desde sus comienzos. Véase, pues, que "Christmas" denota por todas partes "Cristiandad" en nombre de Cristo, y lo de la "X" responde--aunque la gente lo desconoce—a la abreviatura "X" que aparece en versiones antiguas del "Nuevo Testamento" como la primera letra de "Christ" usada a partir del siglo XVI. Pero igual pretenden hacer con la moneda nacional eliminando la frase de "In God We Trust" (Confiamos en Dios), y "So Help Me God" (Con la ayuda de Dios) con que termina el juramento de todo nuevo presidente y que iniciara el propio George Washington. En cuanto a lo de "Xmas" no se trata ya de deslindar a la Iglesia del Estado—"El muro de separación" del que hablaba Thomas Jefferson—sino de hacer a Jesucristo invisible, etéreo, intranscendente. Decía James Madison, uno de los fundadores de la nación, que toda persona "será libre de ejercer su propia religión" y Washington que la religión "es necesaria para crear el carácter de las personas" refiriéndose, claro está, a la religión cristiana aunque entre los Padres Peregrinos que llegaron a este país en 1620 venían también algunos judíos. Sin embargo, ningún ateo se ha quejado nunca del "Blue Law" (Ley Azul) que prohíbe a los comercios negociar los domingos por ser "God's Day" o "Día de Dios" que es en realidad día de descanso y que ellos disfrutan como todos los demás.

Tan dividido estaba el país en esto de la Navidad que hasta los negros se habían hecho de su propia fiesta navideña con el "Kwanzaa" que celebran por siete días del 26 de diciembre al 1º. de enero. Realmente más que una fiesta navideña es una celebración de su herencia africana idea de un tal Ron Karenga allá por 1966 que coincide con la Navidad. Una vez fuimos Dagmar y yo a comprar una postal de Navidad que tuviera alguna imagen cristiana y no la encontramos. Todas eran escenas de arbolitos de Navidad, Santa Claus, perritos, gatitos, ositos, ciervos. Por fin nos fuimos a un barrio hispano y encontramos una de la Virgen con su hijo en brazos impresa en la China...

Nosotros siempre mantuvimos vivas nuestras tradiciones y costumbres en el hogar que incluían las de España y Cuba. En todas nuestras casas o apartamentos teníamos rincones que las evocaban y así se fueron criando nuestros hijos clavándoseles en el alma. Celebrábamos por todo lo alto la Nochebuena, Día de los Reyes Magos, Semana Santa y Víspera de Fin de Año en la que no faltaban las doce uvas y sidra. Mientras tuvimos buen estómago, que ya van de retirada, comíamos a la española o cubana o ambas mezcladas como arroz con chorizo y plátanos maduros fritos, o bacalao a la vizcaína con ensalada de aguacates. En Navidades hacíamos un nacimiento y servíamos buenos turrones y mazapanes importados de España, y la Noche de Reyes dejábamos comida en el balcón para los camellos e imitábamos sus pisadas en la nieve. En todas estas fiestas Dagmar, que era buena guitarrista, tocaba canciones típicas cubanas como "Lágrimas Negras", "Guantanamera", "El Manicero" mientras yo cantaba llevando el compás en una cacerola. Para picar nos hacía Dagmar unas croquetas de jamón o pollo—como las hacía mi madre que nos encantaban--, rebanadas de chorizo, empanadas, yuca frita, arroz chino que era su especialidad, arroz con leche, flan, y cascos de guayaba con queso blanco. La mayoría de las veces lo hacíamos sin tener dinero pero como dice el refrán "de un gustazo un trancazo" que la vida es corta y sólo se vive una vez.

Cuando vinimos de Queens, como tengo dicho, nos mudamos al sexto piso de un edificio de apartamentos que quedaba frente al río Hudson. Me acuerdo una vez que les regalamos a los niños un conejito y un día se nos escapó de la jaula que teníamos en la terraza y se fue a la de la vecina que era una vieja insufrible. Lo fui a buscar y al decirle lo del conejito saltó el marido y gritó: "Didn't I tell you that I had seen a rabbit running in the terrace!", "¡No te había dicho que había visto un conejo correr en la terraza!" Pero como se pasaba la vida borracho y vivíamos en un sexto piso la mujer no le hizo caso hasta que se lo confirmé yo. Otra vez le regalamos a los niños un perro pero como no lo permitían en el edificio lo metimos en el apartamento a escondidas y tenía yo que bajarlo y subirlo por las escaleras sin que me viera nadie para sacarlo a mear o cagar hasta que me cansé y se lo regalamos a un amigo. También tuvimos un gato y un loro y creo que hasta una tortuga o dos que le gustaban mucho a Chabe. En el parque de enfrente había un parquecito al que siempre llevaba Dagmar a los niños a jugar con sus amigos cuando venían del colegio.

Dagmar me decía a menudo que en el fondo yo no era español pues había salido de España muy pequeño y criado mayormente en Cuba. Pero si no lo era por crianza sí lo era por convicción y por haberlo mamado de mis padres desde que era un chaval. Ciertamente que en Cuba pasé muchos años y muchos más en Estados Unidos siendo ya mayor, pero me consideraba español en todos los sentidos y nunca titubeé en cuanto a mis raíces y nacionalidad. A Cuba siempre la adoré y fue parte de mi vida y por eso me casé con una cubana prefiriéndola a una española. Bastante mal me sentí cuando en 1980 obligado por las circunstancias me tuve que hacer ciudadano norteamericano, como lo hizo Dagmar, aunque en aquellos tiempos era más motivo de honra que deshonra. Pero bueno, después con el tiempo me fui al Consulado Español de Nueva York y saqué mi doble ciudadanía como lo hicieron mis dos hijos aunque no Dagmar que perdió su ciudadanía cubana para siempre con la hecatombe castrista. Ya, ya, que lo que vale es lo que se lleva por dentro y que de nada vale un papel o pasaporte. Así quizás debería ser, pero de darme a escoger con los de España y Estados Unidos me quedo.

Nuestro nieto Nicolás fue creciendo y haciéndose un caballerito. Tenía muchos resabios por lo sufrido con el divorcio de sus padres y por escucharlos discutir a menudo. Yo traté por un tiempo de enseñarle español y con él me encerraba en mi despacho cuando llegaba del colegio.

--A ver, Nicolás, dime, "¿cómo estás?" Todo lo que tienes que contestar es "Estoy bien".

--"Estás bien".

--No, Nicolás, "estoy bien!" A ver, "¿cómo estás?"

--"Estás bien".

--Ya te dije, Nicolás, que debes decir "estoy bien"; venga de una vez, dilo.

--"Estás bien!".

--¡Pero coño, "ESTOY bien", mírame, así: ESTOOOOY bien, dilo ahora.

--"Estás bien".

--¡Carajo, salte de aquí!

--¡ABUELA!

Venía Dagmar y me echaba una refriega.

--Carlos, por favor, es un niño, ten paciencia y si no déjalo.

Al día siguiente ambos nuevamente en mi despacho.

--Bueno, Nicolás, ¿te aprendiste lo que te dije ayer?

Silencio...

--Abuelo, tengo que hacer caca.

--Bueno, anda, apúrate.

Pasa media hora y Nicolás no aparece; me voy a buscarlo al baño.

--Nicolás, ¿qué pasa?

--"Wait abuelo, I'm cleaning something!" (¡Espera, abuelo que estoy limpiando algo!)

Una vez llamé a Dagmar por teléfono y le pedí que me pasara a Nicolás para saludarlo pero estaba muy entretenido mirando una película en la televisión.

--Nicolás—dijo Dagmar—abuelo está en el teléfono.

--Dile que lo quiero mucho y que deje el recado.

Desde pequeñito tenía pasión por los bomberos, pero pronto se le pasó y le dio por los trenes y más adelante por la guitarra. Por influencia del padre aprendió a jugar tenis y era todo lo que hacían cuando estaban juntos los fines de semana. Le gustaban mucho los libros antiguos y cuando venía a casa se les quedaba mirando, sobre todo una edición de las obras de Santa Teresa de 1635. Pero de lo que más disfrutaba era de mi colección de monedas españolas antiguas, una de cuatro maravedís y otra de la época de los Reyes Católicos, y me pedía siempre que el día que me muriera se las dejara que las cuidaría mucho. Un día vimos juntos en casa la película "El Cid", de Charlton Heston y Sophia Loren y quedó asombrado con los castillos y palacios y sobre todo con aquella escena en que doña Jimena le pregunta al Cid que por qué se afanaba tanto en ganar sus batallas a lo que le contestó: "For Spain, Spain!", "¡Por España, España! Fue a partir de ese momento que sintió verdadera afición por España y su historia y me pedía siempre que lo llevara a España para conocerla.

Gianna seguía creciendo guapísima y con sobrada gracia. Sus padres la llevaron a España en una ocasión y aunque aún pequeñita me decía Carlitos que disfrutó mucho. Había nacido exactamente el mismo día en que se ratificó la Constitución de Estados Unidos, el 17 de septiembre, y cinco días antes de mi cumpleaños. Al no más nacer su madre le dio el pecho y así la alimentó durante los primeros dos años, gran novedad para mí que no lo había visto nunca en nuestras familias aunque es probable que mi madre también lo hubiera hecho al nacer yo durante la Guerra. A Consuelito, la hija de mi muy querido primo Golo, le habían extirpado un tumor canceroso en el seno y su madre Josefina, que había quedado muy delicada a raíz de la muerte de Golo, recluida en un hospital con problemas de nervios. se veía muy bien aunque años atrás le habían extirpado un seno por un tumor canceroso. Nunca conocí en mi vida a mejor hombre que Golo, todo bondad, gracia y simpatía. Me acuerdo que una vez en Madrid tuve un lío con un gilipollas y sin decir palabra Golo se le abalanzó con ganas de matarlo y se le abalanzó Golo como una fiera y salió el tipo pitando. Una vez estábamos todos reunidos con la tía Consuelo en su piso de Castelló, y nos contó Jesús, el marido de mi prima Maruja, un incidente muy gracioso que les había ocurrido en la playa de Marbella.

Estaban Jesús y Golo en la arena tomando sol mientras los demás se habían ido a comer. En ese momento les pasó por delante a los dos una despampanante sueca en bikini, saltó Golo y a todo grito exclamó:

--¡Josefina!, ¿dónde está Josefina? ¡Que venga ya!

--¿Pero para qué la quieres, Golo,

--¡Para escupirla, coño!

Los dos compadres, Jesús y Golo, se llevaban como hermanos y siempre andaban juntos. Ambos adoraban a mi padre y a mi tío Félix y les encantaba hacernos cuentos de ellos. A su lado falleció mi padre y como tengo dicho se encargaron de todo y cumplieron con su deber familiar a cabalidad. Cuando estuve en España estudiando y después en 1975 salíamos juntos y nos encantaba meternos en una tasca a comer buenas croquetas de jamón y tortilla española. Uno de nuestros rincones favoritos era una que quedaba en la esquina de Castelló que se llamaba El Rubí. La mejor de todas para mí era una que quedaba en Alcalá de Henares que se llamaba Las ancas de Rocinante donde servían un exquisito queso manchego, variedad de chorizos y jamones, y un pan traído del cielo. Lo cocinaban todo en una sartén de hierro vieja en un fogón de ladrillos y de ahí al mostrador muy oloroso y humeante.

A las dos hijas de Dagmar les marchaba bien en la Florida. María Cristina se había vuelto a casar y Ana María se había divorciado de su marido. Una tenía cuatro hijos, tres del matrimonio anterior, y la otra dos del mismo matrimonio. Cristina vivió por muchos años en Nueva Jersey cerca de nosotros, pero después de casarse por segunda vez se fue a Miami y allá se radicó. El varón, que era el mayor, se quedó en Nueva

Jersey y como era buen dibujante pronto encontró empleo. La hija mayor se quedó junto a su madre y la menor se fue a estudiar a otro estado con una beca que le habían dado por ser magnífica atleta. María Cristina había sufrido mucho de niña y mucho más cuando se casó la primera vez. El marido era un sinvergüenza y un bandido, muy dado al alcohol y las drogas. Nunca se ocupó de ella ni de sus hijos ni fue capaz de sostener un empleo decente por lo que siempre andaba enredado con la ley. Un día cuando vivíamos en Teaneck vinieron a buscarlo unos detectives por una fechoría que había hecho y si hubiera estado en casa se lo hubieran llevado preso. Al cabo de los años, cuando María Cristina se separó de él, lo metieron en la cárcel donde aún sigue hasta hoy.

La otra hija Ana María siempre vivió en Miami. Se había casado con un cubano joyero y tenido una hembra y un varón. Vivían bien, cómodamente, y todo parecía indicar que eran felices. Sin embargo al cabo de varios años se divorciaron y cada cual tiró por su lado y empezó Ana María a trabajar en una agencia de bienes raíces. A pesar de la distancia y de sus vidas turbulentas, las dos fueron buenas madres y en lo que cabe hijas. Se criaron sin su madre, por así quererlo ellas influenciadas por el padre y la abuela, pero en general eran buenas hijas y se mantenían al tanto de su madre llamándola con frecuencia y en el caso de Ana María visitándonos una o dos veces al año. Cuando venía me llevaba siempre a Nueva York a ver una obra de teatro de Broadway y después a un restaurante de mi gusto y la pasábamos estupendamente. Tenía muchas atenciones con nosotros y nos colmaba de regalos, como a mí una vez que me compró un ordenador nuevo con el que he escrito parte de esta novela. Con sus dos hermanastros también tenía atenciones, como con Chabe que se la llevó una vez en un crucero por el Caribe y con Carlitos al que le dio $2.500 para comprarse un coche.

Nosotros como familia estuvimos una sola vez en Miami de vacaciones aprovechando la visita de mi prima Regina de España. Salimos todos una mañana en mi coche y a la mitad del camino paramos a echar gasolina. Llevaba Dagmar todas sus joyas, incluyendo su pulsera de oro con siete monedas. Al poco de dejar la gasolinera notó que le faltaba la bolsita con las joyas y por más que la buscamos no la encontrábamos. Regresamos a la gasolinera y al no más vernos el empleado nos entregó la bolsita que había encontrado en el suelo donde habíamos parado el coche. La revisamos bien y estaban todas las joyas tal como Dagmar las había puesto. Nos pareció increíble la honradez de aquel desconocido sabiendo perfectamente lo que había dentro. Al llegar al estado de la Florida se nos estropeó el aire acondicionado y como era el mes de agosto y el calor sofocaba, la pobre de Regina que iba en el asiento de detrás no hacía más que sudar pero sin quejarse como buena castellana.

--Regina, ¿tienes calor?

--Un poquito.

Las gotas le caían por la frente y tenía el pelo chorreando.

Llegamos a Miami y nos quedamos en casa de Ana María, la hija mayor de Dagmar. Fuimos a la playa varias veces y visitamos todos los lugares famosos. De regreso a Nueva Jersey paramos en el hermoso pueblo de San Agustín que nos entusiasmó. Fundado por Pedro Menéndez de Avilés en 1565 es la ciudad más antigua de Estados Unidos y el más español en arquitectura, tradiciones y costumbres. Nos quedamos asombrados con el castillo de San Marcos construido por los españoles para repeler el ataque de los ingleses. En realidad en toda la Florida resalta la huella española y lo que no sabe mucha gente es que en un principio no se pensaba que era una península sino un país que se extendía hacia el norte hasta el Canadá, como la Luisiana vista también como un país que se extendía desde el Golfo de México hasta el Canadá ocupando una tercera parte del territorio de Norteamérica. Por la Florida pasó Hernando de Soto que descubrió el río Misisipí en 1541 y en cuyas aguas murió. También pasó por allí Cabeza de Vaca en la expedición de Pánfilo de Narváez que naufragó en Texas.

Dagmar y yo siempre tratamos de unir a la familia pero la diferencia entre unos y otros era enorme y los caracteres muy opuestos. Cada cual vivió independientemente a su manera y el alejamiento--por causas imprevistas e indeseadas--, la muerte de los pilares de la familia, las nuevas ideologías y costumbres que fueron apareciendo troncharon nuestros sueños.

Como decía el patriota norteamericano Thomas Paine refiriéndose a la Revolución Norteamericana: "These are the times that try men's souls" (Estos son tiempos que ponen a prueba el alma de los hombres) que era exactamente mi situación, aunque en mi caso ya había pasado por varias de ellas. Mi hijo Carlitos me decía que dejara ya de trabajar, que descansara, y me dedicara a escribir y a mis libros, pero me era totalmente imposible. En este país se descansa cuando se muere a no ser los pocos afortunados que viven de sus rentas o se han ganado la lotería o se largan a vivir en otros países del Tercer Mundo donde la vida es más económica. O seguía trabajando o en poco tiempo pararía en un asilo de ancianos que sólo de pensarlo me estremecía. Para el norteamericano común es un paso más que hay que dar en la vida y así hay miles de estos asilos abarrotados de ancianos decrépitos languideciendo y esperando que les llegue su hora. Como dijo alguien: "Unos mueren y otros esperan morir" sin saber yo cuál de los dos es peor. Morir en Estados Unidos es muy triste como el vivir muy duro sobre todo si se es viejo y pobre. Recuerdo una vez que fuimos Dagmar y yo a una casa en Teaneck que querían desalojar por enfermedad del dueño, y nos lo encontramos postrado en una cama bajo el cuidado de una enfermera mientras su hija muy risueña se deshacía de todas sus pertenencias. Le preguntamos por qué lo hacía y nos contestó porque nada de lo del padre le gustaba y porque necesitaba el dinero. En otra, al querer comprar un marco que nos gustaba y en la que había una foto de una madre en su día de bodas y estando ella presente, la arrancó su hija del marco y nos lo vendió por $5.00.

Estaban por entonces muy de moda las cirugías plásticas, los tatuajes y la unión entre homosexuales. De una mujer planchada de pecho hacían un valle entre dos altos montes y de arrugas como surcos la piel de un recién nacido. Nadie estaba conforme con su apariencia y se lo cambiaban todo para lucir mejor, y con los tatuajes, que antes se los hacían los marineros, ahora se los hacían todos visibles o invisibles, uno o dos o cubriendo el cuerpo. Los homosexuales, que aumentaban por día, reclamaban sus derechos de unión matrimonial y a los que los criticaban los repudiaban tildándolos de homofóbicos. Ya en varios estados habían pasado una ley aprobándolo a los que seguirían otros hasta convertirse en ley del país. Tal es la democracia en la que no existen barreras siempre que la mayoría tenga la palabra y así lo dicte. Cierto es que el comportamiento en una sociedad depende de la persona decidiendo ella misma entre el bien y el mal y no forzada por leyes. Pero como no es así, y cada cual obra de distintas maneras, se pasan leyes que si faltaran terminaríamos como los antropófagos devorándonos unos a los otros. Mi razonamiento en este aspecto es muy sencillo y claro: Dios nos ha hecho a su forma y manera y no le gustan los cambios. Por qué unos nacen hombres y otros mujeres, blancos y negros, feos y guapos, altos y bajos Él sólo lo sabe. Así nos da la vida y nos la quita, marca nuestro destino, nos da felicidad o nos la niega. Hacer lo contrario va en contra de su voluntad y tiene sus consecuencias que pueden ser leves o graves, en este mundo o en el siguiente. ¿Es todo cambio pues pecado? Nadie lo sabe tampoco ¿pero por qué arriesgarse? Por lo tanto, me quedo como soy y me contento, como me han hecho, me guste o no, sea justo o injusto.

Capítulo 13: Segundo matrimonio de nuestra hija Isabel y la gran desgracia que le ocurrió a su marido.

La vida no cesaba de acorralarnos y darnos sobresaltos. Un día salía el sol aunque nunca resplandeciente y al siguiente se opacaba escondiéndose entre nubarrones. Era el cuento de nunca acabar, de la perenne zozobra que se nos echaba encima de una manera u otra.

Resultó que mi hija Isabel conoció a un muchacho italiano de nombre Giovanni y al año de relaciones se casaron. Él era de Brooklyn de familia de comerciantes y tenía con el padre en un pueblo de Nueva York una tienda de fiambres. Era divorciado, con dos varones pequeños y una niña retrasada mental que vivían con su madre. Se casaron bien, en una boda sencilla en una iglesia protestante que era la religión de Giovanni y se fueron a vivir a la casa de él en las afueras de Nueva York.

Sin embargo, poco antes de casarse se sintió Giovanni muy mal y lo llevaron al hospital donde le hicieron varios análisis encontrándole en uno de ellos una anormalidad en la sangre. Se fue a ver a un especialista que lo confirmó diciéndole además que tenía leucemia progresiva extremadamente difícil de curar lo que equivalía ni más ni menos a una sentencia de muerte. Estuvo en el hospital tres meses debatiéndose entre la vida y la muerte con Isabelita a su lado cuidándolo muy tiernamente más como madre que esposa. Nosotros nos fuimos a su casa para cuidar de ella y de nuestro nieto en lo que Dagmar volvió a comportarse como lo buena madre que era. Salió del hospital muy débil y delicado y tuvo que vender el negocio que ya no podía atender. Isabelita, por mucho que trataba, no era feliz. Entre la enfermedad del marido, las constantes batallas con su ex marido, Nicolás que estaba muy majadero, y su trabajo de cinco días a la semana, pasó tiempos muy difíciles. También tenía problemas con su suegra que era algo tiránica y dominante, con la ex mujer de Giovanni y con sus hijos que le daban mucha guerra.

Le habían prohibido a Giovanni estar entre multitudes, ponerse al sol, acercarse demasiado a árboles y plantas, respirar polvo, humo del tabaco, perfumes. Tenía que tomarse al día rigurosamente diez o veinte medicinas que costaban un dineral una de ellas casi $10.000. Tenía que verse con los médicos periódicamente para asegurarse que no se habían presentado complicaciones. En esta etapa crucial de su vida Chabe fue su salvación pues era realmente la única que lo cuidaba y estaba pendiente de él. Sus padres y hermana de lejos y sus hijos más lejos aún.

Giovanni era buen muchacho, mejor persona que el chileno, y nos daba la impresión de que quería mucho a Chabe y a Nicolás. Era muy atento y amable y gran hablador, muy amigo de las fiestas y comelatas. Con su familia se llevaba bien pero refunfuñaba de su padre por haber sido muy rígido cuando era pequeño. Aparentaba tener pasión por su madre y hermana y sobre todo por sus tres hijos que en realidad no le hacían gran caso. Le gustaba el juego y antes de enfermarse se pasaba muchos fines de semana en los casinos de Atlantic City perdiendo algunas veces y ganando las más bastantes miles de dólares. Había comprado una casa con ayuda de los padres y en ella vivía cuando conoció a Chabe. Antes de casarse le hizo firmar a Chabe un acuerdo prenupcial lo cual verdaderamente nunca nos gustó pero así era la costumbre entonces cuando algunos de los dos eran dueños de propiedades. Debido a su enfermedad tuvo dejar de trabajar siendo Chabe la que en realidad mantenía a la familia y pagaba por su seguro que costaba mucho dinero. La familia de Giovanni era humilde pero muy trabajadora y con suficiente dinero que habían ahorrado con mucho sacrificio. Aunque no nos veíamos a menudo las relaciones eran cordiales y respetuosas. La madre, en el fondo era buena mujer y consagrada a su familia, y el padre aunque algo flojo de carácter era buen hombre. Ambos eran muy habladores y como buenos italianos se pasaban la vida en fiestas y comelatas. A las buenas, y casi siempre a las malas, tenía que seguir Chabe lidiando con su ex marido que lleno de rencor, celos y envidia por su matrimonio la traía atormentada enfrascándola en constantes discusiones y pleitos. Y en el medio de todo esto Nicolás, sufriendo como la madre, dejando a un padre para abrazar a otro, confuso, titubeante, sin saber qué rumbo tomar como el que se mete en una barca a la deriva y se pasa a otra desconocida en plena alta mar. Su padre lo ignoraba, maltrataba, vejaba principalmente para darle a Chabe en las costillas y hacerla sufrir hasta el punto de que Nicolás detestaba estar con él cuando le tocaba los fines de semana.

Un día Chabe y Giovanni tuvieron una acalorada discusión y como él estaba enfermo y débil y destrozado de los nervios llamó a la policía y sacaron a Chabe de la casa. A los pocos días fuimos allí y la ayudamos a llevarse todas sus pertenencias y se metió en casa de su hermano hasta que pasara la tormenta. Nunca en nuestras vidas habíamos pasado Carlitos y yo mayor humillación. Allí estábamos los tres revolcados en el suelo recogiéndolo todo y metiéndolo en bolsas vigilados por dos agentes de la policía que estaban allí de testigos mientras Giovanni permanecía encerrado en su cuarto sin dirigirnos la palabra. Había dejado a Chabe en el aire cancelando todas sus cuentas bancarias, el seguro de su automóvil y adueñándose de lo poco que poseía. Después hablaron y se disculpó de su ignominioso proceder y retiró la demanda judicial que había planteado contra ella, pero el daño ya estaba hecho. Sin embargo, a las pocas semanas hicieron las paces y se volvieron a juntar, pero Carlitos no le quiso volverle a hablar a él y yo lo trataba de lejos sin tenerle ya la más mínima confianza. El pobre de Nicolás lo presenció todo y sufrió muchísimo al verse en la calle con su madre como dos pordioseros. Otra herida más en su corazón. Giovanni, aun comprendiendo que se sentía al borde de la muerte, confuso y nervioso, no tuvo razón alguna para comportarse así por una simple discusión entre marido y mujer que es común en todos los matrimonios. Se portó como un cobarde y desalmado y peor aún cuando hizo comparecer allí a dos policías que se plantaron delante de nosotros tiesos como estatuas vigilando cada uno de nuestros movimientos. Dagmar con el tiempo se lo medio perdonó por mantener la paz, pero en el fondo se sentía muy dolida por la forma en que habían tratado a su hija y nieto. Dagmar y yo tuvimos nuestras discusiones y fricciones, pero jamás en la vida se me hubiera ocurrido a mí o a ella actuar de forma tan baja y deshumanizada. Si Chabe hizo mal o bien en volver con él sólo el tiempo lo dirá. Es probable que lo hiciera por sentirle lástima debido a su enfermedad, o por no querer deshacer su hogar por segunda vez, pero no creo que fuera por amor que muere al maltratarse así a una mujer sobre todo siendo madre. Todos cometemos errores en la vida, pero este fue uno de los grandes sobre todo al haberlo presenciado. Son cosas que se dejan pasar pero que nunca se olvidan. Hoy viven relativamente felices y llevando una vida cómoda, pero lo que guarda el destino nadie lo sabe aunque como padres esperamos que sea lo mejor.

Ocurrió entonces que una madrugada se le presentó a Dagmar un dolor muy agudo en el vientre y la llevé al hospital que era el mismo donde había fallecido su padre. Después de hacerle numerosas pruebas y análisis determinaron que la causa era una peritonitis aguda y sin perder un segundo la operaron. Permaneció en el hospital casi dos semanas bombardeándola con antibióticos y otros tratamientos que la tenían derrumbada y muy nerviosa. Carlitos, Isabelita, y yo nos turnábamos por las noches para estar con ella y yo durante todo el día pendiente de todo. Durante todo este tiempo Cornelia no se apareció por allí, llamó a Dagmar por teléfono o le envió una postal o flores. El día antes de darle de alta fue allí con Carlitos pero yo le dije al guardia que por mucho que lo pidiera que no la dejara subir por haberse portado como una perra. Así subió Carlitos y ella no tuvo más remedio que esperar pacientemente abajo. Tampoco se aparecieron por allí la hermana de Dagmar, sobrinos o primos a pesar de que Carlitos se los había dicho. Ni tampoco Giovanni o sus padres o los padres de Cornelia aunque no nos lo esperábamos. También durante esos días se me presentó a mí una bursitis en el brazo derecho que me tenía muy molesto, y como estaba solo sin Dagmar la pasé muy mal. No podía dormir, andaba por toda la casa como un zombi, y prefería comer fuera y no en casa para no echarla de menos. Era una de las poquísimas veces que nos habíamos separado. Dagmar siempre me trató a cuerpo de rey, pendiente de todas mis necesidades, antojos y manías como que el café estuviera en su punto, ni muy caliente ni muy frío, la pipa y el tabaco en la mesa en las tres comidas del día, y dejarme dormir cinco minutos más por las mañanas. La operación de Dagmar costó $98.000 de los que el seguro pagó el 80% y nosotros el resto. Si hubiera sido algo más grave, como una operación del corazón y aun pagando la mayor parte el seguro, nos hubiéramos empeñado por el resto de nuestras vidas. Como bien dice la gente en Estados Unidos vale más morirse que enfermarse. Entre médicos, hospitales y medicina nos tienen a todos en vilo esperando el batacazo. Dios quiera que se demore.

En la habitación contigua a la de Dagmar estaba recluido un señor mayor que se llamaba Santiago. Nos decía la enfermera que era español y que estaba muy delicado de salud debido a una trombosis. Los primeros días no hablaba ni se movía pero al cuarto revivió algo y no paraba de hablar. Cojeaba de la pierna derecha a causa de un camión que accidentalmente lo había atropellado encontrándose en Francia. Me acerqué a él una tarde y me contó su historia. Efectivamente, como nos había dicho la enfermera, era español, de Navarra, y había salido de España después de la guerra con su mujer y un hijo de cinco años rumbo a Francia. Al hijo se lo habían llevado a Rusia unas monjas—como querían hacer conmigo y con mi hermana Coqui—y a los pocos meses murió la madre de tristeza. Solo, se fue a México con otros refugiados españoles donde vivió por treinta y tantos años. Se volvió a casar con una mexicana que se le murió con su hijo de once años en unas inundaciones que ocurrieron en su pueblo. Se volvió a quedar solo, y cansado o resentido de México por lo que le había pasado a su mujer e hijo, regresó a España. Me decía que a los refugiados españoles que regresaban los trataban mal y les hacían la vida imposible, sobre todo a los que llegaban necesitados o sin dinero. Por un amigo que lo animó se vino a Estados Unidos y se puso a trabajar de camarero en un restaurante español de Nueva York. Se volvió a casar con una viuda panameña y se mudó al pueblo de Fairview en Nueva Jersey. Un día estando en el restaurante se cayó al suelo y lo trajeron a este hospital en muy mal estado. Una mañana se lo llevaron en una silla de ruedas a hacerle unas radiografías. Me fui a tomar un café y cuando regresé me encontré la silla vacía enfrente de la habitación. Le pregunté a la asistente de una enfermera por Santiago y me dijo que no sabía nada. Hablé con la jefa de enfermeras y me dijo que había fallecido de repente cuando lo bajaban en el ascensor. Nunca conocimos a su mujer pues antes de enfermarse se había ido a ver a sus padres en

Panamá. Parece ser que no la avisaron de su muerte o que no llegó tarde. No tengo ni idea de quién reclamó el cadáver ni dónde lo enterraron. Triste y azarosa vida la de este emigrante español.

Capítulo 14: Carlitos, acorralado con problemas, vende la pizzería y otras cosas que ocurrieron.

Estados Unidos seguía deslizándose cuesta abajo por el despeñadero. Las clases sociales que antes tiraban al unísono hacia el centro en un esfuerzo común, ahora lo hacían individualmente hacia afuera apartándose en distintas direcciones. En otras palabras, poco a poco se resquebrajaba la unión al cabo de doscientos años de férreas luchas. Un día hablé con un amigo norteamericano y me dijo que Estados Unidos estaba perdiendo su entereza y carácter, que no actuaba ya con la decisión y firmeza de antes, que se dejaba sopapear interna y externamente y que cedía demasiado ante el empuje de un pueblo desquiciado. Que estaba metido en muchas contiendas mundiales tratando de arreglar el mundo dándoselas de patriarca de la humanidad sin realmente incumbirle. Que la gente hablaba como cotorras cada cual con opiniones distintas con muchos políticos demagogos e instituciones ya en vías de extinción. Que se sentía muy defraudado por todos estos cambios tan drásticos y que el país estaba en plena decadencia sin solución posible.

La esperanza ahora se había centrado en dos nuevos candidatos presidenciales, la mujer del ex presidente Bill Clinton y un afroamericano llamado Barack Obama nacido en Hawaii y criado como musulmán en Kenia, con un padre que lo había abandonado siendo niño y cuyo segundo nombre era Hussein como el asesino de Irak. Por el partido republicano se había postulado un senador héroe de la guerra de Vietnam. Las perspectivas eran aterradoras pues ninguno de ellos era del calibre que se necesitaba para enderezar al país después de los ocho años funestos de Clinton. Hillary Clinton are una mujer siniestra, insidiosa, llena de llagas por las canalladas que le había hecho el marido con otras mujeres, y Obama un socialista apañado con un pasado nebuloso que incluía la legitimidad de su nacimiento. McCain era demasiado viejo y cascarrabias y de ideas muy radicales para los nuevos tiempos. Al final triunfó Obama con el apoyo de los pobres y negros dejando al país estupefacto con su primer presidente negro. En España había triunfado otro socialista llamado Zapatero con promesas de ponerle a los españoles zapatos nuevos pero según me decían mis primas en Madrid seguían todos en alpargatas. Al final, el tal Obama llevó al país a la ruina con sus ideas socialistas y no menos hizo el tal Zapatero tan socialista como el líder norteamericano. Hoy España está al borde del abismo y Estados Unidos tambaleándose social, económica y políticamente, sin otra solución que sacar a patadas al inepto y más que radical primer presidente negro de la gran nación estadounidense.

Fidel Castro, cerca ya de los ochenta años, se había operado del estómago o intestinos por un cirujano español que fue a Cuba y que logró salvarlo. Venezuela había caído en manos de un fanfarrón socialista abocándose a una dictadura absoluta tan característica de ese país. Irán muy insolente y bélico empecinado en convertirse en una potencia nuclear y arrasar con su gran enemigo Israel. La China haciéndose de más poder con vistas a proclamarse rey del mundo e imponer su anacrónico sistema comunista. Paquistán y la India achuchándose a diario bajo amenazas de destruirse mutuamente en una guerra atómica. España debatiéndose entre dos luces con un rey ya caduco y un presidente superfluo y fementido. Argentina arruinada económicamente y sumida como de costumbre en la ambivalencia política. México atascado en el inherente pantano de dudas con un gobierno corrupto y un pueblo empobrecido. Toda África al estallar por la galopante miseria, y Europa aún asida a su pasada grandeza con sueños vanos de un nuevo renacer.

Las nuevas costumbres a nivel mundial horripilantes, deprimentes. La moda a lo gitano, la moral y el pudor por los suelos, los hogares deshechos, la juventud desaforada, las drogas y el alcohol a la vuelta de cada esquina. Los hombres, las mujeres, los niños, los ancianos, cada cual por su cuenta sin el menor respeto y acato, como diciendo "soy como soy y que se vayan todos a la mierda". El desparpajo y la desfachatez total aun en países tan tradicionales como España, Italia y hasta la misma Turquía o Rusia. La televisión repelente, asquerosa, chabacana, pueril, deshumanizada, emponzoñando al pueblo con programas absurdos y noticias tremebundas. Algunas mujeres a la deriva, o "por la calle del medio", como decían en Cuba, con sus cuerpos cubiertos de tatuajes y las orejas, lenguas, párpados y narices horadadas con argollitas de hojalata que aun se colgaban del ombligo, los pezones y según decían algunos de los labios de la vagina. Los hombres rasurándose el pelo del pecho, los brazos, las piernas, empolvándose la cara o poniéndose cremas para estirar la piel o encubrirse las ojeras, y los viejos comatosos haciendo alardes de la virilidad perdida con el "Viagra", como el vanidoso dueño de la revista "Playboy" que ya hecho una momia presumía de Hércules. Los muchachos vestidos a lo "Hip-Hop" arrastrándoles los pantalones, las camisas por fuera llegándoles a la rodilla, y la gorrita de pelotero vuelta al revés. La violencia desatada en los hogares, calles, escuelas, como en la de Columbine en Colorado y en la de la universidad Virginia Tech. El aborto a la orden del día a cualquier edad sin contar en absoluto con los padres según dictaba el "Privacy Act" (Ley de Privacidad) que les garantizaba tal derecho, llegando ya a los 300.000 abortos anuales. Decían que la mujer estaba en todo su derecho de hacer con su cuerpo lo que le diera la gana, ¿pero y el hombre, no era padre también, no tenía igual derecho, no llevaba también el niño su sangre, o es que los padres son uno, la mujer y no el hombre? Véase esta paradoja: se podía matar a un niño un minuto antes de nacer, pero un minuto después era un crimen. Las guarderías infantiles en cada esquina, abarrotadas de niños inocentes que cuidaban como becerros mientras las madres andaban desaforadas buscándose el sustento. Tan desquiciado estaba el mundo que a mi nieto Nicolás que por entonces tenía siete años, por besar en la mejilla inocentemente a una de sus compañeras casi lo expulsan del colegio por la bronca que armaron los padres culpando a Nicolas de "sexual harassment" o acoso sexual. Estas eran las niñas que al no más llegar a la pubertad perdían su virginidad y saltaban de cama en cama a sabiendas de sus padres. Ante toda esta podredumbre sentía tal agobio y desazón que si no hubiera sido por mi familia me hubiera recluido en lo más alto y remoto del mundo o haber hecho lo de Francisco de Orellana perdiéndome entre las tribus del Amazonas o entre los papúas de Nueva Guinea.

Se habían descubierto por entonces varios de los llamados "sweat shops" que eran talleres en los que trabajaban como bestias miles de extranjeros indocumentados principalmente en las grandes urbes como Nueva York, Chicago y Los Ángeles. Les pagaban una miseria y les hacían trabajar diez o doce horas diarias vejándolos y sin darles descanso. Muchos eran hispanos o filipinos temerosos siempre de que los descubrieran y deportaran. Allí se hacía la ropa de los grandes modistos y tiendas a precios exorbitantes cargada del sudor de estos infelices. Esto me recordaba el caso de un tal Gato en Ecuador o Bolivia que se jugaba la vida sacando oro de los ríos vendiéndolo después en el pueblo por una miseria. Llegaba el oro a no sé dónde y se fundía en lingotes y después iba a parar a Dubai donde se vendía por muchos miles de dólares.

El barrio de los negros de Nueva York llamado "Harlem" espantaba de sólo pasar por allí. Pegadito estaba "El Barrio" de los hispanos igual de horrendo y deprimente. Edificios y casas destartalados, basura tirada en la calle, ratas, moscas, la "purísima madre" como diría un mexicano, y en cada esquina una bodega en las que vendían "carnes y vegetales frescos". Me metí en una de ellas un día a comprar un refresco y al no más abrir la nevera me saltaron dos ratones. Entre estos dos barrios y el de los dominicanos en "Washington Heights" vivía la tercera parte de la población de Nueva York. Iguales condiciones deplorables existían en Nueva Jersey en ciudades como Paterson, Jersey City, Camden y Newark. Toda esta miseria quedó al descubierto con el huracán Katrina en Nueva Orleans en 2005 cuando cientos de miles de pobres mayormente negros se quedaron en la calle perdiéndolo todo. En la capital de la nación estadounidense antes de llegar al famoso centro donde están los monumentos a Washington, Lincoln, Jefferson, la Casa Blanca, el Capitolio, hay que atravesar un barrio de negros que viven en la total desesperación, espectáculo aterrador sobre todo durante los calurosos meses del verano. Las cárceles seguían abarrotadas de criminales de toda índole siendo la mayoría negros o hispanos. Un día le jugué una broma a Carlitos para infundirle miedo de las cárceles. Hablé con un amigo que conocía y con el que me había puesto de acuerdo para que me ayudara. Abrió una de las celdas y le dije a Carlitos que entrara. Así lo hizo y en ese momento mi amigo la cerró y se quedó él dentro casi a punto de llorar. Al salir le dije:

--Que te sirva de lección para nunca meterte en líos.

--Sí, papá, nunca.

Hoy tiene más de cuarenta años sin jamás haber tenido el más mínimo roce con la ley. Después me lo llevé a comer a un restaurante cubano y nos preguntó el dueño:

--¿Saben la última?

--No.

--Que estando en Cuba y como a Colón le gustaban mucho las indias, al ver a una de ellas pasarle por delante le gritó a Pinzón:

--¡Santa María, qué pinta tiene esas niña!

--Y esta otra: Se encuentran dos hombres hablando y uno le dice al otro: Dicen que Fidel está aquí, que se vino en una lancha, y le contesta el otro:

--¿Y dejó a Cuba sola?

--No, como la tenía en un bolsillo se la trajo.

--Y esta: El presidente Bush llama a Castro por teléfono y le dice: --Te levanto el bloqueo a cambio de azúcar.

--¿De remolacha?, le preguntó Fidel.

--¿Es que no la tienes de caña?

--¡No, pero la tengo de coño!

Aun en el exilio el cubano conservaba su chispa y buen sentido del humor.

También hablé por aquel entonces con un puertorriqueño pentecostal del que me había hecho buen amigo sobre la esencia de la Hispanidad.

--Dígame, Vega, usted que sabe mucho, ¿en qué realmente consiste ser hispano?

--¿Y a qué viene es pregunta?, le contesté.

--Me la hacen constantemente mis feligreses en la iglesia y a veces no sé qué decirles.

--Primero, aunque no lo veamos así por encontrarnos en este país, es motivo de gran honra y orgullo aunque a veces nos hagan pensar lo contrario. La Hispanidad se pierde en el tiempo con unas raíces muy profundas. No fue obra de un pueblo ni de una civilización, todas ilustres, que fraguaron una cierta forma de ser y de ver la vida. De esos pueblos y civilizaciones descendemos y se compone nuestra esencia que no es una nacionalidad en particular sino la fusión de un todo.

--Ahí sí me perdió, Vega, no entiendo nada de eso.

--Ese todo es la Hispanidad, que es indivisible, de la que se forjó nuestra historia y cultura que lo abarca todo, desde lo más sublime hasta lo más prosaico, desde lo más puro y sagrado hasta lo más vil y repugnante, desde lo más genial y sabio hasta lo más banal e insignificante.

--¿Qué quiere decir con todo eso?

--Que parte integral de nuestra historia y cultura y fundidos en ellas son Homero, Aristóteles, Séneca, Cicerón, Julio César, San Agustín, Dante, Galileo, da Vinci, Cervantes, Santa Teresa, Cortés, Pizarro, Atahualpa, Moctezuma, Neruda, Darío, Martí, Hostos y tantos otros.

--Ya lo voy entendiendo.

--Por eso, al decir "soy hispano", recapacite, tome aliento y grítelo con toda fuerza a los cuatro vientos sin dejarse apocar por lo que digan otros.

--Pues así grito, Vega, ¡soy hispano!

Al poco tiempo nos volvimos a ver y me dijo que al explicarlo en su iglesia todos se levantaron gritando al unísono: "¡soy hispano!

Nunca logré nada de España ni los españoles como tampoco mi padre, como si al que salía de España le pusieran la cruz a no ser, claro, que llegara cargado de dinero y empezara a repartirlo como los turistas o los españoles que habían hecho su América. No puedo hablar de generalidades pero sí de casos concretos como el nuestro y el de otros españoles que conocí a lo largo de los años, unos radicados en Cuba y otros en México y Estados Unidos. Puede haber sido también nuestra suerte que nunca fue buena sobre todo tratándose de cosas que realmente deseábamos. Una vez acordé con un librero español venderle parte de mi colección de libros y después de habérselos enviado todos me los devolvió al cabo de uno o dos años con la excusa de que el español ya no leía razón por la cual la mayoría de los libros no se habían vendido. Ninguna de las dos excusas me las tragué sobre todo después de hacerme esperar tanto tiempo para decirme lo que debería haber sabido antes de enviarle los libros. Total falta de interés, de consideración y de respeto. Otra vez me engatusó un editor español para publicar uno de mis libros y una vez publicado no lograba comunicarme con él. Pasaron uno, dos años, y al fin me contestó una secretaria diciéndome que el libro se había vendido muy poco. Reclamé el pago de mis honorarios y hasta la fecha no se me ha liquidado ese dinero que aunque poco me corresponde.

Conclusión: dinero perdido a no ser que pusiera el caso en manos de un abogado lo cual me costaría mucho más que si se hubieran vendido 100.000 ejemplares del libro. Yo no sé en España, pero en este país todo editor envía una relación detallada de las ventas de los libros dos veces al año y las liquida religiosamente sin que el autor tenga que caerles encima obligándolo a cumplir. Comprendo que este puede haber sido un caso aislado pues me consta que la inmensa mayoría de los editores españoles son serios y respetables pues a través de sus magníficos libros y por entrevistas que tuve con muchos de ellos cuando estaba de editor en Nueva York los conocí muy bien y siempre cumplieron a cabalidad. Vuelta con mi suerte, quizás, con el nunca lograr lo que tanto se desea. A mi padre le ocurrió igual y mi hijo Carlitos que tanto añora irse a España va por el mismo camino. Nada, nada, que somos nosotros, y punto.

Con los años empezamos Dagmar y yo a padecer de alergias debido mayormente a todas las porquerías que le echaban a la comida y a infinidad de productos como pinturas, desinfectantes y perfumes. Los fabricaban de pura metralla en la China u otros países de Asia por hacerlos más baratos y asequibles a la gente. La carne y el pollo venían cargados de dinamita y el pescado lo traían de países muy remotos como gran parte de los vegetales y frutas y aun las flores y plantas y no digamos la ropa hecha casi toda en la China. Surgió entonces la llamada "comida orgánica", es decir, de ingredientes naturales, pero con tantas especias que quemaban la boca de no más probarlas. Todo se veía muy bonito por fuera pero al comerlas sabían a rayos o a nada. O sea, que vendían leche sin serlo, como la de arroz, pan sin ser de trigo, pollo empanizado sin huevo, dulces sin azúcar. Verdaderamente era todo un timo pero como la gente estaba obsesionada con la salud como corderitos las compraban. En fin, que cada día nos hacíamos más esquizofrénicos y limitando lo que nos metíamos en la boca. Gran paradoja son los Estados Unidos: el país de todo y a la vez de nada, el de los mejores restaurantes pero en el que peor se come, el de gran tecnología pero donde no existe una aspiradora que sirva, el de la mejor ropa pero el menos elegante, el más culto pero el más ignorante, el de los mejores colegios pero en el que menos se aprende, el de los más inteligentes pero el de los más brutos, el de los mejores jardines pero en el que las flores no huelen, el de más casas pero el de menos hogares, el de más iglesias pero el de menos creyentes, el de los mejores hospitales pero en el que más gente muere, el de más animales pero en el que más se matan, el más limpio pero con el de más basura, el de los mejores cines pero el de peor películas, el más casto pero el más impúdico, el de más leyes pero el de más rebeldes, el de más libertad pero en el que más se esclaviza, el más humano pero el más despiadado, el de mejor gobierno pero el menos cívico, el más generoso pero el más egoísta, el más educado pero el más salvaje, el más pacífico pero el más belicoso, el más romántico pero el menos amoroso, el más trabajador pero el más vago, el más comedido pero el más escandaloso, el más amistoso pero con más enemigos, el de más matrimonios pero el de más divorcios, el de las mujeres más bellas pero el de las más hombrunas, el de los hombres más machos pero el de más homosexuales, el de los más coches pero el de los más malos, el de más ricos pero el de más pobres, el más feliz pero el más triste. Todo puro espejismo, fantasía, propaganda.

Con los medicamentos ocurría otro tanto pues casi todos más que curar mataban. Quitaban un malestar y a la vez creaban otros y todos eran advertencias por las contraindicaciones. Salía uno de la farmacia con diez pliegos de riesgos y si no se metía uno en el internet y al no más leer un par de líneas lo que era duda se convertía en pesadilla. Una vez me dieron un medicamento para la sinusitis y estuve dos días sin poder orinar dando gritos de dolor. Y a Dagmar le daban medicinas que le producían grandes ronchas en el cuerpo y la tenían medio lela como un zombi todo el día. Yo me resistía a tomarlas y prefería hacerlo a mi manera sacando un clavo con otro clavo, es decir, que si me dolían las piernas caminaba el doble, y si sentía malestar de estómago me comía diez chorizos seguidos. Recuerdo lo que me contaba mi padre de un caballero villafranquino que padecía de una úlcera en el estómago. Salía a la calle vestido de negro con los bolsillos desbordándose de bicarbonato, y al sentir la menor molestia echaba mano del bicarbonato y se lo tragaba a puñados desparramándosele por todo el traje. Tal era la consecuencia después de haberse disparado una contundente fabada con varios chatos de vino y fumado un habano de los que dan patadas de mulo. Según mi padre este benemérito señor murió a los noventa y pico años de edad y no del estómago sino de una caída que le machacó el cerebro.

Y los médicos, a sabiendas de todos estos perjuicios, no paraban de dar recetas para quitarse de encima a sus pacientes. Después caían como buitres los abogados inescrupulosos que hacían millonadas con la gente que empeoraba o moría por tomarlos. En realidad, todo era un gran negocio que incluía a las grandes compañías farmacéuticas y los hospitales. A Dagmar la tenían desquiciada los médicos pues ninguno de ellos era capaz de diagnosticar específicamente lo que tenía y así rebotaba como una pelota de uno en otro. En mis tiempos los médicos, después de reconocer al paciente y enterarse bien de los síntomas, se sentaban en su despacho y calmadamente lo razonaban todo y le decían exactamente lo que tenía. Era lo que se llamaba entonces "tener buen ojo clínico" basándose en sus conocimientos, sabiduría y experiencia y no tanto de aparatos y análisis.

Claro que también lo hacían para protegerse de las demandas siempre al acecho caso de errar en sus diagnósticos y que perfectamente podían arruinarlos económicamente o manchar su reputación por vida. Completaban el panorama las compañías de seguro con normas y regulaciones que no entendía el más sabio y que agarraban de sorpresa al enfermarse. El que caía en esa vorágine estaba perdido sobre todo los que no tenían recursos, eran viejos o inmigrantes que sumaban muchos millones.

Mi familia en España siempre fue saludable. Mi abuela materna murió con toda su dentadura intacta sin haber usado nunca dentífricos. Se lavaba los dientes temprano por las mañanas y después en el jardín se los frotaba con una hojita de menta. Todos comían a reventar comidas suculentas, se tomaban al día una o dos botellas de vino, algunos fumaban cigarrillos o habanos y llegaban a morir pasados los noventa años. Mis dos primas de Madrid aún viven muy paraditas, una con ochenta y siete años y la otra con noventa y tantos. Sin embargo, la otra rama de la familia que emigró a América, tierra supuestamente que envigoriza y fortifica, enfermaban a menudo aun cuidándose mucho. Mi madre murió joven, mi hermana en la flor de su juventud, mi tío Félix antes de cumplir los cincuenta años y mi padre antes de alcanzar los ochenta. Conclusión: No mata lo que se come sino lo que se siente, no es el estómago el que adolece sino el corazón, las preocupaciones, las angustias, el tanto correr y desear, las muchas añoranzas, los recuerdos. Y así mis familiares de España, desde su nacimiento, vivían en su tierra, respiraban el mismo aire, los bañaba el mismo sol, se paseaban por sus pueblos y charlaban con sus viejos amigos, tomaban el mismo vino y comían el mismo pan que el de sus abuelos y tataraabuelos. Quisiera saber yo si un ave peregrina, como la golondrina, era feliz al hacer nuevos nidos.

Un día me preguntó Dagmar:

--¿Cómo anda la novela, la terminaste ya?

--La he terminado tres veces y rehecho otras tres de principio a fin.

--¿De verdad?

--Sí. Como me decía un profesor mío en la universidad de Indiana que siempre que escribiera algo lo metiera en un cajón por dos días para dejarlo rezumar, seguro de que al releerlo no me gustaría y volvería a empezar de nuevo. Sabio consejo que nunca he olvidado.

--Me pregunto si lo mismo harían otros grandes escritores, como Cervantes.

--No lo sé ni se sabe porque nunca se encontró el original de Don Quijote. Pero sí sé que se lo entregó en pliegos posiblemente llenos de tachas y borrones a Juan de la Cuesta que de forma milagrosa lo pasó todo en limpio e imprimió.

--¿Y cómo lo escribió Cervantes?

--Eso quisiera saber yo aunque me imagino que sería parte en la cárcel, parte en su casa, parte en la calle o en algún rincón de pie, arrodillado o en cuclillas, con luz o en penumbras, en silencio o entre barullos, descansado o exhausto. Y te digo más, sin hacer ningún "research" sino sacándoselo todito de la cabeza que es asombroso. Compáralo conmigo aquí sentadito en mi despacho, sin estorbos, con buena luz y temperatura, apretando teclas en la computadora y después un botoncito para imprimirlo todo.

--Algo le sacaría Cervantes de dinero.

--No le sacó un carajo, unos cuantos maravedís con los que pagar parte de sus muchas deudas que lo tenían acorralado. Y ya ves, Dagmar, del Quijote se han vendido hasta la fecha más de 500 millones de ejemplares por todo el mundo con más de 2.000 ediciones en todos los idiomas. Suponiendo que cada ejemplar se vendiera a $10.00 daría en total en dólares de 5.000.000.000.000 tocándole a Cervantes el 10% del neto en honorarios o unos $200.000.000 sin contar las películas que se han hecho, obras de teatro y otras cosas.

--¿No me digas?

--Sí te digo para que veas tú las grandes ironías de la vida. Y, sin embargo, andan por ahí escritores remendones ganando millonadas con obras que no merecen ni siquiera el papel en que están escritas.

--Yo creo que te va a ir bien con tu novela, tengo esa corazonada.

--No lo sé, Dagmar, ha pasado mucho tiempo y la gente no quiere revivir época tan desastrosa. Además, la generación de hoy tiene bastante con sus propias tragedias sin el menor deseo de enfrascarse en las pasadas. Ten presente también que el escribir no me hace escritor y que me acosa la duda y la indecisión, las palabras que se me escapan, la memoria que ya me falla. Ya quisiera yo escribir con fluidez y seguridad, dar con las palabras idóneas sin circunlocución para decir lo mucho con lo poco y expresarme con propiedad, poseer los conocimientos de la vida y del mundo para apoyar y dar lucidez a mis pensamientos, tener la voluntad y paciencia para calmar los impulsos y reflexionar, tener más sentido del humor y derramar menos lágrimas haciendo la lectura más amena y divertida, saber equilibrar lo bueno con lo malo, la fantasía con lo real como reflejo de la vida misma, expresarme con más comedimiento, comprensión y tolerancia al juzgar los actos humanos, emplear un estilo más sencillo y pulido, menos rimbombante y grandilocuente sin diatribas ni hipérboles.

--Pero, Carlos, ¿quién escribe así con tanta perfección?

--Los verdaderos ingenios dotados de un don divino que aparecen en intervalos de muchos siglos, los llamados clásicos que supieron entender la vida y expresarse debidamente.

--Pues lo que yo he leído hasta ahora me ha gustado mucho.

--Lo has leído con ojos bondadosos que no serán los del lector ordinario. Es como la madre que le dice al hijo que no es cabezón y después le toma una hora peinarlo de lo grande que es.

--Somos muy sentimentales, Carlos, debe ser la vejez.

--No aún la vejez pero sí los años que son como piedras que vamos dejando en el camino.

--¿De dónde sacaste esa frase?

--No sé, se me ocurrió de momento.

--Me acuerdo de aquella que me dijiste un día que "el amor como la piel se arruga con los años" aunque me aseguraste que no te referías al nuestro, o aquella otra de que "los ojos miran lo que el corazón se resiste a ver" refiriéndote a la persona que me acompañaba cuando nos conocimos por primera vez.

Mis hijos me preguntaban frecuentemente acerca de nuestra familia y antepasados, quién era quién y sus nombres, por lo que un día decidí hacer un árbol genealógico de nuestras familias, la mía y la de Dagmar. Me tomó mucho tiempo pero descubrí datos muy interesantes como que Dagmar descendía por línea materna de Bernardo Rodríguez de Toro de ascendencia española nacido en Caracas en el siglo XVIII, Primer Marqués de Toro y Vizconde de San Bernardo. Procedía su familia de la villa de Teror en las Islas Canarias, y uno de sus descendientes pasó posteriormente a Cuba donde se radicó a finales del siglo XVIII o comienzos del XIX, y comprobar que efectivamente mi padre descendía de Santa Teresa de Jesús por el apellido Cepeda que era su tercer apellido: Carlos Vega López Cepeda. Pude conseguir también los escudos de armas de ambas familias, Vega y Hernández con los que completé el árbol. Se lo di todo a un dibujante para componerlo y lo mandé a imprimir en papel pergamino. A mis dos hijos les di copias así como a mis parientes en España y México. Ahora sabían todos su procedencia familiar incluyendo nombres y apellidos, fechas de nacimiento y muerte y descendencia. Buena referencia y buen legado.

Un día estando en la pizzería de Carlitos entró un hombre y le preguntó si le podía dar una pizza fiada con la que poder alimentar a su familia que lo esperaba afuera. Allí en la acera, mirando por el cristal de la ventana, lo esperaban una mujer con tres niños pequeños. Nevaba afuera con grandes copos de nieve golpeando el cristal. La mujer con uno de los críos en brazos arropándolo con un simple suéter que era todo lo que llevaba puesto. Los otros dos niños pegados a la ventana titiritando de frío siguiendo los pasos de su padre con la mirada. Aquella bien podía haber sido mi madre con nosotros en Francia en el campo de concentración o deambulando por una de las tantas calles que recorrimos muertos de hambre y frío. Se acercó un americano cliente y le dijo a Carlitos que no le diera nada, que eran unos bribones de los muchos que andaban por allí viviendo del cuento. Carlitos y yo nos miramos y metió él una pizza en el horno. Me fui adonde la mujer y los hijos y les dije que entraran y les servimos la pizza con ensalada, pan con mantequilla y refrescos. Al terminar de comer me senté en la mesa con ellos y me dijo el hombre:

--Señor, no sabe cuánto le agradezco lo que ha hecho con nosotros, Dios se lo pagará.

--¿Y ustedes de dónde son, qué hacen por aquí?

--Trabajaba en una gasolinera pero me botaron y como no podía pagar la renta nos botaron del apartamento donde vivíamos.

--¿Cuándo fue eso?

--Anteayer.

--¿Y dónde están metidos?

--En el apartamento de una amiga de mi señora pero es muy pequeño y no cabemos.

--¿Cómo se llama?

--Yo Rogelio y me señora Esperanza.

--¿Y de dónde son?

--De Ecuador.

--¿Comieron bien?

--Sí, señor, muy bien, gracias.

--¿Y ahora qué, adónde van?

--Pues no lo sabemos, señor, no tenemos dónde meternos.

En ese momento entró un hombre vociferando, se acercó a Rogelio y agarrándolo por el cuello le gritó:

--¡Te agarré, cabrón! ¿Dónde está el dinero que me debes de los seis meses de renta? ¡Te me escapaste, coño, pero ahora aquí te tengo, ¡dámelo hijo de puta!

El hombre se puso tan violento que tuvimos que llamar a la policía para que se lo llevara. Rogelio estaba mudo, pálido, temblando, la mujer y los hijos llorando. Me fui a hablar con Carlitos y entre los dos reunimos $200.00.

--Mire, Rogelio, tome esto que en algo les ayudará.

--¡Oh no, señor, por favor, no!

--Tómelo sin más y cuando pueda me lo paga.

Se fueron los cinco muy contentos. Pasaron varios meses y un día se presentó en la pizzería una muchacha preguntado por mí.

--¿Está don Carlos?

--Sí, soy yo.

--Mire, don Carlos, este sobre es para usted.

Abrí el sobre y dentro había tres billetes de $100.00 y dos de $20.00 más esta nota:

"Don Carlos, aquí tiene lo que me prestó, lo que comimos y un regalito para usted y su hijo. Dios los guarde. Rogelio".

Le pregunté a la muchacha por Rogelio y me dijo que se había regresado a Ecuador y que estaba bien. ¿Así que bribones, eh?

Un día se me descompuso la internet y me comuniqué enseguida con la compañía a cargo. Me salió alguien de la China y por más que traté no le entendí ni papa de lo que me decía. Cansado ya de tantas vueltas lo mandé a freír espárragos y colgué el teléfono. Al rato volví a llamar y me salió alguien de la India o Paquistán al que le entendía menos que al chino. Así estuve varios días y por último llamé a las oficinas centrales de la compañía y me dijeron que ellos no se encargaban de eso y que siguiera llamando a los otros teléfonos. Así lo hice de muy mala gana y una de las veces me salió un filipino hablando un lenguaje tan enredado que tenía que ser una mezcla de inglés, español y tagalo. Paré llamando a un técnico que vino a casa y se las arregló con un hindú aunque tomándole por el reloj cuatro horas. Después averigüé que el técnico era también hindú. Así hacían las grandes empresas por entonces para ahorrarse dinero aprovechándose del bajo coste de la mano de obra en esos países. Ya, realmente, poco se fabricaba en Estados Unidos contribuyendo al desempleo y a la cada vez más tirante situación económica.

Dagmar era implacable con sus horarios. Levantarse a las siete, almorzar a las once, cenar a las cinco, acostarse a las diez. Carlitos le llamaba "the Big D" o "la gran D" y yo "el sargento" y a veces "María Grajales" la madre del revolucionario cubano Antonio Maceo. Pero era muy astuta al dar sus órdenes empleando diminutivos para suavizarlas:

--¿Te molestaría sacar la basurita?

–Mijito, ¿por qué no te das una duchita antes de comer?

--Oye, cariño, ¿te importaría pasar la aspiradorcita?

--Chabita, ¿por qué no me echas una manita?

--Mi amor, ¿me quieres alcanzar el salerito?

Y cuando no quería hacer algo no le bastaba con decir un solo no sino que los encadenaba en tres: ¡NO, NO, NO!, e igual cuando lo quería hacer: ¡SÍ, SÍ, SÍ! Siempre tres negativos o tres afirmativos, nunca un quizás, a lo mejor, o déjame pensarlo.

--Dagmar, ¿me acompañas a la ferretería?

--¡NO, NO, NO!

--Dagmar, ¡nos vamos de tiendas?

--¡SÍ, SÍ, SÍ!

Y al pronunciar las palabras de lo que más le interesaba recargaba la sílaba acentuada como lo haría un maestro de español dividiéndolas en agudas, llanas, esdrújulas o sobresdrújulas:

--¡Hoy no quiero cociNAR!

--¡Estoy abuRRIda!

--¡Contesta el teLEfono!

--¡Anda, COMpramelo!

Salía siempre con la comida preparada el café, mi antiácido y una muda de ropa para cada uno "por si acaso". Y se tomaba las medicinas no enteras sino en pedacitos para asegurarse primero que le sentaban bien. Siempre se encargó de la cocina porque le gustaba según ella, pero últimamente se inventaba excusas para que la ayudara a cortar la cebolla, el ají, tomate y alcanzarle cualquier cosa que pesara mucho como el tambo de leche o la botella de aceite. Cuando íbamos al mercado se levantaba ese día adolorida y al llegar a casa cargados de bolsas me preguntaba: "--¿Tienes algún paquetito que no pese mucho?... ¡ay qué dolor!" Dejó de pasar la aspiradora porque pesaba "un quintal" y de hacer la cama sola porque como era tan grande había que dar muchas vueltas para tender las sábanas y la colcha, Cuando se acababa el jabón no sacaba otro porque había que desenvolverlo y con el papel de baño "que estaba muy alto" y me regañaba porque lo ponía para cogerlo por arriba y no por abajo que a ella como mujer le resultaba más cómodo. De vez en cuando barría pero tenía yo que venir con el recogedor "porque le molestaba doblarse", abrirle las latas y el café porque "se le partía el brazo", y hasta tenía que lavarle la cabeza en el fregadero de la cocina porque "el chorro de la ducha le daba dolor de cabeza". En fin, que la cubana se aburrió o espabiló con los años y todo pesaba mucho, quedaba muy alto o bajo, no había por dónde agarrarlo, se podía romper fácilmente, era muy duro de abrir, muy afilado, resbaloso, puntiagudo, caliente, frío, y como no podía echar mano de ninguno de los hijos me tenía a mí de lacayo. Pero como era quien era y la quería mucho le pasaba todo eso y mucho más como ella a mí pues siempre fuimos uno para el otro. Los niños cuando me veían se desternillaban de risa y me decían que ya era hora de que echara una mano en la casa.

Algo que se echa mucho de menos en este país son los olores naturales como a mar, campo, viejo, mierda de vaca, y como no los hay hoy los crean en laboratorios para poner dentro de las casas, coches y echar en la ropa al lavarla. Así huele la gente a canela, vainilla, fresa, cereza y menta como si fueran helados o caramelos. Y los perfumes y colonias que antes se hacían de plantas y flores y olían a gloria, ahora los hacen también en laboratorios y huelen a rayos. A Dagmar una vez le regalaron uno por Navidades cuya marca era el nombre de una artista famosa de cine, se puso una gotita detrás de la oreja para probarlo y no se lo podía quitar después de ducharse varias veces y rasparse la piel con un cepillo de pura cerda. Se frotó la piel con alcohol, con bicarbonato, con una bolsita de té y hasta con detergente de platos y fue sólo con el tiempo que se le fue evaporando. Cornelia, la mujer de mi hijo Carlos, era la reina de los perfumes y cuando nos visitaba y nos daba un beso corríamos Dagmar y yo al baño y con la puerta bien cerrada nos lavábamos la cara hasta irritarnos la piel. En las tiendas para matar el olor de los cientos de cajas de mercancías que venían de la China, las llenaban de velas olorosas como el incienso en las iglesias y salía uno de ellas tosiendo y estornudando.

El río Hudson que teníamos enfrente de casa olía a carbón quemado, las flores, frutas y verduras que traían congeladas de lugares remotos a cartón, el pescado, también traído de todas partes del mundo, a pollo, la carne al tinte que le ponían para hacerla más roja y el pollo a lo que le inyectaban para engordarlo y hacerlo más jugoso. Los árboles, de los que estábamos rodeados, no olían a nada y parecían más pintados que reales. El mar, que no era tal sino océano, olía a cloro como el agua de las piscinas y el campo a hierba y tierra húmeda. Nada de lo que se veía, olía o tocaba era real, pero sí las enfermedades y epidemias a pesar de los detergentes y desinfectantes y la aparente pulcritud. Mucha gente andaba por la calle con máscaras para no respirar el aire pútrido, y si tocaban algo, como el carrito de los supermercados, una puerta o de daban la mano a alguien, se frotaban las manos enseguida con líquidos y cremas desinfectantes para no contagiarse con alguna enfermedad, y el agua que antes se tomaba del grifo ahora se tomaba de botellas de plástico de algún "manantial" cuyo origen se desconocía. Pero entonces el plástico era causa también de preocupación y había que mirar unos números en el fondo para ver el nivel de petróleo que contenía y no envenenarse. Así moría la gente de enfermedades raras y de no morir quedaban ciegos o paralíticos. Unos decían que se debía a la avalancha de extranjeros, otros al modernismo y tecnología, otros a la avaricia de las grandes corporaciones, otros a la imbecilidad de la gente, y otros al país que se estaba hundiendo. Estados Unidos se convertía cada vez más en un país de espejismos donde todo era imaginario como los cantos de las sirenas de Ulises.

No estaba yo nada satisfecho con la situación de mi familia. Carlos matándose en la pizzería, Isabelita sumida en pena por la enfermedad de su marido, Nicolás criándose entre bestias que era el ambiente de las afueras, Gianna en manos de sus abuelos maternos cada día más alejada de nosotros, Dagmar fallándole ya las fuerzas y progresivamente con más achaques. El gran problema de esta familia fue siempre la inseguridad y la inestabilidad, la perenne incertidumbre de lo que traería cada nuevo amanecer. Me sentía culpable, fracasado por todo lo que les había hecho pasar con mis quimeras y sueños vanos. Lo primero que debería haber hecho era haber comprado una casa para toda la familia en la que se sintieran seguros y protegidos. Lo intenté pero la vida me tendió una trampa y fracasé. También quise tener negocio propio que fuera de la familia para que de él vivieran todos el día de mañana pero no quiso Dios que así fuera. Y ya se me estaba acabando el tiempo y las fuerzas para seguir tirando pensando en ellos y su futuro. Siempre pensé que nuestros hijos necesitaban un empujón, que dependían demasiado de nosotros y que si les faltáramos se irían a pique y ahora mucho más en estos tiempos tan difíciles. El deber de unos padres no es sólo criar a sus hijos sino además labrarles un futuro para que sean felices cuando se encuentren solos sin su apoyo. Alguien me preguntó una vez que en qué consistía un hogar a lo que le contesté "que el hogar no es una casa pero que una casa sí puede ser un hogar" que era lo que habíamos tratado de hacer Dagmar y yo en todas las casas en que vivimos. Dicho sea de paso, la mayoría de los hogares en Estados Unidos son casas. También me preguntó una vez una colega de la universidad que cuál era la diferencia entre el hombre y la mujer, a lo que le contesté "la mujer en lo suyo, es normal. El hombre en lo suyo es normal. Fuera de ello no hay normalidad", y también le dije: "los hombres tienen misiones; las mujeres deberes". La colega me miró con malos ojos y se marchó. "—Y dígame, Vega, ¿tiene usted muchos amigos?", me preguntó una vez un bodeguero al que le comprábamos la carne. "—Pues no muchos", le contesté yo. "--¿Y cómo es eso posible siendo usted tan popular aquí en este pueblo?" "—Por una razón muy sencilla—le dije--, que "las amistades sobran pero así no los amigos". El bodeguero se echó a reír y me dijo: "—Pues, coño, eso sí que es una gran verdad. ¿Ve usted a toda la gente que hay aquí? Todas son amistades pero ni uno sólo es amigo".

Andaba siempre mariposeando por la pizzería un joven gringo llamado Johnny que trabajaba para el municipio barriendo las calles. Era menudito de cuerpo, rubio y de poco pelo, muy hablador y en extremo enredador y chismoso con una gran cicatriz del ojo izquierdo a la quijada. Le gustaba ir allí a jorobar a la hora del almuerzo ofreciéndose para hacer algo para que le saliera gratis. Un día que no había mucho que hacer nos pusimos a conversar.

--Bueno, Johnny, sigues viviendo con tus padres?

--Sí y con mi hermano.

--¿Y cómo andas, te casaste ya?

--No ni lo pienso, me gustan mucho las mujeres para amarrarme con una sola.

--¿Cómo va tus español, lo aprendiste ya?

--Debería hablarlo de corrido después de haber estado en Venezuela tres años?

--¿Viviste en Venezuela?

--En la cárcel por tres años.

--Caramba, ¿cómo fue eso?

--Me fui allí a juntarme con una muchacha que conocí aquí, pero me enredé con un tipo y paré vendiendo drogas.

--¿En Venezuela?

--Las compraba allí y las vendía en Puerto Rico para traerlas aquí. Un día me agarraron en el aeropuerto de Caracas con paquetes de cocaína que llevaba pegados en el cuerpo y me metieron en la cárcel. Yo me lo presentía y estando en el baño me dieron ganas de quitarme todo lo que llevaba encima y tirarlo por el inodoro pero de estúpido no lo hice. Al pasar por la aduana se me acercó un guardia con un perro y empecé a temblar y sudar de miedo seguro de que me descubrirían y así fue. Llegaron dos guardias y me metieron en un cuarto donde tuve que desnudarme dejándolo todo al descubierto. Uno de los guardias con una navaja dio un tajo a uno de los paquetes y comprobó que era cocaína y me esposaron. De ahí me llevaron a la cárcel y a las pocas semanas me trasladaron a la prisión de La Vera el lugar más horrendo del mundo.

--Me lo imagino, cuéntame cómo era.

--Sucio, asqueroso, infrahumano, una verdadera selva llena de panteras. Nunca vi gente más baja, vil y grosera ni con tanto odio ni tan violenta. Me llevaron por un pasillo inmundo entre celdas y los presos maldiciéndome y lanzando escupitajos metían las manos por los barrotes para agarrarme y descuartizarme.

--¿Y no iban guardias contigo?

--Allí los guardias eran peores que los presos, no querían que los molestaran para dormir sus siestas y siempre a la espera de que les dieran tajadas de lo que fuera, dinero, drogas, la comida que traían los familiares. Cuando se armaban broncas entre los presos que ocurrían todos los días con navajas y palos se hacían de la vista gorda dejando que se mataran y así todas las mañanas amanecía un preso muerto o si no colgado de una viga por haberse suicidado.

--¿Tuviste tú alguna de estas broncas?

--Cuando me pasaron a otra celda con tres presos se me abalanzaron todos buscando dinero o drogas y como no encontraron nada empezaron a darme golpes. Comprendí en ese momento que si no me defendía me matarían y empecé a repartir puñetazos y patadas hasta que me dejaron tranquilo. No me atreví a dormir esa noche y las dos siguientes temiendo que estando dormido me asesinaran.

--¿De qué tamaño era la celda?

--A lo sumo cuatro metros de ancho por seis de largo con charcos de orina y sangre por todo el suelo. El lavabo todo manchado y el inodoro desbordándose lleno de moscas sin una toalla o papel higiénico. A todas horas del día y sobre todo por las noches cucarachas y ratones brincando por toda la celda y al acostarnos se nos echaban encima. La comida que nos daban era una asquerosa pero como no había otra me la tenía que tragar. Nos bañábamos una vez al día con un jabón que tenía que durarnos un mes y una toalla que realmente era un trapo que teníamos que lavar nosotros mismos. Una noche mientras dormía dos de los presos de mi celda trataron de violarme y al tratar de defenderme me cortaron la cara con una navaja, que es esta cicatriz. Chorreando mucha sangre empecé a gritar pero no vino nadie y tuve que esperar hasta la mañana siguiente para que me llevaran a la enfermería. A los dos presos los cambiaron de celda pero no los castigaron. Una mañana apareció ahorcado uno de los presos que se llamaba Pascual, muchacho muy sencillo y humilde que se pasaba el día agachado en un rincón llamando a sus padres. Se había colgado con una sábana de uno de los tabiques del techo. Lo bajamos y se lo llevaron dos guardias arrastrándolo por las piernas como si fuera un saco de arena.

--A los cuatro o cinco meses me asignaron un abogado y al no más enterarse de que era gringo me exigió un adelanto de $5.000. No me quedó más remedio entonces que llamar a mis padres por teléfono lo que había tratado de evitar antes para no darles un disgusto. Los dos se pusieron muy tristes pero mi padre me dijo que no me preocupara que conseguiría el dinero y lo llevaría. Vino mi padre y al verse con el abogado el muy sinvergüenza le pidió $1.000 más que tuvo que enviar mi madre vendiendo unas joyas. Por fin al cabo de tres meses me llevaron ante un juez que me condenó a diez años de prisión. Mis padres movieron cielo y tierra, hablaron con un senador amigo del alcalde de mi pueblo, y a los tres años de estar en aquel infierno me soltaron. Mi padre se había gastado más de $20.000 que se repartió entre el abogado, el director de la prisión y el juez. Al llegar al aeropuerto de Miami besé el suelo y juré no volver nunca a enredarme en drogas ni volver a pisar Sur América.

--Te salvaste de una buena, Johnny, gracias a tus padres. Espero que hayas aprendido la lección. ¿Qué pasó con la muchacha?

--La mandé al carajo como ella a mí pues no se apareció una sola vez por la prisión. La muy puta lo que quería era que me casara con ella y la trajera a vivir aquí. Ya sabes que a la que se casa con americano le dan la residencia enseguida.

--Y dime, ¿aprendiste algo de español en la prisión?

--¡Cómo no!: mierda, carajo, coño, culo, cabrón, maricón, navaja, sangre, ratón, cucaracha, hijo de puta, me cago en tu madre...

--¡Ya, ya, Johnny, que la gente te está oyendo!

Decían por entonces que Nueva York era la capital del mundo, muy superior a todas las demás. Gran incongruencia pues el mundo no tiene capital y la capital de Estados Unidos es Washington con lo que sale perdiendo Nueva York en ambos casos. Quizás lo era en finanzas y comunicaciones pero no en otras cosas que el mundo es muy grande y las capitales son muchas. Además al hablar de Nueva York, como ya he dicho, cuenta exclusivamente la isla de Manhattan pues el resto es una porquería grande, muy grande y con mucha gente, pero una porquería.

Un cubano llamado Ismael dueño de una papelería en un pueblo cercano me había pedido unos ejemplares de mi obra "Our Hispanic Roots: What History Failed To Tell Us" para venderlos en su negocio. Le daba a la sin hueso sin parar y caía siempre en el tema de Cuba antes y después de Castro como Don Quijote con los libros de caballerías. Había salido de Cuba en la primera oleada de 1960 con sus padres y después de radicarse en Miami por varios años se vinieron a Nueva Jersey y montaron el negocio. Yo ya conocía al padre desde antes pero allí seguía bien paradito con sus ochenta años junto al hijo. Pues bien, empezamos a hablar de Cuba y comentando mi libro surgió lo de la colonización española en América. Este tema ya me tenía harto pues todo era desenterrar el pasado y echar culpas. Jamás oí yo al norteamericano quejarse de Inglaterra o al español de Roma ni aún de Napoleón. Fueron historias pasadas que ocurrieron para bien o para mal e imborrables y que todo pueblo debe aceptar como parte de su propia historia. Yo jamás disculpé a España por sus errores que fueron muchos y apoteósicos, pero el seguir machacando sobre el mismo tema al cabo de quinientos años me parecía absurdo y hasta cierto punto infantil. Si yo soy incapaz de entender la vida y me la paso dando tumbos y tropezando no es justo que culpe a mis padres pues tiempo tuve de sobra para enderezarme.

--Pues mire, Vega, el gallego de aquellos años era muy cruel y avaricioso arrasando con nuestros indígenas y tesoros no sólo en Cuba sino en todo el continente.

--Bueno, Ismael, como usted diga, han pasado muchos años y de nada vale revolver todo ese pasado.

--Para usted quizás no pero para mí sí pues era mi tierra y no la suya. Ni usted ni nadie puede esconder la verdad bien dicha por el padre Las Casas y mucha otra gente, como mi abuela que vivió casi cien años y nos contaba de los abusos y desmanes de los gallegos.

--Gallegos son los de Galicia y no todos los españoles.

--Bueno, los que más había en Cuba eran gallegos, como mi abuelo que era de Lugo.

--Así que de Lugo.

--De Lugo, gallego.

--Entonces usted es medio español o en este caso medio gallego.

--Como casi todos los cubanos, que si no tienen de gallego o español tienen de negro.

--¿Tiene usted algo en contra de los negros?

--No, pero prefiero ser blanco.

--O español.

--Bueno, sí, qué remedio, nací en parte con esa sangre.

--¿Y su abuela de dónde era?

--Gallega también, de la misma ciudad. Pero según me contaba mi padre renegaba de serlo por la vergüenza que sentía al ver tanta maldad perpetrada por su propia gente.

--Entonces usted se crió con ese rencor hacia España.

--Más que justificado por lo que he visto, oído y leído.

--Dígame una cosa, Ismael, y por favor no se ofenda que es sólo un ejemplo, de haber sido su madre una ramera y su padre un bandido ¿renegaría de ellos?

--Pues no sé, en un principio me parece que sí, que lo haría, pero después trataría de comprenderlo por ser mis padres y haber nacido de ellos.

--España fue su padre y su madre, la de usted y todos nosotros.

--Bueno, Vega, bueno...¿pero cómo puede usted justificar la matanza de tantos indios y la esclavitud de tantos negros y todo el oro que se llevaron los gallegos?

--De ninguna forma lo justifico ni lo apruebo, pues fue gran maldad, pero sí me esfuerzo por comprenderlo como en el ejemplo que le di de sus padres. Primero fueron los tiempos, el fanatismo religioso, la ignorancia ante lo desconocido, el afán de crear imperios tan típicos de aquella época. España quiso ser otra Roma, adueñarse del mundo, lo cual no difiere mucho de otras naciones de hoy. ¿No es eso lo que busca Rusia, Estados Unidos y hoy la China? Cierto que existen otros métodos que lo encubren o disimulan pero en el fondo todos persiguen el mismo fin pero vestidos con diferente atuendo. La espada y la cruz, la hoz y el martillo, el águila solitaria todos una misma cosa y un mismo propósito. Esa es la naturaleza de los pueblos y del hombre, acaparar, mandar, subyugar, imponerse, ser dueño absoluto de todo. Así es, amigo Ismael, al hombre nunca le vale lo que tiene por tener mucho, pero aún quiere más, conquistar el espacio y si pudiera todo el universo. Esa ha sido su historia y lo será siempre. Así es que España es una nación entre otras muchas, ni la primera ni la última.

--¿Así que otras naciones cometieron las mismas barbaridades?

--Y aún más pero muy zorramente escondieron la mano engañando al mundo. España dio el pecho y ellas la nalga; en el pecho está el corazón y en la nalga la mierda. La única en admitir sus errores fue España y la primera en emancipar a los indios y negros. Se valió del negro pero no comerció con él como Portugal, Inglaterra, Holanda y hasta la propia Francia. Para todos ellos la trata de negros fue un negocio muy lucrativo mientras que para España fue más necesidad que deseo. El mundo quería oro como hoy dólares y el que más poseía era el más poderoso. Se pensó y aún se piensa que era España la que lo poseía pero fue más Inglaterra y los otros países a los que fue a parar ese oro o al fondo del mar al ser llevado de América o quedó para edificar grandes ciudades como México y Lima. Muchos de los galeones españoles naufragaron como "La Capitana" cerca de la costa de Ecuador con un cargamento de oro y plata calculado actualmente en billones de dólares. Por otro lado, los piratas, como los ingleses Drake y Morgan, se robaron otra gran parte con lo que Inglaterra y Holanda se convirtieron en potencias de la noche a la mañana. En el caso de Drake era tanto el peso del oro y plata que llevaba que su nave llegó milagrosamente a Inglaterra donde fue recibido por la reina como un héroe por haberse burlado de los españoles que andaban detrás de él. Otra gran parte, quizás la mayor, quedó en América con la que se construyeron iglesias, catedrales, palacios, hospitales, caminos. Más dejaron en América Cortés y Pizarro de lo que se llevaron sobre todo en el lago de México cuando salieron huyendo los españoles. Y con parte de esos tesoros se construyeron las Trece Colonias que florecieron en lo que es hoy Estados Unidos, y otra parte fue a parar a la China y Japón para pagar por mercancías importadas y así se fue esparciendo por todo el mundo que no hay país al que no le haya tocado parte de ese oro y plata. Y, si hablamos de explotación, la que más ha brillado es Inglaterra por ejemplo en África del Sur, Angola, Congo, y Sierra León con sus minas de diamantes que representan ingresos para una sola empresa como la de los hermanos Beers en Londres de más de sesenta billones de dólares anuales, de los cuales gran parte proceden de las ventas a Estados Unidos principalmente en la calle del "Diamond Center" de Nueva York. A estos diamantes se les conoce por el nombre de "Blood Diamonds" o "diamantes sangrientos" por las muertes de los desdichados negros en guerras civiles y asesinatos. Hay que tener presente también que la explotación del indio en América fue básicamente entre los siglos XVI y XVII, mientras que la del negro en África va desde el siglo XVI hasta nuestros días. Si una milésima parte de la venta de todos esos diamantes quedara en África no estarían hoy esos pueblos sumergidos en tanta pobreza y miseria. España sacó, dejó y compartió; Inglaterra se lo llevó sin compartirlo con nadie. Fíjese en estos datos, fehacientes e irrebatibles, que aparecen en mi libro según el gran historiador Humboldt: "Entre 1503 y 1660 la importación de oro y plata americanos a España ascendió a 447.820.932.2 pesos fuertes, de los cuales 117.386.086.5 eran para el estado, y 330.434,845.8 para particulares, que equivalía durante ese período de 157 años a 2.852.362 de pesos fuertes anuales".

Los particulares a lo que se refería Humboldt eran banqueros y comerciantes europeos, principalmente ingleses, holandeses, alemanes y franceses". Le convendría mucho leerse la obra de Salvador de Madariaga "El ocaso del imperio español en América" o la de Charles F. Lummis "Los conquistadores españoles del siglo XVI". Continúo con estos otros datos sobre la esclavitud:

"A principios del siglo XVII Inglaterra estableció la "Royal African Company" con tanto éxito que en el Asiento de 1723 le concedió España un monopolio de 30 años para la entrega de 144.000 esclavos anuales para sus posesiones americanas o un total de 4.300.000 esclavos, pagándole España a Inglaterra entre 80 y 100 pesos por cabeza que sería hoy el equivalente en dólares estadounidenses de $100, con lo que a Inglaterra le ingresaron más de 432.000.000 una suma astronómica en aquellos tiempos. Este fue uno de los muchos Asientos concedidos por España siendo el primero la licencia (en el siglo XVI se le llamaban licencias) concedida por el emperador Carlos V en 1528. El primer Asiento le fue dado por España al portugués Pedro Gómez Reynel obligándole a entregar 4.250 esclavos anuales hasta un total de 38.250 a un costo de 900.000 ducados pagaderos a razón de 100.000 ducados anuales".

Aunque España accedió a la importación de esclavos negros rehusó siempre involucrarse directamente en la trata de esclavos, es decir, en cazarlos, transportarlos y venderlos, y le recuerdo que la mayor concentración de esclavos negros se hallaban principalmente en las Antillas, Brasil y en el estado de Luisiana en Estados Unidos. Decía Humboldt que con la excepción de Cuba y Puerto Rico había en toda Sudamérica muchos menos esclavos negros que en el estado de Virginia en Estados Unidos. Y, finalmente, estos otros datos:

"De los 70.000 esclavos negros que se negociaban anualmente, 38.000 los compraba Inglaterra y 20.000 Francia, y los 11.000 restantes España y Portugal. En los 106 años que precedieron a 1786 en las Islas Occidentales Inglesas se negociaron un total de 2.130.000 esclavos negros, afirmando Humboldt que la nación más honorable en la trata de esclavos era la Nueva España (México) donde casi no existía." Y añadía que: "Inglaterra y Holanda infligían en el negro torturas físicas y mentales nunca antes sufridas por seres humanos".

Sobre este tema le recomiendo leerse también la obra del inglés Exquemelin que lo espantará. En el censo de 1790 los Estados Unidos, entonces las Trece Colonias, la población total ascendía a 3.929.625 habitantes de los cuales 50.557 eran esclavos libres y 697.624 aún esclavos o aproximadamente la sexta parte de la población. Por otro lado, hacia 1753 el rey de España Carlos III abolió la trata de esclavos negros en las provincias españolas de América y los liberó en 1789 o sea, 73 años antes de la Proclamación de Esclavos del presidente Lincoln de 1862, y 76 setenta años antes de la Enmienda Trece a la Constitución de Estados Unidos ratificada en 1865. Como verá, hay gran diferencia entre aceptar y negociar. Por ejemplo, usted compra toda esta mercancía que tiene aquí pero no tiene nada que ver con su fabricación ni cómo le ha llegado que bien puede haber sido de un país donde se explota y maltrata al obrero.

--Caramba, no sabía nada de eso, me deja usted perplejo.

--No me extraña como tampoco lo sabe mucha gente. Repito que todo eso, siendo gran verdad, no justifica el mal hecho pero sí lo aclara y reparte entre otras naciones que se lo han callado por más de quinientos años. La historia tiene que ser verdadera y justa, de lo contrario es propaganda inventada para distorsionarla a favor de un punto de vista, hecho o causa.

--Por lo que me dice la historia no ha sido verdadera o justa para España. Lo siento por mi abuela.

--Me alegra que lo vea así. Su abuela no lleva culpa por haber sido la creencia de su época influenciada en gran medida por los anglosajones que más que ningunos otros distorsionaron la historia a su favor.

--Bueno, Vega, encantado de hablar con usted. Perdone que estuve un poco impertinente al principio.

--Vuelvo a repetir que la verdad no justifica el proceder del ser humano pero sí nos ayuda a comprenderlo y no simplemente a condenarlo ciegamente. Sólo nos queda la comprensión para tratar de arreglar al mundo.

--De acuerdo con esa teoría se gana tratando de comprender a Fidel Castro.

--Pues sí, se gana, tratando de comprender su comportamiento y el posible desenlace de su política sin justificar en absoluto sus hechos. En realidad, Ismael, son etapas históricas por las que atraviesan los pueblos y así crecen y maduran y esperamos mejoran, como el ser humano cuyas experiencias de la vida le van amoldando el carácter haciéndolo más persona y menos bestia.

--¿Y con Franco?

--Ahora es usted el que me obliga a pensar. Pues sí, se gana, haciéndonos comprender por mucho que duela que Franco surgió o fue el resultado de circunstancias creadas por nosotros mismos; en otras palabras, que en ambos casos nosotros nos lo buscamos y lo merecimos. Igual ocurrió en Cuba con Castro después de medio siglo de desbarajuste político, abusos y corrupción. "El que la hace la paga", como dice el refrán. Por otro lado, Ismael, en parte lo que pasa es que esa historia aún está latente. Si saca la cuenta desde 1898 en que Cuba se hizo independiente hasta la llegada de Castro en 1959 son sesenta y un años, mi edad o la suya. La historia necesita tiempo para hacerse historia, para cuajar y entenderse mejor. ¿Sabe usted quién fue Thomas Jefferson?

--Sí, el prócer norteamericano, el que escribió la Declaración de Independencia.

--Decía él que le gustaban "más los sueños del futuro que la historia del pasado", por lo que se entiende que consideraba la historia distorsionada o en gran parte falsa.

--¿Me puede sugerir otros autores que hablan de este tema:

--Sí, aquí los tiene la mayoría norteamericanos: David Weber, John Fiske, F.A. Kirkpatrick, Edward Gaylor Bourne, el evangelista británico Charles Wesley, Hans Sloane, Humboldt, desde luego, Madariaga, y el mexicano José Vasconcelos.

--Bueno, Vega, voy a leer su libro y a empujarlo para que la gente se entere de la verdad.

--Gracias, Ismael, y hasta luego.

Pues a pesar de su gran esfuerzo y de invertir todo el dinero que tenía guardado Carlos decidió al fin vender la pizzería. Se le presentaban muchos problemas, estaba cansado y no podía contar con su mujer para que lo ayudara por no prestarse a los negocios y también por tener que cuidar de Gianna puesto que sus padres ya no querían hacerlo. La vendió a un precio muy bajo para salirse de ella y así salió perdiendo que fue una gran lástima. Se lanzó entonces a la calle a buscar empleo y por más vueltas que daba no encontraba nada. Se fue de casa de los suegros donde vivía y alquiló un apartamento en una buena zona que le costaba mucho dinero. Al cabo casi de un año consiguió un trabajo en una imprenta pero no lo trataban bien y a los seis meses renunció. Se vio entonces en grandes apuros económicos y así estuvo tambaleándose por varios meses. Un bien día se presentó un puesto de ejecutivo en una empresa importante de la zona y tuvo la suerte de que se lo dieron.

Por entonces nació su hijo, nuestro tercer nieto, más gastos y preocupaciones. Le pagaban bien en la empresa pero el coste de vida había subido mucho y no le alcanzaba. Un día nos cayó una gran tormenta y se le inundó el apartamento y tuvo que salir corriendo a buscar otro que al fin encontró cerca de donde vivía antes. La vida lo zarandeaba de un lado a otro y estaba muy triste y compungido. Cornelia no trabajaba que era gran desventaja pues en el mundo de hoy es indispensable que trabajen marido y mujer para mantener un nivel de vida decente. No podía trabajar por los niños o no quería prefiriendo quedarse en casa mientras el marido se rompía el alma.

Obligado por las circunstancias, cada día más apremiantes, se le ocurrió la idea de envasar la salsa que usaba en la pizzería y venderla. Verdaderamente que la salsa era exquisita y las perspectivas de éxito muy grandes pues por aquí todo lo que era comida italiana era buen negocio. Su único inconveniente era la falta de capital por lo que decidió hacerse de un socio. Hablé con un español amigo mío que conocía desde hacía muchos años que tenía una cadena de restaurantes españoles en Nueva York. Nos reunimos un día en uno de ellos con mi amigo y toda su familia, les dimos a probar la salsa y les encantó interesándose en participar en el negocio. Habló mi amigo con su contable para finalizar los detalles pero empezó a poner trabas incomprensibles hasta que nos aburrió y lo mandamos a la porra. Hoy sigue Carlos buscando un socio y anda en tratos con dos de ellos uno italiano y el otro irlandés.

Con el hijo de Carlos hemos sufrido una pequeña decepción. Por un lado alegres, contentos, felicísimos, pero por el otro, bueno...le pusieron al niño, al heredero, el nombre de "Valentino" y para rematar de segundo nombre "Carlo". A mí no había quien me quitara de la cabeza que lo de Valentino había sido idea del padre de Cornelia por parecerse a su apellido, y lo de "Carlo", caramba, al menos deberían haberle puesto "Carlos", con "s" como el de su padre, es decir, español y no italiano como el de "Gianna", o en último caso inglés que de italiano no tiene nada esta familia. Se ve claramente que en esto de los nombres de los niños Cornelia y sus papás llevaban una vez más la voz cantante, vislumbrándose la malicia de esta gente empeñada en desatar todos los lazos que vinculaban a Carlos con su familia y tradiciones. No era que nos importara que no haberle puesto Carlos, Carlos III en este caso, gran rey, sino que volvieran con los nombres italianos en este caso dobles sin la menor justificación. El inglés tiene nombres preciosos y cualquiera de ellos hubiera sido preferible y ampliamente justificable por haber nacido en Estados Unidos. Cornelia siempre traía a Carlitos frito mofándose de su nombre pronunciándolo a la inglesa y poniéndolo por los suelos. Es increíble hasta qué punto llega la estupidez de cierta gente, empeñada en borrar lo que debería ser motivo de gran orgullo como es el nombre que llevamos, sea cual fuere.

Se verá claramente que Cornelia y su familia tenían poderes sobrehumanos pues traían a Carlitos, todo un hombre de pelo en pecho, comiendo de sus manos. La que llevaba la batuta en la orquesta era su madre, la instigadora de todo, con Cornelia tocando la guitarra y su padrastro el contrabajo. Dejaban a Carlitos tocar el violín de vez en cuando pero al írsele una nota los tres tocaban cornetas para que no se le oyera. Jamás conocí a unos padres más maquiavélicos ni llenos de tanto encono y envidia, en fin, tan deshumanizados. El pobre de Carlos había caído en la mayor trampa de su vida y si no se salía pronto quedaría para siempre sepultado en sus entrañas.

Un día se me acercó uno de nuestros mejores amigos que nos conocía muy bien, y me dijo:

--Carlos, debéis tener un poco más de paciencia y comprensión con Cornelia y su familia, al fin y al cabo ahora estáis emparentados. Sé que es gente difícil, distinta, pero tenéis que tratar de llevaros mejor por el bien de Carlitos que con todas estas discordias entre vosotros está sufriendo mucho.

--Ya hemos hecho bastante, Cándido, no hemos parado de tratar de agradarlos y llevarnos bien.

--Pues seguid tratando, nunca ha sido fácil juntar a dos familias sobre todo cuando no se habían conocido antes. Sé que os molesta que sean puertorriqueños y pentecostales pero así es en este país donde todas son mezcolanzas.

--Te digo que en realidad no, que no es eso lo que pesa sobre nosotros sino que son muy egoístas y lo quieren acaparar todo. Y no es lo de ser puertorriqueños sino que lo nieguen y renieguen de ello que es algo nunca visto. Sabiendo que somos católicos deberían tener un poco más de consideración y no restregarnos su religión por las narices que es lo que siempre ha ocurrido. No han tenido el menor tacto y eso tiene mucho que decir pues no son ellos solos los que cuentan en esta familia.

--Si tú fueras puertorriqueño aquí en Nueva York y vinieras del Bronx ¿renegarías de ello?

--De ser puertorriqueño no, de venir del Bronx, sin pensarlo dos veces.

--Pues ahí lo tienes; ser puertorriqueño y vivir en el Bronx no es igual que ser puertorriqueño y vivir en Puerto Rico pues aquí se les ha tildado de ser gente inmunda y canalla. Es como al gitano en España o al indio en nuestros países y no digamos al negro. Así somos todos de intolerantes.

--No lo niego, en realidad es gente buena y decente pero como decían en Cuba "equivocada" con muy poca educación y modales.

--Bueno, Carlos, es gente sencilla, humilde, no debes pedir demasiado de ella. Y Cornelia es como una hija única, consentida, malcriada, egoísta pues tienen que haberla criado como una princesita complaciéndola en todos sus caprichos y antojos. La gente humilde es muy pretensiosa, como bien sabes.

--Seguiremos tratando, Cándido, todo sea por Carlitos.

Al morir el dueño de la casa donde vivíamos chocábamos constantemente de frente, de costado y de espaldas con su hija que era ahora la que mandaba, bruja insufrible que nos hacía la vida muy penosa. Un día se las quiso dar de lista y cambió el termostato de la calefacción para pagar menos gas y le puso un candado para que no lo pudiéramos abrir. Esto al cabo de ocho años de vivir allí y no habernos retrasado un sólo mes en el pago del alquiler y haber sido inquilinos ejemplares. Quisiéramos o no teníamos a la fuerza que salir de allí o nos moríamos de frío. Ocurrió entonces que Carlos tenía un amigo que era gerente de un edificio de apartamentos a varias cuadras de distancia que era uno de los más modernos y mejores de la zona. Le habló de nosotros y nos consiguió un apartamento que cuando lo vimos nos quedamos con la boca abierta. Estaba en el primer piso, acabadito de remodelar, con enormes ventanales que daban al río Hudson y a Manhattan, de una habitación, sala, comedor, cocina y baño, más gimnasio, piscina, portería y aparcamiento propio, y como éramos ya mayores pagando menos alquiler que el que pagábamos antes. Esta sí fue una bendición y como flechas nos metimos en él con la suerte que nos cupo todo lo que teníamos, muebles, cuadros, libros, y nuestra enorme cama. Esta vez los dioses nos acompañaban. Para la mudanza, que nos costó una fortuna, logré vender unos cuadros a un amigo que era dueño de un restaurante español que me los pagó muy bien, más un cuadro que era mío y de Carlitos con una carta original firmada por el rey Felipe II de fecha 1565 con un grabado del rey del siglo XVIII. Esto ocurrió justamente dos meses antes de mudarnos. El apartamento nos quedó precioso y no parábamos de mirar a Manhattan a todas horas del día y de la noche, especialmente los amaneceres que eran impresionantes. Ahora no tenía que lidiar con las nevadas ni estar buscando aparcamiento cuando salía, ni estar subiendo y bajando escaleras cuando venía cargado de paquetes, ni con lavar la ropa fuera o la basura que ahora la echaba por un conducto que nos quedaba a cinco pasos del apartamento. Si la suerte ha de sonreír ¿conviene más siendo uno joven o viejo? Yo diría que siendo viejo y así parecía haber sido en mi caso. A pesar de haber vivido tantos años frente al río y Manhattan nunca me cansaba de verlos, como un señor que al encontrarme en Toledo le dije emocionado:

--¿Qué maravilla!, ¿no le parece?

--Para usted lo será, pero para mí ya estoy harto de ver tanta cosa vieja—contestó el toledano.

Mirando a Nueva York muchas veces pensaba cómo la mano del hombre había sido capaz de construir una ciudad tan descomunal en un espacio tan reducido y que con tanto peso no se hubiera hundido. Y no era que hubiera tomado siglos construirla sino como quien dice de un día para otro cuando no existía nada semejante a la tecnología de nuestros tiempos. Creo que el Empire State se construyó en dos años y el impresionante puente Washington en cuatro o menos.

De este lado de Nueva Jersey de cara al río estaban las ciudades de Jersey City y Hoboken y hacia el norte los pueblos de Weehawken, Guttenberg, West New York, North Bergen, Edgewater y Fort Lee que era donde estaba el puente Washington. La gente era mayormente de clase media y profesionales que trabajaban en Nueva York que les quedaba a un paso, cinco o diez minutos a lo sumo en bus o coche pasando el túnel Lincoln. Toda la zona estaba llena de perros que paseaban sus dueños todas las mañanas muy temprano recogiendo su caquita muy cuidadosamente y metiéndola en unas bolsitas. Así lo dictaba la ley pero a menudo se embarraba uno los zapatos y maldecía a los perros y más a sus dueños. Temprano por la mañana pasaba mucha gente haciendo jogging y entre ellas un viejo de más de ochenta años con pantalones cortos y el pecho al aire aun en pleno invierno. Según nos habían dicho había sido juez y vivía en una casa muy señorial en Weehawken frente al río. También se veían muchas parejas jubiladas, matrimonios con niños, y bastantes turistas que venían de Nueva York a contemplar la vista. A pocas cuadras de casa había un parque con un lago artificial precioso y del otro lado en la avenida Bergenline un restaurante español muy popular frecuentado mayormente por cubanos de la vieja guardia. Al cubano, a pesar de refunfuñar tanto de España, le encantaba como en la Cuba antes de Castro el ambiente español y sobre toda la comida española.

Estando un día sentado tomando fresco en el parquecito que teníamos delante de donde vivíamos se sentó a mi lado una señora y enseguida me sacó conversación.

--¡Bonita vista, verdad!

--Preciosa, no se cansa uno de verla.

--¿Vive por aquí?

--Sí, ahí, en ese edifico, ¿y usted?

--En el que está allá a tres cuadras.

--¿Tiene familia?

--Marido y cuatro hijos.

--¿Trabaja?

--Sí, en Nueva York, de cocinera en un restaurante mexicano.

--¿Y su marido?

--Cortando hierba y arreglando jardines.

--¿Lleva mucho tiempo en este país?

--Demasiados.

--¿Le gusta?

--Si le digo la verdad, no. Echo mucho de menos a mi tierra, a mis padres, a mi familia. Mis padres ya están viejos y me necesitan pero nunca tengo suficiente dinero para ir a verlos; aquí se gana dinero pero se gasta más. Yo les mando sus chavitos todos los meses pero no les alcanza para nada.

--¿Cómo llegaron aquí?

--Como todos los mexicanos, a la fuerza y empujones en la oscuridad de la noche. ¡Qué triste!, tener uno que salir de su tierra y dejarlo todo para no morirse de hambre. Pasamos la frontera mi marido y yo con tres hijos pues el cuarto nació aquí hace poco. Fue un milagro, se lo digo, cruzar el río, el desierto, con tres niños a cuestas y siempre temerosos de que nos agarraran. Un muchacho joven se ahogó en el río y una niña se cayó por un barranco en el desierto y murió destrozada, y a un anciano lo mordió una culebra y murió hinchado como un globo.

--Horrible, desde luego; suerte que a ustedes nos les pasó nada.

--Por mi virgencita de Guadalupe, bendita madre mía, que tanto nos socorrió.

--Mi madre que vivió en México era muy devota de la Virgen de Guadalupe y yo también.

--Pero usted no parece mexicano sino más bien, no sé, italiano o español, quizás argentino o cubano.

--Soy español.

--Ah, pues, gachupín. ¿Cómo se llama?

--Bueno sí, eso, me llamo Carlos, ¿y usted?

--Lourdes.

--¿Y cómo le va en el restaurante?

--Bien, trabajando mucho y ganando poco. Ya sabe que al gringo le encanta la comida mexicana.

--México es un gran país, la esperanza de América.

--¿La esperanza de América, cómo es eso? Pues me perdona usted pero no lo veo como la esperanza de nada. Es un país muy atrasado.

--No lo creo, México aún está por cuajar, volver a ser lo que fue en otros tiempos pero mejor, es lo más americano de América.

--No lo entiendo.

--Compárelo con Estados Unidos donde lo único auténticamente americano es una reducida población indígena desperdigada que nunca se desarrolló, En otras palabras, Estados Unidos no es realmente América en un sentido amplio de la palabra sino una mera extensión de Europa y a su semejanza se fundó.

--Pues esa grandeza de México de la que habla no la veremos ni usted ni yo ni nuestros hijos ni nietos, será de aquí a mil años.

--Bueno, no creo que lleve tanto tiempo.

--¿Y a usted le llaman aquí también "latino"?

--Pues sí, "latino", "hispano" o "hispanoamericano" que realmente no nos define, como si le llamáramos al norteamericano "English", "Anglos", "Anglosaxons", "Germanic-Americans", "British-Americans", o "Albion-Americans". Ellos se llaman "Americans" aunque americanos son todos ustedes, desde México hasta la Patagonia.

--¿Y ese "Albión" de dónde salió?

--Es voz griega adaptada por los romanos que así llamaron a Britania o Inglaterra.

--Pues bien, la próxima vez que vea a un gringo le voy a llamar "albión" a ver si le gusta.

--No sabrá lo que le dice.

--Tampoco lo sé yo cuando me llaman latina, así que estamos parejos. Eso que dijo usted sobre la futura grandeza de México me tiene muy pensativa.

--Da mucho que pensar, ya lo sé, pero le aseguro que Estados Unidos dejará de ser lo que es hoy y en su lugar renacerá México junto con el resto de América que se convertirá en una sola como lo soñó Bolívar.

--Me parece ser usted tan soñador como Bolívar.

--No tanto, desde luego. Hoy en Estados Unidos continúa la tendencia europeizante mientras que nuestra América se hace más americana, más alejada del patrón europeo y por tanto más auténtica. Puede verse, por ejemplo, en Bolivia, Ecuador, Venezuela y definitivamente en Cuba.

--Quiero entender lo que me dice pero lo encuentro muy enredado.

--Mire, Lourdes, junte a las civilizaciones incas, mayas, aztecas con sus pasados gloriosos y americanísimos con lo más egregio de la Civilización Occidental y no hay tierra, raza o cultura en el planeta que se le asemeje. Todo eso no puede esfumarse en el vacío, es cuestión de tiempo, nada más.

--Me tengo que ir, Carlos, pero me deja usted aún muy pensativa.

--Espero que pronto lo vea claro, hasta luego, Lourdes.

La novela estaba casi a punto de terminarla. Dagmar no paraba de leerla y de hacerme observaciones muy oportunas y sensatas, como señalarme que algunas de las expresiones que usaba eran demasiado "castizas" como "marasmo", "garrafal", "malandrín", entre otras. También insistía en que revisara bien los dichos cubanos y cuidara de los anglicismos que se me habían escapado algunos que desentonaban. Por insistencia de ella quité muchas palabra y dicharachos cubanos, como: "menda", que quería decir yo, "picúo", ridículo, "habitante", vago o que vive del cuento, "escachao", sin un céntimo, "pituita", mujer que no para de berrear, y otras muchas. Ante la duda siempre recurría al Diccionario de la Academia o al de María Moliner y a otros muchos para cerciorarme de todo pues era verdad que después de media vida en Estados Unidos la influencia del inglés pesaba. Por otro lado, tenía que tener presente que siendo españoles debíamos expresarnos—y pensar—como tales aún tomando en cuenta el habla común de los países en que vivimos y sobre todo el tiempo en que se desarrolló nuestra historia y las voces, expresiones y modismos propios de la misma. En cuanto al inglés, cada día se filtraban nuevas voces en nuestra lengua oficialmente acuñadas por la Academia que las había españolizado o transcrito con la misma grafía inglesa como "glamor", "bluyín", "mercadotecnia", "parking", "closet", "jogging". Había dos palabras que me llamaban mucho la atención que eran "sexo" y "mouse". La primera nunca se usó propiamente en español con el sentido moderno del inglés como por ejemplo en el caso de "to have sex" que no deberíamos traducirlo como "tener sexo" sino "coito" o "tener relaciones sexuales", o en esta otra expresión "I love sex" que no deberíamos traducirla como "me gusta o encanta el sexo", a no ser en el caso de "me gusta el sexo femenino o masculino". En cuanto a "mouse" me parecía una palabra genial de las muchas que abundan en el inglés técnico pues si lo miramos bien su forma y cómo se mueve realmente parece un ratón. No creo que exista una lengua que se le asemeje al inglés en cuanto a crear nuevas palabras y ponerlas en circulación en todo el país en el acto. En esto el español vacila y se toma mucho más tiempo sometiéndolas a estudios y discusiones hasta que por fin las rechazan, modifican o les dan el visto bueno. El inglés es eminentemente más práctico y no anda con pruritos ni purezas lingüísticas pues lo que cuenta es la opinión y actos de la gente, del pueblo, que en última instancia es el que dicta el uso del lenguaje y de todo lo demás. Así, si a alguien se le ocurrió ponerle al aparatito para navegar por la internet "mouse" nadie lo cuestiona y se pone en uso al instante en Boston o Miami, Chicago o San Francisco. Esta lentitud e indecisión podía deberse también a la falta de total de homogeneidad lingüística del español en comparación con la de Estados Unidos que era total y absoluta.

Cuando soltaba la computadora me sentaba en el sofá de la sala para descansar la mente, pero a los diez minutos agarraba papel y lápiz y seguía escribiendo. Nunca paré de escribir, en el coche, en el metro, en un restaurante, en la consulta del médico, en un papel, pañuelo, servilleta y hasta en la camisa o pantalón para que no se me fueran las ideas. Yo en mi sofá y Dagmar en su magnífica cama mirando televisión. Yo enfrascado en lo mío y ella en lo suyo pero pendientes uno del otro. O venía ella a mí o iba yo a ella, nos abrazábamos, nos besábamos, y a las once de la noche juntitos otra vez hasta el día siguiente. La televisión me aburría enormemente y me asqueaba el mundo putrefacto que se nos presentaba, los programas, los anuncios, las verborreas, la plasticidad de todas las personas sonriéndose a desgana, moviéndose como máquinas. Y las películas españoles eran aún peores como "Volver" con adictos al "porro", incestos, asesinatos, sangre, venganza. No era esta ni la sombra de la España que conocía y tanto añoraba, e igual podría decir de lo que nos llegaba de otros países como Italia, Australia, Japón y Rusia toda chabacanería, inmoralidad, indecencia.

Pues bien, se eligió a Barack Hussein Obama de presidente más por derrumbar barreras que por su valía, conocimientos y experiencia. Había llegado el momento de elegir a un negro o a una mujer a los que seguramente les seguiría con el tiempo un hispano, árabe, o hindú. El hombre blanco, fuera, a lavar platos, después de haber demostrado a lo largo de milenios su incapacidad para regir y enderezar el mundo. Pero Obama venía premiado como el presidente Clinton, uno con la Michelle y el otro con la Hillary, ambas premios gordos. Las dos se me presentaban como mujeres fatuas, hipócritas, pueriles, egoístas, ávidas de poder, con el alma carcomida de resentimiento y cizaña. La vida de Obama la veía yo en un hilo víctima de algún atentado como el ocurrido al presidente Kennedy y al líder de los negros Martin Lurther King. Y aún cabía dentro de lo posible lo más insólito de todo una guerra civil ante cambios tan bruscos y el deterioro de su sistema y economía ya abordándose en crisis como la depresión de 1929. El norteamericano lo soporta todo menos que le toquen el bolsillo o, por mucho que digan, que se le meta en la Casa Blanca alguien que no sea de su raza. También soporta las guerras pero breves y no cuando se alargan como en el caso de Vietnam y ahora de Irak y Afganistán. Ya he dicho que en sus cuatro años de gobierno este "hombrecín" deshizo al país que ya venía cojeando desde años atrás.

Un día nos llamó mi prima Regina de Madrid para darnos la triste noticia del fallecimiento de Josefina, la mujer de mi primo Golo. Desde hacía años estaba recluida en una clínica padeciendo de la terrible enfermedad de Alzheimer sin ninguna esperanza de recuperarse. Reconocía vagamente a su única hija Consuelito cuando la visitaba, pero al tenerla delante reaccionaba agresivamente y se ponía peor. Falleció en una clínica de Alcalá de Henares y la enterraron junto a su marido cerca de donde vivía Consuelito en Campo Real en las afueras de Madrid. A pesar de no haber tenido mucho trato con Josefina sentí mucho su muerte. Falleció, según mis primas, de tristeza después de la muerte de su marido. Igual le había pasado a mi otro medio primo Miguel Ángel al morir su mujer, Consuelo, mi prima carnal, pero este fue un caso mucho más patético pues sin causa aparente la pobre se quitó la vida tirándose por la ventana del piso donde vivían.

Capítulo 15: Continúan nuestras vidas en tierra yanqui. Quedo yo como último eslabón de los que salimos de España después de la Guerra.

Dagmar y yo estábamos relativamente tranquilos en nuestro nuevo apartamento. Me habían dado otras dos clases en la universidad ganando un poco más de dinero lo cual no dejaba de ser una paliza para un hombre ya frisando los setenta y cinco años de edad. Así y todo, seguía con mi coraza puesta aunque ya muy desgastada y con las correas rotas, el casco abollado, la espada sin filo, la empuñadura torcida, la lanza astillada, la rodela ya no la usaba porque no me servía de nada. De caballo tuve al principio un corcel que se me desplomó un día, después una mula que "se me puso mula un día" y no quiso caminar más, y por último un asno que quedó cojo de las dos patas y a los pocos días se murió. Me quedaban solo la doncella con la saya deshilachada y las sandalias con la suela comida, y mis dos escuderos tirando de un carromato sin ruedas. ¿Y el castillo? Lo perdí no sé si por encantamiento o por un gigante que de un soplo lo hizo desaparecer. La mente naufragando, el corazón en muletas, el alma con jorobas, y todo lo demás cogido con imperdibles o alfileres.

Un mediodía estábamos Dagmar y yo almorzando frente al río y como hacía buen tiempo le dije que nos fuéramos caminando hasta el muelle del que quedaban sólo unas tablas rotas y unos hierros retorcidos. Bajé a la orilla del río y de pronto me gritó Dagmar:

--Carlos, ¿qué es aquello que se ve en el agua?, parece un zapato flotando.

--¿Dónde?

--Allí, entre aquellos palos.

Me fijé detenidamente y en verdad era un zapato. Traté de moverlo con una rama y para mi asombro con el zapato había un pie y parte de una pierna medio podrida. Salté del susto y enseguida llamé a la policía. Le amarraron el pie una cuerda y fueron tirando de ella hasta salir a la superficie un cuerpo totalmente deteriorado. Vino una ambulancia y se llevaron el cadáver envuelto en una bolsa de plástico. Uno de los policías se nos acercó y después de hacernos varias preguntas nos dijo:

--No me extrañaría que fuera Mr. Cohen al que asesinaron cerca del puente Washington unos muchachos hace un par de meses, el que era dueño del restaurante Edgecliff Manor que queda aquí cerca.

Se hablaba diariamente en los periódicos del caso sin saberse definitivamente quién era. Una de las teorías alegaba que podía haber sido alguien asesinado por la Mafia que acostumbraba a tirar a sus víctimas al río con una piedra al cuello, un turista que habían matado en Washington Heights hacía dos o tres meses, alguien que se había suicidado tirándose del puente Washington, o Mr. Cohen el propietario del restaurante.

Pasaron varias semanas. Un día encontraron caminando sola por una de las calles del pueblo de Nyack a una niña de diez o doce años. Estaba mal vestida, sucia, totalmente desorientada. Hablaron con ella y enseguida se dieron cuenta que la niña era muda. Salió después en los periódicos como gran noticia con una foto de ella preguntando si alguien la conocía. Ahí quedó el asunto por un tiempo. Dagmar y yo volvimos un día al río a ver si encontrábamos alguna pista pero no encontramos nada. Pasaron varios meses y un día que Dagmar y yo volvimos al río a almorzar como de costumbre se nos acercó una señora con un perro y nos dijo:

--Oiga, señor, un día que pasaba por aquí con mi perro presencié lo del cadáver en el río.

--¿Estaba usted allí?

--Sí, lo vi todo. Pero déjeme decirle esto: Volví otro día y el perro me llevó a la orilla tirando de la cadena ladrándole a unos patos que estaban bañándose en el río. Mirando a mi derredor encontré una billetera entre unas rocas y al abrirla había dentro un sobrecito de plástico con un carnet de conducir y otros papeles muy arrugados y gastados. Me puse las gafas y pude distinguir en el carnet el nombre de Samuel Joseph Rosen con una dirección del pueblo de West Nyack. Quise llamar a la policía pero me dio mucho miedo involucrarme en el asunto y que me hicieran la vida imposible. Ya usted sabe lo que pasa en este país cuando se da la cara, interrogatorios, declaraciones, abogados, juicios y yo no quería meterme en nada de eso por ser ya vieja y estar muy enferma.

--¿Y dónde está la billetera?

--La tengo guardada en mi casa y si quiere nos ponemos de acuerdo y se la traigo, pero con la condición de que no me mencioné a mí para nada. Si usted lo quiere hacer, bien, y si no me deshago de la billetera y asunto concluido.

Nos pusimos de acuerdo y la señora me trajo la billetera comprobando lo que me había dicho.

Un día nos llamó por teléfono el hijo de Mr. Cohen para hacernos algunas preguntas. Nos dijo que se temía que el cadáver fuera el de su padre al que había asesinado una pandilla de malhechores en la carretera Henry Hudson Parkway cerca del puente Washington. Que sospechaba que uno de los pandilleros era el lavaplatos del restaurante con el que había tenido ya varios altercados y que se había puesto de acuerdo con los otros para matarlo y robarle el dinero que diariamente depositaba en un banco de por allí.

--¿Pero usted no reconoció a su padre al ver el cadáver?

--Estaba demasiado deteriorado, casi puro hueso, pero tenía la corazonada de que era él. Como usted sabe, nunca apareció el cadáver después de matarlo suponiendo que los asesinos lo hubieran lanzado al río o enterrado en algún lugar.

Pues bien, llamamos a la policía y al revisar el carnet de conducir encontraron dentro una foto.

--¿Y esta foto?, nos preguntó el policía.

--No sé, no la había visto—le contesté yo.

La foto, muy deteriorada y borrosa, era de una mujer con dos niñas pequeñas.

A los pocos días se dio la noticia aclarando en parte el misterio. Según comprobó la policía, una de las niñas era la que habían encontrado caminando sola en Nyack. Nunca se supo quién era ni por qué estaba su foto en la billetera y qué relación había entre ella y Mr. Rosen. Tampoco quién era la mujer que aparecía en la foto con las dos niñas ni apareció el cadáver de Mr. Cohen.

Una noche después de cenar nos sentamos Dagmar y yo en el al parque que estaba enfrente de nuestro edificio y nos pusimos a conversar.

--Oye, Dagmar, ¿y lo de tu novela de "Red Cuba" qué?

--La he dejado de lado, me pasmé.

--Tanto que hablas de la mía y de la tuya no has hecho nada; es una lástima que la dejes tronchada.

--Lo es, pero se me fueron las ganas. Además, ya lo de Castro apesta, se ha escrito demasiado sobre él.

--Poca gente conoció aquellos primeros años de la Revolución como tú.

--Bueno, yo salí en 1960 y no viví lo que pasó después que fue mucho.

--¿Volveremos alguna vez a Cuba?

--¿Volverás tú alguna vez a España?

--De paseo solamente; ya es muy tarde para levantar el ancla y regresar. La Cuba y la España que conocimos pasó a la historia.

--Dagmar, ¿te queda en Cuba algún familiar?

--Quedaban sólo unos primos que tienen que haberse muerto. Cuando termines la novela, ¿le vas a meter mano a tu libro de poesías?, sería un batazo.

--Hacía mucho tiempo que no oía esa palabra "batazo", tan cubana. ¿Te acuerdas de otras, de algunos chistes?
--Me acuerdo de algunas palabras y frases como "postalita" que era el que aparentaba o tenía ínfulas, "yira" que era dinero, "consorte" que era amigo, "bemba" que era boca, labios, "radio Bemba" que era chismoso o chismosa, "jamar" que era comer, "socio" que era compañero, compinche, "comer de lo que pica el pollo" que era comer mierda, "dar muela" que era hablar demasiado, "Se cae de la mata" que era algo obvio, "¡Dale candela!" "¡Fuego a la lata!" que era meterle mano a algo, echar adelante, "Se lo comió el tiburón" que era perderlo todo, "Pasó el Niágara en bicicleta" que era confrontar grandes dificultades, salirse de apuros, "guaricandilla" que era gente baja, vulgar, "masa boba" que era ser inútil, vago.

--¿Y de algún chiste?

--Son un poquito verdes, como casi todos los cubanos.

--No importa, dime uno.

--Un pelotero que era marica y un día lo entrevistan y le preguntan el momento más emocionante que había tenido y contesta:

--Estaba al bate, con las bases llenas, última entrada, me lanza la primera bola, "strike", la segunda "strike", la tercera "strike" y en ese momento se levantan todos los espectadores y al unísono gritan "¡maricón!

--Graciosísimo, venga con otro.

--Un tipo que estaba en la cama de un hospital todo desguabinado—palabra muy cubana también—y cuando le preguntó un amigo qué le había pasado le contestó: --Nada, chico, que venía en mi moto por la carretera de noche y al ver dos luces que se acercaban y pensando que eran dos motos quise metérmeles por el medio pero ¡coño no eran motos sino un camión!

--Muy gracioso, creo que el enfermo era Pototo y su amigo Filomeno, la famosa pareja de cómicos.

--Creo que sí.

--Otro más, dale.

--Déjame pensar...ah sí, el del guajiro.

--¿Cómo era?

--Un guajiro que se robó un guanajo o pavo y al detenerlo la policía y preguntarle lo que llevaba en el hombro le dio un manotazo al pavo y gritó: --¡Salte bicho!

--Graciosísimo también. Espera que me acuerdo de uno muy gracioso que me contó una vez un cubano en el Malecón:

--Va Batista, ya sabes quién era, Fulgencio, el dictador.

--Hombre, Carlos, ¿cómo no lo voy a saber?

--Bueno, pues va Batista a una exposición de Picasso y lleva consigo a un experto de arte. Al encontrarse frente a uno de sus cuadros y querer hacer un comentario le dice el experto al oído: --"diga: ¡qué cara, qué gesto!" y exclama Batista: --"¿Qué carajo es esto?"

--Ese sí es gracioso. Carlos, no sabes lo que me gusta verte reír; lo deberías hacer más a menudo.

--Sí, Dagmar, debería hacerlo. Realmente el cubano es muy ingenioso en los chistes. Me acuerdo de la revista "Zig-Zag" que estaba llena de ellos y hacían reír mucho, y de aquel comediante Álvarez Guedes y de muchos otros. Yo me sé algunos chistes muy graciosos pero muy verdes. Deberíamos hacer esto más a menudo para alegrarnos un poco el alma, recordar los buenos tiempos. Y dime, Dagmar, qué echas más de menos de Cuba?

--Los parques, sobre todo en los pueblos, la tranquilidad, la gente, las comadres chismeando y los novios cogidos de la mano y susurrando, las palomas, los vendedores ambulantes, los viejitos con los bastones, los hombres jugando dominó, los niños en los columpios.

--¿Y tú, Carlos?

--El malecón de La Habana, los pescadores, los cangrejos corriendo en los arrecifes, la vista del mar, el olor a salitre, la abuela paseando a su nieto en el cochecito, ver pasar los barcos y lanchas, las oleadas en diciembre y enero, el horizonte. Para mí, no había lugar en el mundo que se le comparase. Mira este verso que compuse hace algunos años y que nunca te enseñé, como otros que anda por ahí guardados.

--¿Le dedicaste un verso al malecón?

--Pues sí; es un poquito largo pero creo que te va a gustar:

>Asomando a la bahía,
>con el Morro por delante,
>cientos de cocuyos brillan
>bajo una luna radiante.
>
>Pincelado por la historia,
>entre espumas de zafiro,
>¡cuántas banderas no vio
>pugnándose su destino!
>
>Frente a él leí a Martí,
>me embriagué de sol y canto,
>vi a las gaviotas volar,
>descubrí al niño santo.
>
>--Dime, alegre pescador,
>¿dónde me has de llevar
>en tu barca primorosa
>entre mundos de coral?
>
>--Tómalo suave, galleguito,
>derechito a La Cabaña,
>o si quieres nos quedamos
>chachareando aquí en la orilla.
>
>El cielo pronto se opaca,
>se avecina un huracán,
>se agita el viento en el monte,
>vuela bajo el gavilán.

> La perla pierde su brillo,
> los cocuyos su hogar,
> sólo quedan en penumbra
> la luna, las estrellas, el mar.

--Carlos, la verdad que me encanta. A mí también me gustaba mucho el malecón y por allí pasé cientos de veces. Hoy está destruido, ¡qué pena! Y de España, ¿qué añoras más?

--Lo viejo, lo antiguo, el silencio de los pueblos, los paseos, las caminatas con mis primos Golo y Jesús por las calles de Diego de León, Serrano, los olores, los sabores, los caminos.

--¿Y de Cincinnati?

--Mi familia, mis padres.

--¿Algo más?

--El habernos conocido y casado allí, el nacimiento de Carlitos; nada más.

--¿Y de Louisville?

--Cuando vivía allí con mis padres.

--¿Algo más?

--No.

--¿Y de El Salvador?

--Lo rústico, lo selvático, la dulzura y docilidad del indio, su humanismo y nobleza. No lo vas a creer, pero El Salvador me caló muy adentro,

hasta el punto de decir que me hizo hombre y no me preguntes por qué.
Cuando nos fuimos de allí hacia Norteamérica y mirando la tierra desde
lo alto y sí, con lágrimas en los ojos, escribí este verso:

>Tierra apacible, serena,
>pintada toda de verde,
>con pinceladas doradas,
>y fondo azul celeste.
>
>A lo lejos baila el humo,
>que sus entrañas emanan,
>tras la luna se apresura,
>y poco a poco la opaca.
>
>Pies desnudos, encallecidos,
>dejan huellas solitarias,
>fuertes vientos se avecinan,
>todo se torna escarlata.
>
>Torrentes de lluvia brotan
>de unos ojos abrumados,
>prisioneros de las sombras,
>de unos sueños marchitados.
>
>Una playa, altas olas,
>un grito desgarrador,
>se ensombrece el horizonte,
>se oye un último adiós.

--¡Ay, Carlos, cuántos recuerdos? Me imagino que en esta última estrofa
recordabas a la muchacha que se ahogó, a Blanquita.

--Así, es, mucho. Sí, Dagmar, los recuerdos que pueden ser mariposas o
abejas, endulzar o pinchar.

--¡Qué frase más bonita! Cierto, el recuerdo puede ser dolor.

--Depende del dolor que sea, si es del cuerpo lo crea el dolor del alma, y si es del alma no tiene cura.

--El tiempo pasa, Carlos, es inexorable, míranos a nosotros, ya hechos un par de viejos.

--El tiempo más pasa cuando menos nos preocupa, como ahora, ya en el ocaso de nuestras vidas.

--Sabía que te gustaba la poesía pero no que habías escrito tantas.

--Tengo un cuaderno lleno de ellas que me gustaría publicar algún día.

--¿Cuáles son los temas?

--Varios.

--Cada día te me pareces más a tu madre.

--¡Qué más quisiera yo!

--¿Y tu padre?

--Con un poquito de los dos me sentiría más que satisfecho.

--¿Por qué no me lees un par de los otros versos?

--Te aburrirían.

--No digas tonterías, nada de lo tuyo me aburre, al contrario.

--Bueno, vamos a ver, un par de ellos nada más. Déjame ir por el cuaderno. Ya sabes que Estados Unidos se desmorona, le ha llegado su hora. Este es uno que escribí hace poco:

>Fuiste creado en un sueño,
>pura ilusión, fantasía,
>gloria te dieron los cielos,
>dicha, prosperidad, armonía.
>
>Pero cual es el destino
>de los ilusos mortales,
>el tiempo y los desatinos,
>causaron al final pesares.
>
>Y así, nación poderosa,
>tu ocaso pronto se acerca,
>sin que titánicas fuerzas,
>de forma alguna detengan.

--¿Crees tú que realmente le llegó el fin?

--Le llegó. Aquí tienes el que le dediqué a Camagüey y que escribí también hace poco.

>Vida apacible, serena,
>cielo de diamantes cuajado,
>aguas que corren veloces,
>prados color esmeralda.
>
>Casas que evocan tiempos
>de la Hispania imperial,
>callejones que se pierden,
>entre rayos de coral.

Ranchos de tinajones bordados,
veredas de luz y sombra,
guajiros en sus monturas,
troteando con gran pompa.

Parques de sol abrazados,
grutas a flor de tierra,
mantos de verde cuajados,
figuras heroicas ecuestres.

Por la saña entre hermanos,
acogiste en tu dulce seno
a cinco almas peregrinas
ávidas de paz y consuelo.

¡Oh Camagüey primoroso,
cuánto amor en ti encontramos!
Quiera Dios que a ti retorne
la alegría del pasado.

--Precioso, Carlos, en Camagüey nunca estuve pero pasé varias veces por sus afueras. Tenía fama de ser muy tranquilo y de gente muy campechana, gente sencilla y del campo. ¿Y a La Habana qué, no viviste allí muchos años? La dejaste fuera.

--Nada de eso, escucha este verso:

Rincones y más rincones,
bañados de sol o luna,
esquinas donde mil voces,
en una sola se aúnan.

Caderas de sol y rumba,
ahogadas entre paños finos,
miradas que al sol deslumbran,
y las pasiones incitan.

Mar con sabor a melcocha,
gigantes de alas verdes,
nubes blancas como el coco,
brisa suave y caliente.

¡Oh vida de aquellos tiempos,
cuánta felicidad y dicha!
Me desvivo no viviendo,
en aquella tierra divina.

¿Y qué fue de tanta hermosura,
de tanto derroche de miel?
Es el hombre con sus locuras,
que todo lo torna en hiel.

Así era la gran ciudad,
hasta que del espeso monte,
ráfagas de infamia y maldad,
silenciaron el sinsonte.

--Yo creo que ya basta; son muchas de un tirón.

--Mira, Carlos, ya estamos viejos y más vivimos de los recuerdos que de otra cosa. Sigue, por favor, te lo ruego, olvídate del tiempo.

--Me estás dando alas; lo mucho así en cascadas empalaga.

--No a mí, te ruego que continúes.

--¿No tienes nada que hacer?

--Sí, escucharte; no pares, Carlos, no pares, me tienes transportada a aquellos tiempos maravillosos. Lo has plasmado todo que da gusto.

--Hay dos pueblos, Dagmar, que su recuerdo me desborda el alma a pesar de haberlos conocido poco. Estos dos versos los escribí pasados unos días de nuestro viaje a España en 1970. Uno es mi pueblo, San Hilario de Sacalm, y el otro el de mi padre, Villafranca del Bierzo. Empiezo con el primero:

>   En la cima de un alto monte,
>   entre frondosos pinares,
>   tras densa niebla de esconde,
>   una villa solitaria.
>
>   La llaman la de las 100 fuentes
>   que las entrañas sanan,
>   en la que cabalga el tiempo,
>   perezoso y a desgana.
>
>   Tormenta que azota el viento,
>   pies cubiertos de llagas,
>   horizonte que se aleja,
>   días, noches, madrugadas.
>
>   Retumba un grito en el aire,
>   nueva vida que se asoma,
>   el camino se hace ancho,
>   las esperanzas se alargan.
>
>   De este lado ceniza, congoja,
>   del otro indiferencia, desprecio,
>   allende el mar tenebroso,
>   duda, inquietud, tormento.

--Ahora el de mi padre:

>No tuve que conocerte
>para calar muy adentro,
>pero cuando te conocí,
>mi alma quedó en suspenso.
>
>Fuiste tierra de mi padre,
>la que siempre añoró,
>recordándote en suspiros,
>que mi corazón preñó.
>
>Cielo claro, montes altos,
>prados llenos de tomillo,
>sangre vieja castellana,
>pájaros con muchos nidos.
>
>Refugio de la niñez,
>hogares repletos de amor,
>recuerdos que nunca mueren,
>enterrado está el pastor.

--Como siempre te domina el tema de España.

--Eso no es verdad. Le he dedicado muchos a Cuba, El Salvador, Estados Unidos, y hasta al infame de Castro...

--¿A Fidel?

--Pues sí, a ese.

--¿Dónde lo tienes?

--Aquí.

--Ese sí me lo tienes que leer.

Lo titulé "La razón de la sinrazón" y dice así:

> ¿Quién es ese Fidel
> que se revuelve en la escoria,
> el que a un pueblo ultrajó
> habiéndole sido fiel.
>
> Media vida en una celda,
> toda llena de escondrijos,
> podredumbre, mezquindad,
> lamentos, llantos, suspiros.
>
> ¿Qué derecho tienes tú,
> ser infame y despiadado,
> de hacerte dueño del viento,
> y emperador de los mares?
>
> ¿Cómo osas, fementido,
> torcer así la historia,
> hacer del campo pantano,
> y de ilusiones estiércol?
>
> Algún día, de lo alto,
> cuentas habrás de dar,
> no valiéndote el acero,
> que hoy blandes con desmán.

--Bien merecido, Carlos, lo pintas tal como es y lo que ha hecho ese miserable.

--Bueno, Dagmar, complacida.

--Uno más, Carlos, dos más y te dejo tranquilo.

--¿Lo prometes?

--Lo prometo.

--Aquí hay otro que escribió mi madre al acercarnos a tierras americanas; creo que te va a gustar:

> ¿Que qué veo?, no lo sé,
> una sonrisa, una lágrima,
> un ciprés, una palma,
> un castillo, un batey.
>
> ¿Que qué oigo?, no lo sé,
> un pasodoble, una conga,
> una guitarra, unos bongos,
> alguien echando un pie.
>
> ¿Que a qué huelo?, no lo sé,
> a tomillo, a caña,
> a jazmín, a tabaco,
> a castañas, a café.
>
> ¿Que en qué pienso?, no lo sé,
> en un conquistador, un esclavo,
> en tres imperios, ya borrados,
> en muchos pueblos, mucha fe.

> ¿Que dónde estoy?, no lo sé,
> si despierto, si soñando,
> aquí, allá, cavilando,
> en lo que será o en lo que fue.

--Este sí es una verdadera maravilla, Carlos, un primor, el choque de dos mundos, el viejo y el nuevo; gran poetisa tu madre.

--Gran todo, Dagmar. Y por último este que le dediqué a nuestra casa de Teaneck, al jardín, la noche antes de abandonarlo:

--Tu querido jardín.

--Sí, Dagmar, nuestro querido jardín:

> ¿Qué fue de aquel rosal
> que al verme me sonreía,
> que me invitaba a abrazarlo,
> cuando más frío sentía?
>
> ¿Y de aquel caminito
> por el que me perdía,
> absorto en mis quimeras,
> a todas las horas del día?
>
> ¿Y de la fuente de plata,
> fiel amiga y compañera,
> lamentando mis congojas
> e impulsando mis anhelos?
>
> ¿Y de aquella mariposa
> que en el clavel se posaba,

batiendo sus alas de nácar
mientras el néctar chupaba?

¿Y de aquella enredadera
que a una cruz se abrazaba,
con sus ramas de esmeralda
y sus flores policromadas?

¿Y de aquellos geranios rojos
a ambos lados del camino,
como los que regaba mi madre
en su rincón preferido?

¿Y de aquel puentecito verde
que tantas veces cruzaba,
apoyado en la baranda
con las ansias desbordadas?

¿Y de aquel banco de palos
donde Cervantes reinaba,
saliéndose de las hojas
y reposando en mi alma?

¿Y de aquellas risas y cantos
que el corazón animaban,
bajo estrellas de zafiro
y suspiros de escarlata?

¿Qué fue, qué fue, qué fue,
que será, será, será,
de qué vale hacer preguntas
que no puedo contestar.

--Has cumplido, dame un beso, me has hecho muy feliz; vámonos ya a la cama, tranquilitos.

Llegué a casa y como no podía dormir me puse a ver los álbumes de fotos de la familia. Las que más me gustaban eran la de mi padre cuando se graduó de abogado de la Universidad de Madrid en la que tendría unos veinte y tantos o treinta años, la de mi madre sentada en la sala de su apartamento de Cincinnati, la de mi hermana Coqui en el jardín de nuestro chalet de Camagüey, la de mi tío Félix cuando nos fue a despedir en el aeropuerto de La Habana cuando nos fuimos a El Salvador, la de mi tío Pepe que no sé dónde se la tomó ni cuándo, aunque tiene que haber sido en Madrid a los treinta y tantos años de edad, la de mi tía Consuelo sentada frente al mar en Valencia, las de mis abuelos paternos y maternos allá por 1910 ó 1915, la de Dagmar que le tomé yo frente al mar en Atlantic City, más otra que le había tomado un fotógrafo cubano en Union City en la que salió tal cual era, preciosa, la de mis hijos Carlos e Isabel jugando en el parque que quedaba enfrente de nuestro apartamento de West New York, y la de mis suegros, Bernabé y María Josefa muy elegantemente vestidos que se tomaron en La Habana allá por los años de 1950. En realidad teníamos muchas fotos de casi toda la familia principalmente de la mía y muy pocas de la de Dagmar que se perdieron todas al salir de Cuba. De Cuba teníamos pocas, de El Salvador algunas, de Francia y Santo Domingo ninguna que no ha de extrañar pues no eran tiempos de andar con camaritas. Cierto es que daría un Potosí si tuviera alguna foto de nuestra estancia en Francia, sobre todo en el campo de concentración, del barco que nos trajo a América, de Santo Domingo, de Camagüey, de nuestro chalet, del Casino Campestre, del apartamento que alquilamos al llegar a La Habana frente al Malecón. De mi familia no conocí a ninguno de mis abuelos, a mi tío Pepe ni a ninguna de mis tías maternas. De la familia de Dagmar sólo conocí a su hermana e hijos, a su tía Acacia y a sus primos que vivían cerca de nosotros. Tampoco conocí a mi tía Alicia, hermana de mi padre, ni a Niceto el padre de mi prima Regina. De la gente que conocimos no recuerdo a nadie de Francia por ser muy pequeño, ni de Santo Domingo, muy pocos de Camagüey, casi todos de La Habana, y desde luego a todos los de El Salvador, de Louisville y Cincinnati. Triste es la vida del emigrante que va soltando pedacitos de corazón por todas partes. Por otro lado, la mente se abarrota de imágenes y recuerdos hasta que llega el momento que no caben más. El alma, como el corazón, se va achicando hasta casi desaparecer. ¿Y qué decir de los pensamientos y del cuerpo? Los sentimientos se van haciendo un globo y el cuerpo convirtiéndose en pura chatarra. Mujeres conocí muchas, quizá demasiadas, unas que calaron y otras de las que vagamente recuerdo sus rostros o nombres. Lugares muchos, rincones cientos, paisajes los que se quiera. La vida es un ver y recordar o un ver y olvidar. A veces los ojos valen de mucho y otras veces no valen de nada, dos ventanitas que se abren y se cierran no siempre a voluntad. Amigos bastantes y conocidos montones que pasaron por mi vida como los peces en el río o las gaviotas cuando vienen de regreso. Entre mis mejores amigos cito al cubano Cecilio y al italiano Aldo que me salvó la vida cuando ocurrió la gran tragedia en la playa de La Libertad en San Salvador. También incluyo a John Dowling, el director del Departamento de Español y Portugués de la Universidad de Indiana, a Sister Mary Claire, decana del Nazareth College de Louisville, y al alcalde DeFino de West New York. Y quizá mi mejor amigo de todos, mi hijo Carlos que estuvo siempre a mi lado desde muy temprana edad, y desde luego mi mujer Dagmar y mi hija Isabel, dos amigas ejemplares. Me miraba en el espejo que puede ser para el guapo reflejo y para el feo tinieblas y para mí, bueno, penumbra, y al verme me acosaba este pensamiento: "Pienso luego soy, ¿pero si soy pienso?" Me sentía a veces apático, desganado, inservible, cada vez más convencido de que la apatía la crean los desengaños que siempre me acorralaron. Enemigos tuve pocos ya que los enemigos no surgen sino que se crean y yo, que recuerde, no creé nunca ninguno voluntariamente.

Una vez me fui de paseo con mi hijo y en el camino me hizo esta pregunta:

--Dime, "dad", ¿cuáles han sido para ti tus mejores y peores momentos?

--Coño con la preguntita, tengo que pensarlo. Para a tomar un café.

Regresamos al coche y encendí mi pipa.

--Carlos, en setenta y cinco años que tengo cumplidos he tenido momentos buenos y malos. Vamos a hacer una cosa, voy a hacer una lista de los diez mejores y los diez peores y de ellos escogeré al final el mejor y el peor. ¿Te parece?

--Venga con tus vueltas, "dad", te hago una simple pregunta y te me pierdes en un bosque.

--No es una pregunta sencilla, Carlos. Saquemos la cuenta. En 75 años hay en total, espera, hice mal la cuenta...a ver 365 por 75...27,375 días con sus noches, días tristes y alegres, con sol y lluvia, cansado y descansado, sintiéndome bien y mal, optimista y pesimista...

--¡Coño, "dad", acaba de una vez!

--Sigue conduciendo, damos unos minutos para hacer las listas.

Pasamos el túnel Lincoln y llegamos a Manhattan.

--Olvídate de la pregunta, no hay tiempo.

--Continuaremos al regreso.

Carlos se fue a ver a un amigo para unos asuntos de negocio y yo me quedé en un parque esperándolo. Saqué papel y lápiz y me puse a hacer las listas. Regresó Carlitos y nos fuimos de vuelta a casa.

--¿Ya tienes las listas?

--Las tengo. Te las leo en el orden en que se me ocurrieron.

--Dímelas.

Las tengo en dos columnas, a ver:

Los mejores	**Los peores**
Cuando me hice maestro en Louisville.	Cuando casi me devora un tiburón en La Habana.
Mi primer beso con la que era mi maestra en La Habana.	Cuando murió Blanquita en San Salvador.
De soltero en Cincinnati con mi propio apartamento.	Cuando se nos rompió el coche a mi padre y a mí en camino a Bloomington de madrugada con temperatura de cero grados.
Cuando conocí a tu madre.	Cuando murió mi madre.
Cuando publiqué mi primer libro.	Cuando murió mi hermana Coqui.
Cuando visité Villafranca por primera vez.	Cuando vendí todos mis Quijotes antiguos.

Cuando regresé de Sur América a Puerto Rico.	Cuando nos quisieron echar de nuestro apartamento.
Cuando encontré el crucifijo de mi madre en Nueva Jersey después de haberse muerto.	
	Cuando mis padres y hermana se fueron a México.
Cuando se bautizó Chabe en Madrid.	Cuando salí de España en 1975.
Cuando trabajábamos tú y yo en la imprenta.	Cuando no compré la casa de Cincinnati o la de mi tía Isabel en Villafranca.
Cuando compramos los coches antiguos tú y yo.	
	Cuando me encontré solo sin tu madre al operarse.
Cuando compré mi primer coche en San Salvador.	
	Cuando nos dieron la noticia de haberle encontrado a mi madre cáncer en el páncreas.
Cuando tú regresaste de Colorado.	Cuando mi padre se fue a morir a España.
Cuando Chabe dejó a su primer marido.	Cuando murió tito Félix.

Cuando aprobé mi examen de licenciatura.	Cuando perdí mi casa y negocio en Teaneck.
Cuando estuve en el Capitolio a presentar mi traducción de la Constitución de Estados Unidos.	Cuando se perdió la pulsera de oro de tu madre.
Cuando nacisteis tú y tu hermana.	Cuando perdí injustamente mis puestos en las universidades de Nueva Jersey Nueva York.

--¡Coño qué listas más largas!

--¿Qué quieres, son 75 años?

--Bueno, ¿cuál fue el mejor y el peor?

--Te lo digo mañana.

--Mañana trabajo.

--Te lo diré por teléfono.

Al día siguiente me llamó Carlos muy temprano.

--¿Dormiste bien?, ¿tienes la respuesta?

--Sí, Carlos, la tengo, pero no me ha sido nada fácil, casi no pude dormir anoche.

--¿Suéltalo ya, carajo?

--El mejor momento: cuando conocí a tu madre, el peor cuando murió mi madre.

--Ya me lo esperaba yo, conociéndote.

Vamos ahora a la conclusión, desenlace, colofón de esta historia.

Dagmar se volvió a enfermar y tuvieron que operarla. Resultó ser la vesícula que estaba a punto de reventar pero afortunadamente lo agarraron a tiempo y no hubo complicaciones. Estuvo en el hospital escasamente cinco horas y salió de él caminando que para mí fue algo grandioso. Llegamos a la antesala del quirófano y allí la hicieron desnudar y le pusieron una bata. Nos miramos los dos, se la llevaron, cerraron la puerta y no la volví a ver hasta después de la operación. Esperando estábamos yo, mi hija Isabel y mi nieto Nicolás. En la pared había una pizarra en la que se informaba de la condición del paciente y el tiempo que había que esperar para la operación. Pasó una hora y Dagmar a la que le habían asignado un número no avanzaba. Salí a preguntarle a uno de los enfermeros y en ese momento entró el cirujano que me dijo que no me preocupara que todo saldría bien. Volvimos a mirar la pizarra y ya estaba Dagmar operándose. Al cabo de una hora nos dejaron pasar a la sala de recuperación y allí estaba ella aún anestesiada, inerte, con un tubo en la boca y el pelo todo revuelto. A Isabel y a mí se nos aguaron los ojos y le dije:

--Ahí está tu madre, la mujer que más he querido en mi vida.

Todo salió bien y en el hospital se portaron magníficamente bien incluyendo una enfermera negra que se llamaba Debby, el director de emergencias que se llamaba Dr. Shaker, y el cirujano que era filipino que se llamaba Dr. Arago. Al día siguiente de llegar a casa le envié una carta al presidente del hospital expresándole nuestro agradecimiento.

Todo tiene su principio y fin, un beso, un camino, una vida, una historia. En unos pueden empezar bien y acabar mal, en otros empezar mal y acabar bien menos la vida que siempre empieza bien y siempre acaba mal.

En aquel viaje que hice a Miami para ver a Dagmar aún estando casada quise componer un verso cuando la conocí en casa de mi hermana pero la tormenta que me cayó encima en la carretera me lo impidió. Ahora, mientras la operaban, me resurgió y pude terminarlo:

>El cielo claro y celeste,
>las ansias volando alto,
>los recuerdos que no cesan,
>el corazón rebosando.
>
>Destellos de luz y sombra,
>el alma suspira y gime,
>en la arena caracoles,
>morir porque no se vive.
>
>Dos amantes en la noche,
>cocuyitos pestañeando,
>estrellas que caen celosas,
>cabellos de plata ondeando.
>
>De un beso brotó una flor,
>de una mirada luceros,
>de esperanzas gran dolor,
>de ilusiones lamentos.
>
>Pajarito carmesí,
>que en mi hombro te posaste,
>anda, apiádate de mí,
>líbrame de este quebranto.

Veamos dónde nos encontramos en este invierno de 2012. Yo con setenta y cuatro años cumplidos acercándome a los setenta y cinco, Dagmar setenta y tres acercándose a los setenta y cuatro, mi hijo Carlos cuarenta y cuatro y mi hija Isabel cuarenta y dos. Yo y Dagmar más juntos que nunca en nuestro nuevo y magnífico piso. Desde que nos conocimos ella y yo nos mudamos de casa en total once veces, tres estando en Cincinnati, una en Nueva York y el resto en Nueva Jersey. Carlos con su mujer y dos hijos en el pueblo de Mahwah en Nueva Jersey, Isabel con su nuevo marido y su hijo Nicolás en el pueblo de Congers, Nueva York. De salud Dagmar con dos operaciones aunque ninguna grave pero con muchos achaques de la edad. Yo torcido como una rama con los huesos rechinando y el estómago cansado ya de tanto digerir, pero por lo demás relativamente bien. Carlos cansado pero saludable, Isabel cansada también y con principio de la enfermedad que llaman Lupus, horrible nombre del latín "Lupus" que quiere decir "lobo" por su naturaleza corrosiva, y con Giovanni viviendo día a día. Cornelia como una tora, y todos los nietos bien, creciendo y dando guerra. Mis dos primas Regina y Maruja asombrando a la naturaleza, derechitas como un ciprés con buen tronco y ramas. Sigo enseñando en la universidad y escribiendo libros publicando algunos y otros metidos en un cajón esperando ser resucitados. De aspecto físico, como dice Carlitos, "chocados", y en el espiritual aún tratando de sacar algunas espinas enconadas que no salen como las espinillas con sólo apretarlas.

Seguimos y seguiremos en Estados Unidos por el resto de nuestras vidas. Los anhelos del regreso a España y Cuba ya pulverizados. Antes era salir de lo malo para caer en lo bueno pero hoy, como están las cosas, es salir de lo malo para caer en lo que—usando un eufemismo o juego de palabras—no tan bueno en el caso de España y en lo malo en el caso de Cuba. Aquí pues moriremos y quedarán nuestros cuerpos, como quedaron el de mi padre en España, mi madre y hermana en México y el de mi tío Félix en Cuba. Un país nos vio nacer y tres morir. Gran bendición es nacer y morir en la misma tierra bajo el mismo sol y cielo.

¿Misión cumplida? Decía mi padre que la mayor felicidad en la vida estribaba en mirar hacia atrás ya siendo viejo y verlo todo claro y limpio sin sentir arrepentimientos ni remordimientos, habiendo hecho siempre el bien y nunca el mal intencionalmente. De ser verdad lo dicho por mi padre mi misión estaba cumplida o de lo contrario más que incumplida pues nunca gané fama ni fortuna por más que me esforcé en alcanzarlas.

Los sueños en un cajón con cadena y candado, las ansias en el bolsillo de un abrigo viejo que ya no me pongo, las vanidades se las pasé a un amigo que las deseaba más que yo, los ímpetus los tiré un día al río, los ideales los metí en una de mis ediciones del Quijote, las esperanzas centradas en mis hijos y nietos, los amores todos olvidados menos uno, y los recuerdos haciendo más nidos en cocoteros y castaños.

Y al final qué, alegre de haber sido quien fui y soy, de haber nacido donde nací y criado donde me crié, de haber tenido a los padres que tuve y a la mujer, hijos y nietos que me dio Dios, de estar vivo que es milagro, de estar rodeado de todos mis recuerdos, de aún poder fumar mi pipa compañera inseparable de cuarenta años, de tener aún lúcida la mente para seguir creando. Puesto todo en una balanza, creo que he salido ganando.

Yo, Carlos--para mis padres y familia de España Carlitos--, español, aunque naturalizado en Estados Unidos, de setenta y cinco años de edad, de metro y medio de altura que en su tiempo fueron dos, enjuto de carnes, poco pelo sobre lo largo, ojos claros, pequeños-- de "elefantito", como los describía mi madre--, orejas grandes pero derechitas, nariz gruesa, labios finos, barbilla pronunciada, pómulos discretos, hombros anchos y cintura estrecha, poca barriga, piernas de avestruz, pies de pato, manos de gigante, trasero chupado, mirada penetrante--que tanto crispaba a mi padre cuando me le quedaba mirando—; corazón de león, de tigre, de pantera, pero a la vez tierno, esponjoso, acaramelado; espíritu independiente, intransigente a veces, indoblegable en sus principios y creencias, sin ser fiero o montaraz; orgulloso de sus raíces y procedencia pero comprensivo de las demás; fiel, carácter en apariencia tosco y arisco, valeroso, resuelto, intrépido, noble en sumo grado; pensamiento agudo, hondo, inquisitivo, perspicaz; tradicional, idealista; caballeroso, enamorado, soñador, elocuente, creyente pero escéptico de las religiones; gran amante de las letras, del arte, lo antiguo, la belleza en todas sus manifestaciones, la naturaleza, las flores, el campo, el mar, los animales, más de los salvajes que de los domésticos a excepción de la serpiente, la hiena, y la odiosa rata, de la verdad, sinceridad, amistad, deber, pero enemigo acérrimo de la vanidad, alevosía, petulancia, ignorancia, frivolidad, perversidad, liviandad, mezquindad, avaricia, injusticia, holgazanería, grosería, hipocresía, opresión, demagogia, corrupción.

Los caminos fueron cinco—seis, si se incluye a México—. Las personas, cinco—seis si se incluye a mi tío Félix—. Los años, setenta, que aún continúan. Las luchas muchas, los corazones uno. Los pesares infinitos, las alegrías esporádicas. Los amaneceres cortos, las noches interminables. Los resplandores muchos, las luces tenues. Las esperanzas muchas, los desengaños bastantes más. Las casas muchas, los hogares uno. Los países muchos, la tierra una. La gente mucha, las personas muy pocas. Los sueños muchos, las realidades una. Las ambiciones demasiadas, los resultados menguados. Los placeres muchos, los amores contados. Los conocimientos vastos, la sabiduría nula.

América nunca fue para nosotros. Demasiado grande, compleja, híbrida, desparramada. Lo nuestro era la intimidad, lo accesible, lo sencillo. Pero a ella nos lanzó el destino y en ella nos tocó vivir. ¿Agradecidos? Dimos mucho más de lo que nos dio ella y dejamos mucho más de lo que le sacamos que es en esencia la historia de España en América. Sí, América es para el americano, pero el auténtico, el primitivo, el que encontró Colón en sus playas, pero no para los otros, para los desterrados, que sólo están en cuerpo como el pájaro fuera de su nido.

Escribí el libro para que nuestra historia no quedara en el olvido como tantas otras de aquellos tiempos y otros, pensando siempre en mis padres que me iluminaron el camino. He cumplido como buen hijo y eso me satisface y ya, con nuestra historia terminada, les mando un beso con ruegos de que no me olviden.

Así se ha escrito la historia
de una familia española,
que con honda pena en el alma
se encontró perdida y sola.

Cinco seres, muchos caminos,
cientos de encrucijadas,
miles de sueños, devaneos,
siempre una nueva alborada.

¿Y al final qué?, me pregunto,
¿qué es esto que llaman vivir?
Pues nada, surcar caminos
y dejar los recuerdos fluir.

La razón de la sinrazón,
lo que es y no debería ser,
cosas que tiene la vida
que no podemos entender.

Epílogo

¿Ficción realidad, sueño o ilusión? "Caminos" es todo eso y más. Un llanto, una condena, un lamento, una súplica, una esperanza. Puede agradar o ser lanzada al calabozo de los olvidados. Todo es posible. La escribí con ánimo, reflexión, honestidad y con harto esfuerzo. Anhelo comprensión y caridad más que crítica y elogio, que se me reconozca el esfuerzo más que mi habilidad de escritor. El pajarito extendió sus alas y allá va cruzando valles y montes en busca de un mejor nido.

Dolorosas últimas palabras.

Estando ya la novela en manos del impresor, nos llegó por vía de mi sobrina Chelo la triste noticia del fallecimiento de mi prima Regina en Madrid. Fue nuestra compañerita inseparable desde que salimos de España en 1939 hasta que residiendo en Camagüey marchó de vuelta a Madrid a reunirse con su madre y hermanos como quería. Entregó su alma a Dios el 10 de diciembre de este año de 2012. Así, quedo yo como único sobreviviente de los cinco que salimos de España. Dos regresaron, mi padre y Regina, dos quedaron en México, mi madre y hermana, y yo que aún sigo en Estados Unidos. A pesar de estar con mi mujer, hijos y nietos, a los que quiero entrañablemente, me embriaga la soledad.

www.ingramcontent.com/pod-product-compliance
Lightning Source LLC
Chambersburg PA
CBHW030102010526
44116CB00005B/67